우리 교육, 이대로
둘 것인가

우리 교육, 이대로 둘 것인가

발 행 | 2018년 02월 06일
저 자 | 김용수·김택호
펴낸이 | 한건희
펴낸곳 | 주식회사 부크크
출판사등록 | 2014.07.15.(제2014-16호)
주 소 | 경기도 부천시 원미구 춘의동 202 춘의테크노파크2단지 202동 1306호
전 화 | 1670-8316
이메일 | info@bookk.co.kr

ISBN | 979-11-272-3265-8

www.bookk.co.kr

우리 교육 이대로 둘 것인가

김용수 · 김택호 지음

자유로운 개인을 위해

"우리는 민족중흥의 역사적 사명을 띠고 이 땅에 태어났다." 아마도 40대 이상의 세대들이라면 이렇게 시작되는 국민교육헌장을 기억할 것이다. 1968년 말에 반포된 이 헌장을 초등학생들까지 무조건 외워야 했다. 짧은 글이 아닌데도 불구하고 하도 득달해대고 외지 못하면 급식을 주지 않거나 집에 보내지 않고 교실에 잡아두는 통에 억지로 욀 수밖에 없었다. 그런데 어린 마음에도 이 첫 구절이 도무지 불편했다. 나는 내 아버지와 어머니가 사랑해서 이 땅에 태어난 것이지 그런 거창한 사명을 띠고 태어난 것도 아니거니와, 무엇보다 '나'로 태어났지 '우리'로 태어난 것이 아니라는 생각 때문이었다. 말은 '교육' 헌장이지만 내용은 군국적 전체주의헌장에 불과했다.

모든 공식행사뿐 아니라 조회 때마다 그 헌장을 암송해야 했다. 그걸 욀 때마다 머릿속에 박힌 것은 나보다 '우리'가 우선이며 민족중흥이라는 역사적 사명을 위해서는 기꺼이 모든 것을 포기할 각오가 다져져야만 했다. 그렇게 세뇌시켜놓고 당시 권력은 바로 그 다음 해 헌법을 뜯어고쳐 삼선개헌을 감행했고, 급기야는 그 이태 뒤에는 아예 영구집권을 위해 10월유신이라는 친위쿠데타를 저질렀다. 그것도 모자라 긴급조치법이라는 초헌법적 폭력까지 자행했다. 많은 이들이 거기에 저항했지만, 다수의 국민들은 박수치며 인정했다. 그 바탕을 마련한 것이 바로 국민교육헌장이었다. 그 압권은 "나라의 융성이 나의 발전의 근본임을 깨달아, 자유와 권리에 따르는 책임과 의무를 다하며, 스스로 국가 건설에 참여하고 봉사하는 국민정신을 드높인다"는 것이었다.

정상적인 민주주의 사회라면 나의 발전들이 축적되어 자연스럽게 사회와 나라가 발전하는 것이고, 자유와 권리를 최대한 보장하는 것이 우선임에도 책임과 의무만 강조했을 뿐 아니라 권력(겉으로는 국가라는 포장으로)에 대한 '봉사'를 은연중 강요했다. 도대체 가장 기본적인 '자유로운 개인'은 그 어디에서도 찾아볼 수 없다. 그 헌장의 마지막 문장은 이렇게 시작한다. "반공 민주 정신에 투철한 애국 애족이 우리의 삶의 길이며," 민주주의에 대한 최소한의 예의도 의지도 없는 철면피한 헌장이다. 그걸 교육헌장이랍시고 지껄여댔다. 그리고 그렇게 교육받은 이들이 지금의 중장년층을 형성했다.
　지금의 정부를 1년 동안 지켜보면서 그 못된 헌장을 저절로 떠올리게 되는 것이 나는 두렵고 화가 난다. 미래와 세계를 향해 나아가야 할 이 중요한 시기에 여전히 공안적 사고를 가진 자들이 시민들을 윽박지르고 양두구육을 태연하게 자행하는 것을 보면 10월유신의 구태를 보는 것만 같다. 그러나 내가 진짜 두렵고 화가 난 것은 그 안에서 자행되는 '자유로운 개인'의 압살과 권력에 기생하며 전체주의를 교묘하게 꾀하는 하이에나 같은 정치인들과 망나니 칼 휘두르며 제 잇속만 챙기는 가짜 언론인들의 탐욕이다.
　그 어떠한 가치도 '자유로운 개인'의 가치보다 클 수 없다. 그것은 민주주의의 가장 기본적인 토대이다. 새해 덕담이라도 해야 하는 게 정월 첫 주의 일일 텐데, 이런 푸념이나 하고 있는 세상이 참 답답하고 숨 막힌다. 70년대 유신의 모습과 80년대 군부독재의 모습을 이렇게 뻔뻔하게 재현하고 있는 기시감에 말문이 막힌다. 도대체 우리의 뇌에 박힌 그놈의 국민교육헌장은 언제까지 틀어박혀 있을 것인가. "길이 후손에 물려줄 영광된 통일 조국의 앞날을 내다보며" 운운하며 지금 청춘들의 고민과 고통이 그들이 저지른 사회 구조적 병폐 때문임을 외면하고, 통일은 반공과 공안으로 뒤 범벅해 놓고서

'창조적' 미래를 꿈꾸란다.

　교육해야 할 국민이 아니라 자유로운 개인으로서의 시민이 우선임을 올 한해 기억하며 살아야겠다. 무지도 외면도 시대에 저지르는 죄이다. 제발 머릿속에 박힌 국민교육헌장의 찌꺼기들부터 완전하게 그리고 깨끗하게 씻어내자. 그래서 내년 정월에는 덕담다운 따뜻한 말 좀 전해보자. 자유로운 개인을 위해![1]

2018년 2월
金龍洙 · 金澤虎

차례

제1장 우리나라 교육현장을 바라보면서

제2장 교육의 패러다임이 바뀌어야 한다

제3장 부모의 의식이 새로워져야 한다

제4장 혁신적인 학교 변화가 신진교육의 지름길이다

제5장 수학여행과 체험학습을 재고(再考)해 보았는가

제6장 역사교과서 문제 어떻게 해결할 것인가

제7장 선행학습과 사교육 대안은 있는가

제8장 내실 있는 논술교육을 계획하고 있는가

제9장 학생인권조례, 교육적 효율성 있는가

제10장 교육과 교육정책에 대한 담론

제11장 애국심 고취정책

제1장

우리나라 교육현장을
바라보면서

http://blog.daum.net/sang7981/4194

누구의 무덤에 침을 뱉을까

"우리 교육의 가장 큰 문제는 신자유주의를 따랐다는 데 있다. 경쟁과 엘리트의식만 강조하고 사회적 연대는 외면했다. 이제 참여 민주주의 정부는 평등원칙에 입각한 교육개혁에 들어간다."

어디서 많이 듣던 소리 같은가. 베네수엘라의 교육체육부 장관이 두 달 전 '베네수엘라 분석' 이라는 영문 인터넷신문 인터뷰에서 밝힌 교육철학이다.

당연히 반대파에선 위헌이다, 교사로 가장한 정치세력이 아이들을 세뇌시킨다고 비난한다. 하지만 요즘 우고 차베스 대통령에 대한 지지율이 70%다. 그 나라 국민이 좋다는 데야 그 교육혁명이 쿠바를 빼닮았든 말든 내게 상관없다. 세계 5위 산유국이니만치 석유 값이 폭락하지 않는 한 그들 끼리 잘살 것이라고 믿어 의심치 않는다.

다른 나라의 교육개혁은 좌파 대통령이 이끄는 베네수엘라와 정반대다. 이스라엘에선 16일 교사 2500명이 해고됐다. 정부의 의뢰를 받아 학계와 기업계, 사회인사 18명이 연구 발표한 교육개혁안에 격렬히 반대했기 때문이다. 아이들의 실력을 높이려면 학부모의 학교선택권과 학교 교사에 대한 평가, 학교장의 예산 정책결정권이 필요하다는 것이 개혁안의 핵심이다.

이 보고서에 언급됐듯이 최근 세계의 교육개혁은 교육의 질과 성취도를 높이는 데 집중되고 있다 지난달 영국의 엘리자베스 여왕은 학부모의 교육권을 강조하며 "실패한 학교는 문 닫아야 한다." 고 연설 했다. 석유부국 바레인도 '시장의 요구' 에 보다 잘 맞출 수 있는 경쟁력 위주의 교육개혁을 시작했다.

  베네수엘라식 해석대로라면 지극히 신자유주의적인 교육으로 세계가 달려가는 이유는 간단하다. 그러지 않고는 아이들이 커서 먹고살 수가 없기 때문이다.

  정보기술(IT)혁명과 함께 온 세계화라는 흐름은 누가 막는다고 해서 막아지지 않는다. 이제 기업과 공장은 최고의 지식과 기술을 지닌 인재가 있거나, 최저가 노동력이 있는 곳이면 어디든 간다. "땀 흘려" 일하고 싶어도 13억 중국 인구와는 경쟁이 안 된다.

  그렇다면 휴먼캐피털의 질을 높이는 것 외엔 대책이 없다. 유럽연합(EU)의 통상위원 피터 맨덜슨 씨가 "부(富) 없이 기회 없고, 기회 없으면 진보도 없다. 급변하는 세계에서 개인의 잠재력을 키우려면 학교 교육의 수준을 최대한 높여야 한다."고 역설한 것도 이런 이유에서다.

  학교교육의 성패는 교사의 능력과 태도에 달렸다. 핀란드의 아라비아 종합학교 교장이 일등교육 비결 세 가지로 교사, 교사를 꼽을 정도다. 그런데 우리나라 교사조직에선 현재의 교육정책이 신 자유주의적이라며 공동체중심, 평등교육, 대학평준화 등을 주장한다. 교과서는 세계화 속에서 살아갈 방법보다 세계화 속에서 살아갈 방법보다 세계화의 부작용을 강조한다. "많이 배우신 분"에 대한 집권층의 적개심은 세상이 다 알고 있다.

  '미래 한국'이 무너진다. 지금은 교사평가제나 3불 정책(고교등급화, 본고사, 기여 입학제 금지), 사학법개정을 놓고 입씨름을 할 만큼 한가한 때가 아니다. 좋건 싫건 멈출 수도, 내릴 수도 없는 세계화 시대에서 "반(反)세계화 세력"이 우리 교육을 좌지우지하며 우리 아이들은 세계와 거꾸로 가도록 만들고 있는 게 문제의 핵심임을 주시해야 한다.

  아마추어 경제실험으로 살기가 어려워지는 건 차라리 괜찮다. 강남 아파트 값이 치솟는 것도 참을 수 있다. 하지만 잘못된 교육 때문에 우리 아이들이 실력 못 기르고, 인재 못되고, 커서는 일자리도 없는 나라에서 살게 되는 건 견딜 수 없다. 그때는 우리 아이들이 누구의 무덤에 침을 뱉을지 똑똑히 봐 둘 일이다.[2]

실패한 교육정책, 책임은 없다?

교사들이 화가 났다. 지금 교육현장에선 교사들이 실패한 교육정책에 대해 국민감사를 청구하는 전례없는 일이 벌어지고 있다.

고교 진학지도와 입시정책 연구교사 모임인 한국교육정책교사연대는 지난 4일 보도자료를 내고 1년 만에 사라진 선택형 수능시험과 국가영어능력평가시험(NEAT)의 수능영어 대체 무산에 따른 감사청구를 위한 10만인 서명 운동에 들어간다고 밝혔다.

이들은 교육당국이 2014학년도 수능시험은 학생의 학습부담 경감, 사교육 유발요인 저감, 공교육의 정상화를 유도한다는 취지를 가지고 선택형 수능을 도입한다고 밝혔으나, 당초 목적은 하나도 달성하지 못하고 현장의 혼란과 불신만 가중시킨 채 2014학년도 입시가 치러지기도 전인 2013년 11월 폐지안이 확정됐다고 지적했다. NEAT 또한 수능영어를 대체하겠다던 당초 목표와는 달리 한 번도 제대로 실시되지 않고 시범실시만 하다 폐지된 졸속행정, 전시행정의 표본이라고 비판했다.

이 두 가지뿐일까. 찬성하는 목소리는 거의 들리지 않는데 왜 만들었을까 생각이 드는 교육정책은 어렵지 않게 찾을 수 있다. 집중이수제가 그렇고, 수능 만점자 1% 정책, 입학사정관제의 급격한 확대 등이 대표적이다.

취재현장에선 "도대체 이런 정책을 왜 만들었는지 모르겠다" "이걸 만든 사람들이 누구인지 얼굴 좀 보고 싶다"는 학부모, 교사, 학생들의 원성을 적지 않게 들었다.

이번 감사청구를 추진하는 교사연대 이성권 대표도 "A·B형 수능 공청회에서 모두가 반대했던 것을 똑똑히 기억하는데 도대체 왜 이런 정책이 추진된 것인지 영문을 모르겠다"며 "최소한 누가 만들었는지는 알아야 할 것 아니냐"며 소리를 높였다. 이 소란의 와중에 정작 수능 A·B형을 도입한 주역 중 한 사람인 성태제 한국교육과정평가원장은 지난달 중순 임기를 '무사히' 마치고 이화여대 교수로 조용히 돌아갔다.

성 전 원장은 2014학년도 수능개편안의 뼈대가 된 중장기 대입 선진화연구회의 총괄위원장을 맡아 수능 A·B형 도입과 NEAT의 수능영어 대체 방침, 수능 만점자 1% 정책 등을 주도해왔다.

지난 정부의 핵심 교육정책으로 추진했다가 많은 비판에 직면한 국가수준학업성취도 평가도 맡았고, 지난 연말엔 2014학년도 대입 수능시험에서 세계지리 과목에서 오류가 있는 문제를 출제해 논란의 한복판에 섰다.

하나하나의 사안들이 수많은 예산을 낭비하고 수십만명의 수험생들에게 큰 피해를 안겼지만 문제가 불거질 때마다 실무자를 문책하는 선에서 사태가 종료됐다. 이를 감시해야 할 교육당국은 평가원이 알아서 할 일이라며 늘 발빼기로 일관했다. '말도 안 되는 정책'을 만들어낸 책임은 전혀 없고, 피해는 고스란히 학생, 학부모들에게 돌아가니, 당한 사람만 억울할 뿐이다.

성 전 원장 외에도 지난 정부 수능 A·B형 정책의 주역들은 현재도 사과는커녕 국책연구원 수장으로, 굵직굵직한 정부용역을 도맡는 전문가로 승승장구하며 교육정책을 쥐락펴락하고 있다.

지난 정부에서 교육정책이 잘못 가고 있는데도 이를 엄호하던 교육당국과 관료들은 정권이 바뀌자 '그게 내 뜻이었겠느냐' '그 상황에서 나 혼자서는 어떻게 할 수 없지 않느냐'는 식으로 둘러댄다. 치사하고 비겁하다.

교사연대의 감사청구는 이런 관습의 맥을 끊자는 첫걸음이다. 교사연대가 밝힌 대로 정책 입안과 실사 과정에 문제는 없었는지, 예산낭비와 졸속으로 막을 내린 정책의 책임 소재는 누구에게 있는가를 명명백백하게 밝힌다면, 교육정책이 '위'가 아닌, 교육수요자들을 향하게 할 수 있다.

학부모와 학생들을 대신해 발을 뗀 이들의 움직임이 교육수요자들의 교육주권을 찾는 변화를 불러오길 기대한다.[3]

부담만 늘어난 주5일 수업

2005년 3월부터 전국 초·중·고교에서 월1회 주5일 수업제가 시작됐다. 그리고 3월 26일 우리나라 교육 역사상 처음으로 주5일 수업제에 따른 첫 토요일 휴업을 전국적으로 실시했다.

그런데 단 한 번이었지만 토요 휴업일을 경험한 교사와 학생, 학부모들은 마냥 즐겁지만은 않은 눈치였다. 교사들은 이미 주중으로 수업을 앞당겨서 실시해 수업결손 없이 모든 수업시수를 다 채운상태였으나, 학별로 10% 내지는 15%의 교원들이 출근해 학생들을 지도해야 했다.

학생들은 작년에 없던 주중 7교시 수업의 고통스러움을 이겨내야

했고 학부모는 체험학습 보고서 등의 과제를 챙겨주기에 더 바쁜 하루를 보냈다.

물론 이러한 평가가 나오는 것은 제도 시행 초기에 나타나는 일시적인 문제로 보는 관점이 좀 더 타당하다 할 것이다. 그렇다 하더라도 현재의 주5일 수업제가 이대로 확대 실시되어서는 곤란하다는 것에는 공감대가 형성되는 분위기였다.

주5일 수업제가 확대되기 이전과 이후에 개선돼야 할 것이 여러 가지지만, 그 중 두세 가지만 짚어 보고자 한다.

첫째는 꼭 토요일에 학생들을 자유등교라는 명목으로 등교시켜야 하느냐의 문제이다. 교육부에서는 학교의 특수성을 들어 '학생들이 있는 곳에는 반드시 교사가 있어야 한다.' 는 논리를 통해 교원들에게 출근을 권하고 있다.

물론 옳은 말이다. 문제는 토요 휴업일 실시 일 에 등교 신청을 하는 학생들이 많지 않다는 것이다. 학생들이 있는 곳에는 교사가 있어야 하겠지만 그렇지 않은 학교에까지 교사가 있어야 하는 것은 효율적이지 못하다. 앞으로 횟수가 거듭될수록 이런 현상은 더 심화될 것으로 보인다.

대안으로는 사이버 가정학습프로그램 구현을 통해 교사들이 학습자료를 직접 개발·강의해 홈페이지에 올리는 방안 등이 있을 수 있다. 이렇게 된다면 학생들이 군이 학교에 나오지 않더라도 소기의 학습효과를 거둘 수 있기 때문이다.

둘째는 휴업일의 활동프로그램이 꼭 학생이 속한 학교 내에서만 이루어져야 하느냐의 문제이다. 학교에서 다양한 프로그램을 준비한다고는 하지만, 현재의 그것은 평소의 계발활동 수준을 벗어나기 어려운 것이 현실이다.

이들 프로그램의 수준을 높이기 위해서는 각 지역의 자치단체에서 운영 중인 각종 문화교실 및 취미교실 등과 연계시키거나 아니면 몇 개의 학교를 하나의 권역으로 묶은 다음 그중에서 1, 2개 학교에 다양한 프로그램을 집중적으로 개설하는 것도 좋은 방안이 될 것이다.

즉, 학교를 그 지역의 문화센터화 하여 학생들이 원하는 대로 참여할 수 있도록 하자는 것이다. 인력의 활용 측면에서도 효율적인 방안이라고 보겠다.

셋째, 일반 국민들에게 학교에서의 주5일 수업제 실시는 일반 기업체나 공공기관의 주5일 근무제와는 성격이 전혀 다르다는 것을 인식하도록 해야 할 필요가 있다.

여타의 기업체나 공공기관처럼 단순하게 토요일에 근무를 하지 않으므로, 교사들도 근무시간이 줄어들 것으로 인식하고 있지만 실제는 그렇지 않다. 이미 다른 요일에 토요 휴업일의 수업을 모두 다 했다. 실 수업시수는 단 1%도 줄지 않았다.

이것이 도리어 업무의 가중을 가져오는 결과를 낳았다. 6일에 처리할 업무를 5일에 처리해야 하지만, 주중에는 늘어난 수업시수 때문에 처리할 시간이 도리어 줄었기 때문이다. 이것이 다른 분야의 주 5일 근무제와 같이 생각해서는 안 되는 이유이다.

그 밖에 주중 수업시수의 과다에서 오는 교원의 업무 가중, 휴업일이 되어도 정말로 갈 곳이 없는 나 홀로 학생들, 학생들의 학력저하 등, 이러한 것들 역시 우선 해결해야할 시급한 문제이다.

좀 더 확대실시 된 후에 처방을 내리기보다 지금이라도 좀 더 깊이 있고 심도 있는 검토와 논의를 통해 현재까지 나타난 문제점을 해결하기 위한 지혜를 짜낼 때, 주5일 수업제의 앞날은 밝다고 하겠다.

18만건 고쳤다는 학교생활기록부 신뢰할 수 있나

일선 고등학교에서 학교생활기록부(학생부)를 수정하는 일이 급증하고 있다. 유은혜 의원이 교육부에서 받은 자료를 보면 지난해 전국 고교의 학생부 정정은 18만2405건에 이른다.

2012년(5만6678건)과 비교해 4년 새 3배 이상 늘었다. 올해는 1학기에만 10만7760건이 고쳐졌다. 학생부 수정은 불법이 아니다. 해당 학년도 이전에 입력된 학생부 자료는 원칙적으로 수정할 수 없지만 동아리·봉사 활동이나 수상실적 등이 누락됐다는 증빙 자료가 있으면 교내 학업성적관리위원회 심의를 거쳐 고칠 수 있다. 그러나 특정 교과의 학업 능력 등을 적는 '세부능력 및 특기사항' 항목이나 학생의 인성 및 관심사항을 기록하는 '행동특성 및 종합의견' 항목도 지난해 각각 3만여건 수정이 이뤄졌다.

학생부는 대입의 핵심 전형 자료다. 입시에서 학생부를 고쳐 한 줄이라도 내용을 추가한 학생은 합격 가능성이 그만큼 높아지고, 학생부를 수정하지 못한 학생은 그 반대다. 그렇잖아도 학생부는 교사와 학생·학부모 간 짬짜미 우려가 있고, 금수저 전형이라는 인식이 퍼져 있는데 학생부 수정이 이렇게 다반사로 이뤄지고 있다면 신뢰성에 의심을 품지 않을 수 없다. 내신 성적 조작 등 교육청 감사에 적발된 학생부 관련 비리가 지난 3년간 300건이 넘는다는 점을 고려하면 학생부 수정 과정에서 사실 왜곡이나 조작, 학부모의 부당한 개입이 없었다고 단정하기 어렵다.

학생부 관리가 이런 식이면 문재인 정부의 공약인 수능 절대평가 도입은 사실상 불가능하다. 수능 절대평가는 입시에서 수능의 비중을 줄이고 학생부의 영향력을 키우는 것이 핵심이다. 그러나 학생부와 자기소개서, 추천서 등으로 학생을 선발하는 학생부종합전형(학종)에 대한 불신 때문에 지난 8월 교육부는 수능 개편을 1년 뒤로 미뤘다.

당시 설문조사 결과를 보면 시민의 75.1%는 학종이 상류층에게 유리하고, 74.8%는 부모나 학교·담임교사 등에 따라 결과가 달라지는 전형이라고 응답했다.

당장 2018학년도 대입에서 학생부를 반영해 뽑는 인원은 22만여 명으로 전체의 64%에 이른다. 학생부는 결과보다 과정을 중시하고, 학생들에게 진로 탐색 기회를 부여하는 장점이 있다. 하지만 지금의 학생부 체제로는 안 된다. 대입의 공정성과 형평성은 한국 사회를 지탱하는 최후의 보루다. 학생부의 신뢰도를 높이는 대책 마련이 시급하다.4)

학교교육, 그 나약함에 대하여

미국의 100달러짜리 지폐에 얼굴 사진이 실린 '벤자민 프랭클린'의 기록물에 나오는 이야기다.

1744년 버지니아 주정부와 6개 인디언 부족 사이에 체결된 랭카스터 조약에서 버지니아 대표 위원들이 인디언 부족장들에게 호의적인 제안을 내놓았다. 만약 6개 부족의 추장들이 그들의 아들을 백인 대학에 보내길 원한다면 정부는 그들이 백인의 학문을 전부 배울 수 있도록 길을 열어주고 재정 지원을 아끼지 않을 것이라고 했다. 그러자 인디언 대표가 대답했다. "당신네들의 호의적인 제안은 감사하게 생각하지만, 과거 경험에 비추어볼 때 백인들이 가르치는 대학 교육을 받은 우리 젊은 인디언들은 말타는 법도 미숙하고 숲에서 생활하는 방법도 다 잊어버리고 추위와 배고픔을 참아내는 인내심마저 사라진 나약하기 그지없는 낙오자가 되어 돌아 왔습니다. 통나무로 집짓는 방법도, 사슴을 잡는 방법도, 그리고 적의 습격에 대응하는 용기도 모두 잃어버린 한낱 무기력한 젊은이가 된 것입니다. 만약 당신네 백인들의 자녀를 우리 인디언 마을로 보내준다면 우리는 그들의 교육을 책임질 것이며 우리가 아는 모든 것을 가르쳐 어른으로 키워주겠습니다."

교육현장에서 학생들을 대할 때면 요즘 학생들은 이전의 학생들에 비해 도전정신과 생활 속 자신의 문제를 스스로 해결하려는 의지가 많이 떨어져 있음을 보게 된다.

대학 입시에 종속된 학교 교육이 자기주도적 학습은 강조해도 정작 학생들의 자기주도적 생활 지도엔 한계를 드러낸다. 학교 급식에서 생선 조림이 나오는 날이면 상당수의 학생들이 생선 가시를 발라내는 성가심 때문에 먹던 밥을 남기고 식탁을 떠난다. 가정에서 생선 가시를 발라주는 어머니의 보살핌이 만들어 놓은 결과다. 가난 속에서 단련 받은 이전의 학생들과는 달리 요즘 학생들은 교실의 더위와 추위를 좀처럼 참아내질 못한다. 쾌적한 아파트 주거생활이 가져다 준 나약함이 아니겠는가.

고등학생들만의 문제가 아니다. 대학에 신입생 수련회가 있는 날이면 학과 사무실 조교들은 할아버지들로부터 많은 전화를 받게 된다. 대학생 손자 손녀의 행선지와 일정을 챙기는 문의 전화인 것이다. 매학기 수강신청 기간이 되면 수많은 대학생 엄마들이 인터넷을 통한 자녀 수강 신청을 대신해 주는 현상은 이제 일상사가 돼버렸다. 엄마가 대신해준 수강 신청 과목을 자녀들에게 알려주는 것을 까먹어 출석부에 이름이 올라있는 학생이 2, 3주가 지나도록 강의실에 나타나지 않는 경우도 있다. 할아버지의 경제력과, 엄마의 정보력, 그리고 아버지의 무관심. 이들 3대 조건을 통해 대학문을 통과한 세대들의 모습이다.

그렇게 학교생활을 해 가던 젊은이들을 모아 병영 생활과 군사훈련을 시켜야 하는 군 관계자들은 병사들의 과다 체지방과 약한 근육을 우려하고, 상관의 명령보다는 엄마의 명령에 길들여진 '마마보이'들을 데리고 유사시 적과의 대치를 해야 할 판이다.

한 때 영국의 과학자 알프레드 월리스가 참나무산 누애나방이가 고치를 뚫고 나오는 과정을 관찰하게 되었다. 나방이는 누애고치 안에서 작은 구멍 하나를 뚫고 그 틈을 빠져 나오기 위한 고통을 한나절이나 참아내야 했다. 작은 구멍을 빠져 나오는 나방이의 모습이 너무 안쓰러워 과학자 일프레드는 예리한 가위로 누애고치의 구멍을 넓혀 주기도 했다.

그런데 스스로의 힘으로 고치를 빠져나온 나방의 경우는 예쁜 색깔로 변해 훨훨 날아가는 것과는 달리, 도움을 받아 편하게 구멍을 빠져나온 그 나방은 몇 번의 날개를 퍼덕이다 날지 못하고 죽어 버렸다.

요즘 점차 나약해져가는 학생들을 보고 있노라면 산란의 꿈을 안고 세찬 물살을 거슬러 올라가는 연어들의 힘찬 도전, 위험을 무릅쓴 독수리의 새끼훈련 방식을 떠 올리게 된다.

지금 우리네 가정에서의 자녀 교육 방식이나 학교에서 제공하는 교육 내용이 도전하는 연어 보다는 어항 속 금붕어를 기르고, 용맹한 독수리 대신 병아리를 키워내고 있는 것은 아닐까. 교육의 우선순위를 다시 생각해야 한다.[5]

교육개혁, 급할수록 돌아가야

무언가 개혁하려 할 때는 속도전을 벌일 곳이 있고 벌여서는 안 될 곳이 있다. 경제 분야라면 되도록 빨리 속도전을 벌여야 하겠지만, 교육 분야만큼은 절대로 속도전을 벌여서는 안 된다. 그런데도 '빨리빨리 정신'이 가장 만발했던 곳이 교육 분야였던 것 같다. 새 정부는 교육 분야의 개혁 속도를 줄여주었으면 한다. 그런데 요즘 갑자기 서두르는 것 같아 걱정이다.

교육개혁에서 속도전을 피해야 하는 까닭은, 경제학 용어를 빌린다면, 자본의 회임 기간이 길기 때문이다. 아이가 태어나서 사회활동을 시작하려면 적어도 유·초·중등교육기간 14년, 고등교육기간까지 합하면 18년 동안 교육을 받아야 한다. 이렇게 장시간이 걸리기 때문에, 교육은 늘 장기적인 관점에서 최소한으로 천천히 개혁해야 한다. 그래야, 교육 현장이 안정되고 아이들도 균형감 있게 자랄 수 있기 때문이다.

그럼에도, 우리는 교육개혁의 속도를 가파르게 높여왔다. 교육개혁의 꽃인 교육과정의 역사를 살펴보면, 우리의 개혁 조급증이 얼마나 깊어졌는지 확연히 드러난다.

해방되고 나서 일제 황국신민교육을 청산하고 미 군정에서 민주시민 교육을 시작한 때가 1946년 9월이었는데, 이때부터 1955년까지를 교수요목기(敎授要目期)라고 한다. 우리 정부에서 신교육을 펼친 때가 1955년 8월이었는데, 이 새로운 교육과정을 제1차 교육과정으로 부른다. 민족주체성과 경제발전을 강조했던 제2차 교육과정이 1963년에 시작되었고, 학문중심 교육과정으로 불렸던 제3차 교육과정이 1973년에 개편되었다. 복지사회를 목표로 했던 제4차 교육과정이 1981년에 개편되는 등 이때까지만 해도 교육과정은 거의 10년 간격으로 개편되었다.

그 뒤 민주화 시대로 접어들면서 교육과정의 개편 속도는 5년 주기로 빨라졌다. 1987년 제5차 교육과정, 1992년 제6차 교육과정, 1997년에 제7차 교육과정이 개편되었다. 2004년에는 수시개정체제로 바뀌어 개혁속도는 숨 막힐 지경이 되었다. 2007년에 대규모로 교육과정이 개편되고 나서 미처 다 시행되기도 전에 2009년에 또다시 대규모로 개편되었다. 교육현장에서는 앞뒤 두 개의 교육과정이 뒤엉키는 기현상까지 벌어졌다.

교육과정은 시대변화를 반영해야 한다. 사회변화의 속도가 빨라지면 교육과정의 개편 속도도 빨라지는 것은 당연하다. 그렇더라도 서로 다른 교육과정이 뒤엉킬 정도의 교육개혁 속도라면 아무래도 속도위반처럼 보인다.

이처럼 개혁 조급증에 쫓긴다면 교육현장은 피폐해질 수밖에 없다. 우리는 조급증에서 벗어나야 한다. 국가의 백년대계를 위해서라면 더더욱 그렇다.

아무리 절실하더라도 생각하고 검토할 시간이 필요하다. 아무리 많은 사람이 요구하더라도 다른 사람들과 깊이 의논해야 한다. 아무리 문제가 심각하더라도 진단과 처방을 서둘러서는 안 된다. 교육에 관한 한 진단과 처방은 긴 호흡으로 차분하게 해 나가야 한다. 교육현장에서 적응할 시간이 필요하기 때문이다.

교육과정만 개혁한 것도 아니다. 1995년의 5·31 교육개혁안이 발표된 뒤 정권마다 수많은 교육개혁을 해왔다. 어느 정권이든 교육의 미래를 위한 마음으로 개혁했겠지만, 교육정책들의 상당수는 교육현장에 깊이 뿌리를 내리지 못했다. 교육현장의 반발이나 정책 부작용 때문에 다음 정권에서 폐기되기 일쑤였다. 그래서 그런지 교육

현장은 언제나 혼란스럽다.

교육정책의 지속 가능성을 확보하려면 무엇보다도 정책당국에서 개혁 속도를 늦추어야 한다. 최근에 부각된 한국사의 필수화 문제나 수능 반영 문제도 갑작스레 서두르면 안 된다. 청소년의 역사인식 문제는 정말로 심각하고 절실하다. 그렇지만 그럴수록 우리는 차분하게 진단하고 정확하게 처방해야 한다. 조급하게 서두르면 바라는 효과를 얻지 못한다. 최악의 경우에는 얻을 것도 잃게 되지 않을까 싶다.

한국사 필수화나 수능 반영보다 시급한 것이 한국사 교육의 내용 문제이다. 교육계의 피나는 노력으로 먼저 한국사의 교과내용부터 정상화시켜야 한다. 그런데도 정책당국이 당일치기하듯 밀어붙이는 것 같아 못내 아쉽다.6)

초등학생에게 학생인권부터 가르치는 게 혁신인가

염치를 숭상하던 동방예의지국에 패륜이 빈발하고 괴물이 횡행하고 있다. '심심해서' 때리고 '장난삼아' 물건에 손을 대고 연일 극단적인 행태와 말싸움이 여기저기서 벌어지더니 급기야 현역 국회의원이 '내란음모' 혐의로 구속되는 초대형 사고가 발생하였다! 소름이 돋는다. 정상적인 교육체제에서 어떻게 이런 사람들이 생겼나.

소위 '혁신학교'인 경기도의 한 초등학교의 수업 주제가 '프랑스 대혁명과 학생인권 개선'이었단다. 어린이에게 다가온 프랑스 대혁명의 의미는 자유 평등 박애일까, 기요틴일까. 필시 기요틴이 기억에 오래 남을 텐데, 그 또래에게는 무자비한 폭력 수단으로 입력될 가능성이 크다. 그걸 교육과정에도 없는 초등학생에게 가르치다니! 교사가 학생을 책망하는 광경을 휴대전화에 담아 신고한 학생이 있는가 하면, 선생님이 훈계라도 할라치면 눈 똑바로 뜨고 '인권조례 아시죠?' 하고 있지 않은가.

학생인권은 존중받아야 하고 개선하려는 노력은 당연하다. 그러나 학생인권은 학생이 그 향유 주체이긴 해도 학생이 적극적으로 추진할 사안은 아니다. 학생이 생각하는 인권의 범위와 정도가 전문가의 그것과 다르고 개선 책임과 실행력은 성인에게 있기 때문이다. 사실 체벌은 비인간적, 비교육적이라는 자각으로 학생인권조례 이전부터 대폭 감소하고 있었다. 그런 것을 초중등교육 경험도 없었는지 현장과 괴리된 어설픈 조례를 시행하여 어이없게도 '교권 추락'과 헛똑똑이를 양산하는 결과로 이어졌음은 잘 알려진 사실이다.

경기도발 혁신학교는 '민주, 전문, 창의, 혁신 등' 나무랄 데 없는 최고 수사로 포장돼 있어 일견 완벽해 보이지만 실제 모습을 보면 문제점이 한둘이 아니다.

첫째, 앞에서 예로 든 유형의 나쁜 수업이 전개되고 있다. 이런 수업은 독성이 워낙 강해 가히 정신적 살인이라 할 법하다. 둘째, 일부 학교에만 시행하는 것은 형평에 맞지 않는다. 좋은 수업이라면 모든 학교에서 실시해야지 왜 일부인가. 또한 최소 예산으로 효과를 내야 진짜 혁신이다. 거금의 힘으로 일시적 만족도를 높여 좋은 학교라고 자찬하는 건 명백한 거짓말이다.

셋째, 온통 '바꾸는 데' 몰입되어 근본을 모르는 후레자식으로 만들 위험이 높다. 호기심 많은 아이에게 변화 일변도는 참 위험하다. 교육에는 지켜야 할 덕목이 많다. 효심, 우정, 스승 존경, 애국심, 준법정신 등이 아닐까 싶다. 이들은 심성을 온유하게 하고 질서와 공동 번영의 가치를 일깨워 조화로운 삶과 국가 영속을 가능하게 하는 문명사회의 근본 가치이다. 애국가 4절까지 부르기나 줄서기 같은 근본은, 이성교제나 게임처럼 매력 있는 일은 아니어서 치밀하게 가르치지 않으면 간과되게 마련이다.

숭문주의가 견고한 우리 사회에서 지식, 덕성, 체력의 조화를 뜻하는 지덕체는 언제부턴가 앞에 위치한 지식편중주의로 흘러버렸고 이는 깨어 있는 대부분을 '지식 공부'에 전념하도록 형성된 우리의 교육문화 때문이다.

세계적 교육열에도 불구하고(어쩌면 그 결과로) 빈약한 몸통과 심드렁한 가슴에 머리만 커다란 기형아를 길렀다고나 할까. 이 기형의 상태가 폭력, 왕따, 무관심, 자살 등 일탈행위로 표출되는 것이다. 일탈행위의 확대 재생산이라는 비극을 막을 교육적 대안은 인성과 체험을 지식에 앞세우는 진정한 교육 혁신뿐이다.[7]

사이버 폭력 뿌리 뽑아야

학부모와 학생을 대상으로 '117이 무엇이냐'고 묻자 99% 이상이 '모른다'고 답할 정도로 117(학교폭력 신고)에 대해 무지한 상태다. 117은 학생과 학부모가 24시간 학교폭력 피해를 신고하고 자녀교육에 대한 조언을 받을 수 있는 창구다. 올해 상반기 117 신고 통계에 따르면 폭행 42%, 언어폭력 23%, 공갈 13%, 기타 22% 순으로 접수됐다.

SNS를 통한 언어폭력은 급격히 증가하고 있다. 학생들은 사이버 언어폭력에 무방비로 노출되어 깊은 상처를 받는다. 사람을 비방할 목적으로 공공연하게 사실이나 거짓을 드러내 타인의 명예를 훼손하는 내용을 게재할 경우엔 특별법인 정보통신망이용촉진 및 정보보호 등에 관한 법률 위반으로 7년 이하의 징역, 10년 이하의 자격정지 또는 5000만 원이하의 벌금에 처해지는 등 중대한 범죄로 처벌 받는다.

그렇지만 처벌보다는 부모·학교·사회·SNS 제공 업체 등의 노력이 절실하다. 욕설이나 비방 글이 SNS에 게재되지 않도록 여과 장치를 마련하는 일이 급선무이다. 나아가 학생들이 올바르게 SNS를 이용할 수 있도록 적극적인 교육이 절실하다.[8]

"나도 미국 소도시로 유학 가고 싶다"

이름도 생소한 미국 소도시에도 한국의 초중고교생 유학생들이 몰린다고 한다. 교육환경이 대도시 못지않은 데다 사교육비도 안 들고 물가도 싸기 때문이라는 것이다. 서울 강남에서 두 아이의 과외비만 월 100만 원 이상 썼다는 주부 이은경 씨가 아이들과 함께 조지아 주 애선스라는 곳으로 옮긴 후 생활비가 덜 든다며 만족스러워했다는 얘기가 보도되기도 했다.

미국 중부와 남부 등에는 1년에 학비가 5000~7000달러 정도 하는 사립학교가 많은데 이들 학교에서 유학생 비자를 받으면 저렴하게 조기 유학을 보낼 수 있기 때문이다. 그런데 미국 사립학교는 학교마다 편차가 크기 때문에 미리 학교 교육의 질을 잘 따져봐야 한다고 전문가들은 말했다.

'기러기 가족'으로 아버지와 떨어져 사는 생활이 이상적이라고 할 수는 없다. 그러나 "가능하다면 나 역시 아이들을 보내고 싶다"는 반응이 적지 않다. 이 씨는 기독교 계통 사립학교를 '선택'해 큰아이를 7학년(한국의 중학교 1학년)에 진학시켰지만 한국에서는 이런 선택권을 가질 수 없다. 그나마 내년부터는 시도 교육감이 갖고 있는 국제중학교와 특수목적고 설립 인가권마저 교육인적자원부가 '사전협의'가 필요하다는 이유로 사실상 '회수'한다.

위헌 소지가 드러난 개정 사립학교법에 대해서도 열린우리당은 집단경영체제 성격의 '개방형 이사제'를 그대로 두겠다고 고집하고 있다. 선진국에서는 학부모에게 학교선택권을 주고 학교 간, 교사 간 평가 및 경쟁을 통해 교육경쟁력을 높이는데 우리만 평등주의적 교육관에 사로잡혀 하향 평둔화(平鈍化)로 치달린다.

교육의 해외 탈출이 2000년 4400명에서 4년 만에 4배가량 급증한 것도 이 때문이다. 5월 기획예산처의 학부모 심층면접 결과 초등학생은 영어, 중고교생은 국내 교육에 대한 불만이 조기유학의 이유라고 한다. 잘못된 교육제도 탓에 지난해 교육수지 적자가 약 3조1500억 원이었다. 나라 전체가 벌어들인 경상수지 흑자액의 20%를 해외 학교에 쏟아 부은 셈이다.

돈과 사람이 빠져나가는 나라에 얼마나 희망이 있겠는가. 미국 뉴스위크지는 지난달 "한국 정부가 시장가격부터 교육시스템까지 일일이 간섭하기 때문에 서비스업 생산성이 제조업의 절반"이라며 한국이 아시아모델을 거꾸로 뒤집었다고 꼬집었다. 경쟁력 없는 국내 교육만 받은 아이들이 실업과 빈곤의 대물림으로 허덕이기 전에 정부는 시대착오적 코드 교육을 버려야 한다.9)

부도난 무상급식비

'무상(無償)'이란 값을 치르지 않는 것, 돈 안 내고 받는 '공짜'가 무상이고 돈 안 받고 거저 주는 밥이 무상급식이다. 내친 김에 '무상급의(無償給衣)'로 옷까지 공짜로 주고 '무상급택(無償給宅)'으로 무주택자에게 집마저 거저 주면 어떨까. 그럼 '무상 의식주'가 될 거 아닌가. '반값 버스'에다가 무상급식을 들고 나와 경기도교육감이 된 김상곤처럼 정주영 전 현대그룹 회장도 '반값 아파트'가 아니라 '3분의 1 값 아파트' 아니면 '무상 아파트'를 외치고 무상 복지국가를 부르짖었더라면 1992년 14대 대선에서 너끈히 재벌 대통령으로 당선됐을지도 모른다.

'복지'란 곧 복이고 복 받아 잘사는 게 복지다. '복지국가론'을 처음 들고 나온 인물은 19세기 독일 사회주의 사상가 페르디난트 라살(Lassalle)이었다. 따라서 공짜 복지국가론은 그의 사회주의 사상에서 비어져 나온 것이다.

하지만 자유민주주의 시장경제 국가라고 해서 복지 지향을 마다할 이유는 없다. 다만 줄 수 있어야 주는 거고 능력 한도에서 주는 거다. 세수(稅收) 한도에서, 나라 재정이 허락하는 한의 복지라야 복지다. 왜 '가난 구제는 나라도 못 한다'고 했던가. 전체 가난 구제란 할 수도 없고 그러다간 나라가 거덜 나기 때문이다. 항아리에 물을 부으면 밑바닥부터 차오르듯이 극빈층 구제부터, 끼니 굶는 애들부터 공짜 밥을 먹이는 게 순서고 순리다. 중산층 이상 부잣집 애들에게 공짜 밥을 줘봐야 고마운 줄도 모른다. '가난 구제' '가난 구휼'은 있어도 '부자 구제, 구휼'은 듣지 못했다. 이 참에 무상급식비 부도가 난 건 예고됐던 일이다.

내년 예산 376조, 올해 나라 빚이 503조라고 했다. 세금은 덜 걷히고 복지비 등 세출과 국가 채무만 늘면 국가 파산은 뻔하다. 과다복지로 인한 재정파탄에다 유럽의 문제국가로 전락한 그리스를 비롯해 무상복지 시리즈로 2011년 재선됐지만 결국 지난 8월 국가채무불이행→파산을 부르고 만 크리스티나 페르난데스 아르헨티나 대통령은 대표 반면교사 감이다. 2011년 7월 이마가 땅에 닿도록 민주당의 과다 무상복지를 사과한 칸 나오토(菅直人) 일본 총리, 그래서 아베 자민당에 정권을 내준 그들은 어떤가.10)

권의지계된 대한민국 교육

공교육 내실화·경쟁력 강화 내걸고 선행학습금지법 야심차게 내놨지만, 손바닥 뒤집듯 바뀌는 교육정책에 학생·학부모 불신과 피로감 높아, 정치적 중립 최우선 가치로 놓고 교육은 백년지대계 신뢰 쌓아야 한다.

'백년지대계(百年之大計)', 백 년 이상의 먼 장래까지 내다보고 세우는 큰 계획을 뜻한다. 예로부터 우리는 교육은 백년지대계라고 얘기했다. 그만큼 교육은 하루아침에 이뤄질 수 없으며 그 결과가 1~2년 내 나타날 수 없다는 의미다. '권의지계(權宜之計)', 아침저녁으로 뒤바뀌며 시류에 야합하는 즉흥적이고 편의적인 계획이란 말이다. 백년지대계와 반대되는 개념이다. 우리 교육현장을 보면 백년지대계보다 권의지계가 어울리는 듯하다. 학생과 학부모들은 언제 또 교육정책이 바뀔지 몰라 조마조마하다. 대학들의 2014년도 입학전형 계획 자료를 보면 이런 안내 문구가 눈에 들어온다. "입학전형은 변경될 수 있습니다." 백 년은 언감생심, 10년, 아니 1년 앞도 내다보기 힘들다.

최근의 선행학습금지법 논란을 보면 교육정책이 얼마나 불신을 받는지 짐작할 수 있다. 박근혜 대통령의 대표적인 교육 공약인 선행금지법. 사교육을 줄이기 위해 교과 진도보다 앞선 내용을 가르치거나 교과 내용 밖 문제를 출제하는 학교는 엄벌한단다. 초등학생의 방과 후 영어회화 공부도 제한된다. 공교육을 정상화하기 위해서 만들어진 법이라는데 환영보다는 부작용을 우려하는 목소리가 많다. 공교육 정상화라는 목표 달성은 못한 채 사교육의 배만 불리고 학생과 학부모 부담을 키울 수 있다는 걱정이다. '선행사교육 조장법'이라는 우스갯소리까지 들린다.

모든 학교와 대학이 이 법을 잘 따라 정해진 범위를 순서에 따라 가르치고 그 범위 내에서 출제한다고 치자. 하지만 일부 학생이 학교 밖에서 사교육을 받는다면 나머지도 마음 편하게 앉아 있을 수 없는 게 우리 교육 현실이다. 사교육으로 달려가는 가장 큰 이유는 교과 내용이 아니라 '두려움'과 '피해의식'이다. 무엇을 배우느냐가 중요한 게 아니고 나만 배우지 않으면 낙오될 수 있다는 심리적 불안이라는 사실을 교육당국은 진정 모르는가.

교육정책을 권의지계라고 비아냥대는 것은 어제오늘의 일이 아니다. 1994학년도부터 도입된 수학능력시험 변천사를 보면 가관이다. 수험생들에게 기회를 더 준다며 연 2회로 늘렸다가 다시 연 1회로 되돌리는 등 수시로 변경됐다. 여기에는 공교육 정상화와 경쟁력 강화라는 명분이 늘 따라붙는다. 그런데 매번 공교육이 후퇴했다는 말이 나온다. 교육현장이 이처럼 난맥상에 빠진 이유는 새 정부가 들어설 때마다 정책이 수시로 바뀌고 정책 책임자인 교육부장관은 재임기간 1년여의 단명 신세를 면치 못하는 게 첫손가락에 꼽힌다.

교육부처 명칭도 문교부→교육부→교육인적자원부→교육과학기술부→교육부로 툭하면 변경됐으니 백년지대계를 기대하는 건 애초 무리였던 것 같다. 정부를 감독하고 입법을 책임져야 할 국회도 당리당략에 따라 교육정책을 바라볼 뿐이니 긴 호흡의 정책이 나올 리 만무하다. 비리 사학 등의 독버섯이 이 틈을 파고들어 교육현장을 혼탁하게 만들고 이런 참담한 현실에 절망한 우수한 인재들은 한국을 등진다.

교육의 정치적 중립성 실현을 명분으로 도입된 교육감 직선제도 원래 목적을 달성하고 있는지 의문이다. 가장 중립적이어야 할 교육이 정당 간 이념 대립의 전면에 서면서 갖가지 부작용이 발생하고 있다.

새로운 교육정책을 입안하거나 추진할 때 미래를 내다봐야 하는 게 기본이다. 그래야 예측 가능성이 생기고 정책에 대한 신뢰가 쌓인다. 그러기 위해서는 교육현장의 목소리를 새겨듣고 학부모·학생 등 교육주체들의 여론을 충분히 수렴한 뒤 정책을 마련하고 추진해야 한다.

정치권도 교육에 정치를 끌어들이지 말아야 하는 게 당연하다. 정부따라, 장관따라 교육정책이 오락가락한다는 권의지계의 오명을 이제는 벗어야 하지 않겠는가.[11]

진보야 초보야?

'등교시간 늦추기'가 요즘 교육현장에서 새로운 화두라고 합니다. 오전 8시대로 맞춰져 온 초중고 학생들의 등교시간을 9시대에 맞추겠다는 것입니다. 진보교육감들이 곳곳을 꿰차면서 벌어지는 일입니다.

이유는 간단합니다. 학생들에게 수면시간을 더 주겠다는 것입니다. 국가의 동량인 청소년들의 건강을 챙겨보겠다는 배려가 감사할 따름입니다. 인간답게 살 권리를 보장해주자는 의도도 엿보입니다. 하나 더, 아침밥도 가족과 함께 먹을 수 있도록 하겠다는 겁니다. 이 보다 더 값진 인성교육이 없다는 주장에 동감합니다. 참으로 가상한 발상이 아닐 수 없습니다.

이런 그림이 그려집니다. 느긋하게 실컷 자고 저절로 눈을 뜨고 기지개를 켜다보면 "OOO, 밥 먹자"라는 엄마의 부드러운 말소리가 들리고, 오순도순 온 가족이 어제와 그제처럼 오늘도 엄마가 손수 지은 따뜻한 밥과 국, 그리고 소담스런 반찬을 먹고 맛보며 정감어린 대화를 즐기는, 그런 풍경 말입니다.

실제로 우리 청소년들의 수면시간은 미국이 일본에 비해 턱없이 모자란다고 합니다. 미국보다는 80~90분 정도, 일본보다는 50~60분 정도 부족합니다. 이것도 평균치일 뿐 입시가 가까워질수록 대다

수 학생들은 거의 누워서 자지 못하는 것이 우리의 현실입니다. 그러니 수면문제를 놓고 질병관리본부가 고민할 만도 합니다.

그러나 한 마디로 "꿈 깨자" 입니다. 동화 같고 만화 같은 얘기가 아닐 수 없습니다. 할 수만 있다면 얼마나 좋겠습니까. 우선 느긋하게 일어나는 것이 우리 현실에서 통하지 않습니다. 드라마도 이런 한가한 아침을 소재로 택하지 않을 겁니다. 얘기가 됐으면 방송사들이 막장 드라마보다 가족드라마를 진작 식탁 옆에 마련했을 겁니다.

아침 7시 반에 등교하는 숙명여고 학생들. 청소년 건강을 고려한 서울시 협조로 학교에서 아침식사를 한다.

오랜 세월 맞벌이 가정을 유지해 온 기자는 진보교육감이 추구하는 그런 가정문화를 염원으로 여기고 있습니다. 맞벌이의 장단점을 따지자면 단점이 훨씬 아프게 많다는 입장입니다. 손에 잡히는 것보다 보이지 않게 잃어버리는 것이 많다는 얘기기도 하지요. 현실이 그리 녹록하지 않다는 말입니다.

가령, 아이들의 등교를 책임지는 아빠들의 경우 맨날 대놓고 지각일 겁니다. 회사에서 특단의 대안을 마련해 주지 않는다면 혼란만 가중될 수밖에 없지요. 애들은 알아서 등교하면 되지 않으냐 지만 이 또한 아늑한 아침문화와 거리가 멉니다. 동반등교는 나름 장점이 있다. 차 안에서 밀린 대화도 나누고 점검도 이뤄집니다. 다행스럽게도 출근시간과 등교시간이 한데 어우러진 덕분입니다.

고등학생들의 등교가 8시대에 맞춰진 것도 그만한 이유가 있다고 합니다. 입시시간에 맞춰진 것이지요. 습관으로 적응력을 키우기 위함이고, 한 시간이나 한 시간 반 정도 더 일찍 나옴으로써 성실성을 키울 수도 있으니까요. 더구나 남학생들의 경우 머잖아 국방의 의무에 나서는 입장입니다. 불규칙적인 것도 늘 일정하게 반복되면 규칙적인 것이 되는 법입니다.

하나 더 결정적으로 놓친 것이 있습니다. 늦게 일어나면 그만큼 늦게 잘 가능성이 농후하다는 겁니다. 공부를 즐기는 학생들은 더 공부를 할 것이고, 그 반대인 학생들은 공부와 매우 동떨어진 것으로 가급적이면 늦게 잠자리에 드려 할 것이 뻔합니다. 잠재우기 투쟁, 이 또한 부모들에겐 부담이 아닐 수 없습니다. 게다가 하나씩 움켜잡은 스마트폰으로 게임이나 얄궂은 것이라도 탐닉한다면?

등교시간이 늦춰진다면 학생들이 죄다 박수치고 기뻐할까요. 아닙니다. 철없는 초등학교 저학년이나 공부와 아예 담을 쌓은 학생들은 그렇다 치더라도 대다수 학생들은 수심이 더 깊어질 것입니다. 늦게 가고 일찍 오지 않는다면 말입니다. 엄연한 현실인 학원가는 것도 혼란이고 그만큼 귀가는 더 늦어질 겁니다. 웬만한 학생들은 숙제는 못해도 걱정은 할 줄 압니다. 스트레스를 더 받을 게 분명합니다.

이런 문제는, 학교 특성에 맞게 현실을 감안해 학부모들과 상의해 운영의 묘를 살리도록 해야 합니다. 그러자고 운영위원회가 있고 자치위원회가 있는 것 아닙니까. 진보주의자들은 늘 자율성을 강조하는 것으로 알고 있습니다. 그렇다면 이런 것이야말로 학교장 재량으로 믿고 맡길 일입니다. 교육계 수장들이 시시콜콜 잡다하다보면 정작 해야 할 일을 놓치게 됩니다. 인기를 추구하고 폼을 잡을 것이면 정치 쪽을 택했어야 했습니다. 진보교육감인지 초보교육감인지 헷갈립니다.[12]

현실과 이상의 괴리 '9시 등교'

혁신학교인 경기 의정부여중 학생들이 어제부터 오전 9시 등교를 한다. 의정부여중 학생들은 올 6월 경기도교육감 당선인에게 9시 등교를 제안했고 학부모와 교사의 의견수렴을 거쳐 시행에 들어갔다. 건강과 수면도 중요하지만 중소도시 학교로서 원거리 통학의 어려움도 9시 등교를 선택한 배경이다. 이 교육감은 의정부여중을 필두로 경기도 공립학교의 9시 등교를 밀어붙이려는 모양이다.

생체리듬상 나이든 어른들이 주행성(晝行性) 종달새라면 청소년은 야행성(夜行性) 올빼미다. 청소년기엔 잠을 부르는 멜라토닌이 성인보다 2~4시간 늦게 분비된다. 일찍 자고 일찍 일어나던 '새 나라의 어린이'도 10대가 되면 밤에 잠들지 못하고 늦게 기상한다. 성인이 되면 체내 시계가 바뀌어 다시 일찍 일어날 수 있다니 신기한 일이다.

미국 영국의 일부 학교들이 이런 연구 결과를 토대로 등교시간을 늦추고 있다. 뉴욕타임스는 금년 3월 등교시간을 늦춘 학교 학생들의 학업성취도가 높고 폭력 알코올 마약 우울증 교통사고 등 각종 지표가 개선된다는 연구 결과를 소개했다. 그러니 청소년의 아침잠과 아침밥을 보장하겠다는 이 교육감을 이념적 잣대로 비난할 이유는 없다.

문제는 9시 등교가 한국적 환경과 교육 현실에 맞는가이다. '4당 5락'이란 말이 있다. 4시간 자면 대학에 붙고 5시간 자면 떨어진다는 뜻이다. 대학 합격을 위해서는 잠을 희생해야 한다. 세상에 공짜는 없다고 했던가. 키 큰 명문대생이 드문 걸 보면 수면시간은 학업성취도와 반비례하는 것 같다. 키 165cm인 한 의사는 내게 "대학(서울대) 다닐 때는 내가 작은 줄 몰랐다"며 웃었다. 9시 등교는 잠을 충분히 잤을 때 얻는 가치, 예컨대 발육개선 수업집중도 향상 등이 잠을 희생했을 때의 가치보다 크다는 공감대가 있어야 받아들여질 수 있다.

아쉽게도 이 교육감의 9시 등교 정책은 학부모의 공감대를 얻지 못한 채 진행되고 있고 이런 일방적 정책은 한계가 있다는 것이 우리의 경험이다. 교육감을 뽑아준 건 아이들이 아니다. 학부모의 의견은 자녀 연령대에 따라 갈린다. 초등생 학부모들은 지지와 반대가 절반가량 되는 듯한데 고교생 학부모들의 민심은 폭발 직전이다. 청소년의 수면주기가 어떻든 고교생들은 지금까지 8시 등교에 적응했고 학교 수업시간에 맞춰 대학수학능력시험도 8시 20분에 시작한다. 9시 등교는 지금까지의 신체리듬과 생활패턴을 흔들게 된다. 맞벌이 가정의 어려움은 논외로 치더라도 경기도만 9시 등교를 하면 입시경쟁에서 손해 볼 것이라는 불안감이 팽배하다. 청소년의 특성상 30분 더 자게 해봤자 그만큼 잠드는 시간만 늦어질 뿐이라는 주장도 일리 있다. 9시 등교는 초등학교만 시행하되 중고교는 자율에 맡기는 것이 그나마 부작용을 줄이는 방안이 될 것 같다.

9시 등교는 단순히 등교시간을 늦추는 문제가 아니라 가정 학교 사회가 어떤 방향으로 가야 할지를 묻는다는 점에서 파괴력을 갖는 이슈다. 진보 보수로 갈라졌던 학생인권조례 무상급식과는 달리 9시 등교는 '현재의 본능'에 충실한 자녀와 '미래의 필요'에 의해 움직이는 학부모가 충돌하는 접점이어서 문제를 복잡하게 만든다.

9시 등교로 인한 학업성취도, 발육상태, 학교폭력 등의 지표 변화가 나오려면 시간이 걸릴 것이다. 아들의 아침잠을 조금이라도 더 재우고 싶은 엄마로선 긍정적 결과가 나오기를 고대한다. 그럼에도 기자로선 이상과 현실이 다를 것이라는 불길한 예감에 사로잡힌다. 9시 등교는 교육감이 주도하고 있지만 좋든 나쁘든 그 결과는 학생이 감당해야 한다는 점이 경기도 학교를 다니는 자녀를 둔 필자의 고민이다.[13]

교장은 충분히 바쁘다

교장·교감의 수업참여 여부로 교육계가 시끌하다. 그동안 학교 경영자로서 교장은 고유의 업무수행을 위해 학생들을 대상으로 한 교과수업을 맡지 않았다. 교장은 우선 학교를 대표해 지역사회와의 교류 등 관계를 주도하고 있다. 또 학교장으로서 장학업무를 비롯 교사와 학부모들과의 관계 역시 책임져야 한다.

간혹 학교취재를 위해 교장실에 들를 때면, 학부모와 지역사회 관계자 등이 사전약속도 없이 불쑥 들어와 당혹스러웠던 적이 있다. 또 아이가 받은 불이익을 항의하기 위해 교장실로 들이닥치는 학부모도 부지기수로 많이 봤다. 이러한 과정에서 교장이 수업을 하거나 공석일 경우 불쑥 찾아온 손님은 서운하거나, 화가 날수 있다.

교장은 교장실에서도 이미 충분히 바쁘다. 교감 역시 마찬가지다. 하지만 교장·교감 역시 교사라는 경기도교육청의 논리도 부정할 수 없다. 특히 "교사는 교실에 들어가야 교사다"는 이재정 교육감의 발언 역시 모두가 공감할 것이다.

이 교육감은 성공회대 총장 재직시 직접 학생들을 대상으로 강의를 했다는 본인의 경험을 바탕으로 한 주장이기 때문에 더욱 설득력을 얻고 있다.

찬반양론이 모두 합리적이고 타당한 이유가 있다. 이러한 가운데 도교육청은 교장·교감의 자율적 참여와 교과목외 인성교육 또는 훈화를 교실에서 강의해도 된다는 가이드라인을 제시했다. 또 3~6시간의 부담 없는 수업시수도 알렸다.

이 부분만 지켜지면 될듯하다. 자율적이고, 형식 없이, 교실에서 학생들과 '짬짬이' 수업시간의 만남이 지속되면 될듯하다. 교장 등도 학생들과의 이러한 만남 역시 거부하거나, 부담스럽진 않을 것이라 생각된다. 또 교장이전에 교육자로서 부담스러워서도 안 된다는 것이 개인적 의견이다.

도교육청 역시 자율적이고, 형식 없는 학생들과의 만남 이상을 기대해서는 안 된다. 도교육청이 더 욕심을 낸다면 학교장이 본연의 업무중 일정부분을 소홀할 수밖에 없게 돼 또다른 문제점이 생길 수 있기 때문이다.

도교육청은 가이드 라인이나 우수사례 홍보 등을 통해 방향제시만 해주고, '실태조사' 등을 빙자해 참여여부를 묻거나, 압력을 행사하는 모양새만 없다면 다소 늦었지만, 논란 없이 시행될 수 있으리라 생각된다.

교실에 들어가야 교사지만, 교장실에서 학교 구성원이나 지역사
회 관계자를 만나는 업무 역시 교사인 교장의 역할이기 때문이다.[14]

安全이 무상복지보다 우선이다

지방 교육재정이 심상찮아 보인다. 주 세입원인 지방교육재정 교
부금이 줄어들고 있는 가운데 비정규직 증가로 인건비 지출이 계속
늘어나고, 무상급식 확대와 3~5세 무상 유아교육 제도(누리과정)
도입으로 교육복지비 지출이 크게 늘어나고 있다. 교부금 감소에 따
른 세입 결손은 지방교육채 발행으로 겨우 메워나가고 있는 상황에
서, 고교 무상교육 수요 2조 원이 대기 중이고, 새로 취임한 교육감
들은 각종 교육복지 공약 이행을 서두르고 있다.

일반 지방재정과 달리 지방 교육재정은 경직성 경비의 비중이 매
우 크다는 특징이 있다. 인건비 비중이 약 60%를 차지하고 있고, 학
교에 직접 지원하는 운영비가 10%, 교육복지 및 급식관리비가 13%,
지방채 상환 및 민간투자사업 지급금이 2%를 차지함으로써 경직성
경비의 비중이 약 85%에 이른다. 나머지 15%를 가지고 교육청 운영
비와 교수-학습활동 지원비, 학교 신설 및 교육환경 개선 사업비 등
을 충당한다. 구조적으로 볼 때, 교육복지 예산이 증가하면 교수-학
습활동 지원비나 교육환경 개선 사업비는 줄어들 수밖에 없다.

무상급식이 본격 실시된 2010년까지만 하더라도 매년 교부금이 2
조~3조 원씩 늘어나고, 학생 수는 매년 줄어드는 추세였다. 누리과
정이 시작된 2012년의 경우, 교부금이 전년도보다 3조 원 이상 늘었
다. 이에, 시·도 교육감들은 자체적으로 무상급식이 가능할 것으로

판단했고, 예산 당국은 교부금으로 누리과정 지원비를 충당할 수 있을 것으로 예상했다. 이러한 판단은 학생 수 감소가 교육재정 수요 감축으로 이어질 것이고, 교부금이 매년 2조~3조 원씩 늘어날 것이라는 가정에 근거한 것이다.

그러나 이 예상은 2013년부터 빗나가기 시작했다. 늘어나는 인건비와 교육복지비를 감당할 수 없어 학교 신설비는 지방교육채를 발행해 충당해야 했다. 올해에도 1조 8000억 원의 지방교육채 발행을 계획하고 있지만, 당초 계획했던 누리과정 교육비 지원단가 인상을 포기한 상태다. 설상가상, 내년에는 2013년에 초과 교부한 교부금을 정산, 감액할 것이라고 한다.

더 큰 문제는 교부금이 증가하지 않는 가운데 교육복지 수요가 가파르게 늘어나자 우려했던 대로 교수-학습활동 지원비와 교육환경 개선 사업비가 줄어들기 시작했다는 점이다. 2013년 교수-학습활동 지원비는 2011년보다 2800억 원이 줄었으며, 교육환경 개선 사업비는 2000억 원이 줄었다. 교수-학습활동 지원비는 교육의 질과 직접적으로 관련이 있고, 교육환경 개선 사업비는 학교 안전과 직결된다는 점에서 교육복지와 교육의 질 및 학교 안전을 맞바꾸는 결과가 나타난 것이다.

전국적으로 41년 이상된 노후 학교 건물이 7300동(11.3%)이며, 재난위험시설로 분류되는 D등급 이상 학교 건물이 123동이나 되는 상황에서 오히려 교육환경 개선 사업비가 줄어든 것은 심각하게 받아들여야 한다. 교육환경 개선 사업비를 줄여도 그 영향이 즉시 나타나지 않기 때문에 사태의 심각성을 인식하기 어렵고, 노후시설과 재난위험시설은 매년 새로 생겨나기 때문에 교육환경 개선 사업비 투입을 미루게 되면 누적된 노후 및 위험시설을 정상적인 방법으로 해소할 수 없다는 점에서 그렇다.

앞으로 특별한 조치가 없는 한 교부금 증가를 기대하기 어렵고, 무한정 지방교육채를 발행할 수도 없다. 그렇다고 이미 시작한 교육 복지사업을 그만둘 수도 없는 일이다. 현 상황에서 선택할 수 있는 최선의 유일한 대안은 교육복지사업을 더 이상 늘리지 않고 현상 유지하면서 지방교육재정 확충을 모색하는 것이다. 교육복지 확충을 위해 교육의 질과 학교 안전을 포기하는 본말전도(本末顚倒)의 정책이 더 이상 반복되지 않기를 바랄 뿐이다.15)

제1장을 마무리 하면서

공교육이 깊은 늪에 빠져 버렸다. 교실 붕괴를 넘어서 이제는 학교 해체가 진행되고 있다. 학교가 가르치고 배우는 곳이라는 인식은 흐릿한 기억 속에 이야기일 뿐이다. 학생은 학습권을 잃어버렸고, 교사는 교권을 상실해버렸다. 교육이 사라져버린 학교 현장은 무차별한 폭력과 집단 따돌림이 난무하는 곳으로 변해가고 있다. 학생, 교사, 학부모가 서로 헐뜯고, 서로를 상처를 내고 있다. 조급해진 교육 당국과 학부모가 학교 해체를 더욱 가속시키고 있다.

공교육을 이런 지경에 이르게 만든 분명한 이유와 책임 소재를 가려내기는 쉽지 않다. 우리 사회가 만들어낸 총체적 부실이 복합적으로 작용한 결과이기 때문이다. 성급하고 어설픈 개혁으로 교육 제도를 누더기로 만들어버린 교육 당국, 자신들의 영향력과 이권을 챙기는 일에만 급급한 교육학자들, 아무 저항도 못하고 교권을 송두리째 빼앗겨버린 교사, 자기 자식 챙기기만 집착하는 이기적인 학부모, 선동적이고 단편적인 보도에 재미를 붙인 언론, 자신들이 교육

전문가라고 착각하는 사회, 모두가 공교육을 무너뜨리는 요인으로 작용하고 있다.

학교에 대한 우리 사회의 기대치가 너무 높은 것도 문제다. 학교에서 어떠한 비리도 발생하지 말아야 한다는 착각에 빠져 있다. 학생이 비행을 저지르는 것도 모두 학교에서 교육이 잘못된 탓이라고 여긴다. 학교 폭력도 학교의 책임이고, 어린 학생이 흡연하고 음주하는 것도 학교의 교육이 충분하지 못하기 때문이다. 학생이 가출해서 범죄 행위를 저지를 것도 학교가 학생을 제대로 관리하지 못한 탓이라고 비판을 한다. 대규모 급식에서 식중독 사고가 발생하는 것도 절대 용납하지 않는다. 학생에 대한 모든 것이 학교의 책임이라고 몰아붙인다. 가정과 사회는 교육과 아무 상관이 없다고 믿는다.[16]

전후 민주화와 경제부흥을 동시에 달성하고 세계 선진국에 진입한 나라, 개도국의 모범적 전례가 된 대한민국을 떠나 다른 나라로 아예 이민을 하는 첫 번째 이유가 자식 교육 문제라고 하니 더 무슨 말이 필요하랴? 이제는 교사 학생, 학부모에게 책임을 전가할 단계가 아니다.

오늘의 한국 교육은 교육의 주체이자 대상인 학생을 행복하게 해줄 수 있는가. 누구를 위한 교육인지 교육문제 해결에 국가가 나서야 한다. 즉 교육이 국가의 백년제대계라 한다면 교육문제 해결에 이제 국가가 나서야 할 차례이다.

차기 대통령을 다른 무엇보다 교육에 참신하고, 현실적이며, 지속 가능한 정책을 펼쳐야 한다. 한 나라의 현재와 미래를 담보하는 데 가장 중요하게 작동하는 가치는 교육이기 때문이다.

제2장

교육의 패러다임이 바뀌어야 한다

내비게이션 방식의 교육에서 벗어나야 한다

사랑하는 아이들을 학교에 보내고 난 후 한 달 가까이, 부모들의 바람과 걱정 속에 가슴이 가장 설레는 시기다. 모두가 새로운 꿈과 희망 속에서 아이들의 미래를 바라보며 아이들의 교육에 새로운 설계를 하고 있을 것이다. 그런데 부모들이 공부하고 생활해 왔던 과거와 오늘의 교육환경은 너무도 다르다.

초등학교에 입학할 정도의 나이만 돼도 학생들은 이미 스마트기기 활용에 익숙한 상태이고 교실마다 대형 화면을 통해 양질의 동영상 멀티미디어 콘텐츠를 활용한 수업이 진행되고 있다. 또한, 정부에서는 금년부터 디지털 교과서를 시범적용하고 다양한 디지털콘텐츠를 활용한 자기주도적 학습환경을 구축, 확대해 나갈 것이라고 한다.

따라서 이 아이들이 사회적 경제주체로서 역할을 수행하게 될 30~40년 후에는 우리가 감히 생각할 수 없는 새로운 세계가 열리게 될 것으로 본다.

PC시대, 인터넷시대, 모바일 시대를 거쳐 초(超)연결 시대에 돌입하게 되는 고도 지식창조사회에서는 IT환경의 개인화, 지능화 및 만물인터넷화가 가속되며, 빅데이터와 창의성 그리고 글로벌 개방형 생태계가 조성되고, 융합과 다양화의 공존, 감성과 공감의 사회문화 등 새로운 삶의 패러다임이 형성될 것이다.

우리 아이들이 살아갈 미래 사회에서 가장 중요는 가치는 진정성, 신뢰성, 소통능력, 디지털능력, 그리고 자부심이다. 우리가 아이들과 함께 삶의 지혜를 얻고, 그 속에서 보람을 찾으며 비록 작은 공(功)일지라도 이것으로 아이들의 과(過)를 감싸주고 아이들의 숨어 있던 잠재력과 비전을 믿으면, 아이들은 반드시 믿는 만큼 세상에서 꼭 필요한 사람으로 성장하기 마련이다.

자녀를 둔 부모라면 누구나 아이들을 미래사회가 요구하는 인재로 키우고 싶을 것이다. 그럼 우리 아이들이 미래 사회의 바람직한 한 구성원이 되기 위해 교육이 가장 필요로 하는 것은 무엇일까.

무엇보다 성실과 진실 그리고 노력이라는 기본 속에 다양성과 융합의 사고능력을 키우는 것이라고 본다. 아무리 세상이 변하고 교육도구가 바뀌어도 본질은 변하지 않는다. 꾸준히 노력하면 반드시 뜻한 바를 이룰 수 있다. 단지 보다 합리적인 방법을 발견하고 도전하는 용기가 필요할 뿐이다. 이를 위해 제일 먼저 ·해야 할 일은 아이들을 믿고 기다려주는 것이라고 본다.

아이 스스로 생각하고, 변화하고 결정할 수 있도록 기회를 제공해 줘야 한다. 이는 비단 '자녀교육'에 국한되는 이야기는 아니다. 현재 교육의 가장 큰 문제는 획일성과 지나치게 결과 위주란 점이다. 이 또한 다양성과 과정 위주로 바꿔 나가야 한다. 다양성과 과정을 통해 아이들은 스스로 창의성을 키워갈 수 있기 때문이다.

'실패는 성공의 어머니'라는 속담처럼 아이들은 반복적인 시행착오를 통해 스스로 해결할 수 있는 능력을 갖게 된다. 그런데 지금 우리는 아이들에게 운전할 때 우리가 이용하는 '내비게이션 방식'의 교육을 하고 있는 것은 아닌지 생각해봐야 한다.

내비게이션을 이용할 경우 알려주는 길을 따라 빠르게 목적지에 도착하는 일에만 몰두하지 주변을 살필 생각은 아예 하지 않는다. 그러나 내비게이션이 없던 시절, 목적지를 찾아가기 위해서는 미리 가는 길을 머릿속으로 생각해보고 출발하지만 길을 잘못 들어 헤매는 경우가 종종 있다. 그러나 그러한 시행착오 속에 주위의 많은 정보들을 알았기에 다음에 그 길을 다시 갈 경우 큰 어려움은 없게 된다.

교육 역시 마찬가지다. 많은 시행착오를 통해 새로운 관련 정보들을 얻을 수 있기에 아이들은 문제해결 능력을 더 키울 수 있게 된다.

자기주도적 학습이 결여된 내비게이션 방식의 교육, 즉 과정보다는 빠른 결과만을 추구하고 중요시하는 교육, 오로지 한 길만을 찾아가는 교육은 결코 창의성을 키울 수 없다.

무엇보다 아이들의 미래를 위해 늦고 멀지라도 내비게이션 방식의 교육에서 벗어나 스스로 해결할 수 있는 능력을 키워주는 것이 올바른 길이다.

여기서 이어령 교수님의 " 'The Number One' 이 아닌 'The Only One' 인재로 키워야 한다" 라는 말씀을 다시 한 번 새기면서 이 글을 마친다.[17]

고교생 학습부담 더 줄여야

아무리 맛있고 좋은 음식이라도 많이 먹으면 탈이 나기 십상이다. 우리 학교 교육도 이와 별반 다르지 않다고 생각한다. 가르치는 사람은 자기가 맡은 교과가 제일 중요하다면서 더 많은 수업시간을 요구한다. 어찌 보면 당연한 일인지 모른다.

하지만 수업시간은 제한되어 있는데 가르치는 사람들은 모두 자기 과목이 중요하다고 하니, 배우는 학생들은 한 학기에 10개가 넘는 교과목을 똑같이 공부해야 하는 과중한 학습 부담에 시달리게 된다.

그뿐만이 아니다. 많은 내용을 가르치려다 보니 대충대충 진도 나가기에 바쁘고, 학생들은 수박 겉핥기식으로 학습할 수밖에 없는 것이 오늘날 우리 학교 교육의 슬픈 자화상이다.

최근 교육부는 문·이과 통합 교육과정을 개발하겠다고 했다. 융합과 통섭이 강조되는 시대이니만큼 문과 학생들도 과학적 지식이나 안목을 갖출 필요가 있으며 자연과학이나 공학 계열을 지망하는 학생에게도 인문학적 소양을 갖추도록 가르치겠다고 하는 생각은 올바른 방향이라고 할 수 있다.

그렇다고 해서 모든 학생에게 국어, 영어, 수학 과목을 똑같이 많이만 가르치면 융합적 창의인재가 길러질 것이라고 믿는다면 큰 잘못이다.

가뜩이나 필수 과목이 많은데 국어, 영어, 수학 교육을 강화하고 과학 분야의 모든 과목과 사회 분야까지 필수로 부과한다면 이는 다양성의 시대에 역행하는 획일화의 논리라고 비난받지 않을 수 없을 것이다.

교육 내용의 분량을 적정화하여 학생들의 학습 부담을 줄여 주는 것이 옳다. 그래서 학생들 스스로 탐구해 보게 하고, 엉뚱한 생각도 한번쯤 해볼 수 있도록 기회를 주어야 한다. 창의적 능력은 말로써 가르칠 수 있는 것이 아니라 체험과 분위기를 통해서 길러지는 것이기 때문이다.

미래 사회를 지향하는 새로운 학교교육 과정을 마련하는 시점에서 우리가 가장 경계해야 할 점은 무조건 많이 가르치거나 가르치겠다는 욕심이다.

자꾸 새로운 교과를 만들어 학생들에게 학습을 강요하거나, 필수 교과를 강화하여 학생들의 학습 부담을 가중시키는 일은 결코 미래 사회가 요구하는 교육의 모습이 아니다.[18]

중고생 잠재력 개발에 눈 돌리자

자아실현을 목적으로 스스로 공부하는 극소수의 학생을 제외하면, 고등학교를 졸업하고 대학에 진학하는 대부분의 학생은 어떤 다른 능력보다도 학업성취 능력을 바탕으로 자신의 미래를 개척해야 하는 인생을 선택한 것이 된다.

매년 고등학교에 입학하는 50여만 명의 학생이 지식 습득의 면에서 똑같이 뛰어나게 타고났고, 열심히 노력해서 똑같은 수준의 학업성취를 이루고, 그들 모두에게 매년 50여만 개의 일자리를 제공해 줄 수 있는 사회를 만들 수 있다면 그보다 더 행복하고 바람직한 일은 없을 것이다. 하지만 이 바람은 축구 스타가 되고 싶은 수만 명의 유소년 축구선수가 모두 똑같은 축구 재능을 선천적으로 타고나고, 열심히 운동해서 모두 같은 실력을 갖추고, 그래서 그들 모두를 국가대표로 뽑는 것만큼이나 허황된 꿈이다.

현재 중고교의 모든 학생에게 아무리 교육을 잘 시켜도 그들 모두가 승자일 수는 없는 현실적 한계 속에 우리는 살고 있다. 고등학생 중에 사회적 통념에 따른 성공, 즉 상위 대학에 진학할 수 있는 학생들은 10~20%에 불과하다. 그렇다면 나머지 80%의 학생들을 위해 우리는 어떠한 노력을 하고 있을까.

대학 진학이라는 현실적인 목표 때문에 학교 수업의 대부분은 결국 상위 절반에 기준을 맞춰 진행될 것이고, 나머지 학생들은 중고교에서 자신의 기준에 맞는 교육을 제공받지 못한 채 방치되고 있다고 해도 과언이 아닐 것이다. 어쩌면 그들 중 일부는 학업성취라는 측면에서는 상대적으로 열등하게 타고나 원천적으로 불리한 경쟁을 하고 있을 수도 있다. 하지만 그렇다고 해서 그들이 다른 면에서도 열등하다고 해석하는 것은 엄청난 잘못이다.

누구나 선천적으로 남들보다 우월한 면과 열등한 면을 함께 가지고 태어났고, 모든 능력은 선천적으로 어떻게 타고났는가와 후천적으로 얼마나 노력하는가의 조합에 따라 그 발전 정도가 결정된다. 하지만 대부분의 학생에게는 끊임없이 학업성취능력만을 확인할 기회가 주어지고, 결국 그것에 타고난 재주가 있는 사람들만이 그 혜택을 보고 있다. 상대적으로 그렇지 않은 대다수의 학생은 자신의 잠재력이 무엇인지도 모르고, 성공 확률이 가장 높은 분야가 어디인가를 찾아볼 기회조차 제공받지 못한 채 십수 년 동안 실패만을 반복 경험하고 있다.

우리의 청소년에게 잠재력을 찾아주려면 교육 과정에 지금보다 더 다양한 내용을 포함시키는 등의 제도적인 노력이 필요함은 물론이다. 하지만 그에 못지않게 "너는 이 분야에서는 안되겠다." 라는 말을 조금 더 쉽게 할 수 있는 사회적 공감대가 형성될 필요가 있다. 그래서 빨리 "너는 되겠는데" 라는 말을 들을 수 있는 분야를 찾아갈 수 있게 해줘야 한다.

얼마 전 방영됐던 '파리의 연인' 이라는 드라마에서 '희망고문' 이라는 멋진 표현이 있었다. 주인공 여성이 자신을 사랑하는 한 남자를 결국 사랑하지 않을 것임에도 불구하고 그에게 조금의 희망이라도 준다면, 그로 하여금 떠나지도 못하게 하면서 마음고생만 시키게 되어 결국 그것이 고문이 된다는 것이다. 혹시 우리가 수없이 많은 청소년에게 희망고문을 하고 있는 것은 아닌지 고민해 보자. 십수 년 동안 고문을 받아온 청소년들이라면 일진회나 '왕따' 와 같은 폭력은 어쩌면 시시하게 느낄 수도 있다.[19]

농촌학교 살리기 균형 발전 차원서 접근하라

농촌 소규모 학교가 얼마든지 '돌아오는 학교'로 변신할 수 있는 가능성을 또 확인했다. 강릉 송양초교에서 그 사례를 찾게 된다. 2007년 학생 수 25명으로 폐교 위기에 놓였으나 외국어 특성화 교육이 성공을 거두며 현재 112명으로 늘어났다. 이러한 사례는 송양초교에 국한되지 않는다. 평창 면온초교는 폐교 직전까지 몰렸으나 대도시에서 전학 오는 학생이 증가하면서 지금은 169명이 꿈을 키우고 있다. 춘천 외곽에 위치한 금병초교 역시 학교교육에 새바람을 불어넣으며 농촌학교의 모델로 부상했다.

소규모 학교를 살리려는 노력은 어제오늘의 일이 아니다. 이농이 급증하면서 농촌이 공동화되는데다 학생들이 보다 나은 교육여건을 찾아 도시 학교로 옮겨가면서 농촌학교는 점점 황폐화됐다. 그간 학생 수가 줄어 통폐합돼 역사 속으로 사라진 학교도 상당하다. 그럼에도 소규모 학교를 살리려는 노력은 지속됐다. 지역 특성에 맞는 차별화된 프로그램을 운영하고 교사들에게 인센티브를 부여하는 등 여러 시책을 동원했다. 최근의 성과는 오래전부터 이들 학교에 투자한 노력의 결실로 이해하게 된다.

사실 농촌지역의 가난과 학력의 대물림을 끊는 것은 과제다. 농촌에서는 대부분 아동이 수업 후 홀로 지내기 일쑤다. 그렇다고 부모가 사설·예능학원에 보낼 만한 경제적 형편도 안 된다. 농촌 아이들은 자신의 의지와 상관없이 교육기회를 제대로 갖지 못한다. 도농 간 교육격차가 벌어진다는 지적도 적지 않았다. 하지만 명품학교로 성과를 내고 있는 학교의 경우 농촌 학생들의 이러한 필요를 거의 충족시켜주고 있다. 학력 제고뿐 아니라 다양한 인성·체험교육으로 창의력 신장에도 도움을 주고 있다.

소규모 학교가 농촌의 희망이다. 농촌학교가 문을 닫으면 농촌의 미래도 암울해진다. 교육 당국과 지역사회가 힘을 모으면 충분히 명품학교로 변신할 수 있음을 이미 많은 학교에서 보았다. 정부 시책도 중앙과 지방, 도시와 농촌의 균형발전과 공생공존이라는 큰 틀에서 접근해야 지방과 농촌 그리고 소규모 학교에 희망이 있다.

서남수 교육부 장관이 30일 춘천을 방문해 소규모 학교의 특성화 교육 지원을 약속했다. 농촌학교가 '찾아오는 학교'로 거듭날 수 있도록 구체적인 후속조치가 나와야 한다.[20]

대한민국 정체성 담은 헌법, 유치원 때부터 가르쳐야

머지않아 66번째 제헌절이다. 헌정 66년은 격동과 변화의 연속이었다. 한때 헌법은 장식에 불과했고 법이 아닌 대통령의 권위와 정치권력에 의해 국정이 운영되던 시대가 있었다. 그러나 이제는 누구도 헌법 위에 군림할 수 없고, 헌법에 따라 국가권력이 행사되고 국민의 자유와 권리가 보장되는 시대이다. 아직 헌정의 수준이 부족하고 실망스러운 부분이 많긴 해도 우리나라는 입헌민주국가에 진입하였다고 평가할 수 있다.

이러한 변화는 헌법재판소 판례들을 보면 쉽게 알 수 있다. 노무현 대통령 탄핵 사건, 수도 이전 사건을 비롯하여 최근 통합진보당 해산 사건 같은 국가적 중대 사안에서부터 아버지의 성을 따르도록 한 민법 규정이나 동성동본금혼규정, 군 가산점제, 인터넷 실명제,

과외 금지, 최저생계보호기준 등과 같은 국민 개개인의 일상생활에 관한 문제에까지 우리 사회의 다양한 문제가 헌법 문제로 제기되고 있다. 헌법이 국민 생활 속에 살아있는 법이 되었다.

외견상으로는 입헌주의가 정착되고 있지만 헌법 정신이나 가치가 무시되거나 침해되는 일이 빈번하게 일어나고 있다. 국민 대표 기관으로서 공개 토론을 통해 최선의 정책을 찾아야 하는 국회가 극단적으로 대립하고 국민의사를 수렴해야 할 정당정치는 갈등과 대립을 증폭시키고 있다.

법률을 만들면서 헌법에 어긋남이 없는지, 국민의 자유와 권리를 침해하지는 않는지에 대한 검토도 아직 미흡하다. 국민에 대한 봉사자여야 할 공무원이 관피아니 전관예우니 하여 공직을 자신의 사익을 위해 이용하는 일도 계속되고 있다.

이처럼 헌법적 가치를 무시하는 일은 일반 국민들 사이에서도 발생하고 있다. 자신의 이익만을 중시하고 타인의 자유와 권리를 무시하는 일이 비일비재하다.

인터넷공간에는 표현의 자유라는 이름으로 타인의 명예나 인격을 훼손하는 일이 흔하고 집회·시위의 자유라는 명분으로 법질서를 무시하고 타인에게 불편을 주는 일들이 빈번하다. 중립성이 보장되어야 하는 교육의 장에까지 가르치는 사람의 정치성향이 그대로 전달되는 사태가 일어나고 있다. 민주주의가 타인의 주장에 대한 존중과 관용을 전제로 함에도 상대를 부정하는 행태가 만연하고 있다. 모두 헌법이 기초하고 있는 인권이나 민주주의, 법치주의에 대한 의식이 부족해서이다.

우리 사회가 한 단계 더 성숙한 사회로 나아가기 위해서는 공직자는 물론이고 일반 국민의 헌법의식과 헌법에 대한 충성심을 고양하는 것이 무엇보다 시급한 과제라 생각된다. 헌법은 국가의 최고법이며 국가의 기본규칙을 정한 법이다. 헌법에는 우리가 추구해야 하는 가치와 그것을 실현하기 위한 질서와 제도, 국민의 기본 권리와 의무가 담겨 있다. 거기에는 우리가 지향하는 나라는 어떤 모습이며 그것을 실현하기 위해 국민은, 정치는, 공직자들은 또 지도자는 어떻게 움직여야 하는지에 대한 우리 국민들의 합의가 담겨 있다. 한 마디로 대한민국의 정체성이 헌법에 모두 나타나 있는 것이기 때문에 헌법을 부정하는 것은 대한민국의 정체성을 부정하는 것이다.

모든 국민에게, 특히 자라나는 세대들에게 헌법의식과 헌법교육이 중요한 이유이다. 미국이나 독일의 경우 공무원들에게 헌법 충성 선서를 요구하고, 미국 시민권을 취득한 사람도 헌법에 충성할 것을 서약해야 한다. 또 헌법교육을 시민교육의 기본 내용으로 실시하고 있다. 초중등교육은 말할 것도 없고, 대학 강의도 인간의 존엄과 민주적 기본질서를 핵심으로 하는 헌법적 가치나 질서에 위배되어서는 안 된다.

우리도 대통령이 취임할 때 헌법을 준수할 것을 선서하지만 이런 의무는 대통령에게만 부과되는 것이 아니라 모든 공무원, 그리고 국민 모두의 기본의무라고 할 수 있다.

헌법재판소 산하 헌법재판연구원은 오랜 전통을 지닌 동아일보와 공동으로 우리 헌법의 내용을 처음부터 차곡차곡 새겨보고 함께 그 의미를 생각해보는 작업을 시작하기로 한다.

헌법 제1조의 민주공화국에서 출발하여 우리 헌법의 기본원리와 제도를 정한 헌법 제1장과 국민의 권리와 의무를 정한 헌법 제2장을 포함하여 우리 헌법의 130개 조문을 대강이라도 훑어보는 짧지 않은 여정이 될 것이다. 처음 시도하는 작업이다 보니 충분히 예상되는, 그리고 생각지도 못한 여러 가지 문제가 노정되겠지만 관심과 아울러 따뜻한 비판을 해주시기를 바란다.[21]

황우여 장관이 '우려교육' 안 하려면

현관예우와 일사천리의 전형이었다. 황우여 신임 교육부 장관은 국회 인사청문회(7일) 바로 다음 날(8일) 취임했다. 전례 없는 초고속이다. 청문회에서 교육문화체육관광위원회 의원들은 5선의 현직 선배를 예우했다. 교육장관 후보자가 필수로 넘어야 할 태산(논문)도 없었다. 일부 여당 의원은 '대표님'으로 부르다 멋쩍어했다. 야당 의원들조차 변호사 수임료나 직계 존비속 자료 부실 같은 지엽적인 문제를 주로 따졌을 뿐이다.

외형적인 '우려'는 없었다. 국회 교육위에 13년간 몸담았던 황 장관은 노련했다. 교육 다자간 협의체 구성이나 자율형사립고 문제 등 예민한 이슈는 "검토하겠다" "노력하겠다" "명심하겠다"며 의원들 화를 돋우지 않았다. 야당의 '송곳'인 안민석 의원조차 "유사 이래 가장 밋밋한 인사청문회"라고 했을 정도다. 학자 출신 김명수 전 후보자가 "30초만 숨 쉴 시간을 달라"며 만신창이가 된 것과는 대조적이다.

황 장관에게는 넘어야 할 태산이 줄줄이 기다리고 있다. 역사교과서, 전교조, 진보교육감, 자율형사립고, 대학구조조정, 등록금, 사립학교법…. 갈등과 충돌이 심한 사안들이다. 황 장관도 사립학교법과 반값 등록금 등 여러 논란에 불을 지폈던 당사자였다. 그는 교육위 경력을 근거로 "교육을 한시도 손에서 놓은 적이 없다"고 했다.

취재해 보니 발의한 법안은 통틀어 12건에 불과했다. 그나마 통과한 것은 1건(2002년 학교급식법 개정안). 더욱이 교육위는 '불량상임위'의 대명사였다. 그래도 1996년 15대 국회부터 현재까지 총 2352건의 법안이 접수됐다. 황 장관은 소속 의원 중 꼴찌였다. 당

대표 하랴, 원내대표 하랴, 지역구 챙기랴 바빴겠지만 본업 성적표
는 그랬다.

황 장관은 종종 우유부단하다는 말을 듣는다. 조선시대 황희 정승
에 비유되기도 한다. 이쪽 말을 들으면 이쪽이 옳고, 저쪽 말을 들
으면 저쪽이 옳다고 했다던 황희와 그의 정치 스타일이 닮았다고
해서 나온 얘기다. 정부조직법이 국회를 통과해 사회부총리를 겸하
면 그의 성향이 도움이 될 수도 있겠다. 여러 의견을 듣는 것은 소
통의 기본이기 때문이다. 하지만 좋게 보면 관후(寬厚)지 거꾸로는
줏대의 문제다.

핵심은 소신과 신념이다. 들을 건 듣되 균형 있는 판단과 정체성
이 명확해야 한다. 그런데 여전히 '우려된다'는 말이 떠돈다. 황
장관도 이름이 엉뚱하게 불리는 것을 싫어한다. 단어의 어감상 이해
할 만하다. 자초한 면도 있다. 2011년 원내대표 시절 반값 등록금을
앞뒤 안 가리고 정치적으로 이용한 것이 치명적이다. 이제부터는 인
기영합 발언은 금기다. 정치인의 말잔치와 무한책임을 져야 하는 장
관의 말은 엄청난 차이가 있지 않은가.

황 장관은 여러 약속을 했다. 매달 학교를 방문하고, 교육감을 만
나고, 자사고 논란에 신중 대응하고, 교육감 직선제 고민하고, 단원
고 학생을 만나고, 대학구조조정 방향 재설정하고, 소득연계형 반값
등록금 완성 등을 검토하겠다고 했다. 바람직한 일이다. 교육 업무
는 현장성과 방향성이 중요하다. 그렇지만 대부분 에둘러 표현했다.
뭘 어떻게 하겠다는 것인지 모호하다. 교육계는 기득권층과 관료들
의 장막이 두텁다. 저항을 뚫으려면 방향을 명확히 해야 한다. 그래
야 영(令)이 서고 일이 돌아간다.

황 장관은 시험대에 올랐다. 역대 교육장관 50여 명(부총리 포함)
의 평균 수명은 1년 남짓이었다. 그가 평균을 넘어 2년 이상 일할

수 있을까. 단언컨대 2016년 4월 총선도 총선이거니와 쉽지 않아 보인다. 섭섭하다면 '무소신·무신념 정치인'이라는 딱지부터 떼버려야 한다. 5선의 경륜을 잘 활용해야 한다. 기회이기도 하다.

무엇보다 교육에 대한 열정과 의지, 비전, 그리고 리더십이 필요하다. 윗분 눈치를 보며 정치적 계산만 해서는 안 된다. 진짜 실력을 발휘해야 한다. 장관이 단단하지 못하면 대한민국은 이념과 갈등의 '교육지옥'에 빠지게 된다. 황우여(黃祐呂) 장관이 황우려(黃憂慮) 장관이 되는 것은 국민도 원치 않는다.

딱 한 가지만 지키면 된다. 교육장관의 마음은 대통령이 아니라 학생과 학부모를 향해야 한다는 것을. 황 장관의 숙제다.[22]

학교 밖 교실도 소중한 학습의 장이다

새로운 교육 혁신 흐름, 지역교육공동체 형성해 학교 밖 마을을 교실로 이용하자.

광화문으로, 풍남문으로, 수많은 도민들이 민주주의 실현을 위해 광장에 나가서 촛불을 들고 있다. 이번 촛불 혁명에서 유난히 눈에 띄는 모습은 자녀들과 함께 참가한 가족 단위 시민들이다. 어린이, 청소년들과 청년, 부모 세대들이 자연스레 어우러진 광장은 그 자체가 평화이고, 민주주의를 학습하는 거대한 교실이다. 부모가 자녀와 함께 민주주의를 실천하며, 대화하는 현장이야말로 가장 빛나는 교실인 것이다.

아이들은 직접 자신의 눈으로 세상을 바라보고, 입시제도와 역사교과서 국정화를 비판하고, 자신들이 살아가야 할 나라의 모습을 얘기하고 있다. 사회 속에서 몸소 민주주의와 공동체를 체험하며 비판 의식을 기른 아이들은 자존감이 높아지고 시민의식도 성장할 것이 다.

2016년 광장은 학교 안 어떤 교과서보다 훌륭한 학습의 장이며 교실인 것이다.

며칠 전, 지역교육을 고민하는 학부모, 청소년단체 활동가들과 서 울시립청소년직업체험센터 '하자센터'를 방문하였다. 1999년부터 학교 밖 청소년들의 삶과 진로를 고민하며 센터를 설립해 운영해온 결실로 개설된 '하자작업장학교'가 인상적이었다. 특히 서울시교 육청과 함께하는 고1 자유학년제 과정 '오디세이학교'는 큰 감동 으로 다가왔다.

지금 새로운 교육 혁신의 흐름은 마을교육공동체 운동으로 학교 밖 마을을 아이들의 교실로 만드는 것이다. 즉 학교 안 교실과 학교 밖 지역사회가 협력하여, 아이들이 살아가는 마을 전체를 학습의 장 으로 확대하는 것이다. 경기와 서울 교육청 등이 앞장서서 지자체와 머리를 맞대고 지역 전체를 조망하면서 학교 밖 체험학습처와 다양 한 프로그램을 생산해내고 있다. 이를 위해 지역사회는 교육자원뿐 아니라 지역의 모든 자원을 연계하고 협력하는 지역교육공동체 형 성에 집중하고 있다. 전북도 앞장서서 노력하는 지역이 있기는 하지 만, 전국 최하위로 떨어진 아동 삶의 질 지수와 교육의 질을 높이기 위해서는 보다 적극적으로 나서야 한다.

아이들의 일상적 삶 속에서 민주주의의 교실은 청소년 동아리활 동이다. 청소년기는 친구와의 우정과 또래간의 관계가 매우 중요한 시기이기도 하다. 따라서 학교는 물론 가정과 지역사회는 청소년 동 아리활동을 적극 지원해주고 지지해주어야 한다.

미래학자들은 디지털시대를 살아가는 인간에게 꼭 필요한 요건으로 좋은 인간관계를 맺는 소통능력과 공감능력을 꼽고 있다. 청소년기 아이들에게 동아리활동이 꼭 필요한 이유이다. 한 예로 역사가 15년 이상 된 익산청소년신문 '벼리' 기자 출신 학생들이 지금 전국 각지 언론기관 등에 진출하여 활발하게 활동하고 있는 것을 보면 동아리의 중요성을 새삼 깨닫게 된다.

최근 전북지역 학교 내 동아리활동의 침체를 걱정하는 목소리가 들린다. 학교와 지역사회에서는 겨울방학을 맞는 아이들의 동아리 활동을 위해 지혜를 모아 적극적으로 지원하자.

민주주의 출발점은 먼저 다양성을 인정하는 일이다. 최근 교육부가 공개한 국정 역사교과서는 예상대로 박정희 유신체제를 미화하고 친일파 서술을 축소하는 등, 반역사적 내용으로 가득 차 있어 폐기해야 마땅하다. 국민이 역사교과서 국정화를 반대하는 이유도, 권력이 역사 인식을 통제하고 획일화하여 다양성을 가치로 살아갈 아이들의 미래 시대를 거스르기 때문이다.

추운 겨울, 아이들이 살아가는 학교 밖 교실에서도 다양하고 따뜻한 학습이 이루어지길 소망해본다.[23]

고교 무상교육, 내년 읍·면부터 단계적으로 확대

서남수 교육부 장관은 명문대가서도 꿈 없어 방황, 자유학기제로 진로 찾아줄 것, 논문 표절 방지시스템 여부 등 대학 평가에 반영할 계획이다. "자유학기제를 도입한 것은 일찍부터 학생들에게 자신의 꿈을 찾을 기회를 주기 위해서" 라고 말했다.

서남수(徐南洙) 교육부 장관은 7일 본지 인터뷰에서 "교육 문제는 최대한 신중하게 접근하겠다"면서 '교육정책 3대(大) 원칙'을 강조했다. 학생들에게 부담을 주지 않고, 교육·입시정책은 충분한 예고기간을 두고 시행하며, 학교 현장에 파행이 생기지 않도록 하겠다는 것이다. 그래서인지 인터뷰 내내 "검토 중이다" "아직 결정되지 않았다"는 답변이 많았다. 대선 공약이 나온 지 6개월이 지났는데도 박근혜 정부의 교육정책 '밑그림'은 선명하게 드러나질 않았다.

현 정부의 핵심 교육공약인 '중학교 자유학기제'에 대해 서 장관은 "명문대에 다니면서도 '내가 이 길을 가는 게 맞나' '내가 뭘 좋아하는지 잘 모르겠다'고 방황하는 학생이 많다"며 "그간 학교교육이 학생들에게 진로와 희망을 찾아주지 못해 생긴 일"이라고 말했다. 자유학기제는 전국 모든 중학교에 2016년 도입하며, 1학기 동안 지필고사(중간·기말고사)를 보지 않고 진로교육 위주로 학생들을 교육하겠다는 제도다. 서 장관은 "제도 시행에까지 2년 6개월 정도 남았는데 준비해야 할 것이 많다"면서 "교사 연수를 통해 진로전담 교사를 육성하고 교내외 직업체험 프로그램을 개발하겠다"고 말했다.

박근혜 정부가 내건 또 다른 주요 교육 공약으로 고교 무상 교육이 있다. 오는 2014년 전체 고교생의 25%에 무상 교육을 우선 실시하고, 2015년 50%, 2016년 75%, 2017년에는 전면 실시하겠다는 구상이다.

이와 관련, 서 장관은 "과거 중학교 무상 교육을 도입할 때처럼 읍·면 이하 농어촌 지역부터 우선 시작하고, 이후 도시 지역으로 확대하는 방안을 유력하게 검토 중"이라며 "하반기에 최종방안을 확정할 것"이라고 말했다. 현재는 마이스터고와 특성화고에 재학 중인 학생과 저소득층 학생들에게 고교 수업료를 면제해준다. 2017

년 고교 무상 교육이 완성되면 연간 2조 6000억원의 예산이 소요될 것으로 서 장관은 예상했다.

그는 또 당장 올해 대입 논술시험부터 공교육 정상화 촉진 특별법(일명 '선행학습 금지법')을 적용하겠다고 강조했다. 이는 초·중·고교 학교시험과 입시에서 교육과정을 벗어난 문제를 내는 것을 금지하는 법안이다. 그는 "학교 시험만 단속하고 사교육 기관의 선행학습을 막지 않으면 이 법에도 한계가 있다는 지적이 있다"면서 "법안을 심의할 때 그 부분(사교육 기관의 선행학습)도 논의가 이뤄질 것" 이라고 말했다.

서남수 교육부 장관은 교육부가 생긴 이후 첫 교육 관료 출신 장관이다. 행정고시 22회인 그는 교육부 엘리트 코스를 밟아 왔으며 노무현 정부의 마지막 교육부 차관으로 근무했다. 차관 시절 그는 '외국어고 폐지 추진' '대학입시에 내신 반영 비율'을 놓고 사학(私學)·대학과 대립했다.

그래서인지 지난 5년간 이명박 정부의 교육정책이 지나치게 경쟁 위주로 흘렀다고 그는 비판했다. 서 장관은 "교육에서 경쟁의 필요성은 인정하지만 뭐든 지나치면 문제가 있다" 면서 "(학교 정보를) 공개하면 무조건 좋고 경쟁하면 무조건 좋은 건 아니다" 라고 말했다. 지난 정부에서 전국 1만1000여개 초·중·고교 학업성취도평가를 실시하고 학교별 성적을 공개한 데 대해 비판적인 입장으로 해석된다.

서 장관은 또 최근 사회문제가 된 논문 표절을 교육부의 대학 평가 때 반영하겠다고 했다. 예컨대 해당 대학에서 학생들에게 논문작성 요령을 가르치는지, 논문 표절 방지시스템이 있는지, 논문 표절 확인 시 학위를 취소하는 학칙(學則)이 있는지 등을 대학 평가 때 반영하겠다는 것이다.[24]

고교 무상교육 확대 바람직하지만

고등학교 무상교육이 내년 도서벽지 지역부터 실시돼 2017년까지 전국으로 확대된다. 무상교육 실시에 따라 입학금과 수업료, 교과서 구입비 등을 정부가 지원해 학생 1인당 연간 200만원 안팎의 교육비 부담이 줄어든다. 갈수록 살림살이가 어려운 서민 가계에 적잖은 도움이 될 만하다. 초·중·고교 의무교육 체제를 완성한다는 의미 또한 크다.

우리나라의 고교 진학률은 99.7%에 이른다. 해외 유학이나 이민, 질병 치료 등 특별한 사정이 없으면 모두 고등학교에 진학하고 있다. 과거처럼 경제적 여건이 뒷받침되지 않아 아예 고교 진학을 포기하는 사례는 거의 없다. 박근혜 대통령이 고교 무상교육을 대선 공약으로 제시한 배경이기도 하다.

세계적 추세에 비춰서도 고교 무상교육은 올바른 방향이다. 미국 영국 독일 호주 스웨덴 등 선진국 대부분이 고교 과정까지 의무교육을 하고 있다. 국가에 따라서는 급식비와 통학비까지 지원한다. 우리와 학제가 같은 일본도 2010년부터 고교 무상교육을 하고 있다. 의무교육의 중요성과 우리 경제 수준에 비해 오히려 늦었다고 볼 수도 있다.

그러나 무상교육에 들어가는 예산 확보가 만만치 않을 것으로 보인다. 전면무상교육 실시 때까지 줄잡아 3조4,000억 원이 넘는 추가 예산이 필요하다. 그 이후에도 해마다 2조원 규모의 예산이 들어간다. 국가 재정과 지방 교육 재정의 부담을 어떻게 나눌지를 놓고 중앙 정부와 시·도 교육청의 논란과 갈등이 불가피할 것이다. 고교 의무교육 확대의 뜻에 어울리게 대승적인 차원에서 원만하게 협의가 이뤄지기를 바란다. 그보다 걱정되는 것은 지금처럼 치열한 대입 경쟁 속에서 고교 의무교육의 취지를 제대로 살릴 수 있을까 하는 점이다.

고교 과정이 대학 진학을 위한 단순한 계단 노릇을 하는 데 그치는 상황에서는 사교육이 여전히 기승을 부릴 수밖에 없고, 무상 공교육의 의미도 상당부분 퇴색할 수밖에 없다. 고교 무상교육을 계기로 입시 위주 교육 풍토를 바꾸는 노력이 뒤따라야 할 것이다.[25]

여고 3년생의 이유 있는 반항-그때 그 시절-

경향신문의 2008년 6월 16일자 인터넷 기사입니다. 민망스러운 일로 터지고만, 소녀들의 민망스런 항의, 여고생들 '체벌' 반발 집단 수업거부 파문이 발생한 것입니다.

> 광주의 한 여고생들이 학교측의 과도한 생활지도 등에 반발, 집단 수업 거부에 나서 파문이 일고 있다. 16일 광주 S여자상업고 등에 따르면 이날 오전 9시께 1교시 수업 시작과 함께 3학년 학생들의 시위를 시작으로 전 학년의 수업이 오전 한때 마비됐다. 이날 시위는 3학년 4~5개반 학생이 수업을 거부한 채 운동장으로 뛰쳐나온 뒤 이에 동조한 1,2학년 후배들이 뒤따라 나오면서 수업이 이뤄지지 못했다. 학생들이 시위에 나선 것은 지난 12~13일 있었던 현장체험교육(수련회)에서 일부 학생들이 숙소로 술을 반입했다가 적발된 뒤 체벌을 받았던 것이 표면적 이유로 알려졌다(후략).

여고생들이 학교 측의 생활 규제가 지나치게 심하다며 교내에서 시위를 벌였다는 내용입니다. 학생들의 거침없는 의사 표현이 요즘 와서 한층 활발해진 것은 말할 나위 없겠지만, 그렇다고 과거에도 학생들이 찍소리 못하고 지내기만 한 것은 아니었습니다.

군부독재의 서슬이 시퍼렇던 1968년 9월, 학교 측의 인권침해에 분노한 서울지역 여고생들의 집단행동이 있었습니다. 불합리와 모순에 대한 이런 저항정신이 하나둘 모이고 모여 훗날 거대한 민주화의 물결로 이어졌겠지요. 또 하나. 46년 전 당시, 땅에 떨어진 성도덕을 개탄하는 기자의 걱정이 지금 시각에서 보면 묘한 격세지감을 느끼게 합니다.

여고 3년생의 이유 있는 반항…민망스런 일로 터지고만 민망스런 소녀들의 항의-제자에겐 묘한 사연…학교측은 아픈 가슴(선데이서울 1968년 9월 29일자).

"학생들을 성매매 여성 취급하는 교육자 밑에서 공부할 수 없다." 여고 3년생들이 색다른 '데모'를 벌였다. 9월 18일 저녁 서울 청량리에 있는 J여상 150여명 학생들은 교문 밖으로 데모를 벌이려다 출동한 경찰에 의해 강제 해산됐다. 그들이 외친 '학원의 민주화'는 그들 나름대로 묘한 사연을 지니고 있다.

지난 7월 중순 J여상 학생들은 함께 모인 자리에서 김모 교장으로부터 듣기도, 참을 수도 없는 심한 욕설을 당했다. 노한 교장 선생님의 말은 전율과 분노를 일으켰다.

이날 화가 치솟은 김 교장에게도 참을 수 없는 '제자의 터무니없는 배반'이라는 아픈 상처가 있었다. 급기야 몸치장을 하고 손톱에 매니큐어를 칠한 7명의 학생들이 교장실에 불려갔다. 가방 검사, 주머니 검사 끝에 그 중 2명은 여자 선생님으로부터 옷을 벗기는 특수한 몸수색을 당하기도 했다.

화근은 지난 7월 17일의 일. 이날 김 교장은 서울 동대문경찰서로부터 낭패스런 소식을 전해받았다. 숭인동 집창촌에서 성매매 여성 생활을 하다 적발된 이 학교 고3 학생 장모(18)양을 인수해 가라는 것이다.

어처구니 없는 일이었다. 곧 담임 김모 교사를 보냈다. 장양으로 부터 신경통으로 무기 결석계까지 받아 놓은 학교당국이 난처했던 건 당연했다.

담임교사와 함께 학교에 불려온 장양은 또 다른 학생들이 성매매 여성 노릇을 하고 있다면서 울먹였다. 갈수록 태산 같은 사실에 부딪친 교장은 학생들을 집합시켰고, 장양은 퇴학, 이사회 결의 끝에 담임 김 교사는 권고 해직됐다.

성매매 여성을 가린다는 지나친 몸수색이 학생들 간에 전해지자 방학을 마친 학생들은 제자를 성매매 여성으로 오인하는 교육자의 양심을 어린 마음 나름대로 의심했다.

19일에는 학교장의 사임, 장양의 담임 김교사의 복직 등 3개 요구 조건을 내걸고 고3 150명이 주동이 되어 무기한 동맹휴학으로까지 사태를 진전시켰다. 그러나 세대의 흐름을 탓하기 전에 학교 당국은 당국대로 벌어진 사태를 빨리 수습하는 방법을 모색하지 않을 수 없었다.

☞ 학생들은 동맹휴학…사태 수습에 '주모자 처단'

학교 측의 성급한 '용의자' 색출이 결국 학생들의 동맹휴학을 부르는 지경에까지 이르렀다. 학교는 사태 수습도 강경책으로 나왔다. 우선 '주모자'를 처단하겠다는 것.

학교당국은 이번 동맹휴학은 학생들 스스로보다는 배후의 알력이 작용한 것으로 보고 있지만 발단을 따지고 보면 일부 젊은 층의 문란한 생활은 한번 검토해 볼 일이다.

서울 종로구 돈의동 통칭 '종삼'으로 통하는 골목 안 1800여 명의 성매매 여성 가운데는 학교에 나가는 여성들도 있다. 낮엔 모대학 국문과에 다니고 밤엔 그 생활을 하는 K양은 유객 행위로 경찰에 잡혀 올 때마다 얌전히 고개를 숙인다. 그러나 배지를 달고 다니지 않는 진짜 여대생인 것만은 틀림없다.

서울에서 가장 연령층이 어린 성매매 여성들은 거의가 숭인동, 창신동 등 청계천변에 자리하고 있다. 심지어 14세, 15세 난 아이들이 시커먼 눈화장을 하고 '악의 구렁'에서 킬킬거리며 헤엄치고 산다.

이들 소녀들의 전직은 식모, 차장, 무작정 상경 등이지만 부유한 집안에서 학교엘 다니다 나쁜 친구들의 꾐에 빠져 학교를 등진 소녀들도 많다. 집에서 매일 신문에 내는 '사람찾음' 광고를 버젓이 보면서도 별다른 가책을 느끼지 않는다.

지난달 경찰에 잡혀온 딸의 기별을 듣고 달려온 L(서울 동대문구 보문동)여인은 딸이 성매매 여성로 왔다는 소리를 듣고 마당에서 기절해 쓰러졌다. "설마 설마 그 애가…" 엄마가 딸을 보고 부르짖은 최초의 외마디가 비명 같았다.

경찰 통계를 보면 최근 무단 가출하는 소녀들의 수가 급격히 늘고 있다. 통금시간이 넘도록 거리를 헤매는 소녀들의 수가 늘어나고 있다.

치안국 집계에 의하면 지난 1월부터 8개월간 집을 뛰쳐나간 여자는 모두 6300명, 그 중 3분의 2가 이들 나이 어린 소녀들이었다. 무너져가는 성도덕, 거기 방향 없이 휩쓸려드는 동심을 막는 길을 모색해야 할 심각한 오늘이다.

가정과 학교가 좀더 자라는 동심 속에 생활하고 있다면 J여상고 학생들이 그렇게 동맹휴학을 하지 않아도 될 텐데.[26]

자기주도적 학습력 신장

국제적으로 실시하고 있는 학업성취도 평가결과에서 우리나라 학생들의 학업성취도는 문제해결력, 읽기, 수학·과학 등에서 최고의 수준이다. 그러나 문제는 흥미도, 학습동기, 학교에 대한 태도나 소속감, 교사에 대한 만족도 등에서 최하위 수준에 머물러 있다는 점이다.

자기주도적 학생 선택형 교육활동은 학생의 경험을 얕게 평가하던 것에서 학생의 경험을 존중하는 것으로, 지식 자체의 습득을 중시하던 것에서 지식 획득 과정을 중시하는 것으로의 변화이다. 또한 참여와 구성의 학습으로 전환한 학생들을 위한 '미래 준비 교육'으로 장차 사회에 적합한 인재를 양성하는 데 반드시 필요한 학습법이다.

자기주도적 학습방법은 교사 주도에서 학생 주도, 교과 중심에서 과업 중심, 미래를 위한 준비보다는 장차 사회에 꼭 필요한 내용을 학습하는 것으로 학생의 경험을 존중하는 학습방법이며, 지식 자체의 습득보다는 획득 과정을 중시하고, 학생들의 자발적인 참여와 노력을 중요하게 강조하는 학습방법이다. 그러나 아직도 교육현장은 학생들의 자기주도적 학습방법이 정착되지 못하고 있어 교사들의 노력과 교수·학습 방법에 대한 적극적인 개선이 요구되고 있다.

이제는 우리나라도 더욱 더 적극적으로 학교 교육을 개선해야 할 때가 되었음을 알 수 있다. 그 개선방안의 하나로 최근 학교 교육에서 학생들의 자율학습 동아리활동이 강조되고 활발하게 전개되고 있다. 학생 자율학습 동아리활동은 문제해결력과 대인관계 기술향상을 위해 중요하며, 활동경험이 있는 학생은 그렇지 않은 학생보다 바람직한 인성을 갖고 있다는 연구결과도 있다.

이와 관련하여 학생들의 자기주도적 학습활동의 중요성을 살펴보고, 학생 자율 학습 동아리활동과 그 지도 방안에 요구되고 있다.

첫째, 자기주도적 학습은 개개인이 스스로의 학습 욕구를 진단하고, 학습 목표를 설정하며, 주체적인 경험의 재구성 과정을 통해 목표 달성에 필요한 자료를 탐색하고, 적절한 학습전략을 세워 그 성과를 평가까지 한다는 점이 매우 중요하다.

둘째, 자기주도적 학습은 계획·선택·탐구·조력·평가를 스스로 실시하는 학습이다. 즉, 학습자 자신이 주도적으로 전체 학습과정에 대한 일차적 책임을 진다는 점이 매우 중요하다.

셋째, 자기주도적 학습은 강한 학습동기를 바탕으로 높은 학업성취를 이룰 수 있다는 점이 중요한 특징이다. 이런 특징은 자율적 인간으로 성장하는 과정이며, 자기 스스로 문제를 발견하고 해결해 나가므로 창의력과 문제해결력을 신장시킬 수 있는 학습방법 중 하나이다.

넷째, 자기주도적 학습은 학생들에 의해 주도적으로 진행된다. 때문에 학습에 대한 강한 동기를 갖고 학습에 임하게 되어, 교사주도의 학습활동보다 훨씬 더 높은 학업성취와 만족을 얻게 되는 학습방법이라 할 수 있다.

다섯째, 자기주도적 학습은 학생 자신에 의한 계획부터 평가에 이르기까지의 전 과정에서 인간이 자율적으로 성장해 가도록 하는 자연적이고 심리적인 발달과정과 일치 하는 매우 중요한 학습방법이다.

여섯째, 오늘날 세계는 모든 영역에서 엄청난 변화가 일어나고 있다. 이러한 변화에 적응하기 위해서는 다른 사람의 도움보다는 자기 스스로 문제를 찾아 해결해 가는 능력이 필요하다. 자기주도적 학습은 이러한 실질적 능력을 키워주는 중요한 학습방법이다.

일곱째, 인간이 창출해 놓은 지식이란 얼마 가지 않아 사장되어 버린다. 따라서 자기 주도적 학습은 지식 자체의 습득보다는 지식을 습득하는 탐구과정과 문제해결과정을 중요시하며 스스로 학습하는 방법을 배우게 한다는 점에서 매우 중요한 학습방법이다.[27]

청소년의 꿈을 그리는 교육

'줄탁동시(?啄同時)' 라는 말이 있다. 닭이 알을 깔 때 알 속의 병아리가 껍질을 깨뜨리고 나오기 위해 껍질 안에서 쪼는 것을 줄(?)이라 하고 어미 닭이 밖에서 쪼아 깨뜨리는 것을 탁 (啄)이라 하는데, 이 두 가지가 동시에 이뤄지기 때문에 사제지간(師弟之間)이 될 인연이 있다는 의미로 쓰이기도 한다.

짧지 않은 교직 생활을 통해 '줄탁동시(?啄同時)' 의 의미를 실감한 적이 한두 번이 아니었다. 학생들이 혼자 해결하기 힘든 과제가 있을 때, 선생님의 작은 힘이 보태지면 훨씬 수월해진다.

학부모가 자녀교육에 어려움을 하소연할 때 학교가 제공하는 정보가 큰 도움이 되기도 한다. 어느 한쪽의 힘만으로는 변화와 발전이 어려운 것도 공동의 에너지가 모이면 그 이상의 효과를 발휘한다.

얼마 전에 포항시가 지역의 교육문제를 바로 해결하기 위해서 일선 학교를 포함한 교육지원청과 긴밀한 협력을 통해 기존의 교육지원 환경을 개선하기로 했단다. 여기에 자녀들의 진로와 인성교육에 대한 학부모들의 수요가 커지고 있지만, 오히려 대도시와의 정보격차가 줄어들지 않는 데 따른 해결방안도 마련할 계획이란다.

이를 위해서 포항시와 교육계를 비롯해 시민대표들로 구성된 '교육발전위원회'(가칭)를 구성해 인성교육을 포함한 각종 교육 현안과 중장기 계획을 논의하는 한편, 경북 도내에서는 처음으로 '진로교육지원센터'를 설립해 학생 개개인이 사회적으로 자기실 현을 할 수 있도록 적극적으로 지원할 계획도 내놨다.

평생을 일선 교육현장에서 일해 왔던 교육자의 한사람으로서 포 항시의 계획에 환영과 함께 전폭적인 지원의 마음을 전한다. 진로교 육의 기회가 수도권에 비해 크게 못 미치는 '기울어진 운동장'을 바로 잡겠다는 이강덕 포항시장의 구상에 박수를 보낸다.

장기적이고 큰 안목에서 인성과 창의성을 바탕으로 한 미래역량 교육에서부터 당장의 현안을 함께 풀어갈 진로와 진학 교육까지, 그 리고 초·중·고등학생뿐만 아니라 학부모와 전문가 교육까지를 아 울러 추진하겠다는 점에서 기대가 크다. 이제 포항시가 그려갈 교육 청사진에 앞서 교육계에 몸담았던 한사람으로 몇 가지 당부와 건의 를 정리해봤다.

우선 시민의 다양한 요구를 수렴하여 실질적으로 학생들에게 골 고루 혜택이 주어질 수 있어야 할 것이다. 어느 특정 수요층을 위한 교육이 아니라 다양한 계층의 특성에 맞는 현실적인 운영이 되어야 한다는 것이다. 다음으로는 무엇보다 뚝심 있는 추진력이 필요하다. 어떤 사업이든 추진하는 과정에는 분명 착오와 문제점이 발생할 것 이다. 아니 처음 가는 길이기 때문에 생각지도 않았던 복병들이 나 타나는 것이 당연한지도 모른다. 하지만 이런 문제들에 일희일비하 지 않고, 하나둘씩을 착실히 보완해 나가면서 변화와 발전을 위해 중심을 잃지 말아야 한다.

이제 포항시 교육 발전의 또 다른 역사가 시작됐다. 지자체와 교육계가 힘을 더하여 미래의 주인공인 우리 청소년들이 시원하게 껍질을 깨고 사회로 나올 수 있도록 함께 힘이 되어줘야 할 것이다. 든든한 교육공동체가 되어서 말이다. 청소년의 희망을 함께 그리고 싶은 교육자로서 간절히 소망한다.[28]

'좋은 교사'가 解法이다

'오바마에게 진실은 누가 말해줄 건가?'

잊을 만하면 한국 교육을 극찬하는 미국 대통령 때문에 엄마들 사이 생긴 우스갯소리다. '진실'을 알아야 할 사람들이 또 생겼다. 이번엔 스웨덴이다.

지난주 스웨덴에서 '한국식 교육'을 둘러싼 논쟁이 벌어졌다. 최근 한국을 다녀간 사회민주당 당수 스테판 러벤이 "스웨덴의 교육 경쟁력을 키우려면 한국을 본받아야 한다"고 주장한 탓이다. 러벤은 조선일보(2013년 10월 30일자) 인터뷰에서도 "대학 진학률은 국가 경쟁력과 직결되는데, 스웨덴은 25~34세 인구 가운데 대학 교육을 받은 비율이 42%인 반면 한국은 63%로 세계 최고 수준"이라며 부러워했다. 그러자 스웨덴 교육부 장관이 발끈했다. "한국 고등교육의 질은 스웨덴에 비해 현저히 떨어진다. 결코 롤모델이 아니다"며 맞섰다.

오바마에 이어 스웨덴까지 한국을 운운하니 우리의 주입식 교육에 뭔가 대단한 힘이 있는 것 아니냐는 말까지 들려온다. 물론 아니다. 세 살배기들이 한 달 150만원을 웃도는 영어 유치원에 몰리고, 특목고 많이 보낸다는 수학 학원에 등록하려 과외를 받고, 이맘때면 대학 낙방을 비관한 자살 뉴스가 쏟아지는 나라의 교육이 우수할

리 없다. 그럼 왜 스웨덴에선 느닷없이 한국 타령인가.

복지, 양성 평등, 행복지수 등 '살기 좋은 나라' 상위권을 다투는 스웨덴에 유일한 고민이 있다면 '교육'이다. 그 콤플렉스를 강화시키는 게 과거 그들의 식민지였던 핀란드다. 같은 북유럽 국가지만 OECD가 3년에 한 번 발표하는 PISA(학업 성취도 국제 비교 연구)에서 핀란드가 1~2위를 다투는 반면 스웨덴은 중위권을 맴돈다.

그 이유가 궁금해 북유럽 국가들의 교육제도와 교사 수준, 학부모 의식을 비교한 논문을 찾아본 적이 있다. 스웨덴과 핀란드의 교육제도는 거의 비슷했다. 창의와 인성 위주의 교육, 토론식 수업, 맞춤형 교수법까지 쌍둥이다. 격차를 보인 항목은 교사에 대한 학부모의 신뢰도였다. 스웨덴은 그 신뢰도가 50% 언저리인 반면 핀란드는 90%에 달했다. '교사에 대한 믿음'이 두 나라의 교육 경쟁력을 갈라놓은 셈이다.

핀란드에서 교사는 의사, 변호사보다 '존경받는' 직업이다. 상위 10% 성적이어야 교사 관문을 뚫을 수 있고 석사 학위가 있어야 채용된다. '자기 성찰'과 '합리적 권위'를 중시하는 핀란드 학교에서 교사는 아이들 삶의 '멘토'다. 40년에 걸친 교육 개혁을 정부에만 맡겨두지 않았다. 제 살 깎는 고통을 감내하며 교육의 정도(正道)를 모색했다. 신뢰는 여기서 싹텄다.

핀란드가 암울한 한국 교육에 한 줄기 빛이 된 적이 있다. 식민 경험으로 인한 교육열, 교사의 전통적 지위가 높다는 점에서 양국이 흡사했기 때문이다. 두 나라를 갈라놓은 건 '사람 농사'에 대한 교육주체들의 상반된 접근방식이었다. '한 명의 낙오자도 놓치지 않겠다'는 의지와 '살인적 경쟁을 뚫고 살아남은 아이들만 키우겠다'는 아집. PISA 1~2위를 다투지만 한 곳은 교육 천국, 다른 한 곳은 입시 지옥이 된 이유다.[29]

교육발전 향한 스승의 길

대한민국이 세계 최빈국에서 오늘날 세계 10위권의 경제 대국으로 우뚝 선 바탕에는 '교육'을 통한 우수인재 양성이 큰 기여를 하였다고 자부합니다. 그 중심에 어려운 교육여건 속에서 교단을 지키고 인재를 양성한 여러 교육 선배님과 교육자님들의 각고의 노력이 있었기에 가능했다고 믿고 있습니다.

지금 우리 교육은 교육본질을 바로 세우고, 각종 교육현안 해결과 새로운 교육자상 정립을 요구받고 있습니다. 나아가 학부모와 학생들의 공교육에 대한 불신 또한 여전히 해소되지 않고 있고, 교사들은 교육자로서의 긍지와 가르치는 보람을 점점 잃어가고 있는 것 같아 안타깝습니다. 특히, 교육의 본질인 가르치고 배우는 순수함이 언제부턴가 정치화되고 인기영합주의 정책이 남발하고 있는 것에 대해서는 우려 또한 금할 길이 없습니다.

학교는 학생, 학부모, 교원으로 이루어진 교육공동체로 이를 이루는 가장 중요한 요소는 교육구성원들의 편 가르기가 아니라 교육공동체 모두의 신뢰입니다. 존경받는 선생님, 신뢰하는 학교가 될 수 있도록 어떠한 어려움과 역경이 닥치더라도 사랑하는 제자들의 미래를 위해 우리의 노력으로 이루어 냅시다. 우리 스스로가 만든 소중한 교육 가치는 오랫동안 지속될 것입니다. 지친 교원의 어깨를 다독여 달라고만 하지 말고, 어깨를 당당히 펴고 '스승의 길'을 스스로 헤쳐 나갑시다. 우리 스스로 전문성을 향상하고 제자에게 아낌없는 사랑과 관심을 보여줍시다! 부정과 비리를 저지른 교원과는 결코 함께 교단에 설수 없다는 교육자로서의 의지를 가집시다! '선생님은 대한민국의 희망'이라는 자긍심을 결코 잊지 맙시다. 국민도

교직사회의 명확한 잘못에 대해서는 질책하시되, 교원이 교육활동에 대해서는 더욱 진력할 수 있도록 많은 성원과 격려를 해주시길 당부 드립니다.

이를 위해서는 학교와 국민, 교원과 학생, 학부모 간의 신뢰회복이 우선입니다. 교원들이 먼저 변화를 주도해야 하고, 스스로 도덕성과 전문성을 확고히 다져나가야 합니다. 학부모들도 내 자식만을 위하는 교육 이기심을 과감히 벗고 우리 모든 아이를 위한 사랑으로 바뀌어야 합니다. 교육자적 전문성과 양식, 학부모의 올바른 자식사랑과 학생들의 선생님에 대한 믿음이 서로 조화될 때 학교는 행복한 배움터로 거듭날 수 있을 것입니다.

이제 더 이상 극히 일부의 잘못된 이념과 행동으로 인해 묵묵히 2세 교육에 헌신을 다하시며 교단을 지키고 있는 대다수의 교육자의 사기가 저하되고, 교권이 추락해서는 안 됩니다. 우리 모두는 '교육호'라는 배에 전문직적 사명감과 상호 신뢰 속에 어려운 파도를 헤치고 나가야 하는 의로운 선원이자 동반자라는 자긍심을 가져야 합니다. 그 항해가 외롭고 힘들지만, 우리가 도착해야 할 '교육발전'의 항구를 위해 묵묵히 '사도의 길'을 나아갑시다. 일부의 잘못된 일들은 우리 스스로의 노력으로 과감히 떨쳐내고 이 땅의 당당한 선생님으로 설 수 있도록 노력합시다. 교단에 첫발을 내디딜 때의 설렘과 긴장은 결코 잊지 못하실 것입니다. 교실과 운동장에서 내뿜는 우리 아이들의 밝은 함성과 해맑은 웃음이 있기에, 그것이 곧 우리의 존재이유이기에 다시 마음을 잡고 '올바른 교육, 훌륭한 선생님'을 위해 달려갑시다.

그동안 우리 교원들은 국가와 2세 교육을 위해 너무나 중요한 일을 묵묵히 해 오신 분들입니다. 다시 한 번 5월15일 '스승의 날' 제자들이 달아주는 붉은 카네이션의 의미를 더욱 깊이 새기고, 국가의 미래가 교육에 달려있다는 것에 자부심을 느끼시길 바라며, 2013년 스승의 날은 교육가족 모두가 기쁨과 활기가 넘치는 날이 되시기를 바랍니다. 교육가족 여러분의 건강과 행복을 기원합니다.[30]

제2장을 마무리하면서

지난 2010년 2월 11일 임태희 노동부장관이 각료로서는 금기인 타 부처 간섭에 해당하는 발언을 하여 주목을 받았다. "기업은 우주선으로 달나라 여행을 가는 시대인데, 학교 교육은 농경사회 수준이다"[31] 라는 그의 말은 적어도 두 가지 점에서 중요한 의미를 내포하고 있다. 하나는 현재 우리 교육이 사회의 흐름이나 산업계의 수요를 전혀 맞추지 못하고 있다는 것이고, 다른 하나는 우리 교육이 새로운 패러다임을 전혀 좇아가지 못하고 있다는 것이다. 전자와 관련하여 그의 말을 좀 더 들어보면 의미가 더욱 선명해진다.

새로운 패러다임 속의 교육은 융합·창발·차별화를 적극 수용해야 한다. "양적 사고를 버려야 한다"고 설파한 이건희 회장의 발언은 단순계로서는 도저히 설명할 수 없는 '창조적 파괴'를 강조한 것이며, 이는 바로 요즈음 회자되는 '파괴적 개혁(disruptive innovation)'과 맞닿아 있다.

그러나 불행하게도 교육 현실은 여러 분야에서 암암리에 산업사회 패러다임은커녕 전통사회 패러다임조차 탈피하지 못하는 실정이다. 여기에다 교육당국은 '관제(官製)자율', '짝퉁선택제' 등 여전히 관주도의 국가개입을 통한 사회공학적 계획 의도(Grand Social Engineering Project)를 포기하지 않은 현실이 답답함을 더욱 가중시

키고 있다. 교육 패러다임이 바뀌어야 한다.[32]

　사교육에 몸담고 있는 나는 정치의 집권세력이 바뀔 때마다 변화무쌍한 교육정책에 기승하며 발 빠르게 움직여야 하지만 '교육은 백년대계'라는 말을 굳게 믿는다. 사교육의 본래 목적은 학교 공부에서 뒤떨어지지 않도록 보충하는 학습의 의미이다. 그러나 주객이 전도되면서 많은 학생들은 학원과 과외 등을 더 우선시 하며 사교육을 받는 목적 자체가 본래 '보습'의 의미를 훨씬 뛰어 넘은 것이 지금의 현실이다. 공부를 제대로 하고자 함이 아닌 오직 시험점수만 올리면 목적달성이 끝나 버리니 무엇이든 쉽고 빠르게 당장의 효과만을 기대하는 방법으로 교육에 '희망'이란 단어를 쓰기가 무색해져 버렸다.[33]

　우리는 너나 할 것 없이 아이들의 단점은 어떻게든 고쳐야 한다는 강박관념을 갖고 있다. 그렇게 하는 것이 아이를 위한 것이라고 굳게 믿고 있다. 또 그것이 바른 교육이고 변해서는 안 될 덕목으로 인식해왔다. 예건대, 왼손잡이는 어떻게 해서든지 오른손잡이로 만들어야 한다고 생각했다. 남과 다른 모습을 보이는 것을 용납지 못했다. 모두가 같은 모습, 같은 생각을 하도록 만들었다.

　긍정심리학의 창시자인 마틴 셀리그만은 우리의 상식을 뛰어넘어 아이의 단점을 결코 단점으로 보지 않는다. 마틴 셀리그만의 생각은 한 걸음 더 나아간다. 아니, 나아가는 것이 아니라 도약하는 수준이다

　"나는 비로소 아이를 키울 때 아이의 단점이나 약점을 고치는 것보다 훨씬 중요한 일이 있다는 것을 깨달았다. 그것이 바로 자녀의 장점과 미덕을 간파하고 계발해줌으로써 아이가 자신에게 알맞은 일을 찾아 긍정적인 특징을 최대한 발휘하게끔 이끌어주는 것이다."

  긍정의 심리학이 주는 시사점이 바로 이런 것이다. 아이의 단점을 고치려는 시도보다는 그것을 장점으로 새롭게 보려는 식견이다. 각각의 아이들을 부정적인 눈이 아닌 긍정의 눈으로 바라볼 수 있어야 한다는 점이다. 지금까지의 사고에서 벗어나야 한다는 강한 메시지다. 이런 인식의 전환이야말로 아이들의 꿈을 이끌어 낼 수 있는 행복교육의 출발점이 될 수 있을 것이다.[34] 따라서 행복은 주어지는 것이 아니라 만들어가는 것이다.

  행복한 교육은 지금까지의 사고의 틀을 벗어나는 것이다. 즉 아이의 단점을 고치려는 시도보다는 그것을 장점으로 보는 새로운 식견이다. 미래의 학교 교육은 리더를 기르는 교육보다는 유능한 팔로워를 육성하는 교육에 초점을 두어야 한다. 리더만 인재가 아니라 좋은 팔로워도 훌륭한 인재다. 좋은 팔로워들을 육성하면 자연스럽게 좋은 리더를 배출할 수 있기 때문이다. 리더 일변도의 교육으로는 결코 미래인재를 기를 수 없다.[35]

제3장

부모의 의식이 새로워져야 한다

자녀 교육의 출발은 안인(安人)이다

요즈음 자녀문제로 속앓이 하는 부모들이 늘어나고 있다. 그 어느 때보다 가정경제가 휘청거릴 정도로 사교육비를 부담하며 자녀교육을 열심히 했는데 왜 이렇게 됐을까? 곱씹어 볼 일이다. 그간 우리가 이룩한 국가발전과 풍요로운 삶은 높은 교육열 덕택이다. 지난 반세기 만에 자원도 자본도 신통찮은 나라가 세계가 찬탄하는 경제성장을 이룩하고 개인도 윤택하게 된 원동력은 '잘 교육받은 사람들' 이 공급되었기 때문이었다. 이들이 '한강의 기적' 의 자랑스러운 주인공들이다.

그런데 그 주인공인 오늘의 한국인들 삶은 어떠한가. 물질적으로 풍요하고 윤택하다고 삶이 과연 행복해졌는가. 한국인의 행복지수는 점점 뒷걸음질쳐 이제는 세계 100위 안에도 들지 못한다. 반면 자살은 점점 늘어간다. 경제협력개발기구(OECD) 국가 중 9년째 1위이고, 2위와의 격차는 갈수록 벌어지고 있다. 특히 70, 80대 노인 자살률이 20, 30대 젊은이보다 5~10배 높다. 더구나 최근의 한 조사에 따르면 자신이 학대받고 있다고 응답한 노인들에게 누가 학대하느냐 물으니 85.7%가 가족이라 답하고, 그 가운데 가장 학대하는 사람은 누구냐는 물음에 아들이라고 한 대답이 51%에 달했다고 한다. 기가 막힐 노릇이다.

우리 사회에 왜 이런 문제들이 생겼을까. 기본으로 돌아가서 생각해보자. 물질의 문제가 아니라 사람의 마음의 문제다. 마음의 문제는 인간관계에서 비롯된다. 특히 가까운 사람과의 관계가 행복으로도, 불행으로도 이끈다. 부모를 학대하는 자녀가 생기는 근본 이유도 여기에 있다. 갓 태어난 아이는 아무것도 모른다. 자라면서 그렇게 되는 것이다. 자녀는 학교에 가기 전부터 부모의 영향을 가장 많이 받고 자란다. 세계 제일의 높은 교육열로 자녀를 교육시켰는데 왜 이 땅에서는 효자가 줄어들까. 무엇을 어떻게 가르쳐서일까. 그동안 공부 잘하라는 지식교육, 남들에게 이겨야 된다는 일등 교육만 시켰기 때문이다.

사람다운 삶에 대해 가르쳐야 한다. 그동안 우리는 풍요와 윤택을 얻은 대신 사람답게 살아가는 길, '도리'(道理)를 잃어버렸다. 이것을 되찾아야 한다. 사람과의 관계가 중요하니 네가 먼저 다른 사람을 편안하게 대해야 한다(安人)는 인간존중의 인성교육이 중요하다. 그런데 인성교육은 말과 글로 안 된다. 아이들 앞에서는 냉수도 못 마신다고 했듯이, 아이들은 가르치는 사람의 행동을 보고 그대로 닮아간다. 솔선수범이 답이라는 뜻이다.

우리 조상들은 여러 자식을 낳고 어렵게 살았다. 하지만 자식 사랑은 그제나 이제나 여전했다. 충분히 먹이지도 못한 자식이 늦도록 공부할 때 대견하면서도 안쓰러워 '이제 그만 자거라'를 연발했다. 그러면서 당신은 새벽녘에 정한수 한 그릇 떠놓고 자식의 성공을 빌고 빌었다. 자신을 편안히 인격체로 대해주시는 이런 부모님을 보고 자란 자식이 효자가 되지 않을 수가 있을까. 또한 이렇게 할아버지 할머니에게 효도하는 부모를 보며 자란 그의 자식 역시 자연스레 효도하게 됨은 물론이다. 효자 집안에 효자가 생기는 이치다.

지금 우리는 그때에 비해 너무 이기적으로 살아간다. 부모도 뒷전이요 형제도 경쟁자가 되곤 한다. 제 자식 사랑은 인간뿐 아니라 동물도 모두 한다. 인간을 인간답게 하는 데에는 여기에 교육이 덧보태져야 한다. 그러면 어떻게 교육하여야 할까. 서너 살 된 아이도 자기의사가 분명하다. 부모가 이끄는 대로만 언제까지 따라오지 않는다. 사고와 자세의 전환이 필요하다.

겨레의 큰 스승 퇴계는 '훈몽'(訓蒙)이라는 한시에서 이에 대해 이렇게 일러주고 있다. 부모가 삼갈 일은 '많이 가르치는 것(多敎)'과 '회초리 매질(撻楚)', '우매하다 꾸짖는 것(謂愚迷)'이요, 적극적으로 할 일은 자녀를 '크게 칭찬(大讚)'하고 '좋은 낯빛으로 대하는 것(顔好)'이라고 했다. 한마디로 내가 낳은 자식에게도 안인(安人)의 자세로 대하라는 것이다. 오늘날에도 곱씹을 만한 자녀교육의 출발점이 아닐까.[36]

문제 부모는 있어도 문제 아이는 없다

11월도 얼마 남지 않았다. 이 시기엔 올 초 세웠던 계획과 목표를 점검하고 이루지 못한 일들은 남은 기간 동안 최선을 다해야 한다. 그래도 성취하지 못한 계획은 내년을 기약하며 목표를 수정하면 된다. 하지만 자녀교육은 적절한 시기에 부모 역할을 하지 못하면 되돌릴 수 없는 상황이 된다. 자녀와 함께 하지 못한 시기는 두 번 다시 오지 않기 때문에 아무리 후회하고 반성해도 소용이 없다.

필자는 세상에 문제 부모는 있어도 문제 아이는 없다는 문구를 인용해 부모 역할의 중요성을 강의할 때마다 강조한다. 정서적으로 문제 있는 학생들의 대부분은 부모에 의해서 비롯되기 때문에 부모의 교육과 상담이 함께 이뤄질 때 아이들의 정서치료에 더 효과가 있다. 부모의 행동은 자녀의 거울이자 롤모델 역할을 한다는 것을 기억해 주길 바란다. 자녀 앞에서 배우자나 학교 교사를 무시하거나 비방하는 말 등을 삼가기를 권한다. 이런 언행은 자녀의 무의식에 내재화돼 청소년기에 부모와 교사를 무시하게 되는 행동의 근원이 된다. 공교육과 교사의 인권이 무너진 원인은 바로 가정에서 부모의 잘못된 언행에서 비롯된다고 할 수 있다.

4차 산업혁명시대에 필요한 인재는 타인의 감정을 공감하고 소통을 잘하는 관계성 지능이 높은 사람이다. 관계성 지능을 형성하는데 결정적인 역할을 하는 것은 정서적 안정이다. 정서는 학습에 중요한 역할을 하며 사회성을 형성하는 기반을 제공한다. 현재 학습에서 좋은 결과를 내도 정서가 안정돼 있지 않으면 청소년기나 성인기에 사춘기와 오춘기라는 이름으로 심각한 내적 갈등상황에 놓이게 돼 주위사람들을 힘들게 할 것이다.

프로이드(Freud), 아들러(Adler), 융(Jung)에 의하면 정서는 기질적 원인, 개인의 내적 원인, 심리적 원인, 사회문화적 요인 등 여러 요인이 합쳐지거나 누적될 때 나타난다고 했다. 기질적 원인은 태내 환경에서부터, 아니 정자와 난자가 수정되기 전부터 시작된다. 태아는 3개월이 되면 엄마의 감정을 공유한다는 것이 이미 과학적으로 증명됐다. 임신했을 때 산모가 스트레스 상황이나 알코올, 카페인, 약물 등에 노출되면 아이는 기질적으로 정서에 문제가 생길 위험에 노출될 가능성이 높다.

개인의 내적 심리적 원인은 프로이트에 따르면 인간의 내면세계인 원초아, 자아, 초자아가 무의식 속에서 경합하는 역동적인 관계에서 찾을 수 있다고 했다. 심리적으로 건강한 사람은 2~3세에 자아가 잘 발달돼 주도권을 가지고 원초아, 초자아의 요구를 적절하게 해소하면서 현실에 적응한다. 성적분비 에너지인 리비도가 입에 있을 구강기 시기에 부모의 양육이 잘 되지 못하면 불안, 폭언, 폭식, 손톱을 물어뜯는 행위를 하게 된다. 리비도가 항문의 괄약근에 있을 항문기 시기와 성기에 있을 남근기 시기에 과도한 욕구만족이나 좌절을 경험하면 난폭한 행동, 공격성, 잔인하고 파괴적인 행동이 고

착돼 성숙한 성격으로의 발달이 저해될 수 있다.

자녀의 성격과 정서는 유아기에 거의 완성된다고 해도 과언이 아니다. 사회·문화적 요인은 휴대폰의 남용과 부모의 부재, 부모의 과잉보호, 편애, 학대, 무관심에서 비롯된다고 할 수 있다. 어린 시절부터 휴대폰에 노출된다면 전자파로 인해 신체적 성장에 문제를 주고 인지사고와 집중력에 방해가 돼 학습에 곤란을 겪을 수 있다. 사회적 요인 중 부모의 잘못된 대화기술은 자녀의 학습동기를 저해하고 자존감을 낮게 해 정서적 고립을 만들게 한다. 자녀와 충분히 소통하고 공감하며 자녀가 스스로 선택을 할 수 있도록 하는 방법은 지속적인 부모 교육과 독서를 통해 도움을 받을 수 있다.

한 해를 마무리하면서 자녀와의 대화기술을 소개한 책을 통해 자녀와 행복한 소통을 하는 부모가 되길 바란다.[37]

반장이 뭐길래

주부 A 씨는 지난달 초등학교 4학년이 된 아들이 오른팔에 '선거' 라는 완장을 차고 집에 들어선 모습을 보고 의아했다. 아이는 책가방을 집어던지고 다짜고짜 종이학을 수십 마리 접더니 일일이 '○○○은 우리 반을 가장 잘 이끌 인재입니다' 라고 썼다.

아들은 반장 선거 후보 3명 중 한 명의 선거 운동원이 됐다고 했다. 그 후보의 엄마는 날마다 아이들에게 간식을 사주면서 누구는 등굣길에 피켓을 만들어 흔들고, 누구는 종이학을 접어 날리고, 누구는 홍보 전단을 나눠 주도록 시키는 모양이었다.

아들에게 "○○○이랑 친하냐?" 고 물으니 아니라고 했다. 후보마다 선거 운동원 무리가 갈리기 때문에 어딘가에 끼지 않으면 따돌림을 당할까 봐 걱정하는 듯했다.

대한민국에서 초중고교를 다녀본 이라면 누구나 당연한 존재로 여기는 반장. 그런데 얼마 전 외국에서 몇 년 머물다 돌아온 초등학교 선생님을 만났다가 뜻밖의 얘기를 들었다. 외국 학교에는 대부분 우리와 같은 반장 제도가 없다는 것이었다.

반장의 유래가 궁금해져 국어사전을 찾아보니 '예전에 교육기관에서 교실을 한 단위로 하는 반을 대표하여 일을 맡아보던 학생'이라고 정의하고 있다. 왜 과거형일까?

교육학 교수에게 물었더니 이런 설명이 돌아왔다. 영국에서 산업혁명 당시 갑자기 수많은 아이들이 학교로 몰리자 한 반에 대규모 아이들을 수용하기 위해 나온 제도라고 했다. 교사 한 명이 나이도 수준도 제각각인 수백 명을 감당할 수 없어서 우수한 아이를 골라 보조교사로 삼는 방식이었다. 학급당 학생 수가 줄고, 나이가 같은 아이들이 한 반을 이루면서 이런 제도는 자연히 사라졌다고 한다.

우리나라는 일제강점기 급장에서 비롯된 제도가 아직 이어지고 있다. 옛날에는 교사가 성적이 좋은 학생을 임명했지만, 1980년 문교부가 학도호국단 간부를 선거제로 바꾸면서 반장도 선거제로 바꾼 정도가 달라진 점이랄까.

요즘은 반장 대신 학급회의를 이끈다는 의미에서 회장을 두거나, 학급 도우미라는 용어를 쓰는 학교도 있다. 이름은 바뀌어도 반장의 역할은 크게 달라지지 않았다. 반장이 하는 일이라면 많은 사람들이 '칠판에 떠든 사람 이름 적기'를 떠올리는 것처럼 대체로 급우를 통제하는 역할이다.

초중학교 반장들을 대상으로 '반장의 역할'에 대해 연구한 논문들을 모아 보면 자신이 해야 할 일을 주로 통제, 감독, 담임 보조,

질서 유지 등으로 인식하고 있다. 그동안 각종 입시에서 반장 경력이 있으면 리더십전형 지원 자격을 주거나, 친화력이나 봉사정신을 높이 평가했던 것이 이런 능력을 기대했기 때문일까.

앞서 말한 선생님은 새로 부임한 학교에서 반장을 없애보려 했다가 학부모들의 반대로 무산됐다고 했다. 반장 경력이 사라지면 다른 학교에 비해 스펙 쌓기에 불리하다는 이유에서다. 반장이 없으면 급식이나 교통지도를 맡아 줄 이른바 '임원 엄마' 까지 사라질까 봐 우려하는 교사도 일부 있다고 했다.

신학기만 되면 과열 반장 선거에 대한 비판이 끊이지 않는다. 주로 성적이나 가정환경에 따라 아이들의 지위가 갈리는 것이 교육적인지도 의문이다.

민주적인 학급회의 운영이 필요하다면 아이들이 돌아가면서 회장을 맡는 것이 훨씬 좋은 경험이 될 것이다. 리더십을 발현할 장이 필요하다면 저마다 좋아하고 잘하는 분야에서 자발적으로 모임을 꾸리도록 도우면 될 일이다. 한 반 학생이 20~30명으로 줄어든 상황에서 과연 지금과 같은 형태의 반장 제도가 유지돼야 하는지 고민해볼 때가 됐다.[38]

엄마가 다 해 줄게

요즘 엄마들은 참 바쁘다. 아니 바쁘려고 엄청나게 노력한다. 살림을 도맡아 하는 전업주부를 뛰어넘어 자녀의 모든 것을 다 해결해 주는 전문주부의 역할을 스스로 감당하려고 무진 애를 쓰고 있다. 아이가 태어나면서부터 의식주를 철저히 통제하며 어린이집부터 시작되는 교육은 물론 초등학교와 중학교, 고등학교에서도 엄마는 거의 모든 것을 결정한다. 심지어 대학에서 학점 신청하는 것까지 대신하고 결혼대상자 선정과 같이 중요하다 싶은 일은 독단적으로 판단하기도 한다. 이 과정에서 아버지는 철저히 배제되는 경우가 대부분이며 어설프게 참견하다가는 면박 받기 일쑤다. 우스갯소리로 아이의 경쟁력은 할아버지의 경제력과 아버지의 무관심과 엄마의 정보력이라는 말도 유행한다.

사실 아이는 그대로 두어도 잘 자란다. 안타까운 마음을 갖는 것은 부모의 당연한 심정일테지만 객관적인 태도를 유지하여 바라보고 기다릴 줄 아는 여유가 필요한데 그러지를 못한다. 우리의 아이들은 이제 인공지능과 살아가야 한다. 앞으로 어떤 세상이 펼쳐질지 아무도 모르는데 케케묵은 사고방식에 매여 있는 부모가 아이의 미래를 붙잡고 있다. 큰돈 들여 엄청난 에너지를 낭비하며 자기의 못다 한 한을 풀어 주는 분신으로 키우고 있다.

인간이면 누구나 주체적으로 무엇인가를 하고 싶어 하는 본능이 있는데도 이런 반복된 엄마의 간섭으로 아이는 그 능력을 상실하고 있으며, 태어날 때부터 가지고 있는 창의성을 더욱 계발하여 자기의 미래를 개척하고 정복하며 살아가야 하는데 엄마가 일찌감치 그 싹을 자르고 있는 것이다. 학교 다닐 때는 물론 결혼을 하고도 자기가 왜 사는지, 진정으로 무엇을 하며 살고 싶은지 등을 한 번도 생각해 본 적이 없다는 사람들이 수두룩하다.

미래를 결정짓는 중요한 요소인 주체성, 창의성, 관계성이 모두 부족한 상태로 성장하는 이들에게 더욱 치명적인 것은 정서마저 고갈되어 있다는 점이다. 모든 포유류에는 원시 뇌가 있어 감정을 담당한다고 한다. 그런데 이러한 각박한 간섭 속에서 자라다 보니 그 뇌가 감정으로 채워지지 못하면서 성장하고, 점점 문제가 생기게 되

어 우수한 재목으로 태어났다고 하더라도 급기야는 문제아로 전락
해 버리는 경우가 많다.

엄마는 이제 꽉 움켜쥔 두 손을 놓아야 한다. 자녀를 높이 오르게
하기보다 타고난 재능을 발휘하게 하고, 주위와 원처럼 융합할 수
있도록 따뜻이 바라보고 기대하면서 기다려야 한다. 공동체 활동을
통한 자연 배우기가 곁들여지면 금상첨화일 것이다.[39)]

진로교육은 부모부터

전국의 중고교에는 학생의 진로를 지도하는 진로진학 상담 선생
님이 있다. 그렇지만 선생님의 상담은 한계가 있을 수밖에 없다. 선
생님의 학생이 부모에게는 자식이고, 학생의 진로 결정에 더 큰 영
향을 미치는 주체는 부모이기 때문이다. 부모는 자녀가 좋아하는 쪽
으로 진로를 안내하기보다 자신의 선호를 자녀에게 강권하는 경우
가 많다. 나중에 꼭 뭐가 되어야 한다며 강요하니 자녀들은 따분해
한다. 저 1960년대, 부모들이 학생이었던 시절 집에서 따분해하지
않았느냐고 물어보면, 지금 부모들은 아니라며 손사래를 칠 터.

평문사의 자녀교육백과 광고(동아일보 1965년 11월 17일)는 "가
정은 따분하다고 몸부림치는 자녀들의 교육에 새 방향을 제시하는,
부모들의 필수 독본"이라는 헤드라인으로 자녀교육백과를 설명하
고 있다.

서울대대학원장 박종홍 박사를 비롯한 명사 일곱 분의 추천을 소
개하는 것으로도 모자랐는지, 전문가 여덟 분의 서평까지 덧붙이고
있다. 대부분이 진로교육 지침서로 손색이 없다는 찬사 일색이다.

윤태림은 "가정은 따분하다고 자녀들은 외친다. 과연 10대의 반항은 이유 없는 것일까? 그들의 정신세계를 연령에 따라 분석 검토함으로써 건전한 성격 형성의 길을 모색하고 있다"고 했다.

백현기는 "입시의 문은 지옥의 문, 이를 통과하기엔 부모들의 피맺힌 노력이 요청된다. 그러나 소경이 소경을 인도할 수는 없다. 자녀의 필승을 위해 부모로서 알아야 할 진학, 진로의 안내서"라고 했다.

그로부터 50여 년, 그런데도 진로교육이 더 필요해 보인다. 여러 학교에서는 진로교육 전용 교실인 '커리어존(career zone)'을 운영하고 있다. 커리어존은 교육과학기술부나 한국직업능력개발원의 관심 분야이기도 하다.

상담교사가 열성적으로 진로교육을 해도 부모의 생각이 바뀌지 않는다면 '말짱 도루묵'이다. 진로교육은 학생보다 부모가 먼저 받아야 할 것 같다. 자녀와 부모의 희망이 일치했을 때는 별 문제 없겠지만, 그렇지 않을 때는 자녀의 의견이 먼저다. 부모들이 알고 있는 직업 말고도 해마다 새로운 직업들이 등장한다. 이러저런 직업에 대해 부모가 더 많이 알면 알수록, 자녀의 진로 문제를 더 쉽게 풀 수 있다.[40]

엄마가 키우면 좋지만

　심리학자 할로는 인간과 유전자를 공유하는 원숭이를 데리고 애
착실험을 했다.그는 갓 태어난 원숭이들을 가짜 엄마 둘이 있는 우
리 속에 넣었다.

　가짜 원숭이엄마 하나는 철사로 만들어 그 가슴에 우유병을 넣어
두었고 다른 하나는 부드러운 천으로 만들어 빈 우유병을 매달았다.
그러자 신생 원숭이들은 배고플 때만 철사엄마에게 가서 젖을 먹고
재빨리 천으로 만든 엄마에게 돌아갔다.

　피부를 맞대고 부비고 시간을 주로 보낸 것은 천 엄마와 함께였
다. 할로는 '자식과 엄마의 상호작용은 초기에 형성된 감촉' 이라
고 그래서 스킨십이 중요하다고 단정졌다.

　전문가들은 양육에 있어 탄생부터 몇 년까지 초기 환경의 중요함을 강조한다. 그 시기에는 성장이 많이 이뤄지고 그 성장이 계속 영향을 미치니 당연한 강조이다.

　프로이드는 인간발달에 가장 큰 영향을 받는 결정적시기가 대체로 3세에서 5세 사이라고 말한다. 혹자는 인간은 4세 이전에 심리적 인성적 인지적 메커니즘이 거의 결정된다고 말하기도 한다. 6~7세 이전에 인성 및 성격 그리고 정서적 발달이 거의 다 마무리된다고 생각하는 것이 과거의 보편적 정서였다.

　일하는 엄마들은 집에 돌아와서도 쉴틈없이 아이들을 보살피면서도 죄의식에 사로잡힌다. 함께하지 못한 것에 대한 죄의식이다. 발달과정의 최적기에 심리적으로 취약한 환경에서 성장한 아이들이 갖게 되는 결손 즉 모성실조라는 결손이 혹여라도 내 자녀에게 있으면 어떡하나의 자책이다.

　모성실조는 특히 탄생 후 몇 년의 교육에서 엄마의 영향력이 지대함을 강조하면서 일하는 엄마들의 스트레스를 자극하기 충분한 단어가 되어왔다.

　엄마와 아이의 안정적 친밀관계가 발달에 주요 역할을 하는 나이가 3세까지이기에 3세까지는 엄마가 키워야한다는 애착이론이 근거 없다고 말하는 논문이 최근 발표되었다. 논문은 문제행동과 모자관계는 관련성이 없다 말하며 엄마가 키우면 좋지만 그럴 상황이 안 될 때도 주눅들지 말라고 조언한다.

　양육 때문에 일을 포기하는 여성이 안타까운 현실에서 이 논문이 반갑다. 일하면서도 노력여하에 따라 좋은 엄마가 될 수 있다는 것, 일하는 엄마인 내가 경험으로 얻은 결론이다.[41]

화목한 가정이 전교 1등을 만든다

본지 연재 18명 설문 결과, 친구 같은 부모… 고민 나누는 사이
아빠와 정치·사회 대화하며 논리력 길러, 학원 공부 시간 4배 만큼
스스로 공부, 사교육은 약한 부분만 취사선택하고 있다.

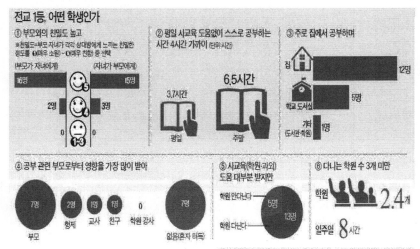

전교 1등을 만드는 힘은 뭘까. 중앙일보 '열려라 공부'는 지난
해 6월 5일부터 '전교 1등의 책상'을 통해 각 학교 전교 1등을 소
개해왔다. 스스로 세운 공부계획은 꼭 지킨다는 자기관리가 철저한
학생부터 둥글둥글한 성격에 공부가 좀 느슨한 학생, 공부보다 피아
노 치기를 더 좋아하는 학생, 심지어 아이돌 팬 활동이 중요한 일과
인 학생까지 전교 1등의 모습은 각양각색이었다. 하지만 아무리 성
격이나 공부법이 다르더라도 전교 1등을 만든 공통분모가 있지 않
을까. 지금까지 소개한 22명 가운데 18명에게 다시 물어 전교 1등의
공통점을 뽑아봤다.

☞ 정서적으로 안정 … 아빠 효과 커

1966년 미 존스홉킨스대 제임스 콜먼 교수는 '콜먼의 교육기회 균등에 대한 연구'(콜먼 보고서)를 발표했다. 학생 60만 명과 교사 6만 명, 그리고 이들이 속한 학교 4000개를 광범위하고 폭넓게 연구한 뒤 교육정책이나 학교시설·교육과정·교사의 질 등 소위 '학교 효과'보다 '학생의 가정 환경'과 '친한 친구의 가정 환경' 두 요소가 학업성취도에 더 큰 영향을 끼친다고 분석했다. 가족 간 끈끈한 정서적 유대감이 심리적 안정감을 줘 학업성취도에 영향을 준다는 얘기다.

한국도 다르지 않았다. 이번에 분석한 18명의 전교 1등에게서도 '가족 간 끈끈한 유대감'이 공통적으로 발견됐다. 부모와 얼마나 가까운지를 1(매우 소원)~5(매우 친함)까지 선택하게 했더니, 3명만 4를 선택했을 뿐 나머지 15명 모두 최고점 5를 골랐다. 부모에게 똑같은 질문(자녀와 얼마나 가까운가)을 던진 결과 부모가 느끼는 친밀도는 더 높았다. 2명만 4를 선택하고 나머지 16명이 5를 택했다.

또 대상자 18명 모두 "부모와 대화하는 게 어렵거나 꺼려지지 않다"며 "부모님은 항상 믿고 응원해주는 든든한 후원자"라고 입을 모았다. "공부좀 해라" "엄마가 뭘 알아"란 식으로 이어지는 부모·자녀 간 혼한 갈등은 전교 1등 집에서는 찾아보기 힘들었다는 얘기다. 이들은 부모를 '귀찮은 간섭자'가 아닌 '고민을 함께 나눌 수 있는 친구'로 인식했다.

이런 좋은 관계는 공부 습관에 영향을 끼쳤다. '공부 관련해 가장 큰 영향을 준 사람'으로 7명(38.9%)이 부모, 2명(11.1%)이 형제를 꼽아 응답자 절반이 가족으로부터 긍정적 영향을 받은 것으로 나타났다. 그래서인지 대부분(12명) "집이 편하다"며 "집에서 공부한다"고 답했다.

한국자기주도학습연구회 정철희 회장은 "특히 아빠 효과에 주목할 필요가 있다"고 강조했다. 그는 "엄마에게서 정서적 안정감을 얻는다면 아빠와 경제·정치·사회 현상에 대한 대화하면서 자연스레 논리력·사고력을 기르는 경우가 많다"고 했다. 신문을 읽고 아빠와 토론한다거나(대전 유성고 2학년 장지호 군, 2013년 11월 13일자), 아빠와 다양한 직업군의 인물 인터뷰를 함께 하며 진로 고민을 푸는 경우(서울 중동고 2학년 지우영 군, 2014년 3월 19일자) 등이 대표적이다. 아빠가 집에서 책 읽는 모습을 보며 독서습관을 들였다는 학생도 많았다.

사교육 도움 없이는 공부를 잘하기 어렵다고 생각하는 사람이 많다. 정말 그럴까.

전교 1등의 사교육 의존도를 알아봤더니 학원(과외 포함)에 전혀 다니지 않는 학생도 5명(27.8%)이나 됐다. 학원에 다니는 학생도 현재 받고 있는 사교육 갯수는 평균 2.4개 정도였다. 투입하는 시간은 일주일에 8시간이었다. 이들은 학원을 다니더라도 평일엔 하루 평균 3.7시간, 주말엔 6.5시간을 혼자 공부했다. 일주일 평균 31.5시간이다. 학원 공부로 그치는 게 아니라 확실히 '내 것'으로 만들기 위해 그 4배에 가까운 시간을 투자하는 셈이다.

☞ 메타인지 능력 뛰어나

전교 1등들은 학원에 대해 유연한 태도를 보였다. 학원에 맹목적으로 기대거나 무조건 거부하기보다 필요에 따라 선택하는 전략적인 태도를 보였다. 또 학년이 올라가면서 대체로 학원을 점점 줄여나갔다. 압구정고 3학년 조성환 군(2014년 6월 11일자)도 그렇다. 조군은 고1 때까지는 조급한 마음에 국어·영어·수학·사회·논술까지 과목별로 학원을 다녔다. 그러다 고1 겨울방학 때 사회·영어·

논술 학원을 그만뒀고, 고2 1학기 때 국어, 고2 겨울방학 땐 수학 학원마저 끊었다. 그는 "학원 가는 시간을 줄여 혼자 공부하면서 내용을 더 꼼꼼하게 파악할 수 있게 됐다"고 말했다.

　교육전문가들은 이런 전략적인 공부습관을 메타인지적 지식으로 설명한다. 메타인지적 지식이란 무언가를 배우거나 새로운 일을 실행할 때 내가 아는 것과 모르는 것을 정확하게 파악하고 행동하는 능력을 말한다. 자신이 모르거나 부족한 부분을 어떻게 보완할 것인지에 대한 계획과 실천능력까지를 포함한다. 행복한공부연구소 박재원 소장은 "최상위권 학생은 학원에 수동적으로 끌려가지 않고 필요에 따라 학원을 선택하고 이용한다"고 말했다.

　실제로 전교 1등의 공부습관에서 메타인지적 지식을 엿볼 수 있었다. 바로 '묻고 답하는 공부법'이다. 보드판에 풀이를 쓰고 강의하듯이 설명하는 방식(서울 반포중 2학년 임한창 군, 2013년 6월 5일자)이라던가 친구와 팀을 짜 잘하는 과목을 한 과목씩 맡아 서로 멘토·멘티를 해주는 공부법(서울 대원외고 1학년 고병욱 군, 2014년 2월 5일자)이 대표적이다. 전교 1등들은 "모르는 것은 확실히 알 때까지 반복해서 확인한다"고 입을 모았다.

　김경일 아주대 심리학과 교수는 "남에게 설명을 하는 과정에서 아는 것과 모르는 것을 정확하게 구별할 수 있게 된다"며 "이런 경험이 쌓이면서 메타인지적 지식이 발달한다"고 설명했다.

☞ 전교 1등 월 평균 3.6권 독서, 국·영 공부에 큰 투자 안 해도 성적 좋아

　전교 1등의 또다른 특징은 독서다. 18명 중 15명(83.3%)이 학업과 무관한 책을 월 평균 3.6권 읽고 있었다. "공부하느라 책 볼 시간 없다"는 건 그야말로 핑계인 셈이다.

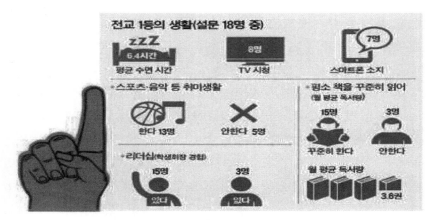

독서 · 스포츠 · 음악 꾸준히

전교 1등 중엔 독서광이 많은데, 이 역시 부모 역할이 크다. 매주 자녀와 함께 도서관을 찾는 부모, 공부하라고 다그치기 전에 먼저 책 읽는 모습을 보여준 아빠, 자녀가 책을 읽은 뒤에 함께 토론하며 깊이 있는 독서를 유도한 엄마 등 전교 1등 부모는 자녀의 독서습관 들이기에 많은 노력과 시간을 할애했다.

박 소장은 "꾸준한 독서는 단지 배경지식 습득뿐 아니라 어휘력·표현력·상상력·논리력 등 학업능력 전반을 끌어 올린다"고 강조했다. 부모와 함께 하는 독서는 부모·자녀 간 정서적 교감뿐 아니라 끈기·집중력·자신감 등 공부에 필요한 기초체력을 길러준다는 것이다.

실제 전교 1등 상당수는 꾸준한 독서 덕에 국어·영어를 수월하게 느꼈다. 세화고 2학년 최영조 군(2014년 4월 16일자)은 "어릴 때부터 매일 신문을 정독하고 영어원서를 읽은 덕에 국어·영어 문제풀 때 긴 지문을 만나도 어려움이 없다"고 말했다. 최군은 남들이 국어·영어 공부에 들이는 시간을 수학에 투자한다.

대입전문학원인 이투스청솔 오종운 평가이사는 "학생들이 가장 어려워하는 과목이 수학"이라며 "국어·영어 성적이 안정적이라 수학 공부에 투자하는 시간이 늘면 전반적인 공부 부담을 크게 줄일 수 있다"고 말했다. 꾸준한 독서가 국어·영어·수학 간 효율적인 공부량 배분을 이끈 셈이다.

스포츠·음악 활동을 꾸준히 하는 학생도 많았다. 18명 중 13명(72.2%)이 취미생활로 스포츠·음악을 꾸준히 한다고 답했다. 정 회장은 "적절한 운동이 학업성취도에 긍정적 영향을 끼친다는 사실은 수많은 연구를 통해 밝혀진 사실"이라고 말했다. 운동이 학업능력까지 높여주는 이유는 인체의 혈액순환 구조 때문이다. 다리 근육이 몸 전체의 혈액순환을 돕기 때문이다. 하체 근육이 발달한 사람일수록 정맥의 혈액 순환이 원활해 몸 전체로 피가 잘 돈다.

정 회장은 "운동을 꾸준히 하면 다리 근육이 발달하고, 이는 혈액순환을 좋게 해 뇌에 산소공급을 원활하게 만든다"고 설명했다. 그는 또 "적당한 운동은 스트레스를 풀어주고 머리를 산뜻한 기분으로 유지해준다"며 "영·미권 유명 사립학교가 스포츠를 강조하는 것도 다 이런 이유 때문"이라고 말했다.42)

실수 잦은 아이, 다그치지 말고 뇌 성향 먼저 파악하세요

아이들은 한마디로 가능성 그 자체입니다. 부모는 아이의 숨겨진 잠재력을 파악하고, 그 가능성을 현실 속에서 실현시켜 주어야 합니다. 먼저 아이의 타고난 뇌 성향을 파악하는 것이 제일 중요합니다.

좌뇌 아이들은 외부의 대상을 바라보는 뇌의 눈, 즉 뇌의 렌즈가 상대적으로 작습니다. 뇌의 렌즈가 작으면 디테일에는 강하지만 대상의 전체를 잘 파악하지 못하는 경우가 많습니다. 나무는 잘 보지만 숲을 잘 보지 못한다는 것입니다. 그 결과 좌뇌형은 분위기 파악을 잘 못하는 것이 가장 큰 특징입니다. 집에 손님이 와서 엄마가 "떠들지 말고 거실에서 조용히 TV 좀 보고 있어" 라고 하면, 대뜸 "엄마, 어제는 TV 보지 말라고 하더니 오늘은 왜 또 보라고 하세요" 라고 반문할 것입니다. 이처럼 좌뇌형은 사람의 말을 액면 그대로 받아들이는 경향이 강해서 순진한 면이 있습니다. 전체를 보지 못하면 부분에 치우쳐서 그릇된 판단을 하기가 쉽습니다. 실제로 좌뇌형이 판단력이 떨어지는 이유도 바로 그 때문입니다.

반면 우뇌 아이들은 외부의 대상을 바라보는 뇌의 렌즈가 상대적으로 큽니다. 외부 대상 전체를 한눈에 볼 수 있습니다. 한마디로 척 보면 다 아는 뇌 구조를 가지고 있습니다. 눈치가 보통이 아니지요. 큰아이를 혼내면 벌써 둘째는 방 청소를 하고 있을 정도입니다. 불똥이 자기에게 튈 것을 미리 염려해서 한 행동이지요. 이처럼 우뇌형은 직관이 탁월하며, 전체를 볼 수 있어서 판단력도 좋은 편입니다. 그러나 뇌의 렌즈가 큰 것이 바로 약점이 되기도 합니다. 전체는 잘 보지만 부분을 놓치는 경우가 많습니다. 그 결과 우뇌형은 실수가 자신의 영원한 동반자입니다.

이처럼 뇌의 렌즈가 크냐, 작으냐에 따라 대상을 바라보는 관점이 현저히 달라집니다. 부모는 아이 뇌 성향의 장점은 살리고, 부족한 점을 보완해주는 것을 최우선 과제로 삼아야 합니다.[43]

아이 뇌 성향에 맞는 교육법을 적용할 경우엔 학업 스트레스도 줄어들 뿐 아니라 교육 효과도 높아진다. 따라서 교육 효과를 극대화하려면 '학급 설계(class design)'가 필요하다.

지금이라도 물어보자, "얘들아 어디 있니?"

　꼭꼭 숨어라 머리카락 보일라.

　어릴 적 오빠와 나이 차가 많이 나던 나는 오빠와 오빠 친구들이 놀아주기만 하면 그저 행복했었다. 어느 날 늦은 오후, 오빠 친구들과 숨바꼭질을 하던 나는 사실 오빠 친구들이 나를 같이 숨바꼭질을 하는 친구로 인정하지 않음에도 한 오빠의 "자~ 시작한다"는 소리와 함께 혼자 집 뒤에 숨었다. 그 오빠는 친구들을 찾아내면서 환호성을 지르고 난 어린 마음에 혼자 신이 나서 점점 몸을 웅크려 숨었다. 그런데 어느 순간 주변이 조용해지는 것을 느꼈고 오빠와 오빠 친구들이 전부 집에 돌아간 것을 알게 되었다. 그도 그럴 것이 오빠와 오빠 친구들은 내가 숨바꼭질을 같이 하고 있는 줄 몰랐으니까. 그 순간 어머니의 "얘야, 어디 있니?" … 그 소리만큼 반가운 게 있을까?

　세상을 많이 살았다고 생각하는 어른들은 이 나라의 자라나는 세대들에게 좋은 것을 물려주고 싶어한다. 그래서 학교도 멋지게 짓고 더 나은 미래를 향해 갈 수 있도록 교육과정도 만들고 열심히 가르치고 열심히 양육한다. 그런데 어느 순간 내가 정신을 차려보니 이 모든 과정과 내용에서 '아이들'이 보이지 않는 듯했다.

　어쩌면 어른들은 일정한 모습의 일정한 틀 안에 있는 아이들이 편하다고 생각할 수 있고 그 편함이 '옳음'이라고 판단할 수 있다. 그 틀을 벗어나는 아이들은 '문제행동' 아이이거나 '도움이 필요한 아이'라고 판단할 수 있다. 과연 그럴까? 대부분의 아이들이 투자한 시간만큼 성적이 오르는데 내 아이는 그렇지 않다면 '불편해진다'. 대부분의 아이들이 숙제는 해야 하는 것이라고 인식하는데 내 아이는 숙제는 하고 싶을 때 하고 싶은 만큼만 한다고 인식하면 '불편해진다'.

내 아버지는 무척 엄하신 분이었다. 그리고 지금도 아버지는 당신의 딸이 아버지가 정하신 틀 안에서 잘 자랐다고 아신다. 그러나 나는 안다. 내가 그 틀에 별로 들어간 적이 없다는 것을. 혹시 지금 우리들의 아이들이 우리가 정한 이 틀 안에, 이 내용 안에 있다고 보는 것은 아닐까? 아니 보고 싶은 것은 아닐까?

우리가 아이들을 위해 마련했다고 생각하는 환경과 틀, 내용에 사실은 아이들이 없는 것은 아닐까? 아이들에 대한 정책을 결정하는 자리에서 손을 들어 물었다. "지금 우리가 아이들 이야기하는 거 맞나요?" 한 사람이 약간 성을 내며 말했다. "아니 지금 아이들 이야기하고 있지 무슨 이야기세요?" 아니다. 나는 많은 어른들이 모여서 '아이들을 위한' 이야기를 하는 그곳에서 아이들을 볼 수 없었다. 단지 어떻게 하면 어른들이 보기 편안한 틀을 좀더 정확히 정하고 어떻게 하면 그것을 아이들을 가르치는 부모나 교사에게 정확히 전달할까, 그리고 얼마나 잘 지키는지를 언제 어떻게 평가할까를 이야기할 뿐이었다.

일본 드라마 중에 〈에디슨의 어머니〉라는 드라마가 있다. 주인공 아이는 항상 학교의 선생님들에게 묻는다. "도시테"(왜요?) 좀더 아이들의 모습, 아이들의 소리, 아이들의 몸짓에 집중해보자.

세상은 발전한다. 그러니 이미 어른이 된 나보다 지금 자라나는 이 아이들이 더 위대하고 훌륭하다. 지금이라도 외쳐 물어보자. "얘들아 어디 있니? 거기 있는 거 맞니? 아니면 다른 데 있는데 우리가 못 찾는 거니?" [44]

매년 12% 늘어난 教權침해, 학부모부터 自省할 때다

교사들에 대한 교권(敎權) 침해가 지속적으로 급증해 왔다는 사실이 오는 15일 '스승의 날'을 앞두고 새삼 확인됐다. 기념일 취지조차 돌아보기 민망한 일이다. 한국교원단체총연합회가 10일 발표한 '2015년 교권 회복 및 교직 상담 결과'에 따르면, 지난해 접수된 교권 침해 상담은 488건으로 2014년의 439건보다 11.2% 많았다. 237건이었던 2009년 이래 6년째 매년 늘어난 것으로, 연평균 증가율은 12.8%에 이른다. 교권 침해를 당하고도 쉬쉬한 경우도 적잖을 것임을 고려하면 실상은 훨씬 심각하다.

교사를 조롱과 희롱의 대상으로 치부하는 학생과 학부모 일각의 행태는 참담할 정도다. 더 개탄스러운 것은 학부모에 의한 교권 침해가 절반에 가깝다는 사실이다. 지난해만 해도 46.5%였다. 반(反)교육의 전형을 자처한 학부모들이다. 교사들에게 폭언을 퍼붓고 무단 귀가한 중학생의 집을 방문해 학교 선도위원회 참석을 통보하는 담임교사 등에게 "내 아들에 대한 인권 침해" 운운하며 무단 주거침입 혐의로 경찰에 고발하는 식의 황당한 행태도 다반사인 것이다.

지난해 12월 31일 국회 본회의를 통과한 '교원의 지위 향상 및 교육활동 보호를 위한 특별법'이 지난 2월 3일 공포돼 오는 8월 4일부터 시행된다. 학부모의 교실 무단 침입과 교권 침해 방지의 실효성을 높이기 위해서는 그 후속조치로 입법예고 중인 '교원 예우에 관한 규정'의 보완도 필요하다. 학부모의 학교 방문 사전 예약 의무화도 그중의 하나다. 그에 앞서 학부모들부터 자성(自省)해야 할 것임은 물론이다.[45]

유전자를 바꾸는 교육의 힘

3월 새 학기가 시작되고 온 나라가 새로운 배움의 에너지로 꿈틀거리고 있다.

'본성인가 환경인가(nature or nurture)' 라는 유명한 구절은 교육학 이론으로서뿐만 아니라 사회 현상을 설명하는 데 유효한 사고의 틀을 제공한다. 예를 들어 천재는 천재로 낳아진 것인가 또는 그렇게 키워진 것인가.

물론 어느 한쪽만으로는 설명할 수 없을 것이다. 유전자도 좋아야 하겠지만 좋은 환경에서 잘 길러지는 것도 중요하다. 최근 자료에 따르면 유전자의 영향 지수가 환경의 영향보다 약간 더 높다고 한다.

인지과학과 생명과학의 발달은 현재의 논의를 새로운 국면으로 가져왔다. 같은 유전자를 가지고 있고 같은 환경 속에서 자란 두 쌍둥이도 인생의 경로가 갈라지기도 하는데, 더욱 놀라운 것은 그들 각각의 유전자에도 변화가 일어난다는 사실이다. 현재 내가 겪는 인생의 경험들이 내 유전자를 바꾼다는 것으로, 환경이 본성을 지배하며, 본성의 결함은 환경에 의해서 극복될 수 있다고까지 넓게 해석할 수 있는 충격적인 결론이라고 할 수 있다. 이러한 발견이 가지는 사회적 또는 철학적 함의는 말할 수 없이 크다. 삶의 방식이 바뀌면 삶의 내용이 바뀔 수 있으며, 우리의 삶은 고정된 것이 아니라 존재란 계속 새로 만들어진다는 뜻이다. 이런 삶을 만들어가는 과정에서 교육의 의미가 더욱 새롭게 다가온다.

필자가 17년 전 미국에서 겪은 개인적 경험 하나.

늦게 둘째 아이를 갖고 십여 년 전 첫아이 때 한국에서 실패하였던 모유 수유를 해보기로 결심했다. 드디어 출산의 날이 다가왔고 그 긴 관문을 무사히 통과하였다. 산모인 나와 아이는 고요한 장소로 옮겨져 그대로 잠에 들었다. 깨어났을 때 휴식을 취한 몸은 강한 생물학적 의욕을 느끼게 했다. 간호사는 이제 아기가 첫 식사를 할 때라고 농담을 하면서, 아기를 미식축구 공처럼 들더니, 엄마 가슴 쪽으로 천천히 스윙하듯 갖다 댔다. 엄마 젖 근처에 다가가자 아기는 몸을 부르르 떨면서 입을 짝 벌렸는데 그때 간호사가 매정하게 물리쳐 버리는 게 아닌가. 간호사는 그런 행동을 몇 차례 반복했고 배고픈 아기는 급기야 목젖이 다 보일 정도로 큰 울음을 터뜨렸다.

간호사는 이때를 기다렸다는 듯 재빨리 아기를 엄마에게 돌진시켰다. 한입 가득 엄마의 젖무덤을 물고 엄마 몸에서 나온 젖을 꿀꺽 삼킨 아이는 그 후 마치 그것이 본성이었던 것처럼 자연스럽게 모유를 먹었다. 나중에 알고 보니 간호사의 행동이 없었다면 아이는 엄마의 젖꼭지만 물고서 빨게 되고 계속 그 습관이 반복되면 젖을 물리는 엄마는 아파서 고통받고 아기는 모유가 부족해 불안한 유년기를 보낸다는 것이었다.

당시 짧지만 진한 경험을 통해 나는 일생일대의 큰 깨달음을 얻었다. 우선, 엄마는 바로 만들어지는 것이 아니라 끊임없이 계속 배우고 노력해야 하는 과정에 있다는 것이었다.

수유(授乳)라는 간단한 일에도 원리가 있고 교육은 이것을 잘 가르쳐줄 수 있다. 무엇보다도 체계적인 배움의 과정을 통해 스스로 배운 기술은 깊은 인식과 진한 경험을 가져오며, 결국 모성은 더 풍부해지고 아기와 엄마 간의 연대도 더욱 강해지는 결과를 가져온다는 것이다.

우리는 전문 기술, 고도의 과학에서만 교육을 말한다. 그러나 젖을 먹이는 법도 배워서 하면 더 잘할 수 있다. 계측되고 수량화되고 특정 범주의 지식에만 적용하는 교육이라면 우리 교육관의 첫 단추가 잘못되었다는 생각을 해본다. 지식의 서열화가 그러한 교육관 속에 들어있다. 그러한 사고방식 속에서는 어떤 종류의 일들은 하찮은 일로 소외된다. 예를 들어 고속도로 공사장에서 양편에서 오는 차를 차단하기 위해 깃발을 흔드는 사람은 어떤 훈련을 거쳐서 그 일을 시작했을까. 맞은편에서 오는 운전자의 관심을 끌 수 있는 표정을 만들고 적절한 거리에서 특별한 형태로 깃발을 흔듦으로써 가장 효과적으로 통행 흐름을 유도하는 방법을 배우고 실습하는 기회들이 과연 주어졌을까.

한국은 경제협력개발기구(OECD) 회원국 중 비정규직 비율이 가장 높은 나라라고 한다. 여성과 고령자의 비정규직 비율도 계속 늘고 있다. OECD는 '직업교육을 확대하라'고 조언한다. 노동의 질을 높이고 그것의 전문적 가치를 높이기 위한 '교육' 말이다. 교육 현장은 교실에만 있는 것이 아니다.46)

정서불안 '관심군' 학생 10명 중 3명 학부모 거부로 병원치료-상담 못받아

2014년 8만7959명 중 6만여명만 조치… 일선 학교에서는 "사고 내지 않기만 바랄뿐"이다.

최근 발생한 중학교 부탄가스 폭발 사건 이후, 정서불안 학생들이 일으키는 사고에 대한 경각심이 높아지고 있다. 하지만 정작 일선 학교에선 학생들의 정신불안 상태를 알고도 제대로 대처하지 못하고 있는 것으로 나타났다. 정신불안 학생 10명 중 3명 이상이 학부모의 거부로 인해 적절한 조치를 받지 못하고 있기 때문이다.

8일 교육부가 국회 문화체육관광위원회 유기홍 의원에게 제출한 '전국 학생정서행동 특성검사 결과'에 따르면 2014년 검사 결과 2차 조치가 필요한 '관심군' 학생 10명 중 3명 이상이 아무런 추가 조치를 받지 못한 것으로 드러났다.

지난해 검사에서 관심군으로 분류된 학생은 8만 7959명으로 이 중 전문기관에서 2차 조치가 취해진 학생은 68.9%인 6만 570명이었다. 관심군으로 분류된 학생은 병원·의원에서 치료를 받거나 정신건강증진센터, 청소년상담센터 등에서 상담을 받아야 하지만 30% 이상은 조치를 받지 못한 것이다.

정신적 문제를 파악하고도 추가 조치가 이뤄지지 않는 것은 대부분 학부모의 거부나 비협조 때문. 교육부는 "전문기관과 연계해 후속 조치를 하려 해도 학부모가 동의하지 않으면 미성년자인 학생을 강제로 조치할 방법이 없다"고 말했다.

실제로 지난해 서울지역 중학교 3학년이었던 A 군은 갑자기 교실 바닥에 드러누워 난동을 부리거나 책상과 의자를 집어던지는 등 정서불안 상태가 심각했다. 이 때문에 담임교사가 부모에게 정신건강의학과 치료를 권했지만 A 군의 아버지는 되레 "내 자식이 정신병자란 말이냐"면서 막말을 하고 치료를 거부했다. 이 학교에선 A 군이 난동을 부릴 때마다 학생들을 교실 밖으로 대피시키는 것이 유일한 대책이다.

한 중학교 교사는 "부모들의 반발이 워낙 심해 빙빙 돌려 얘기하거나 말도 못 꺼내기 일쑤"라고 어려움을 토로했다. 서울시교육청 관계자도 "학생이 자해하거나 남에게 피해를 주는 등 위험한 행동을 지속적으로 해도 부모가 정신건강의학과 치료에 동의하지 않아 관리에 어려움을 겪는 경우가 많다"고 설명했다.

이 때문에 일선 학교 현장에서는 "학생들이 큰 사고를 치지 않기만을 바라는 것 말고는 뾰족한 방법이 없다"고 하소연하고 있다.[47]

'자살 高위험군' 여고생 방치하다 동반자살 불러왔다

광주광역시의 모 특성화고 1학년 여학생 두 명이 지난 3일 밤 서로 손목을 청테이프로 묶은 후 19층 아파트 옥상에서 뛰어내려 동반 자살했다. 이 중 A양은 지난달 교육부가 실시한 '정서행동 특성검사'에서 '자살 고(高)위험군'으로 판정받았다. A양은 경남에 사는 부모와 관계가 나빠져 혼자 떨어져 삼촌 집에서 생활하고 있었다. 다른 B양도 부모 보살핌을 받지 못하고 할머니 손에서 어렵게 자랐다. 둘은 고교 입학 후 어울려 지내면서 친구들에게 "자살해버리겠다"는 말을 자주 했다고 한다. 학교 측은 A양 어머니에게 정서 검사 결과를 통보하고 A양을 지난달 28일부터 2일까지 어머니에게 보내 안정을 찾도록 권고했다. 6일간 어머니와 보낸 A양은 다시 학교에 나온 날 B양과 동반 투신했다.

교육부는 지난달 전국 초1·4, 중1, 고1 등 학생 210만명을 대상으로 설문을 통해 우울증·분노행동·폭력징후·자살충동을 갖고 있는지 확인하는 정서행동 특성검사를 했다. 예민한 중·고생들은 고민이 많고 우울증에 시달리더라도 설문조사에선 그걸 노출하지 않는 수가 많다. 그렇지만 A양은 '자살할 생각을 해봤다'는 식으로 속마음을 드러냈다. 위기 상황을 알리면서 도와달라는 신호를 보낸 것이다.

지난해 교육부가 전국 초·중·고생 648만명 전원을 대상으로 정서 검사를 했을 때는 자살을 생각해본 적이 있어 치료가 시급한 '고위험군'이 1.5%인 9만7000명이었다. 교육부는 지난달 다시 조사에 들어가면서 고위험군 학생에 대해선 즉시 전문적 상담을 지원하겠다고 밝혔다. 특히 광주광역시를 비롯한 6개 도시는 '학생 정신건강 학교-지역 협력 시범 사업' 대상지로 정해 학교별로 소아청소년정신과 전문의를 지정하겠다고 했다. 그러나 A양은 담임·상담교사와 상담은 했으나 전문 의사의 진단이나 치료는 받지 못했다. 학교 측은 가정이 깨진 상태나 다름없는 A양을 떨어져 사는 어머니에게 떠맡기듯 보내놓기만 한 것이다.

우리나라는 OECD 자살률 1위의 기록을 갖고 있다. 그렇지만 학생이 자살 고위험군 환자라는 사실이 드러났어도 학교는 '비상 신호'를 발령하는 데 주저했고, 전문 의료 기관 협조로 그 아이를 돌보는 시스템도 갖추지 못하고 있다. 교육 당국은 지금 당장이라도 자살 위험이 있는 것으로 판정된 학생들을 전문가에게 의뢰해 잘못된 선택을 하는 일이 없도록 막아야 한다.[48]

내 자녀에 맞는 '명문대학'은 따로 있다

아이에게 이상적인 부모의 모습은 어떤 것일까? 어른으로서의 권위나 근엄함보다는 가장 친한 친구이자 버팀목으로 아이가 생각하면 좋겠다. 구체적인 방법으로 '대화와 독서'를 추천하고 싶다. 어렸을 적부터 자녀의 이야기를 많이 들어주었으면 한다. 아이에게 맞는 책을 함께 읽고 아이의 느낌과 생각을 경청하면 좋겠다. 독서 후 대화가 부모의 생각을 강요하거나 일방적으로 전달하는 대화가 되어서는 안 된다.

왜냐하면 아이의 나이에 가질 수 있는 생각과 상상력이 표출될 수 있는 대화가 되어야만 자녀의 꿈과 재능, 그리고 적성을 부모가 이해할 수 있기 때문이다. 독서만큼 아이가 '간접체험'을 풍부하게 할 수 있는 도구는 찾기 힘들다. 독서가 가지는 또 하나의 장점은 자녀의 감성, 이해력, 집중력 및 논리력 등이 향상되어 경제적 부담이 가중되는 사교육에 의존하지 않더라도 '높은 학교급별'로 갈수록 교과에 대한 자기 주도적 학습 능력이 갖추어져 교과에서도 좋은 성적을 낼 수 있다는 점이다.

최근 보건복지부가 공개한 '2012년 전국 아동학대 현황' 보고서에 의하면 아동학대 사례 10건 중 8~9건은 집에서, 부모에 의해 발생하는 것으로 나타났다. 부모로서의 올바른 자녀양육에 대한 해석이 재정립되어야 하며, 부모로서의 책무성이 요구되어진다.[49]

스승에 대한 존경으로 교육을 바로 세우자

금년 5월 15일은 제30회째를 맞는 '스승의 날'이다. 한국교총에서는 '스승에게 존경을, 제자에게는 사랑을!'이라는 주제를 선정하고 교육공동체가 함께하는 다채로운 행사를 계획하여 전국적으로 펼치고 있다. 시기적으로 적절한 주제이다.

언제부터인가 '촌지' 문제로 스승의 날은 '뜨거운 감자'로 떠오르면서 많은 학교가 아예 휴업을 하는 진풍경을 연출하고 있고, 올해에도 예외가 아닌 것으로 생각된다. 선생님은 학생으로부터도, 학부모로부터도, 사회로부터도 신뢰 받지 못하고 존경 받지 못하는 모습이 되어 버렸다.

요즘에 신처럼 존경받는 스승 상은 어떠한가? 서울대학교를 가장 많이 합격시키는 선생님, 족집게 과외를 하는 선생님이 더 존경받는 현실이 되어버렸다. 정말로 안타깝다.

대학 입시와 관련 없는 도덕·윤리를 강조하는 선생님은 학생들이나 학부모들이 외면하는 실정이다. 예로부터 선생님의 그림자는 밟지도 않을 정도로 존경과 권위의 상징이었으며, 선생님의 말 한마디는 삶의 지침이 되기도 했다.

오늘날에 와서는 선생님을 스승으로 존경하기는커녕 선생님에게 대드는 학생들이 있는가 하면, 아이들이 보는 교실에서 선생님에게 주먹을 휘두르는 학부모, 학생을 체벌하였다는 이유로 학부모들 앞에서 무릎을 꿇게 하는 모습은, 모두의 얼굴을 붉히게 한다. 그 선생님은 어떻게 학생들 앞에 설 것이며, 어떻게 교육을 할 것인지 답답할 뿐만 아니라, 그러한 언론 보도를 심심찮게 접해야 하는 현실이 안타깝기만 하다. 이러한 것은 선생님도 없고 제자도 없는 교육의 현실을 단적으로 보여 주고 있는 것이다.

따라서 학생과 학부모가 선생님을 신뢰하고 존경하지 않는다면 교육의 붕괴로 이어질 수밖에 없다. 교육은 권위를 바탕으로 이루어지고, 선생님은 권위를 먹고 사는 직업이기에 선생님은 신뢰와 존경의 대상이 되어야 한다. 학생을 가르칠 때 학생이 선생님을 신뢰하지 못하고 권위를 인정하지 않는다면, 그 결과는 뻔하다. 하지만 선생님들의 문제가 없는가? 일부 선생님들의 그릇된 제자 사랑도 문제가 된다. 그것은 수능시험의 부정, 내신 성적 부풀리기, 답안지 대리 작성, 불법 과외 등은 그릇된 제자 사랑과 도덕적 해이, 그리고 경제적으로 지나친 욕심이 일부 선생님들의 판단을 흐리게 하는지도 모른다.

교육의 신뢰 회복과 존경 받는 스승 상을 위해서는 선생님들도 자숙하고 모범을 보여야 한다. 스스로 반성하고 자정하는 물결이 교육 현장과 사회 전반에 넓게 확산될 때, 우리 교육이 바로 설 수 있으며, 선생님들이 제자들로부터, 학부모들로부터, 사회로부터 진정한 겨레의 스승으로 다시 태어날 수 있을 것이다.

심리학자들의 견해에 따르면 인간관계에서 상호간 신뢰가 형성될 때 그만큼 시너지 효과가 커진다고 한다. 그렇다면 학생은 선생님을 믿고 따를 때 학습 효과를 극대화할 수 있는 것이다. 이런 관점에서 스승의 날은 사제 간의 신뢰를 높이는 동시에 스승에 대한 감사와 존경의 마음을 갖게 하는 날이 되도록 하여야 할 것이다.

금년 제30회 '스승의 날'을 맞아 정부는 무엇보다 공교육 살리기와 교원 존중 풍토조성에 앞장서야 하며, 사회와 학부모들도 선생님에 대한 존경심을 갖도록 해야 한다. 아울러 현장의 목소리가 어디에 있는가를 면밀히 들어보고 스승 존경 풍토 조성을 위한 근본적인 대책을 제시해야 할 것이다.

마음에서 우러나와 "스승의 은혜는 하늘같아서?"를 부르며 눈시울이 뜨거워지는 교육을 우리 아이들이 체험할 수 있기를 희망해 본다. 선생님은 대한민국의 희망이다. 선생님에 대한 존경으로 교육을 바로 세우자![50]

청소년 스마트폰 중독, 스마트한 해법 모색을

청소년들의 스마트폰 중독이 위험수위를 넘어섰다. 초교생들도 하루 종일 스마트폰을 손에서 놓지 않고 게임과 채팅에 몰두하기 일쑤다. 식사할 때도 스마트폰을 들여다보는 등 한순간도 스마트폰 없이는 생활이 힘들 지경이다.

스마트폰이 없으면 '왕따'를 당하는 일도 발생한다. 스마트폰 SNS로 말다툼을 벌이다 흉기를 휘둘러 동급생을 다치게 해 충격을 주기도 했다. 주위에서 스마트폰에 정신을 뺏긴 청소년을 쉽게 만날 수 있다. 스마트폰으로 인해 부모와 자녀 간 갈등을 빚는 일도 비일비재하다.

스마트폰 사용 인구는 3,200만 명에 이른다. 휴대전화 가입자의 61%다. 이들은 언제 어디서나 인터넷에 접속하고, 다양한 앱을 통해 수많은 콘텐츠를 접하는 새로운 환경에 둘러싸여 있다. 자리에 앉아 컴퓨터를 켜고 인터넷에 접속하던 때와는 달리 손가락만 몇 번 움직이면 곧바로 인터넷 환경에 들어간다. '손 안의 PC'다. 그만큼 '중독' 속도가 빠르고 그 정도 또한 심각하다. 초4, 중1, 고1 학생을 대상으로 조사한 자료를 보면 중독위험군이 24만여 명이었다. 상당수가 스마트폰에 대한 금단현상을 보인다.

스마트폰 의존이 높아지면서 중독은 더욱 증가하고 있다. 심해지면 뇌의 인지 능력이 떨어지고 오랜 사용 및 게임으로 인해 엄지손가락 쪽의 관절염을 야기할 수 있다. 거북목증후군, 안구 건조증을 유발할 가능성이 높다.

청소년의 경우 학습 부진, 집중력 저하, 수면 부족 등의 부작용을 가져오기도 한다. 스마트폰의 강한 자극에 노출된 어린이들은 현실에 무감각해지고 주의력이 크게 떨어진다는 연구도 나왔다. 힘들겠지만 더 늦기 전에, 지금이라도 스마트폰 중독에서 벗어나도록 해야 한다.

대부분의 청소년이 눈 뜨자마자 스마트폰을 확인하면서 하루를 시작한다. '카톡 삼매경'에 빠져있는 이가 수두룩하다. 청소년의 경우 인터넷 중독보다 스마트폰 중독자가 훨씬 많다. 자녀와 협의해 스마트폰 이용 시간을 정하고 대화 시간을 늘려야 한다.

중독성이 강한 게임 같은 애플리케이션은 사용 시간을 정하도록 하는 게 좋다. 정보 제공자, 애플리케이션 개발자 모두 청소년 보호 방안을 먼저 마련한 후 시장에 내놓아야 한다. 순기능은 살리고 역기능은 억제하는 스마트한 해법을 모색하자는 것이다.[51]

진로교육의 출발점

청소년들이 가장 듣기 싫은 질문은 '너 공부는 잘하니?' 라고 한다. 그리고 가장 대답하기 힘들어 하는 질문은 '너 꿈이 뭐니? 뭐가 되고 싶어?' 라고 한다.

진로교육이 강화되면서 중등 과정에 관련 과목 및 활동들이 크게 늘었다. 자신의 적성을 일찍 파악해 그 방면으로 나아갈 준비에 내실을 기하도록 돕기 위함이다. 그런데 그것이 아이들에게 학업에 가중되는 또 다른 짐이 되기도 한다. 장래의 꿈에 대해 긴 글을 쓰거나 진로 관련 포트폴리오 과제가 종종 부여되는데, 많은 아이들이 그 내용을 채우지 못해 곤혹스러워한다.

적성을 알아내는 검사도 체계적으로 행해진다. 그리고 직업을 소개하는 여러 가지 프로그램들이 학교 안팎에서 실시된다. 진로에 관해 매우 다채로운 접근이 이뤄지고 풍부한 정보가 제공되고 있는 것이다. 하지만 그러한 뒷받침에도 아이들의 꿈은 오히려 획일화되어 간다. 사회가 점점 다양해지는데도 청소년들이 원하는 직업은 몇몇 분야에 집중된다. 그마저도 실현 가능하다고 믿기보다는 요원한 희망에 불과한 경우가 많다. 뭘 하고 싶은지는 잘 모르겠다면서 '일단 돈을 많이 벌어서…'라고 대답하는 아이들도 적지 않다.

현행 진로교육은 몇 가지 조사기법과 단편적인 프로그램들에 너무 의존하면서 삶의 복잡다기한 역동을 입체적으로 살피지 않는 듯하다. 적성은 수학의 정답처럼 명확하게 밝혀지는 것이 아니고, 꿈도 숙제를 내준다고 뚝딱 생겨나는 것이 아니다.

지금 아이들에게 필요한 것은 스스로 인생을 꾸려갈 수 있는 기력이다. 우선 오늘 주어진 삶에 충실할 수 있어야 한다. 공부 이외의 여러 장에서 '살아있음'을 실감하고 자기를 사랑할 수 있어야 한다. 그러한 눈으로 청소년의 모습을 진단하지 않고 장래의 직업이나 꿈을 말하라고 다그치는 것은 부담과 억압이 될 뿐이다. 현재는 미래를 위한 수단으로 전락하고 만다.

생애의 경로는 우여곡절의 연속이고 뜻하지 않은 변곡점에서 전혀 몰랐던 자아의 어떤 모습이나 능력을 발견하기도 한다. 열쇠는 그러한 여정을 자기주도적으로 이어갈 수 있는가에 있다.

칙센트 미하이는 『어른이 된다는 것』이라는 책에서 이렇게 말한다. "젊은이가 학교를 나와서 제 몫을 하는 성인으로 자라나기까지의 과정에서 가장 중요한 것은 비단 공부에서뿐 아니라 인생 전반에서 호기심과 흥미를 잃지 않는 것이다. …자기가 하는 일이 시간 낭비라는 생각만은 절대로 갖지 말게 해야 한다. 청소년에게 가장 필요한 것은 추구할 만한 매력을 가진 목표와 거기에 도달할 수 있는 실력이다."

인생 전반에 대해 호기심과 흥미를 가지려면 자아를 충분히 긍정해야 한다. 모자란 것을 있는 그대로 인식하면서도 현재의 모습을 받아들이는 태도 말이다. 그런데 아이들이 자라는 환경은 정반대의 심성을 키운다.

대학입시 결과가 나오는 즈음 곳곳에 현수막이 붙는다. 우리 고장 출신의 아무개가 일류대에 합격했다고 축하하는 내용이다. 충남 금산군은 2009년 읍내 도로 네거리에 17억원을 들여서 서울대 정문 등 전국 주요 대학의 상징물들을 세웠다. 어느 비석에는 서울대에 진학한 읍내 젊은이들의 이름 그리고 그들의 좌우명과 손도장이 함께 새겨져 있고, 그 뒷면에는 '큰 꿈을 갖자'라고 쓰여 있다.

그러한 현수막이나 조형물은 대다수 젊은이들을 주눅들게 한다. 좋은 대학에 가지 못하고 지역에 남아 있는 이들이 못난이로 여겨지기 때문이다. 그러한 시선은 청소년들의 두려움을 자아낸다. 예를 들어, 몇 해 전 강릉여고 3학년 어느 반 학생들이 급훈을 '맑은 공기는 노후에 마시자'라고 정한 바 있다. 수도권 대학으로 진학해서 젊을 때는 탁한 공기를 마시자는 다짐이다. 그와 비슷한 취지로 서울의 어느 학교에서는 '2호선 탈래, KTX 탈래?'라고 급훈을 만들기도 했다.

그러한 결의 또는 협박 속에서, 미지의 세계를 탐색하는 질문은 원천 봉쇄되고 만다. 일류대 입학을 '큰 꿈'으로 규정하는 어른들이 창의적인 인재 운운하는 것은 어불성설이다. 욕망과 두려움이 함께 증폭되는 저성장 시대에 아이들은 어떤 꿈을 가질 수 있을까.

막연한 상상이 아니라 구체적인 현실에서 길 찾기는 시작된다. 타인과 사회에 의미 있게 접속하고 다양한 경험 속에서 존재를 펼칠 수 있을 때 자기가 누구인지를 알아갈 수 있다.[52]

올바른 교육위한 이별

우리는 매일 이별을 하며 산다. 오래된 것, 정든 것, 익숙한 것과의 작별을 통하여 늘 새로운 것들과의 반가운 해후가 시작되는 것이다. 익숙한 계절의 변화도 따지고 보면 짧은 이별이다. 이제 봄이 지나갔으니 새로운 여름을 맞는 것이며, 곧 다시 여름을 이별하고 또 다른 가을을 맞게 될 것이다.

많은 학부모들로부터 자신들의 자녀교육에 대한 조언을 요청받으며, 상담을 할 때마다 이런 이별에 대한 중요함을 새삼 깨닫게 된다. 자녀교육에 있어서 가장 중요하게 생각하여야할 요소가 바로 무리하지 않는 이별, 원만한 이별, 더 나은 내일을 위한 잠시간의 이별이기 때문이라는 생각이다.

인간은 태어나고 자라나면서 수많은 이별을 하게 된다. 물론 이러한 이별 중에는 견디어 내기 힘들 만큼의 상처로 남는 이별도 있고, 잠시만 접어두면 곧 다시 만나게 될 어쩌면 반드시 필요한 이별도 있다. 사랑하는 사람과의 이별은 아마도 청춘들에게는 견딜 수 없는 무게로 다가올 것이다. 뜻하지 않은 사고로 애지중지 하던 어린 자식과의 이별은 아무리 부모님의 가슴 속에 묻는다고 하여도 좀처럼 추스르기 힘든 이별일 수 있다. 마찬가지로 늙으신 부모님과의 이별, 식구들 중 불의의 사고나 질병으로 갑작스럽게 맞이하는 이별은 세상 모두를 원망할 수밖에 없는 엄청난 비극일 수 있다. 내 자신도 얼마 전 어머님과 다시 못 볼 작별을 했다. 한동안은 견디기 힘든 외로움과의 투쟁을 하지 않을 수 없었다.

신생아로 태어난 아이들은 성숙되어 가면서 신체적 이유기, 심리적 이유기, 그리고 사회적 이유기를 거치며 커 나간다. 이러한 일연의 이유기 즉 현재의 상태와 이별을 고하지 않고는 정상적인 삶을 이루어 갈 수 없으며 더 나은 생을 준비할 수가 없다는 것은 모든 교육 심리학자들의 주장이다.

그러나 이러한 여러 가지 이별의 문제 중에서 우리가 꼭 이루어 가야 할 이별이 있다. 우리 사회는 이제까지 이러한 이별에 대한 준비를 하지 못한 관계로 수많은 문제, 교육적 문제를 가져올 수밖에 없었다. 세상에 어떤 부모가 자신의 자식에 대한 관심을 가지지 않으며, 자식의 장래를 위하여 온 힘을 기울이지 않겠는가? 하지만 정도가 너무 지나쳐서 자신의 꿈을 자식들에게 덮어씌우려 하기도 하고 지나친 간섭으로 자식의 앞날을 망치기도 한다.

자식이 어느 정도 장성하면 적절한 이별의 과정을 통하여 홀로 설 수 있도록 준비하여야 함에도 불구하고 여전히 떠나보내지 못하고 자신의 품안에 언제까지 머물러 있기를 바란다. 요즈음에는 대학이나 대학원 교수들을 찾는 부모도 늘어가고, 자식의 결혼 상대를 자신이 결정하려고 드는데서 가정문제의 심각성이 사회문제로까지 비화되고는 한다. 심지어는 손자를 가질 수 있는 합궁의 시간까지도 정하려고 드는 몰상식한 어머니도 있다.

우리 사회의 오래된 갈등 중의 하나인 고부갈등도 따지고 보면 어머니와 아들 간의 분명한 이별의 과정을 거치지 못한 탓이다. 아무리 자식이 소중하다 하여도 제대로 된 자식을 양육하려면 해야할 일과 하지 말아야 할 일들을 구분할 수 있어야 한다. 분명한 인간생의 법칙은 부모가 자식보다 먼저 세상과 그리고 자식들과 이별할 수밖에 없으며, 대부분의 자식들은 부모의 간섭을 떠나 독립할 수밖에 없는 존재라는 사실이다.

요즈음 들어 일부에서는 부모들의 노후 생활을 설계하면서 이제까지 해왔던 대로 자식에게 부모가 가지고 있는 모든 것을 소유할 수 있도록 하는 것이 아니라 부모 자신의 노후를 위한 똑똑한 미래 설계를 하고 있다. 이러한 미래설계도 절대 필요하지만 그렇게 하기 위해서라도 자식과의 적절한 이별 과정을 준비해야 한다. 더 이상 이별을 뒤로 미룰 것이 아니라 이제부터라도 합리적인 이별의 방법 을 생각할 때만이 모두를 위한 행복을 가꿀 수 있는 것이다.[53]

제 아내는 교사입니다

제 아내는 교사입니다. 경기도 안산에 있는 한 중학교에서 국어를 가르칩니다. 2년 전 아내는 하루라도 사고를 치지 않으면 천지가 뒤 엎어지는 줄 아는 천방지축 중3 아이들의 담임이었습니다. 퇴근 후 저녁 시간이면 아내와 저는 그날의 사건사고들의 내용을 이야기하 며 수습 방안을 세웠죠. 마치 뒷담화 하듯이….

일러스트레이션 김선웅

　1학기 내내 제가 아내의 반 아이들 이름을 거의 외워갈 즈음, 아내에게 아이들은 '사고뭉치 웬수들'에서 '그래도 내 새끼들'로 변해가고 있었습니다. 퇴근 후 대화 내용도 팔꿈치 안으로 굽는 소리만 해서 아이들에게 괜한 질투도 생겼지요.

　그리고 졸업식. 아내는 아이들에게 특별한 선물을 해주고 싶다며 저에게 강의를 요청했습니다. 학생상담이 저의 일이고 이미 반 아이들을 대부분 알고 있는 터라 개인별 특성에 맞추어 어렵잖게 강의를 준비할 수 있었습니다.

　강의 제목은 '꿈'이었습니다.

　2년 후, 내 앞에서 꿈에 대한 강의를 듣던 그 아이들이, 그중 열한 명이 차마 눈 뜨고 볼 수 없는 모습으로 나타나거나, 혹은 아직도 저 차디찬 바닷속에서 턱밑까지 차오르는 실낱같은 숨을 마지막처럼 그러모으고 있을지 모릅니다.

　싸늘한 채로 먼저 올라온 아이들은 숨을 놓는 마지막 순간까지 무엇을 그렇게 놓지 못하고 움켜쥐고 있었는지 손가락은 모두 골절돼 있었습니다. 한 학생은 아빠가 옆집에서 빌려, 찔러 넣어준 2만 원이 젖은 채로 주머니에 고스란히 접혀 있었습니다. 영정 앞에서 오열하던 또다른 아버지는 작아서 살이 비어져 나온 아이의 교복을 더는 보지 못하고 수학여행 참에 새것으로 장만해주었다고, 지갑도 새로 사서는 혹시 사고날지도 모르니 학생증 꼭 넣어다니라고 했답니다. 그 '혹시'가 오늘 자기를 피 토하게 만든다고 다시 피를 토하고 계셨습니다.

　저는 아이들에게 꿈에 대해서 얘기했습니다. 에디슨과 코코 샤넬과 김연아와 이승엽 그리고 마틴 루서 킹 목사의 꿈에 대해서 잘 알지도 못하면서 아는 척했습니다.

　졸업하는 이즈음 여러분들 꿈을 갖자고, 품은 꿈을 간절히 원하면 반드시 이루어질 거라고! 그때 그렇게 새빨간 거짓말을 해댔습니다. 이제 막 한마디 매듭하고 새로운 시작을 앞둔 푸르디푸른 아이들 앞에서 기성의 입으로 언감생심 사기를 쳤던 것입니다.

저는 그것이 너무 미안해서 고개를 들 수가 없습니다. 꿈을 가지라고 떠들어대 놓고 정작 그 여린 꿈들을 키울 기회조차 주지 못했습니다. 간절히 원하면 이루어진다고 검증되지도 않은 말들을 천연덕스럽게 해댔습니다. 어른들의 막장 아수라 속에서 저는 지키지도 못할 똑같은 내용의 선내 방송을 반복하고 또 반복했습니다. 그리고 저는 이렇게 살아 있습니다. 정말이지 죽을죄를 지었습니다. 죄송합니다. 용서하지 마세요. 저와 이 어른들을….54)

아이에게 질문하라

부모는 자녀를 낳는다. 때로는 낳지 않았지만 입양이나 위탁으로 자녀를 키우기도 한다. 여하튼 키운다. 그래서일까?

부모는 자신의 자녀를 잘 안다고 생각한다. 그리고 자녀에게 지시를 내리고, 필요한 것들을 제공하며 사랑과 훈육의 이름으로 가르친다. 그런데 왜 아이들은 이와 같이 고마운 부모의 역할에 대해서 잘 모르거나 혹은 거부하는 태도까지 보이는 것일까.

15년 동안 소아정신건강의학과 전문의로 활동하고 있는 필자 생각으로는 부모와 자녀 간의 올바른 대화 부재가 가장 큰 이유다. 최근 자녀와 대화를 많이 나누자는 부모의 태도 변화, 마치 코치처럼 자녀의 감정을 관리하자는 움직임, '친구처럼 놀아주는 아빠'를 일컫는 '프렌디'의 등장, 훌륭한 부모가 되기 위한 육아서적 읽기

등 여러 노력이 생기고 있어서 다행이다. 그럼에도 한편에서는 아직
도 자녀 학대 및 방임 문제가 계속 벌어지고 있어 안타깝다.

대화를 시도하는 부모에게는 조금 더 원활한 대화 방법을 익히게
해주고, 대화 없이 억압과 명령으로만 아이를 키우려는 부모에게는
자녀와의 대화 자체를 시도하게끔 해 줘야 한다. 그래서 제안하는
것이 '질문 육아'다. 질문 육아란 말 그대로 '자녀에게 여러 가
지 질문을 던진 후 그 대답을 바탕으로 아이를 파악하고 이해해 부
모의 육아 태도와 행동을 결정하는 것'이라고 할 수 있다.

아이에게 물어봐서 육아의 방향과 적합한 부모의 행동을 결정한
다는 점이 얼른 들으면 우스워 보일지도 모르겠으나 한 번 더 생각
하면 금세 그 이유를 알 수 있다. 질문 육아의 핵심은 아이의 마음
을 파악하고 이해하는 것이다. 그러기 위해서는 아이에게 마음 상태
를 물어본 후 아이의 대답을 듣는 수밖에 없다. 아이의 마음을 잘
알아야 잘 키울 수 있지 않겠는가.

혹시 아이가 속 시원하게 대답해주지 않는다 치더라도 아이의 표
정, 몸짓, 말투, 태도 등 여러 비언어적 요인을 관찰함으로써 아이의
감정 상태를 파악하는 것은 그리 어렵지 않다. 즉, 아이가 "지금
저는 엄마가 하라는 책 읽기를 하기 싫어요"라고 분명하게 말하지
않아도, 못 들은 척 딴짓을 하거나 얼굴을 찡그리는 표정을 통해서
거부 반응을 나타내는 것을 알아차릴 수 있다.

하지만 많은 부모는 구체적 대화 방법, 조금 더 정확하게 말하자
면 무엇을 물어본 후 어떻게 대답할지에 대해 잘 모른다. 4세 미만
일 때는 가장 중요한 발달 과정인 안정과 동시에 놀이 활동이 활발
하게 일어나는 시기다. 따라서 애착, 놀이, 만족, 호기심, 관계에 관
한 질문들을 던지는 것이 좋다. 4~7세 아이는 어린이집과 유치원을
다니면서 처음으로 또래관계를 맺기 시작하고 언어 능력이 확장하

며 각종 생활습관이 형성되는 시기다. 이때는 자존감, 좌절, 친구, 콤플렉스, 행복에 관한 질문들을 하는 것이 좋다. 초등학교 이후의 아이에게는 학습이 중요한 발달 과제로 자리 잡으면서 근면, 성실, 책임, 도덕심 등이 요구된다. 학교생활, 친구, 불안, 재능, 용기에 관한 질문들이 필요하다. 사춘기에 진입한 아이에게는 꿈과 미래, 공부, 이성 친구, 심리적 어려움, 몸에 관한 질문들을 하는 것이 좋다.

물어보지 않고 부모인 내가 아이의 마음을 다 안다고 자부하는 것은 오만이고 착각이다. 어떻게 아이를 키우는 것이 좋을까 많은 부모가 고민을 한다. 그때 제발 아이에게 직접 물어보라고 권하고 싶다.[55]

유대인의 자녀교육

☞ 들어가는 글

요즈음 우리는 한국의 교육이 무너지고 있는 소리를 듣고 있다. 인식이 있는 사람들은 올바른 자녀교육을 위해 속속들이 한국을 뜨려하고 있다.

콩나물 교실, 의논이나 대화가 없는 주입식 교육, 점수제와 내신 성적 위주의 대학입학제도, 무시되는 공교육과 대학입학만을 위한 학원위주의 공부 분위기, 재능을 개발하고 살려주는 데는 관심 없는 학교교육, 전인 교육보다는 점수 따는 데만 주력하는 지식과 암기 위주의 기계식 절름발이 전문교육 등으로는 장래에 건전하고도 희망찬 나라의 일군을 만들어 낼 수 없다고 판단하기 때문이다. 교사들도 매년 바뀌는 교육과 입시제도 때문에 절망하고 있으며 사명감을 잃지 않으려고 몸부림치지만 쉬운 일이 아니다.

교육은 한 나라의 미래를 위한 것이며, 나아가서는 인류의 발전적 역사를 위한 가장 중요한 준비라고 할 수 있다. 그르므로 교육이 무너지면 나라가 무너지고 인류의 미래가 어두워지게 된다.

인류역사를 통해서 깨닫게 되는 것은 강대국이라 할지라도 건전한 교육환경을 통해 인재를 육성하는 일에 관심을 갖고 투자하는 대신, 독재군주가 사치, 향락에 빠지고 정복전쟁으로 나라가 소모되고, 부정부패가 만연케 되므로 자기만 채우는 극단적 이기주의, 출세지향주의의 사회가 될 때 나라가 무너짐을 보아왔다. 우리는 과거 역사를 통해 배워야하며 하나님의 음성을 들을 줄 알아야 한다.

한국은 교육열이 높지만 올바른 교육제도와 방향을 향해 열심내는 것이 아니다. 언제 바뀔지 모르는 교육제도와 잘못된 방향을 향해 청소년들을 몰고 가고 있는 부모들도 문제이다.

하나님은 한국의 청소년들에게 엄청난 재능과 달란트를 주셨다. 필자는 96년에 이스라엘로 안식년을 다녀왔다. 그곳에 1년 동안 머무르면서 깨달은 것은 타고난 재능으로 봐서는 한국의 청소년들이 유대청소년들보다 결코 뒤떨어지지 않는다는 것이다. 미국에는 한국인의 뛰어난 두뇌를 연구하는 연구소가 있다. 한국인은 뛰어난 재능과 잠재력이 있다는 것이다.

다만 교육제도로 인해 그 받은바 재능이 발견되고 개발되지 못하는 데 차이가 나게 된다는 것이다. 한국교육제도로는 결코 하나님이 청소년들에게 준 귀한 재능들을 제대로 개발하기 어렵다. 그것은 노벨상도 받을 수 있는 수많은 청소년들의 재능 발휘를 막는 것이고 그것은 그 젊은이를 죽이는 것과 방불한 것이다. 수많은 청소년들이 자신의 엄청난 가능성과 재능을 개발하지 못한 채 평범하고도 불만족스러운 인생을 살다가 역사의 저편으로 사라지고 말았다. 잘못된 교육제도는 개인뿐 아니라 민족과 역사의 살인기계와도 같음을 우리는 너무 늦기 전에 깨달아야 할 것이다.

우리는 노벨상의 약 30%를 차지하고, 세계과학, 예술, 경제의 대단히 큰 부분들을 손에 쥐고 흔드는 유대인들의 교육제도에 관심을 가질 필요가 있다.

그들은 평범한 유목민이었지만 하나님으로부터 영감 받고 교육 받은 대로 그들의 자녀를 교육했다. 그들의 교육은 그들의 찬란한 미래를 만들어왔다. 유대인 자녀교육을 살펴보고 우리가 배우고 본받을 바를 찾아보도록 하자.

☞ 유대인들은 자녀교육에 나라의 장래를 걸었다.

유대나라가 로마에 의해 멸망당하기 직전 그들은 로마 타이터스 장군에게 랍비를 보내어 한 가지 부탁을 했다. 그것은 모든 것을 다 파괴하고 가져가도 좋지만 제발 성경학교가 있는 '얌니아'라는 작은 도시만은 남겨두어서 자기 민족의 소망의 불이 꺼지지 않도록 도와달라는 것이었다. 그 요청은 받아들여져서 성전이 있는 예루살렘은 성전과 함께 파괴되고 불타버렸지만 교육도시 얌니아는 홀로 남겨져서 유대인의 장래 희망인 젊은 신앙의 일군들을 양육해 낼 수 있었다.

그러한 정신은 나라 잃은 민족으로 하여금 인재를 양육하는 데 최선을 다하게 만들었고 결국 그들은 자라서 오늘날까지 유대인 역사의 끈질긴 발자취를 만들어 왔다.

그들은 결국 1948년 5월 14일에 자기 땅을 사서 이스라엘 나라를 회복시켰다. 이것은 인류역사상 최초의 위대한 기적적 사건이었다.

교육이 살아 있는 한 민족은 죽지 않는다. 망했어도 다시 부활시킬 수 있음을 입증시켰다. 그러므로 한국이 사는 길은 오늘의 교육을 살리는 데 있다. 다시 말해서 정부차원에서 한국의 교육이 얼마나 중요한가를 알아서 이렇게 표류하고 무너져 내리는 교육제도를 계속 내버려 두어서는 안 된다는 것이다.

한국정부는 경제발전에 주로 관심을 가져왔으며, 그것은 돈벌이와 출세에만 관심 갖는 1차원적인 욕망과 생의 목표달성을 위해 달려가는 이기적이고 육적인 젊은이들을 양산하는 교육적 환경을 만들어온 것이 사실이다.

이들은 돈이라면 나라도 팔아먹을 수 있는 인물이 될 가능성이 농후하다. 이들은 공부하는 것도 돈 많이 벌고 출세하기 위해서이며, 무한 경쟁시대에 살아남기 위해서는 수단방법을 가리지 않으며, 나라와 민족을 위해 양보한다든가 수고하려는 생각이 없고, 자기 나라 민족의 다른 기업이 망해도 외국물품을 수입해서 이익을 얻으려는 데는 양심의 가책이 없다.

즉 '나라가 망해가고 손해를 보게 되더라도 자기만 성공하면 된다' 라는 가치관을 심어주는 교육을 하고 있는 것이다. 이것은 교육이 아니라 나라 자체가 나라의 미래를 파괴하는 행동일 뿐인데 나라가 참된 교육에는 별관심이 없고 투자하지 않는 한 우리는 가장 위대한 재산인 나라를 사랑하는 젊은 일군들을 만들어 내지 못할 것이다.

☞ 유대인들은 성경적인 교육을 실시해 왔다.

유대인들은 헌법을 갖고 있지 않다. 그들은 구약성경을 헌법으로 사용하고 있다. 구약성경은 정치, 군사, 경제, 문화, 사회, 교육, 가족, 대인관계, 종교 등 모든 삶의 분야를 총망라하는 광범위한 법조항을 구체적으로 갖고 있기 때문이다. 그것을 뼈대로 해서 헌법 밑의 법과 규례와 조례 등을 만들어 사용한다. 그러므로 그들의 교육도 성경을 뼈대로 이루어지는 것이 당연할 것이다.

그들은 자녀들을 교육할 때 교육의 표준 교과서로 성경을 사용한다. 그러므로 그들의 교육은 자연스럽게 신앙적 교육이 되기 때문에 해도 좋고 안 해도 좋다든지, 점수만 잘 따면 된다는 생각과는 처음부터 거리가 멀다.

유대인들은 그들의 자녀들을 3살 때부터 성경 말씀을 읽히고 암송시킴으로 교육을 시작한다. 어린 시절부터 어머니와 아버지가 모세오경을 함께 읽고 말씀하고 설명해주는 교육을 커서까지 실시한다.

성경 말씀은 삶의 전 분야를 다 포함하고 있기 때문에 자연히 전인적 교육이 될 수밖에 없다. 유대인들은 인간 모두를 하나님의 형상을 지닌 존귀한 존재로 본다.

☞ 나가는 글

유대인 교육은 별로 특별한 것이 없다. 다만 사람과 세상을 만드신 하나님이 인간의 미래를 복주시기 위해 교훈하는 성경말씀을 따라 자녀들을 집에서나 학교에서나 교육한 것뿐이다. 그들은 인간적으로 한국 사람들과 다른 점이 별로 없다.

우리와 같이 연약하고 부족한 사람들이다. 그러나 그들은 하나님의 뜻을 따르는 길이 가장 위대한 복된 미래를 만들어 내는 첩경임을 알고 있다.

이것을 국가 교육청이 알고 학교와 가정에서도 알아서 함께 힘을 합해 성경적 교육을 실시하면 시간이 흘러가면서 유대인들이 누리고 있는 교육적 복을 우리도 누릴 수 있게 될 것이다.

한국인의 뜨거운 교육열은 반드시 21세기를 빛낼 수많은 인재들을 만들어내게 되리라 확신한다.[56]

아이의 성적 때문에 걱정하시는 학부모님들께

요즘 학교에서 문제가 많이 생기고 있습니다. 아이들의 일이라고 상상할 수도 없는 끔찍한 사건들이 대부분 학교에서 생깁니다. 학교는 공부를 하는 곳입니다. 사람을 사람답게 만드는 필수요건들을 아이들에게 가르치는 곳이 학교입니다. 그런데, 요즘 학교에서는 공장처럼 아이들을 같은 모양으로 만들어 같은 디자인으로 포장해서 사회로 내놓고 있습니다. 개성을 배우지 못하고 마음껏 자라지 못한 아이들은 당황스러워서 어쩔 줄 모릅니다.

물고기를 잡아주지 말고 잡는 방법을 알려주라고 했던가요? 그런데 요즘은 아이들에게 강을 빼앗아버렸습니다. 물고기가 가득한 수조에서 낚시만 배웁니다.

사실 교육 문제는 오래 전부터 사회에서 고민스럽고 개선이 필요하다고 목소리가 많이 나오는 문제였습니다. 그러나 아무것도 고쳐진 것이 없습니다.

미국에서 태어나 자란 한국인 친구와 신촌에서 만날 일이 있었습니다. 마침 학원이 끝날 시간이었고, 신촌 사거리에서 홍대방향으로 한 차선을 학원봉고차가 차지하고 있었습니다. 친구는 왜 저렇게 봉고차가 많은지 필자에게 질문을 했습니다. 요즘 학생들은 하교 후에 봉고차를 타고 다니며 새벽까지 학원을 옮겨 다닌다고 대답했습니다. 그는 그게 사람이냐고 반문했습니다. 그의 태도가 불쾌했지만 반박할 수가 없었습니다. 그의 표현대로 '너무 가혹한, 또 믿을 수 없이 끔찍한 일'이 사실 우리에게는 자연스럽습니다. 중학생 혹은 고등학생 자녀를 둔 부모님께 당부의 말씀을 드리고 싶습니다.

조금만 여유를 가지고 자녀를 대하세요. 부모님들의 불안이 아이들의 생기를 **빼**앗습니다. 한국은 세계적으로 청소년 자살률이 상위권에 있는 나라입니다. 학업성취도는 세계에서 손꼽히지만, 학업에 대한 흥미는 거의 밑바닥을 전전하고 있는 것이 바로 우리의 실정입니다. 개선시도는 예전부터 있었습니다.

교육부와 각 교육대학 학술지에서 이미 다양한 해답을 제시하고 있습니다. 국립대가 앞서서 사립대의 서열화를 약화하고, 혁신학교를 세워 새로운 방식의 교육을 하고, 각종 진로적성 교육과 학력위주의 인력채용을 타파하기 위해 학벌블라인드 채용을 기획하기도 했습니다. 하지만 아무것도 바뀌지 않았습니다. 학생을 위한 개선이 아닌 정책으로서의 개선이었기 때문입니다. 아이의 신발을 고르면서 자신의 발 사이즈를 생각하는 격입니다.

교육문제 정말 큰일입니다. 개선해야 될 점이 많습니다. 그렇지만 그전에 먼저 개혁해야 할 것이 있습니다. 바로 어른들입니다. 사실 아이들의 고통은 어른이 만든 것입니다. 학력에 따른 극심한 차별대우와 대학에 대한 잘못된 우리의 인식 때문입니다.

우리는 학교를 더 많은 돈을 벌기 위해, 더 많은 권력을 잡기 위한 상위계층으로 가는 통로로 생각하고 있고, 아이들에게 그렇게 생각하게 만들었습니다. 교육을 통한 온전한 인격성장과 미래설계를 위해 학습을 하는 학교를 꿈꾸는 사람들은 아무것도 모르는 사람이라는 말이 들려옵니다. 소위 명문 대학을 졸업해야 사람 취급이나 받지, 그전에 무슨 인성, 자아발달이냐, 차라리 그 시간에 공부를 더 하라고 말합니다.

부모님이 아이를 양육하는 행위를 흔히 키운다고 합니다. 요즘은 아이를 식물처럼 키웁니다. 가끔 보면 애정 없이 꽃이나 보자고 기르는 화분처럼 대하는 것 같습니다. 부모님들 더 이상 아이들을 재배해서는 안 됩니다. 사랑과 걱정, 부모님이 자식을 생각하는 마음을 어떤 말로 표현하겠습니까. 그렇지만, 불안이 아이들을 가두고 경쟁이 아이들의 마음을 앗아 버립니다. 교육의 첫 번째 개선 과제는 어른입니다. 그 다음이 제도적 개선입니다.

교육은 절대로 정책으로만 해결할 수 없습니다. 아이들을 위한 마음, 학교가 사람을 사람답게 만들어 줄 수 있는 공간이 된 후에야 정책이 더 큰 힘을 발휘할 수 있을 것입니다.

학부모님들, 불안을 내려놓고 자녀를 대하세요. 우선 아이들을 봉고차에서 구출해주세요. 마주 앉아 물어보세요. 그게 먼저입니다.[57]

제3장을 마무리하면서

자식 교육을 위해서라면 모든 것을 바칠 각오가 되어 있는 학부모들이지만 현실은 그리 녹록하지 않다. 자녀들의 생활에 필요한 기본경기와 의식주 비용은 그렇다 치고, 학교 납부금(등록금)에 급식비, 잡부금, 교재 및 참고서 구입비용, 학원수강료와 과외수업 비용, 일부 근절되지 않은 촌지까지 소요항목은 헤아릴 수조차 없다. 이 비용을 대기 위해 부모들은 생활비를 줄이며 허리띠를 졸라매지만, 십중팔구 빚을 지기 일쑤다. 부채를 짊어지고 있으면서도 자녀 교육비를 줄이지 못하는 가정, 이른바 '에듀 푸어'가 점점 늘어나고 있다.

그러면서도 자식을 보면 항상 불안하다. 왜? 부모 말을 잘 듣지 않는 것은 청소년 시절 누구나 겪는 고질병이려니 여기지만, 혹시 학교에서 왕따를 당하지 않을까, 길거리에서 폭력이나 성폭행을 당하는 일은 없을까, 제발 '묻지마 살인'에는 노출되지 않아야 할 텐데 등등 한 시도 쉴 세 없이 노심초사한다. 세계에서 가장 높다고 하는 교통사고율, 보행자 사망률, 자살률 역시 신경이 쓰이는 대목이 아닐 수 없다.

대학을 졸업한다 하여 한숨 돌리려 하면 이게 또 무슨 날벼락인가. 전공한 분야로는 취직할 곳이 없으니 새로운 학과를 옮겨가야 한다느니, 아예 다른 대학에 새로 입학을 해야겠다느니 등등. 조기유학 붐에 편승한 가정은 일이 더 심각하다. 가장은 한국에 남아 부지런히 돈을 벌어야 하는 '기러기 아빠' 신세가 되고, 자식 뒷바라지한다며 함께 떠난 아내는 현지에서 아르바이트 자리를 전전하다가 심지어 몸을 파는 경우가 있다고 하니, 과연 누구를 위한 교육인지, 무엇을 위한 희생인지 도무지 알 수 없게 되고 만다. 그러면 과연 학부모는 행복한가? 아니다.58)

우리 공교육의 효율은 놀라울 정도로 낮다. 그런 학교에 너무 많은 것을 요구하지 말아야 한다. 학교가 할 수 없는 교육이 있다는 사실을 인정해야 한다. 학교가 '모든' 교육을 도맡아야 한다는 생각은 잘못된 것이다. 가정과 사회도 학생들의 교육에 상당한 책임을 져야 한다. 가정교육과 사회교육이 학교교육보다 더 중요할 수도 있다는 뜻이다. 청소년 문제가 모두 학교의 부실에서 시작되었다는 인식은 매우 잘못된 것이다.

학교가 인성까지 책임지고 가르칠 수 있다는 생각은 환상이다. 자신의 행동에 대해 책임을 지고, 남을 속이지 않고, 남과 협동을 하고, 이웃을 배려하는 인성을 갈러주는 교육의 일차적인 책임은 가정과 사회에게 있다.

부모가 사회와 학생들에게 보여주지 못하는 상황에서 학교의 인성 교육은 절대 가능한 일이 아니다. 실제로 오늘날 우리 사회의 현실이 그렇다.

 학교 교육에 불만을 품은 학부모가 학교 현장에서 교사에게 폭언을 하고, 폭행하는 상황에서 인성 교육은 꿈도 꿀 수 없는 일이다. 인성 교육은 가정과 사회의 책임이라는 사실을 명백하게 만들어서 학교의 부담을 줄여줘야 한다.59)

 좋은 습관은 좋은 훈육이 뒷받침되어야 가능하다. 아이들은 부모를 보고 배운다. 훈육보다 더 좋은 모델링이 되는 것이며 부모의 행동으로 묵묵히 보여 주는 것이 최고다.

 요즘 젊은 엄마 아빠들에게서 '2% 부족한 부모'의 모습을 자주 목격한다. 매일의 일상 속에서 습관처럼 되어버린 내 행동이 자녀의 눈에는 어떻게 투영되며, 나로 인한 배우자의 모습은 어떻게 자녀들에게 재해석되는가를 잘 살펴봐야 한다.

 습관의 시작은 아주 커다랗고 거대한 것에서 출발하는 것이 아니고 가족 간의 오고 가는 사소한 말 한마디, 칭찬, 등 두드리기, 제스처, 미소 속에 부모의 생활철학이나 신념을 읽을 수가 있다. 이런 행위가 결국 성격을 낳고 그 사람의 운명을 만드는 힘이 되므로 부모로서, 교육자로서 내가 매일 하는 행동에 주의해야 한다.

 집안의 분위기를 책인지는 사람은 아이들이 아니다. 당신, 아이들의 부모다. 대개 부부의 소통이 어떻게 이루어지느냐에 따라 집안 분위기는 온정이냐, 냉담이냐로 갈린다.

 따라서 아리를 키우는 부모는 부부간의 소통에 많은 시간과 에너지를 쏟아야 한다. 아이들은 집안에서 뿜어져 나오는 온정을 먹고 자라야 안정적이고 전인적으로 성장할 수 있다.60)

제4장

혁신적인 학교 변화가
선진교육의 지름길이다

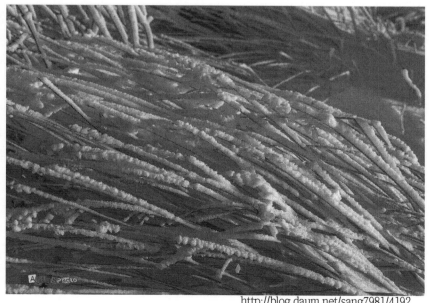

http://blog.daum.net/sang7981/4192

일반고 거점학교, 학생에게 희망일 수 있다

오늘도 학생들은 저마다 자기만의 꿈을 이루기 위해 아침 일찍부터 밤늦게까지 졸린 눈을 비비며 공부를 한다. 이들이 원하는 것들을 모두 들어줄 수 있다면 얼마나 좋을까. 하지만 안타깝게도 학교는 도와달라고 내미는 손을 모두 잡아줄 수 없어 미안한 경우가 많다.

전기를 대체하는 에너지 개발을 꿈꾸고 있는 A 양은 물리Ⅱ를 배우길 바란다. 그러나 학교에서는 그 과목 희망자가 매우 적어 내년에도 개설할 수 없다. 학교 선생님으로부터 직접 친구들과 함께 실험도 하면서 즐겁게 배우고 싶지만 교육방송 시청을 통해 힘들게 배우고 있다.

왜 학교는 이 학생들이 가진 소중한 꿈을 이루도록 도와주지 못할까? 일반 고등학교는 예산이 부족하고, 꿈과 끼를 키울 수 있도록 적절한 교육과정이나 시설 등을 제대로 제공하지 못하기 때문이다. 마침 최근 서울시교육청이 '일반고 Jump Up 추진계획'을 발표했다. 이에 따라 '교육과정 거점학교'가 시범 운영된다. 거점학교는 개별 학교에서 운영하기 어려운 진로집중과정을 개설하고 전공별 세분화된 교과목을 운영하여 거점학교 학생뿐만 아니라 인근 학교 학생들에게 꿈과 끼를 키우는 교육 프로그램을 제공하게 된다.

예를 들어 과학 거점학교는 신청자 수가 적어 일반고에서 개설되기 어려운 물리Ⅱ, 지구과학Ⅱ, 화학실험 등의 심화과목을 개설하고 그 학교 및 인근 학교 학생을 대상으로 수강 희망 학생을 모집한다. 토요일과 방학 기간을 이용하여 탐구주제 연구보고서 작성 등 이론과 실험을 병행하는 수업을 진행할 수 있다.

일각에서는 이번 거점학교 운영계획을 일종의 고육지책으로 보는 시각이 있다. 비록 소수 학생이 선택하거나 가르칠 교사가 없거나 시설 등이 부족하더라도 학생이 희망하는 교과목은 그 학교 내에서 편성하는 것이 바람직하기 때문이다.

그러나 모든 학교가 학생이 희망하는 교과목을 모두 운영하기에는 어려움이 너무 많다. 또 모든 희망 교과목을 운영하는 데 필요한 엄청난 예산 및 강사 등을 모든 학교가 확보할 가능성은 희박하다. 그렇다고 그 모든 것이 갖추어질 때까지 무작정 기다릴 수는 없다. 이처럼 일반고 학생들을 위한 거점학교의 출발은 결코 이 모든 문제를 해결할 수 있는 최고의 해법은 아니지만, 바로 지금 우리의 소중한 학생들에게는 분명히 ‘희망’일 수 있다.[61]

학생 선발권 없는 자율고는 자율고 아니다

교육부가 2015학년도부터 중학교 성적과 관계없이 누구나 자율고에 지원할 수 있는 내용의 ‘일반고 교육역량 강화 방안’을 내놓았다. 현재 서울의 경우 내신 상위 50% 학생만 자율고에 지원할 수 있다. 성적 규정을 없애면 수업료만 일반고보다 3배 비싼 자율고에 갈 이유가 없어지게 돼 서남수 교육부 장관의 부인에도 불구하고 ‘자율고 죽이기’나 마찬가지다.

자율고가 상당한 문제점을 안고 있는 것은 사실이다. 자율고는 이명박 정부가 고교 다양화와 학교 선택권 강화 차원에서 도입했으나 일부 학교가 신입생을 충원하지 못해 스스로 자율고 지정을 반납하기도 했다. 비싼 수업료에 비해 일반고의 교육 과정과 다를 게 없다는 비판도 받고 있다. 그러나 이런 문제는 자율고 수를 줄이거나 관리 감독을 강화해서 개선해야지, 자율고의 존립 근거를 흔들 일은 아니다.

자율고는 공부 잘하는 학생을 뽑아 더 우수한 인재로 키워내겠다는 수월성(秀越性) 교육에서 출발했다. 성적 제한을 없애면 목적 달성이 어렵다. 학생 선발권이 없고 수업료만 비싸다면 학생들이 굳이 지원할 이유가 없는 만큼 자율고가 고사(枯死)하는 것은 시간문제다. 서울 강남 등 일부 지역의 자율고에만 학생이 몰려 교육 격차가 더 심화할 가능성도 있다. 전국 단위로 학생을 선발하는 옛 자립형 사립고만 반사 이익을 누릴 것이 뻔하다. 현재 116개 자율형 공립고를 5년의 지정 기간이 끝나면 모두 일반고로 전환시키겠다는 것도 정부의 자율고에 대한 부정적 시각을 보여준다.

특목고 자율고 등에 밀려 껍데기만 남다시피 한 일반고를 되살리는 일은 필요하다. 그러나 일반고 지원 계획에도 허점은 많다. 필수 이수 단위를 줄여 자율 과정을 늘린 것은 바람직해 보이지만 국・영・수 등 입시 수업만 늘어날 가능성이 크다. 특목고 등의 입시 위주 수업이 전체 일반고로 확대되는 결과를 빚지 않을지 우려된다. 학교마다 5000만 원씩 특별교부금을 지원하겠다는 것은 반갑지만 재원 마련이 쉽지 않을 것이다.

정부가 바뀔 때마다 조변석개(朝變夕改)하는 교육정책을 언제까지 되풀이할 것인가. 백년대계까지는 바라지 않아도 지난 정부에서 추진했던 정책을 갈아엎는 방식의 교육 정책은 곤란하다. 무엇보다 정부를 믿고 열심히 학교를 운영한 자율고는 물론이고, 자율고 진학을 염두에 두고 공부한 학생들을 피해자로 만들어선 안 된다.62)

서남수 장관의 '自律高 죽이기'는 시대착오다

서남수 교육부 장관이 수월성(秀越性) 교육기관인 자율고(自律高)를 사실상 죽이기 위한 정책을 가시화하고 있다. 교육부는 13일 발표한 '일반고 교육 역량 강화 방안(시안)'을 통해 평준화 지역의 자율형사립고는 2015학년도 입학 전형부터 지원 자격의 제한 없이 전면 추첨제를 시행하고, 전국의 모든 자율형공립고는 지정 5년인 시점에 일반고로 전환시키겠다고 밝혔다. 자율고의 학생선발권을 박탈해 고사(枯死)시키거나 강제 폐지시키겠다는 취지로, 시대착오(時代錯誤)의 전형이다.

현재 서울 지역 자율고는 중학교 내신 성적 상위 50% 이내여야 지원할 수 있다. 이들을 대상으로 추첨을 통해 신입생을 선발해 교육과정의 운용에 일정한 재량권을 갖고 수월성 교육을 한다. 내신성적과 면접을 반영하긴 다른 지역도 다르지 않다. 현행 학생 선발 방식에 경쟁 요소를 더 도입해야 한다는 지적이 끊이지 않아왔다. 그런데도 최소한의 지원 성적의 기준조차 없애면서 추첨만으로 신입생을 선발하라는 것은 자사고에 대해 문을 닫거나 일반고로 전환하라고 협박하는 셈이다.

서 장관은 "자사고를 죽이겠다는 게 아니다. 건학이념에 맞게 특성화된 학교를 세우려는 취지를 제대로 살리자는 것" 운운했으나 궤변일 뿐이다. 수월성 교육과 거리가 먼 자사고에 일반고의 3배에 이르는 수업료를 부담하면서 지원할 학생이 과연 얼마나 있겠는가.

일반고 '교실 붕괴'의 책임을 자율고에 떠넘기는 식의 서 장관 인식도 황당하긴 마찬가지다. 일반고 자체를 정상화하고 경쟁력을 키워야 한다는 것은 상식이다.

외국어고·과학고 등 특수목적고와 함께 평준화의 폐해를 다소나마 치유해온 자율고를 죽여서 가능한 일도 아니다. 일부 자사고는 정원조차 채우지 못할 만큼 학생·학부모의 외면을 받아온 것도 사실이다. 그런 학교는 일반고로 자진 전환하기도 했다. 더 확대해야 마땅한 학생·학부모의 고교 선택권을 축소하면서, 1974년 도입 이래 폐해가 누적돼온 '평준화 = 평둔화(平鈍化)'로 역주행까지 해선 안된다. 그러잖아도 서 장관은 교육관(觀)이 의심스러운 행태를 취임 전부터 적나라하게 보여왔다.

평등지상주의에 집착한 김대중 정부의 대입 '3불(不) 정책' 입안 실무자였던 전력만 그런 게 아니다. 경쟁을 죄악시하는 좌파 성향의 친(親)전교조 본색을 드러내는 공개 발언도 서슴지 않았다. 지금이라도 빗나간 교육관을 교정하고, '자율고 죽이기' 시안을 폐지하기 바란다.[63]

교육의 질 높은 자율형 공립고 폐지할 일 아니다

동아일보의 고교 평가 결과 자율형공립고(자공고)의 학력 수준과 교육 여건, 학부모 선호도가 크게 높아졌다. 입시정보업체인 ㈜하늘교육과 함께 3년째 실시한 전국 1666개 일반고 평가에서 자공고 116곳 중 21곳(18%)이 시도별 상위 20곳에 들었다. 청원고(충북 1위), 점촌고(경북 3위), 충남고(대전 4위) 등은 최상위권이다.

자공고는 낙후 지역에 위치한 일반계 공립고를 선정해 학교 운영에 자율성을 주고 연 2억 원의 예산을 추가 지원한다. 학교 측은 학업에 열의가 있는 신입생을 위주로 선발한다.

이번 평가 결과는 사회경제적 환경이 좋지 않더라도 학교의 노력과 학생들의 학구열에 따라 얼마든지 학력(學力)을 올릴 수 있음을 보여 줬다. 국회의원이나 지방자치단체장도 자공고 유치에 공을 들이고 있다.

민주당 박기춘 사무총장의 블로그에도 '2011년 3월 남양주 별내청학고, 자율형공립고 선정. 박 의원 노력 결실을 맺어'라는 내용이 게시돼 있다. 그러나 올해 8월 정부는 5년의 자공고 지정 기간이 끝나면 일반고로 전환해 2018년까지 없앤다는 방침을 발표했다.

교육부는 자공고와 자립형사립고(자사고), 특수목적고에 밀려 크게 위축된 일반고를 지원하기 위해서라고 설명하지만 자칫 자공고와 자사고의 성과까지 사라질 우려가 있다.

위축된 일반고에 자율성과 책무성을 줌으로써 공교육의 질을 높이는 것이 아니라, 잘하고 있는 자공고와 자사고를 없앤다니 안이하고 퇴행적인 정책이다.

자공고 이외에도 동아일보 고교 평가에서 성과를 낸 고교들은 학교와 교사의 열의가 두드러졌다. 전북대사범대부설고는 2011년 전북 13위, 2012년 7위에서 올해 1위로 올랐다. 교사들 절반이 야간자율학습 시간에 남아 학생들을 지도할 정도로 열정이 남다르다. 일찌감치 진로를 정한 학생들은 더 성실하게 학교생활을 하는 것으로 나타났다.

경제협력개발기구(OECD)는 사회경제적 취약 계층의 자녀들이 질 높은 교육을 받아 제 힘으로 계층 이동을 하는 것을 최선의 불평등 해소 방안으로 꼽는다.

정부는 '계층 이동의 사다리'가 될 수 있는 자공고를 폐지할 것이 아니라 일반고 모두를 자공고 수준으로 끌어올리는 일에 나서야 한다.[64]

개방형 자율학교의 선결 과제

교육부는 지난 10월 '개방형 자율학교' 시범운영 계획을 발표했다. 전임 김진표 교육부총리가 공교육을 혁신하고 전인교육을 지향하기 위해 도입한 새로운 학교 시스템이다.

전국에서 5~10개 학교의 추진을 목표로 하였으나 최종 4개교만이 선정되었다. 서울(원묵고), 충북(청원고), 부산(부산남고), 전북(정읍고)에서 각 1개교씩으로 모두 공립학교들이다. 당초 계획보다 축소하여 2007학년도부터 서둘러 시작하려는 인상을 준다.

☞ 현 상태로는 평준화 보완 어려워

그간 개방형 자율학교의 운영 방식에 관해서는 여러 가지 논란이 많았다. 준비 부족 등을 이유로 연기를 주장했던 경우도 있었다. 그런가 하면 일부에서는 현 정부가 특목고나 자립형사립고를 죽이기 위해 개방형 자율학교를 띄우려 한다는 비판적 견해도 있다. 그래서 시범학교 운영 자체가 무산되는 것이 아닌가 하는 염려를 낳기도 했다. 그러나 이제 주사위는 던져졌다. 향후 4년간의 시범운영 과정을 거치게 될 개방형 자율학교가 본래 취지대로 성공을 거두기 위해서는 해결해야 할 과제가 많이 있다.

첫째, 진정으로 입시위주의 교육에서 벗어날 수 있느냐 하는 문제이다. 현재 개방형 자율학교에 대한 예측은 '전인교육과 자기 주도적 학습 능력 등 대안적 교육을 충실히 수행할 것'이라는 견해와 '입시 명문교로 부상, 본래의 설립 목적이 훼손될 것'이라는 견해로 엇갈린다. 아무리 인성교육을 잘 한다 하더라도 입시결과가 좋지 않으면 지역 사회로부터 외면당하는 것이 우리의 교육 현실이다. 대학입시의 고질병을 개방형 자율학교가 치유할 수 있다고 믿는 사람은 그리 많지 않다. 교육부는 자율학교가 입시 위주로 운영될 경우 행·재정적 제재를 가할 방침이라고 하지만 설득력은 없어 보인다. '대학입시'라는 학부모들의 현실적 열망을 외면할 수는 없을 것이기 때문이다. 결국 두 마리의 토끼를 한 번에 좇아야 하는 상황에 놓일지도 모른다.

둘째, 고교 평준화 정책을 보완하면서 공교육의 혁신을 이끌 수 있을 것인지가 문제다. 30년 넘게 이어져 온 평준화 정책이 최근 대수술을 예고하고 있다. 지금 각계의 의견을 수렴, 학군광역화 등 여러 가지 개선책을 마련 중이다. 평준화는 수월성 교육을 가로막고 고교 교육의 하향평준화를 몰고 와 시대의 변화에 부응하지 못하고 있다는 지적이다. 그 결과, 창의적인 인재를 향성하지 못하고 교육의 경쟁력이 약화되었다. 그러다 보니 조기유학이 만연하고 국민들은 엄청난 사교육비를 부담하는 고통을 겪고 있다. 잦은 입시제도의 변화도 학생과 학부모들을 더욱 불안하게 하는 요인이다. 이는 과도한 사교육을 부추기는 직접적인 원인이 되기도 한다. 최근 2008학년도 이후 통합 논술고사에 대한 입시요강이 발표되면서 혼란스런 모습이 이 사실을 반증하고 있다.

셋째, 자율성과 책무성에 근거한 새로운 학교 모델을 제시할 수 있어야 한다. 사람들은 개방형 자율학교가 전통적인 학교 체제보다는 근본적인 변화가 있기를 기대하고 있다. 그것은 '교육 수요자의 만족도를 높일 수 있는 학교'를 추구하는 데서 찾을 수 있을 것이다. 이 점이 개방형 자율학교의 가장 본질적인 개념이다. 먼저 학교 교육에 대한 혁신의 지가 강하고 교육 철학이 분명한 교장을 공모한다. 그로 하여금 인사와 예산은 물론 교육과정의 편성·운영, 학생 선발권까지 자율적으로 행사하도록 해야 한다.

그런데 이번에 제시한 시범운영 계획은 이름뿐이지 일반학교와 크게 다를 바 없다는 것이 중론이다. 종교나 민간단체의 운영 참여도 배제하고 지자체의 재정지원도 받지 않음으로써 가장 중요한 요소인 '개방성'이 실종되고 말았다.

☞ 교육과정, 학생선발 자율권 줘야

우리 속담에 '시작의 반'이라는 말이 있다. 개방형 자율학교가 학교 혁신을 위한 새로운 기치를 내걸고 출발한 것은 주목할 만한 일이다. 그렇다면 기존 학교와는 뭔가 다른 면을 보여주어야 한다. 자율학교가 본래의 목적대로 정착되려면 시범학교 운영기간에 여러 가지 문제점을 연구, 검토하는 노력이 필요하다. 그래야만 2011년 이후 개방형 자율학교가 본궤도에 올라 국민으로부터 신뢰받는 학교가 될 것이다.

☞ "학원 안가도 만족하는 학교 만들 터"

"교수학습방법 개선과 인성교육 강화로 공교육의 새로운 모델을 정립할 계획입니다." 국내 첫 개방형 자율학교 가운데 하나인 서울 원묵고 박평순 교장의 학교 운영에 대한 기본 구상은 크게 두 가지다. 우선 인성교육, 박 교장은 "인성교육을 하면 대학 진학에 어려움이 있다는 생각하는 것은 오해"라며 "학생들이 바른 인성 함양으로 학습동기가 올라가면 오히려 입시에 큰 도움이 된다."고 강조한다. 그는 입시 위주의 풍토 속에서 사라져 버린 소풍, 체육대회 등을 의미 있는 행사로 복원해 학생들을 '지덕체'가 조화된 인재로 양성할 계획이다.

인성교육과 함께 학교 운영에 있어 박 교장의 또 다른 중점 사항은 교수학습방법 개선, 지난해 14대 1의 경쟁률 속에서 교장으로 뽑

흰 박 교장이 공모에 응한 이유도 '교육과정 편성 운영권'이라는 매력 때문이다. 수준별 이동 수업, 다양한 보조 교재 채택, 과목별 강사 활용 등을 통해 철저한 학생 맞춤식 수업을 준비하고 있다.

"고 2~3의 선택 교육과정은 다양한 선택이 가능합니다. 지역 사회 및 대학을 활용한 교육도 가능하고, 교과서가 없는 수업도 할 수 있습니다. 특목고, 대안학교 등 사람마다 개방형 자율학교에 대한 생각과 기대가 다른 현재 상황에서 새로운 교육과정을 만들어야 할 올해가 가장 바쁘고 중요한 한 해가 될 것 같습니다."

현재 박 교장의 가장 큰 고민은 재정 문제, 서울시교육청의 추가 지원 계획이 없고, 재정 자립도가 취약한 구청의 지원이 한계가 있는 가운데 도와 시에서 수억원씩 지원받는 타 지역의 개방형 자율학교가 부러울 따름이다.

"초빙돼 온 교사들에게 '우리가 성공하면 대한민국의 공교육을 살릴 수 있다'는 자부심을 갖고 일하기를 당부합니다. 다양한 방과 후 교육과 특기적성교육 프로그램으로 학생들이 학원에 가지 않아도 만족할 수 있는 학교로 만들겠습니다." 65)

문제 생겼다고 없애기보다 제대로 된 국제 중 육성을

박근혜 대통령은 23일 국무회의에서 설립 목적에서 벗어난 국제 중은 언제든지 국제중 인가를 취소할 제도를 마련할 필요가 있다고 했다. 서울 영훈국제중 입학 비리를 언급하면서 한 말이다. 교육부는 이 말을 받아 곧바로 "국제중이 지정된 목적을 달성하지 못할 경우 언제라도 지정을 취소하도록 법령을 고치겠다" 고 밝혔다. 현행 초중등교육법 시행령에 교육감이 국제중을 '5년마다 평가해 중대한 문제가 있을 경우 지정을 취소할 수 있게 돼있는 것을 고쳐 수시로 평가해 문제가 발견되면 지정을 취소하겠다' 는 것이다. 개정 시행령을 영훈국제중부터 적용할 계획이라고 한다.

영훈국제중은 검찰 수사에서 2009년 개교 후 해마다 입학생 성적을 조작해 유력자의 자녀를 부정 입학시킨 사실이 드러났다. 재단 이사장과 행정실장이 구속 기소되고 학교 관계자와 학부모 10여명이 약식기소됐다. 이런 수사 결과가 나오자 영훈국제중 지정을 취소해야 한다는 주장이 적지 않았지만 교육부는 국제중을 5년마다 평가하도록 돼있는 현행법상 불가능하고 그 권한도 시·도 교육감에게 맡겨져 있다는 입장이었다. 그러던 교육부가 대통령의 한 마디에 즉각 입장을 바꿨다.

교육부가 영훈국제중의 국제중 지정을 취소해 내년부터 일반 중학교로 만들면 한동안 기존 국제중에 다니던 학생과 새로 일반중에 입학한 학생이 함께 다니게 되고 교육과정도 두 가지로 운영해야 한다. 지금 국제중에 재학 중인 학생이 졸업하면 학적부엔 일반중 졸업생으로 기록하게 된다. 소급입법 논란을 부를 수도 있다. 교육부는 이런 부작용까지 충분하게 검토해 이 문제를 다뤄야 한다.

전국에 있는 국제중 4개교의 입학 정원은 480명이다. 올해 6384명이 국제중을 지원해 경쟁률이 평균 13.3대 1에 이르렀다. 공립이어서 학비가 싼 부산국제중은 22.9대 1이나 됐다.

국제중에 가고 싶어 하는 학생이 그만큼 많다. 좋은 학교에 대한 수요는 많은데 공급은 적은 것이 영훈국제중 같은 입학 비리가 생기는 원인 중의 하나다. 문제가 생겼다 해서 몇 안 되는 국제중을 없애려 할 게 아니라 제대로 된 국제중을 전국 시·도마다 하나씩 더 세우겠다는 발상의 전환이 필요하다.[66]

공부 잘하는 아이들의 발목을 잡지마라

영훈국제중의 입학사정 비리로 인해 정치권 일부에서 국제중·고, 자사고 등의 폐쇄를 검토하고, 발의까지 하려 한다는 보도를 보면서 "참 우리나라답다"는 자조와 한숨이 절로 나왔다. '빈대 잡으려다 초가삼간 태운다'는 말은 이럴 때 쓰는 표현이다. 몇몇 특권층의 비리가 보기 싫고 국민 정서에 안 맞는다고 좋은 제도 자체를 불도저로 밀어버리겠다는 발상은 '남 잘사는 것 보기 싫으니, 같이 못살자'는 이야기로밖에 들리지 않는다.

국제중·고는 소위 사회적 배려 대상이란 전형이 있으나 일부에 국한되고, 기본적으로 공부를 잘하는 아이들이 갈 수 있는 학교이다. '배려'로 들어가도 공부를 못 따라가면 다닐 수가 없는 경쟁 구도인 것이다. 미리 말해두지만 내 아이들이 공부를 썩 잘하지 못했기에, 이 말도 안 되는 이슈에 대해 이야기를 좀 하고자 한다.

공부를 잘하는 아이들은 모아서 가르쳐야 효율이 올라간다. 강을 떠난 연어가 다시 회귀하듯이 거기서 선의의 경쟁을 하여 세계의 쟁쟁한 대학으로 진학하고 세계적인 경쟁력을 갖춘 인재가 우리나라로 다시 들어오는 것이다. 이웃 나라 중국이 어떻게 우리의 코밑까지 따라붙었나를 살펴보면, 전 세계로 공부하러 떠났던 인재들이 모국으로 돌아와 나라 발전에 이바지한 점이 크게 작용했다.

아이들은 역량에 맞추어 그룹을 따로 편성하여 가르쳐야 한다. 수학을 잘하는 아이들끼리, 영어가 떨어지면 그 아이들끼리 묶어서 가르쳐야 소위 가르치는 프로세스가 성립된다. 나는 여태껏 우리보다 좋은 교육 시스템을 갖춘 선진국에서 능력별 반 편성을 하는 데 대해 학생·학부모가 평등하지 않다고 반대한다는 이야기를 들어 본 적이 없다. 제대로 된 나라는 능력별로 반을 잘게 쪼개고 있다. 우리는 많은 학생과 부모가 많은 돈을 써가며 일찌감치 한국을 떠나는 이유 중 하나가 아무런 교육적 의미 없는 평등주의 때문이라는 점을 알아야 한다.

공부하는 아이들의 발목을 잡지 마라. 그들이 우리의 미래다. 아이들을 잘 품어서 세계라는 바다에 방류하고, 세월이 흘러 훌쩍 커진 모습으로 돌아왔을 때 잘 활용해야 한다. 우리는 그래야 발전할 수 있는 나라다. 어느 제도나 어느 사회나 규정과 법의 틈바구니를 악용하려는 사람들은 있게 마련이다. 잘못된 것은 감독을 철저히 하여 고치면 될 일이다. 애꿎은 학교나 제도를 없앤다고 해결될 성질의 것이 아니다.[67]

소규모학교 통폐합 능사가 아니다

지난해 정부와 여당이 소규모학교 통폐합을 추진하다 여론의 반발로 무산됐으나 논란이 끊이지 않고 있다. 최근 정부와 새누리당이 재정과 행정 인센티브를 강화하는 방식으로 통폐합을 재추진하고 있다는 보도가 나오면서 또 다시 관심사다. 정부와 여당이 학교 통폐합 재정 인센티브를 기존의 20억원에서 초등학교는 30억원으로, 중·고교는 100억원으로 늘린다고 한다. 물론 교육부는 통폐합 추진 계획이 없다고 부인하고 있다.

그러나 농어촌 학령인구가 지속적으로 줄어들면서 소규모학교의 자연 통폐합이 불가피한 상황이다. 학생수 감소로 소규모학교가 늘어나고 학교운영에 적지 않은 어려움이 제기되는 것이 현실인 것이다. 농어촌의 학생수 감소 추세와 이에 따른 현실여건을 감안할 때 통폐합은 오히려 자연스러운 흐름처럼 보이기도 한다. 바로 이 때문에 교육당국의 부인에도 불구하고 소규모학교 통폐합 문제는 여전히 불씨를 안고 있는 것이다.

농어촌의 인구감소 추세나 학교운영의 측면에서만 보면 소규모학교를 통폐합 규모화하는 것이 합리적 선택이 될 것이다. 그러나 교육문제 특히 학교 존폐의 문제는 경제적 합리성의 틀로만 재단할 수 없는 매우 복합적인 의미를 지니고 있다는 점을 간과해서는 안 된다. 교육정책이 인구의 도시집중에 따른 사회 변화를 맹목적으로 뒤따라갈 것이 아니라 과도한 도시집중과 농어촌의 공동화 현상을 막는 대안적 역할을 할 필요가 있다.[68]

소규모 학교 통폐합 이후 대안 먼저 내놓길

정부와 새누리당이 여론의 반발로 무산됐던 소규모 학교의 통폐합을 재추진하기로 했다고 한다. 지난해 추진했던 통폐합안에 명기했던 초등·중학교 6학급 이상, 고교 9학급 이상 등의 획일적인 기준을 뺐지만 학교당 재정 인센티브를 대폭 늘리는 등 기준을 유연하게 잡았다. 이는 초·중등 교육정책을 지역 거점학교 육성 쪽으로 방향을 튼 것으로, 큰 틀에서는 옳다고 본다.

  통폐합 안은 학생수가 줄어드는 도서·벽지 소규모 학교의 열악한 학습 여건을 개선하고 유지비를 효율화하는 데 방점을 두고 있다. 교육 당국은 학년당 학생수가 5~6명인 곳이 많고, 일부 교과과정의 경우 복식수업으로 인해 교육 여건이 열악하다는 점을 내세우고 있다.

  지난해 기준으로 전국에 60명 이하 소규모 학교는 초등학교 1462개, 중학교 470개, 고등학교 52개에 이른다. 대부분이 농어촌 지역에 있다. 농어촌 교육정책은 농어촌 활성화 정책과 상치되는 측면이 있어 선택이 쉽지 않다. 지역민과 학부모들은 통폐합 작업이 지역의 경제기반을 약화시킬 것으로 우려하고 있다. 일부에선 소규모 학교의 장점을 살려 특성화 학교로의 전환을 요구하고 있다.

  하지만 중·고교의 경우, 기숙형 학교를 대안으로 삼을 만하다. 지역 특성을 살린 기숙형 학교의 성공 사례는 적지 않고, 외부 학생의 유입 등으로 지역사회 활성화에도 기여하고 있다는 평가를 받고 있다.

  문제는 초등학교다. 초등학교는 지역 주민의 삶의 터전과 깊이 연관돼 있다. 100명 이하 소규모 학교의 90%가 농촌에 있어 학교가 없어지면 지역 공동체가 무너지고 삶의 공간으로서의 기능을 상실할 수 있다. 오지가 많은 강원도의 경우 절반 이상이 학교 문을 닫아야 할 판이다. 중학생과 달리 초등학생의 통학 문제는 접근성 문제로 학부모들이 거부감을 가질 수밖에 없다.

  또한 1982년부터 지난해 말까지 5500여개 학교가 통폐합됐지만 활용을 제대로 못한 채 방치된 폐교가 부지기수다. 지방자치단체와 학부모, 지역민의 의견 수렴이 선행돼야 하는 이유다. 교육 당국은 통폐합 이후에 나타날 문제점과 함께 대안들을 면밀히 찾아 나가야 반발을 줄일 수 있다.[69]

작은 학교, 교육적 희망과 대안

'선생님요~오. 가지마요~~오' 촌스러우면서도 구수하고, 맛깔난 강릉사투리에 애절함까지 묻어나는 이 대사. 촌지와 차별을 일삼던 최악의 선생님이 폐교 위기에 있던 학교 학생들과 동거동락하는 가운데 끝내는 학생들로부터 듣게 되는 최고의 찬사였다.

맞다. 2003년 개봉된 '선생 김봉두' 라는 영화의 한장면이다. 난 언제쯤, 그리고 어떻게 하면 저런 고백을 아이들로부터 받아 볼 수 있을까라며 내 딴에는 그 영화에 대한 재현을 꿈꾸며 2010년 발을 딛게 된 분교생활.

그런데 웬걸? 영화는 영화일 뿐. 영화에서 보여지는 그런 낭만과 감동, 그 이면에는 폐교라는 존폐 위기를 항상 끌어안고 살게 되는 분교 현실을 뒤늦게야 알게 된 것이다.

왜, 이런 안타까운 일이 생기게 되는 것일까? 이촌향도 및 노령화라는 자연발생적 요인, 사회성 및 적응력 부족에 대한 우려, 게다가 소인수로 인해 야기되는 다인수 중심의 교과활동에 대한 지장 초래로 인한 폐교 찬성, 틀린 말은 아니다.

그러나 혹여, 성장과 개발이라는 논리에 의해, 큰 학교는 '교육 잘하는 학교', 시골에 있는 작은 학교는 '교육을 잘 못하는 학교' 라는 근거 없는 추측성 이분법적 사고가 개입된 것은 아닐까? 아니면, 자본주의 시장경제 논리에 의한 경제적 효율성이라는 잣대, 관점으로만 바라본 결과는 아닐까?

그러나 진정 알고 있을까? 그러한 오해를 받고 있는 작은학교에 너무나 크고 놀라운 교육적 희망과 대안이 숨어 있음을.

그 첫 번째 우려로 제기될 수 있는 사회성 결여, 생활 적응력 문제는 다양한 두레학습 시스템뿐만 아니라, 차별화된 현장 체험학습을 통해 사회성 및 생활 적응력 문제를 말끔히 해소할 수 있다.

　다음으론 무엇보다 가장 우려되는 교육 콘텐츠 측면이다. 21세기 글로벌 지식기반 사회가 요구하는 창의·인성·잠재력을 갖춘 인재 육성을 강조하는 이 시대적 분위기 속에서 그것에 발맞춰 많은 학교들이 특화된 교육 콘텐츠로 어필을 하는 이 시점에 작은 학교들 역시, 그것에 뒤지지 않고 앞다퉈 특화된 교육 콘텐츠를 형성하고자 노력하고 있다. 1인 1특기식의 예체능 교육, 지역 환경에 걸맞은 자연생태, 주제통합, 무학년제 교육과정 등 도리어 큰 학교에 결코 뒤지지 않는 다양한 양질의 교육 콘텐츠임에 분명하다.

　세 번째는 학습의 질 측면이다. 선진국 수준의 교사 1인당 학생 적정수인 15~20명을 뛰어넘어 많게는 10명, 작게는 1명인 작은학교, 1:1 맞춤식 수업 및 완전학습을 기대할 수 있는 곳, 그곳이 바로 작은학교의 가장 큰 강점이 아닌가 싶다.

　네 번째로 오늘날 사회 각층에서 일어나고 있는 교육기부 측면을 보자. 다른 그 어떤 곳보다 작은 학교에 대한 교육기부는 지금 현재뿐만 아니라 앞으로도 계속 활성화 될 것은 자명한 사실이다.

　마지막 다섯번째는 학교 수준을 떠나, 이제 사회적 문제, 더불어 근절해야 할 4대악으로까지 부각되어져 버린 학교폭력 문제다. 그러나, 분교를 보자. 그야말로 선생님과 하교시까지 눈맞춤(eye contact)을 할 수밖에 없는 작은학교만의 교육적 특성상, 학교폭력이 어디 감히 발붙일 수 있겠는가? 어떤 한 선생님의 고백처럼 '딴나라 이야기'가 될 정도로 학교폭력 문제 해결에 있어선 가히 독보적이라 할 수 있을 것이다. 그것만이 아니다. 학교폭력과는 거리가 먼 가족애, 친밀감, 순수성 등으로 똘똘 뭉쳐 있는 이 작은 학교가 산촌유학학교 시스템과의 결합을 통해 학교폭력의 가해자와 피해자를 보듬고 품을 수 있는 '힐링스쿨'로서의 모습도 충분히 기대해 볼 수 있음을 확신한다.

누군가는 말한다. 작은 학교는 단순히 학생 수만 가지고 없앨 수 있는 소모품도 아니며 계산기를 두드려 계산될 수 있는 대상이 절대 아니라고. 작은 학교는 그 지역의 문화적 소산이며 그 마을이 지금까지 존재하는 이유이자 다시 돌아갈 수 있는 내 고향과도 같은 존재라고. 맞다.

모두들 도시로 도시로 향할 때 묵묵히 농산어촌을 지키며 지역의 숨결을 지켜온 사람들과 그들의 희망인 아이들이 자라는 곳. 그곳이 작은 학교다.[70]

혁신학교 전교조 교사들의 잿밥 챙기기

서울의 한 혁신학교 행정실장이 교사들의 부당한 업무 개입으로 공직생활에 회의를 느낀다며 서울시교육청에 고발 편지를 보냈다. 행정실장은 교사들이 특정업체를 지목해 물품계약을 강요하거나 동일물품의 분할 계약을 요구했다고 밝혔다. 모두 규정 위반이다. 보안을 위해 학교장 등 제한된 사람만이 이용할 수 있는 회계 시스템에 교사들이 스스로 권한을 부여해 접속하고 있다고도 고발했다. 이것도 월권(越權)이다.

혁신학교는 학급당 인원과 학급 수를 줄여 맞춤형 자기주도 학습을 권장하고, 교장과 교사들에게 학교운영과 교과과정의 자율성을 인정해주는 새로운 형태의 학교다. 좌파 교육감들이 설립을 주도해 현재 서울 67개, 경기 195개 등 전국에 456개교가 있다. 학교별로 매년 평균 1억 4000여만 원의 특별예산도 지원한다. 성격상 다른 학교보다 전국교직원노동조합 소속 교사들이 많은 것이 특징이다.

행정실장의 고발 내용을 살펴보면 혁신학교에서 전교조 교사들이 세(勢) 과시를 하며 예산 규정이나 행정실의 권한을 무시하는 집단적 모럴해저드(도덕적 해이)에 빠져들고 있음을 보여준다. 만약 이들이 교과나 학생 지도, 학교 운영에서 비교육적인 영향력을 행사한다면 더 큰 문제다.

전교조는 1982년 한국YMCA중등교육자협의회와 1986년 교육민주화선언, 1987년 전국교사협의회를 거쳐 1989년 창립됐다. 교사들은 줄기차게 기존 교육계의 부조리와 교육부, 교장 등의 권위주의를 질타하고 '참교육'을 주창했다. 그런 전교조가 최근에는 스스로 '권력집단'이 됐다는 비판을 받고 있다. 공교육살리기학부모연합(공학련) 같은 안티전교조 단체가 결성되고 해마다 조합원 수가 줄고 있는 것은 결코 우연이 아니다.

전교조에는 '꼭 있어야 할 교사'와 '절대로 있어서는 안 될 교사'가 공존하고 있다는 말이 있다. 혁신학교도 평판이 좋은 학교가 있는가 하면 일반학교만도 못하다고 비판받는 학교도 적지 않다. 학교의 형태와 상관없이 교사의 본분은 학습지도와 교과 연구다.

집단의 힘으로 '잿밥'에 손을 대는 것은 '참교육'과 거리가 멀다. 이참에 혁신학교에 대한 냉철한 평가와 개선책이 나와야 한다. 혁신학교가 전교조 교사들의 세 과시와 이권 챙기기로 오염된다면 퇴출될 수밖에 없다.[71]

행복한 학교

잠재 가능성 최대한 살리는 폴란드 학교교육 본받아야, 행복은 진정한 자기를 찾는 일이다.

OECD국가 중에서 우리나라 학생의 행복지수가 가장 낮은 것으로 보도되었다. 입시위주 교육과 학력스트레스, 경쟁문화와 학교폭력 등을 꼽았다. 우리교육이 불행한 학생을 기른다는 것은 안타까운 패러독스다.

우리지역 포스코교육재단의 교육목표가 '행복한 학교' 라는 것은 최고 명문답다. 행복의 키워드도 '재미와 의미' 를 함께 찾는 일이다. 학생들이 스스로 자기 탤런트를 찾아내는 교육을 강조한다. 21세기 화두인 인성과 창의성 교육을 포괄한 개념이며 참신한 교육 로드맵이다. 전교사가 전문상담교사 자격을 갖추어 학생들은 밝고 활기차다고 한다.

행복한 학교의 귀감은 핀란드 교실에서 찾을 수 있다. 16세까지 경쟁이 없고 시험도 없다. 점수 경쟁을 시키면 정말 필요한 실력은 길러지지 않는다고 믿고 있다. 우리들의 상식을 뒤엎는 발상이다. 핀란드 교실에서는 학생들은 스스로 공부한다. 누구도 공부를 강요하지 않는다. 그만큼 교재가 치밀하게 개발되어 있다. 개인의 차이는 비교대상이 아니라 배려대상이란 생각이 핀란드 교사들의 소신이다.

이런 핀란드 교육은 생존을 위해 혹독한 빙하와 싸워온 민족성과도 밀접한 관련이 있다. 적은 인구에 척박한 자연환경, 단 한명도 버릴 수 없는 절박한 처지에서 나온 생각들이라고 한다.

우리나라 교육이 공부 잘하는 학생에게만 사회적 관심이 집중되어 있다면 핀란드 교육은 공부 못하는 지진아에게 초점이 맞추어져 있다. 어떤 학생도 버리지 않고 잠재된 가능성을 찾아내어 최대한 살리는 데 교육역량을 집중한다. 세계에서 가장 행복한 학생들이고 OECD가 실시하는 국제학업성취도 검사에서도 최우수 성적을 거두고 있다.

핀란드정부는 교육개혁을 통해 모든 권한을 교육현장으로 되돌려놓았다. 교과서 검정이나 장학관제도도 폐지했다. 교육과정 편성과 운영에서도 교사들의 재량권은 절대적이며 그만큼 수업준비도 완벽하다.

지식이란 응용력, 사고력, 표현력이라고 믿으며 '학습능력'을 중요시한다. 교육은 젊은이들이 사회에서 활용할 수 있는 힘을 익히는데 있다. 집단 속에서 함께 일하고 배우는 능력과 함께 전략을 만들어내는 힘을 중시하는 교육이다. 핀란드를 풍미하는 새로운 교육패러다임이다. 핀란드교육의 에센스는 두 가지다.

먼저 그들의 학습개념이 '사회구성주의'라는 점이다. 지식은 고착된 것이 아니라 개개인이 스스로 만들어가는 것이라는 믿음이다. 지식은 지적 욕구가 있을 때만 누군가의 요긴한 정보로 구성된다는 점이다. 스스로 공부하게끔 유도하는 이유다.

또 하나는 '컴피턴시(Competence)'로 학력을 보는 시각이다. 실용적인 능력으로 평가된다는 점이다. 학교의 커리큘럼이나 교과학습을 통한 교육방법에서도 컴피턴시를 육성하고 있다. 따라서 대학입학자격시험도 모두 서술식이고 지식의 응용방법을 묻는다.

포스코교육재단이 지향하는 '행복한 학교'가 새로운 교육패러다임을 선도하는 요람이 되어 우리교육의 빛나는 별이 되기를 기대한다. 행복은 진정한 자기를 찾는 일이다.[72]

초중고 주5일 수업 취지를 살리려면

신학기 들어 전국 초중고의 주5일수업제 전면 시행 첫날부터 준비가 제대로 안 된 탓에 학생들이 우왕좌왕하는 모습을 보였다. 학교에서 마련한 프로그램에 참여한 학생은 8.8%에 불과했고, 학원 등의 토요강좌나 유적지 견학 프로그램에 참가했다지만 많은 학부모들은 당국의 사전준비 부족을 꼬집으며 사교육비 부담이 크게 늘 것을 걱정하는 분위기다. 교육 당국은 주5일수업제를 통해 "가족간 유대감을 높이고, 다양한 체험으로 주체적인 학습능력과 자질을 길러주기 위해 안심 주말, 알찬 주말이 되도록 준비했다"지만, 학교에서는 학부모·학생 수요조사조차 이뤄지지 않아 영화를 틀어주거나 도서실에서 빈둥대는 등 파행으로 흘렀다. '방과 후 학교 확대, 토요 스포츠데이' 활성화 방안 등에 대한 반응도 냉소적이다.

이런 시행착오는 그간 계속돼 왔다. 1972년 초등생의 주 1회 '자유학습의 날', 1995년 '자율학습의 날', 2000년대 '토요자율등교제' 등을 운영했지만 실효를 거두지 못한 채, 2004년 주5일수업제 시범실시와 격주 '놀토'를 거쳐 올해 전면실시에 이른 것이다. '자유학습의 날'의 경우 중학교 무시험제에 버금가는 '제2 교육혁명'으로까지 불렸지만, 사회의 학교화에 실패해 제도로 정착하지 못했다.

주5일수업제의 성공을 위해서는 다양한 현장학습 프로그램 개발을 전제로 초기에는 '돌봄 교실' 등 학교 프로그램을 확대하고, 점차 공공시설·사회교육기관·NGO 등의 교육기능을 확대하며, 정부는 '사회의 학교화'를 위해 행정·재정적으로 지원해야 한다. 한 예로 관광회사들이 비수기 요금을 적용하는 저렴한 생태관광, 역사

문화탐방 등 상품을 개발한다면 제도 정착에 기여할 수 있다. 차제에 학부모들의 자녀양육에 대한 인식도 바뀌어야 한다. 학부모들은 아이가 '놀토' 여가에 늦잠 자거나 혼자 빈둥거리면 큰일이 난 걸로 여기는 경향이 있다. 하지만 여가에 평소 생활리듬이 다소 흐트러지더라도 혼자 심심하게 놔두기도 하고 어른 간섭 없이 뛰노는 것은 창의성을 기르는 데 좋은 기회이다. 다만 아이가 노는 공간의 안전을 세심하게 지키고 기다려주는 것은 부모의 몫이며, 놀토 등 여가 계획을 스스로 짜도록 조언하고 격려하며 응원할 줄도 알아야 한다. 또한 놀토로 사교육비가 늘어나 멍에가 더 무거워질 저소득층 맞벌이 가정에 대한 배려, 지역·계층 간 교육격차가 심화되지 않도록 하는 것이 놀토의 성패를 가르는 관건이다.73)

'그들'의 학교생활은 어땠을까?

궁금하다. '그들'은 학창 시절 친구나 후배들과 어떻게 지냈을까?

명문 집안 출신에, 수학도 잘하고, 글도 잘 쓰고, 축구도 잘하고, 힙합도 잘하는 '가'. 그는 모든 여자아이들이 손이라도 한번 잡아주면 좋아할 거라 생각했을까? 차라리 안아주지 못한 것을 아쉬워했을까? 공부 잘하고 야무진데다 갑부 집 따님이기도 한 '나'. 그는 과자 심부름을 시켰는데 까서 주지 않고 봉지째 준다고 후배의 무릎을 꿇렸을까? 담임이 호출하니까, 교장에게 아빠 비서가 전화해서 선생님과 후배들 입단속을 시켰을까? 카리스마 작렬에, 아버지의 후광까지 빛나는 '다'. 그는 다른 후보의 좋은 공약들을 적당히

짜깁기해 학생회장에 당선되었지만 일년 내내 제대로 지킨 공약은 하나도 없었던 것 아닐까? 그러다 뭔 일 생기면 회의는 하지 않고 중학교 때 친했던 다른 학교 친구와 후배 3명이 챙겨주는 대로 수첩에 메모해서 읽기만 했을까? 제 잘못은 절대로 인정하지 않으면서 학생회 임원들 야단치고, 애꿎은 학생들 탓만 했을까?

궁금하다. 요즘 혁신학교에서 '그들'이 이런 짓 했으면 친구나 후배들은 어떻게 나왔을까?

어설프게 예쁜 후배 쓰담쓰담 했다가 나중에 후배가 선생님에게 알리면서 '가'는 단단히 혼쭐나지 않았을까? 학생부장 선생님의 특별면담에 이어 '아하서울시립청소년성문화센터'에서 교육까지 받고 나니, 다시는 여자애들 찝쩍댈 생각 안하고 축구와 수학을 더 열심히 하지 않았을까? 무릎 꿇으라는 '나'의 말에 후배는 '아니, 지금이 봉건시대도 아니고, 챙겨다 주면 고맙단 소리는커녕 뭔 소리요?' 하며 대들지 않았을까? 그러자 '나'는 건방지다며 후배 멱살을 잡고, 후배 친구들이 담임에게 이 사실을 알리면서 판이 커지지 않았을까? 아빠 비서가 교장에게 전화했다가 혼만 나고, 오히려 부모가 모두 학교로 호출당해 그동안 가정에서 아이를 어찌 양육했는지, 앞으로 가정교육을 어찌할 것인지 얘기하지 않았을까? 이리하여 정신이 번쩍 난 그는 집에서 아빠 비서들에게 함부로 구는 동생들을 혼내지 않았을까? 도무지 불통인 '다'에게 소통을 촉구하는 글과 댓글들이 누리집 자유게시판을 뜨겁게 달구지 않았을까? 대의원들은 회의 소집을 요구하는 서명지를 돌리고, 급기야는 많은 학생들이 참여하는 공청회가 열려, 결국 '다'는 공개사과와 함께 학생회의 민주적인 운영을 약속하지 않았을까?

몇십년을 뛰어넘는 상상은 즐겁지만 되돌릴 수 없는 현실은 냉정하다. 멘토가 아니라 슈퍼갑이 된 교수는 진정한 리더가 아니라 찌

질한 갑이나 상처받은 을들을 길러낼 수 있다. 오너 리스크가 대기업 성장의 발목을 잡는 수준이 아니라 한국 경제를 뒤흔들 수도 있다. 공주 리스크가 한겨울에 국민들의 불쾌지수를 높이는 데 머물지 않고 나라를 결딴낼 수도 있다. 세월호와 함께 아이들이 가라앉는 과정에도 '그들'이 있었다. 그러나 그들은 쉽게 떠올릴 수 있는 몇몇만이 아니다. 우리들 마음 한구석에 똬리 틀고 뜬금없이 나서는 어두운 그림자일 수도 있다. 그런데 '그들'이 계속 학교에서 양산되고 있다. 그런 학교를 바꾸는 일은 20년, 30년 후의 세상을 바꾸는 일이다.

이제 혁신학교를 넘어 모든 학교에서 공부를 잘하든 못하든, 집이 부유하든 가난하든, 아이들이 서로 협력하고 고민을 나누고 지지고 볶기도 하면서 성장의 드라마를 함께 만들어 가게 하자. 입시제도와 사회 구조를 핑계 대지 말고, 모든 아이들이 '누구도 특별하지 않고, 사람 한명 한명이 모두 소중한 존재다', '혼자는 할 수 없지만 함께하면 백두대간도 완주할 수 있다'는 감수성을 기를 수 있도록 지금의 학교를 바꾸어 보자. 교육이 바로 우리의 미래다.[74]

신뢰 잃은 학교, 국민 목소리에 귀 기울여야

몇 달 전 한국교육개발원이 발표한 전국의 성인남녀 2천명을 대상으로 한 '교육여론조사 2013' 결과에 따르면, '우리나라의 초·중·고등학교를 전반적으로 평가한다면 어떤 성적을 주겠느냐'는 물음에 5점 만점에 2.49점이 나왔다.

이는 2012년 2.90에서 0.41점이나 떨어진 결과며 100점 만점으로

환산하면 49.8점으로 낙제에 해당된다. 전혀 못한다는 응답은 2012
년 5.7%에서 13.5%로 2배 이상 늘었고 별로 못한다는 응답도 24.2%
에서 34.4%로 증가했다.

결국 부모들은 아이들을 학교에 보내고는 있지만 학교교육을 신
뢰하지 않는다는 것으로 학교의 위기가 아닐 수 없다. 국민들은 학
교가 좋은 평가를 받기 위해 해야 할 일로 수업 내용과 방법의 질
개선, 인성교육 강화, 학교폭력 예방을 제안했다. 매우 정확하고 적
절한 제안이며, 이제부터라도 신뢰 회복을 위한 뼈를 깎는 노력이
있어야 한다.

먼저, 수업내용과 방법을 개선해야 한다.

앨빈 토플러가 "한국의 학생들은 하루 15시간 동안 학교와 학원
에서 미래에 필요하지 않은 지식과 존재하지도 않을 직업을 위해
시간을 낭비하고 있다"고 비판한 것처럼 우리의 학교교육은 사회
에 나가면 아무짝에도 쓸모없는 지식인 경우가 많다. 학교와 사회가
유리되고 학습과 삶이 동떨어진 교육을 계속한다면 우리 교육은 희
망이 없다. 삶 속에서 이루어지는 교육, 삶을 담아내는 교육이 되어
야 한다.

다음은, 인성교육을 강화하여야 한다. 오늘날 우리 사회의 심각한
문제는 청소년들의 역주행 가치관이다. '행복을 위해 가장 필요한
것이 무엇인가?'라는 질문에 '화목한 가정'이라고 응답한 청소
년은 초43.6%, 중23.5%, 고17.5%로 나타났고, 정직지수는 초85점, 중
72점, 고67점으로 낮아졌다.

특히 초12%, 중28%, 고44%의 학생이 '10억원이 생긴다면 1년간
감옥행도 무릅쓰겠다'고 반응한 것은 매우 충격적이다. 청소년을
이렇게 만든 것은 미흡한 학교의 인성교육, 실종된 가정교육, 사회
의 무관심 등 여러 가지이다. 학교, 가정, 사회가 삼위일체가 되어

인성교육을 강화하여야 한다.

마지막으로, 학교폭력을 근본적으로 예방해야 한다.

이제까지의 학교폭력 대책은 '잘못을 처벌'하는 데 중점을 두었다. 그러나 처벌에 의한 사건 종결 후 당사자는 그 후유증을 극복하지 못하고, 고통과 분노 속에서 살아가는 경우가 많다. 이에 대한 대안으로 요즘 논의되고 있는 회복적 생활지도는 그 초점을 '관계회복'에 두며, 당사자뿐 아니라 사건의 영향을 받는 모든 구성원들이 함께 해결과정에 참여하여 피해복구와 함께 가해자·피해자가 더불어 살아갈 수 있도록 관계를 회복시켜 준다.

공교육 기관인 학교는 무엇보다 신뢰가 있어야 한다. 좋은 학교는 학생들에게 꿈과 행복을, 학부모들에게 믿음과 만족을, 교직원들에게 보람과 긍지를 준다. 이런 학교만이 국민의 신뢰를 얻고, 학부모의 사교육비 부담을 덜어줄 수 있다. 학교의 고객은 학생과 학부모, 국민이며, 학교는 좋은 교육으로 학생, 학부모, 국민의 만족도를 높여야 한다.[75]

제4장을 마무리 하면서

공교육을 살리기 위한 우선순위를 정해야 한다. 서로 남의 탓이라고 손가락질을 하는 일부터 그만둬야 한다. 총체적 부실에 대해 누가 더 잘못했고, 누가 덜 잘못했는지를 따지는 것은 부질없는 일이다. 교육당국, 교육학자, 교사, 학부모, 언론, 사회가 모두 '내탓'을 인정하고 겸허하게 반성하고 모두가 목소리를 낮춰야 한다. 이제는 우리 모두가 내 주장을 거두고, 남의 주장에 귀를 기울여야 한다. 시간이 걸리고 어렵더라도 교육 문제를 원만하고 합리적으로 해결할 수 있는 현실적인 대안을 찾아야 한다.

하려하지만 공허한 구호도 포기해야 한다. 요즘 교육 당국이 강조하고 있는 '창의·인성', '융합 인재', '맞춤형 교육', '다양성'이 그런 것이다. 창의적이면서도 남과 조화롭게 어울리기 위한 인성을 갖춘 인재를 기러내는 것은 매력적으로 보인다. 그런데 창의는 자유로운 사고(思考)를 요구하지만, 인성은 사회적 관행과 전통을 강조한다. 적어도 교육 현장에서 창의와 인성은 서로 조화를 이룰 수 없는 상반된 개념 일 수밖에 없다. 결국 '창의'와 '인성'을 길러주겠다는 교육은 실현 가능성이 없다. 모든 것이 할 수 있는 '융합형 인재'는 현실적으로 아무것도 할 수 없는 거품일 수도 있다. 빠르게 변화하는 21세기 맞춤형 교육은 시대에 뒤떨어진 교육이 될 수밖에 없다. 학교와 입시의 다양성도 공교육 현장을 혼란스럽게 만드는 부작용을 낳고 있다.[76]

주변에서 흔히들 '학교 교육의 성패는 학교장의 능력에 좌우된다'는 말을 많이 한다. 학교 교육은 교육정책이나 교육제도 등 외부 환경의 영향을 받지 않을 수 없다. 이러한 교육적 상황에서 학교장은 학교공동체 구성원들이 외부 환경에 잘 적응하게 하고, 교육의 질 제고에 큰 영향을 미치는 교사들의 기를 살려 학교 교육력을 극대화할 수 있도록 리더십 역량을 적극적으로 발휘하는 것이 무엇보다 중요하다.

학교장의 리더십은 학교 조직 구성원의 사고와 감정, 행동에 영향을 미치는 능력으로 그 영향력의 크기에 따라 리더의 크기가 결정된다고 할 수 있다.

또한 학교장은 조직의 신뢰를 기반으로 소통리더십을 최대한 발휘하는 것이 중요하다. 소통의 기반은 조직 구성원 간에 신뢰를 두럽게 쌓는 일이다. 진정성이 깃든 경청을 통해 교사들과 함께 정보를 공유하고, 교사가 창의적 제안을 할 수 있는 자유로운 분유기를 조성하며, 구성원들 간에 관계의 질을 높여 교사의 자발적인 열정과 조직몰입을 이끌어 내야 한다.

한편, 학교장은 학교경영에 필요한 의사결정을 위해 학교공동체 구성원의 참여를 적극 유도하고, 교사들에게 권한을 대폭 위임하여 자율적 참여를 유도하는 등 소통채널의 장을 마련하는 것이 필요하다. 조직 내 소통의 완성은 양방향으로 오고 가는 것을 통해 혁신적인 학교변화를 꾀하는 것이며, 이는 결국 교사의 행복으로 이어져 선진교육을 창출하는 데 크게 이바지할 수 있는 것이다 .

결국, 학교장은 소통과 참여, 그리고 공감과 배려의 리더십을 상황에 맞게 적절히 발휘함으로써 현재 학교가 처한 어려움을 이겨내고, 교사들의 기를 살려 학교의 변화와 혁신을 이루어 할 책임이 있다. 더 나아가 감성을 바탕으로 서로 이해하고 배려하는 양방향 소통은 우리가 추구해야 할 가치이자 방법론이라고 할 수 있다.[77]

제5장

수학여행과 체험학습을
재고(再考)해 보았는가

http://blog.daum.net/sang7981/4176

"학교밖 활동 사고위험 경험" 47%… "안전 매뉴얼 받은 적 없다" 35%

자유학기제 연구학교로 지정된 지방의 A 중학교. 이 학교는 지난해 10월 한 학년 전체가 버스를 대절해 서울의 한 직업체험관으로 떠났다. 오가는 데만 8시간 걸리는 빠듯한 일정. 돌아오는 버스 안에서 한 학생이 소리쳤다. "진수(가명)가 없어요!" 휴대전화를 수거했던 터라 연락이 닿을 길도 없었다. 한바탕 소동이 펼쳐진 뒤에야 진수를 찾았다. 휴게소에서 간식을 먹다 미처 버스에 오르지 못한 것. 담당 교사는 "정말 아찔했다"며 "혼자 100명 넘는 학생들을 인솔하고 일정도 촉박하다 보니 항상 불안했다"고 토로했다.

전국 초중고교에서 각종 학교 밖 교육활동이 3년 사이 5배 가까이 늘었지만 학생 안전 문제는 뒷전이다. 동아일보 의뢰로 한국교원단체총연합회(교총)가 초중고교 교사 256명에게 긴급 설문조사를 실시한 결과, '학교 밖 교육활동 중 안전사고 위험이 있었거나 실제 발생했다'고 답한 교사는 46.9%에 이르렀다. '대규모 수학여행을 폐지해야 하는가'란 질문엔 응답자의 64.9%가 '그렇다'고 답했다. 학교 밖 교육활동으론 '수학여행, 소풍 등'이 46.1%로 가장 많았고, '청소년단체활동'(21.9%) '직업체험'(16.4%) '박물관, 미술관 관람'(13.7%) '수련회'(1.9%) 순.

교육부는 중학교 한 학기 정도는 진로를 탐색해볼 수 있도록 한다는 취지로 일부 학교에서 자유학기제를 시범 운영 중이다. 올해 전국 중고교생들에게 3년 중 최소한 한 번은 하루 6시간 이상 현장 직업체험을 하도록 했다. 서울시교육청 역시 중1 학생들의 진로 탐색을 의무화하고 있다. 기존 수학여행, 수련회에 직업체험 활동까지

더해져 학교 밖 교육활동이 크게 늘어났지만 교육당국이 그 도입 목적 및 실시 시기 등에만 집착해 무리하게 추진하다 보니 학생 안전에 적색등이 켜졌다는 지적이 나온다.

교사들은 학교 예산은 부족한데 갈 곳도 없어 장소 섭외부터 부실해졌다고 평가한다. 서울 B 중학교 교사는 "영화 현장체험이 가능한 곳이라 해서 갔더니 공사판 분위기였다. 학생이 못에 찔릴까 봐 노심초사했다"고 말했다. 최근 우후죽순처럼 늘어난 직업체험 사설 업체들도 문제다. 경기 C학교 교장은 "체험 공간이 턱없이 부족하다. 검증되지 않은 사설 업체에 비싼 돈을 주고 찾을 수밖에 없는 현실"이라고 했다.

전문 인력이 보강되지 않아 학생 관리가 어려운 부분도 문제다. 실제 교총 설문조사 결과 학교 밖 교육활동 준비 과정에서 가장 어려운 점으로 응답자 중 73.8%가 '학생 인솔 및 통제'를 꼽았다. '학생안전예방 매뉴얼 받아 본 적 있는가'라는 질문엔 35.2%가 없다고 답했다.[78]

교육적 수명 다한 수학여행 폐지하자

수학여행은 대규모 인원이 단체로 움직이는 특성상 사고가 발생하면 대형 사고로 이어진다. 이번 경우도 300여 명에 가까운 학생들이 순식간에 변을 당했다. 그런데도 수학여행은 여전히 지속되고 있다. 교육적인 효과를 무시할 수 없다는 철 지난 이유에서다.

수학여행의 교육적 효과를 처음 주장한 사람은 스위스의 교육자 페스탈로치였다. 그는 학교 교육의 한계를 벗어나 여행을 통한 지덕

체의 전인교육을 완성하고자 했다. 이런 이유로 당시에는 수학여행
이 권장되었다. 하지만 지금은 교육적 환경이 완전히 바뀌었다.

시공간이 크게 단축되었을 뿐만 아니라 교통수단도 과거와는 비
교가 되지 않을 정도로 편리해졌다. 경제적 여유가 생기면서 가족
단위 여행도 보편화되었다. 아이들을 위한 교육여행도 빈번하게 이
루어진다. 방학을 이용한 가족여행은 대부분 자녀들을 위한 교육여
행이라고 해도 과언이 아니다.

사정이 이렇다 보니 학교에서 이루어지는 수학여행은 어쩔 수 없
이 치러야 하는 단순한 행사가 되었다. 학생은 학생대로, 교사는 교
사대로 불만이 많을 수밖에 없다. 불만이 가중되는 이유는 더 있다.
과거에는 수학여행지가 많이 겹치지 않았다. 여행을 쉽게 갈 수 없
었던 탓이다. 그런데 지금은 삼중(三重), 사중(四重)으로 겹친다. 제
주도나 설악산만 해도 서너 번씩 안 다녀온 가정이 있는가. 심지어
초중고교 시절 내내 같은 곳으로 가기도 한다. 이런 상황에서 학생
들의 교육적 동기가 반감되지 않는다면 그건 이상한 일이다.

수학여행지를 다변화하는 것도 쉽지 않다. 우리의 좁은 공간 특성
상 어디를 가든 겹치게 되어 있다. 여기에 학교는 안전을 우려해 익
숙한 특정 지역만, 즉 갔던 곳만을 고집하게 된다. 위탁 비용까지
지불해가면서 대행업체에 맡겨버리는 것도 문제다. 교사들이 프로
그램 때문에 고민하지 않아도 되는 편리함 때문이기도 하지만 바람
직한 것은 아니다. 수학여행은 이렇듯 교사와 학생 모두에게 외면당
하는 계륵(鷄肋) 같은 존재가 되어 버렸다.

현실적으로 수학여행의 교육적 효과는 이미 수명을 다했다. 오히
려 교육적 본질과는 다르게 경제적 논리에 의해 이용되고 있는 상
황이다. 실제로 수학여행의 경제적 효과는 상상을 초월한다. 학교당
10학급 규모의 학생들이 수학여행에서 소비하는 비용은 1억 원을

넘어간다. 이를 전국의 초중고교 수로 계산해보라. 천문학적 액수가 나온다. 소비 활성화를 위해 만들어진 관광주간에 맞춰 학생들의 단기 방학을 추진하고 있는 것도 같은 맥락이다.

현실적으로 수학(修學)은 없고 부작용만 큰 수학여행을 계속 존속시켜야 할 이유가 없다. 여기저기서 수학여행을 폐지해야 한다는 청원운동이 일고 있다. 해당 교육청 홈페이지에는 폐지를 촉구하는 글이 300건 이상 올라왔다. 온라인에서는 이미 2만 명 이상이 폐지에 찬성했다. 앞으로 시간이 지나면 더욱 늘어날 것이다.[79]

수학여행 금지가 능사는 아니다

18, 19세기 새로운 시장을 개척하기 위해 세계로 진출해야 했던 작은 섬나라 영국에서는 유럽대륙의 선진 문명을 체험하는 '그랜드 투어' 열풍이 불었다. 영국을 이끌 지도자를 양성하는 이튼, 킹스, 해로 등 명문 사립학교에서는 세계의 자연·인문환경을 배우는 지리와 과학 등이 중요 과목이었고, 청소년들은 배를 타고 거친 바다로 나아가 새로운 세상을 경험하는 여행을 통해 친구들과의 우정을 쌓고 용기와 자신감을 길렀다.

답사와 체험활동을 중시하는 영국 교육의 전통은 현대에도 계속되고 있다. 수학여행을 떠나기 전에 인솔자가 현지를 먼저 답사하여 안전한 여행을 준비하는 과정은 필수이다. 체험활동을 계획하고 실행하는 교사와 인솔자는 현지의 위험요소를 목록화하고 지도에 표시한 후 미리 학생들에게 숙지시켜 예상되는 사고와 위험을 최소화하는 과정을 반드시 거쳐야 한다.

하지만 우리나라의 국가 교육과정에서 이러한 내용과 관점은 찾아보기 힘들다. 지리교육의 비중이 낮은 것도 원인일 것이다. 학생이나 교사 모두 각종 재해에 효과적으로 대처하기 위한 지식이나 공간적 판단력을 제대로 배워본 적이 없는 안타까운 상황이다.

교육부가 1학기 초중고교의 체험학습 활동과 수학여행을 전면 금지했다. 학생들의 안전을 위할 목적으로 급작스럽게 취해진 조치는 장기적으로는 더 큰 부작용을 초래할 우려가 크다. 대형 화재가 발생했으니 아예 불을 사용하지 말아야 한다는 주장과 다름없다.

물론 가정에서도 여행을 통해 견문을 넓히고 다양한 체험을 할 수 있다. 하지만 수학여행과 가족여행은 여러 측면에서 차이가 있다. 수학여행은 교육적 효과도 있지만, 선생님이나 친구들과 함께 생활하며 소통하고 우정을 쌓는 시간이다. 아이들에게는 평생의 추억을 만드는 기회이기도 하다.

따라서 수학여행을 금지하기보다는 안전한 수학여행을 강조하는 게 타당하다. 새로운 세상을 만나고 다양한 체험활동을 하는 여행의 풍부한 교육적 의미를 생각할 때 수학여행을 무조건 금지하는 조치는 매우 근시안적이다.

특히 어려서부터 집과 학원, 학교만 오가며 공부에 지쳐있는 학생들에게 우정을 기르고 소중한 추억을 만드는 수학여행을 갑자기 없애는 결정은 잔인해 보이기까지 한다.

대신 안전한 수학여행을 위해 교사나 인솔자가 여행 과정에서 예상되는 위험 요소를 사전에 파악하여 각종 사고에 효율적으로 대처할 수 있도록 철저한 준비과정을 의무화할 필요가 있다. 나아가 일상생활에 잠재되어 있는 위험 요소를 미리 인지하고 언제 어디서 닥칠지 모르는 급박한 재난 상황에서 침착하게 대응할 수 있도록 돕는 교육과정을 학교 현장에 전격 도입하면 좋겠다.[80]

짝퉁 캠프에 학생 목숨 맡길 수 없다

충남 태안군 안면도 해수욕장에서 해병대 훈련을 모방한 극기 훈련 캠프에 참가했던 공주대사범대부설고 남학생 5명이 물에 빠져 숨졌다. 학생들이 90명씩 2개조로 래프팅 훈련을 받던 중 구명조끼를 훈련조에 벗어준 휴식조가 교관의 지시에 따라 물놀이를 하러 바다에 들어갔다가 파도에 휩쓸렸다. 당시 휴식조의 교관은 2명뿐이고 인솔교사는 없었다. 우리 사회의 고질병인 안전 불감증이 낳은 부끄러운 사고다.

사고를 낸 캠프는 '해병대 리더십교육센터' 라는 이름을 내걸었지만 해병대와는 무관한 곳이다. 극기 훈련이 인기를 얻자 한 곳뿐인 진짜 해병대 캠프를 모방해 우후죽순으로 생겨난 짝퉁 해병대 캠프 중 하나다. 이런 캠프들은 지방자치단체에 등록만 하면 영업이 가능하다. 여성가족부가 청소년 체험활동 인증이라는 것을 내주기는 하지만 추천할 만한 곳이라는 의미밖에 없다. 지난해 7월에는 무인도 체험을 갔던 경남 김해의 대안학교 학생 2명도 실종됐다가 숨진 채 발견됐다. 여름방학이 시작됐는데 자녀를 캠프에 보내는 학부모들은 불안할 수밖에 없다.

교육부는 최근 청소년 캠프 사고가 잇따르자 학교에 인증 체험캠프를 이용하도록 당부해 왔다. 사고를 낸 태안의 캠프는 지난해 10월 등록을 마친 신생 업체로 인증은 받지 못했다. 교육부의 권고를 무시하고 미(未)인증 업체를 선정한 학교 측도 책임이 크다.

사고가 난 곳은 물살이 세서 노를 이용한 보트훈련만 할 수 있고 수영은 할 수 없는 곳이다. 지역 주민은 평소 그곳에서 캠프 훈련을 하는 것을 걱정했다는데 관리감독 책임이 있는 태안해양경찰도 제 역할을 못했다.

청소년 캠프의 일탈은 심각한 수준이다. 어느 미등록 국토순례 행사 운영자는 2005년과 지난해 참가 학생들을 폭행 또는 성추행해 물의를 빚고도 올해 다시 참가자를 모집하고 있다고 한다. 이번 사고는 어른들이 기본적인 안전수칙만 지켰어도 막을 수 있었는데 그러지 못해 더욱 안타깝다. 정부 지방자치단체 교육청 경찰은 난립한 캠프에 대한 관리감독을 강화해야 한다. 더 이상 생때같은 자식을 부모 가슴에 묻어서는 안 된다.[81]

파도가 아닌, 우리 어른들에 떠내려간 아이들

사설 해병대 캠프에 참가한 고교생 5명이 목숨을 잃었다. 학생들을 위험에 빠트린 '초짜' 교관, 사고를 막지 못한 공주사대부고 측이 처벌과 징계받게 될 것이다. 따져봐야 할 게 '사설 캠프'의 부실뿐일까?

정부 관리·감독의 사각지대에 있는 '부실 체험 활동'을 겪어본 교사 중에는 "언젠가 터질 게 터졌다"고 말하는 이들이 적지 않았다. 공주사대부고는 교과 과정인 '창의적 체험 활동'을 가면서 안면도해양유스호스텔이란 곳과 계약을 맺었다. 학교 측은 "정부 인가를 받은 곳이어서 갔다" 했고, 실제로 지자체 인가를 받은 청소년 시설이 맞는다. 지금은 임시 차단했지만 이 유스호스텔 홈페이지는 '대자연의 품에서 다양한 체험 활동을 함께 합니다'라고 선전했다. '수련 활동' '해병대 병영 체험 일정' 같은 프로그램을 올려

놓고, '해병대 캠프는 2박 6식 8만5000원' 하는 식으로 가격도 써 놓았다. 방과 밥, 해병대 체험을 포함한 '체험 학습 패키지'를 팔아온 것이다. 지난 2010년 10월 개관해 비교적 시설이 깨끗하다고 평이 나 올해만 해도 여러 학교가 다녀간 곳이다. 이 유스호스텔 측이 외부 캠프업체에 해병대 체험을 위탁했는데, 그것이 부실 하도급이었다.

교육부는 그동안 다양한 체험 활동을 권해왔다. '창의적 체험 활동'은 일정 시간 이수해야 하는 교과 과정이며, 입시에도 반영되는 학교생활기록부 기재 사항이다. 그런데 막상 학교 측이 학생들을 데리고 교문을 나서면 갈 곳이 많지 않은 게 현실이다. 정부 인가를 받은 청소년 숙박 시설은 청소년수련원과 유스호스텔 등 전국에 300곳(2012년 말 현재). 국립청소년수련원은 단 3곳이고, 지자체가 세운 공공시설도 5곳당 1곳뿐이다. 서울의 한 고교 교사는 "시설 좋고, 자격증 가진 지도사들이 있는 국립청소년수련원은 인터넷에 뜨자마자 순식간에 예약이 차버린다"고 했다.

그러다보니 공교육인 '창의적 체험 활동'이 '사설' 시설에 묵으며 그곳에서 직접 또는 외부에 재하도급 주는 프로그램을 '구매'하는 식으로 이뤄져왔다. 사실상 민간업자가 대행하는 이 '체험 공교육 시장'에서 정부의 품질 관리는 빵점에 가까웠다. 심지어 담당 부처는 교육부와 여성가족부로 쪼개져 있다.

'수련 활동 시설과 프로그램'을 담당하는 여성가족부는 태안 사고 후 "사고 낸 사설 캠프는 우리 부 산하 한국청소년활동진흥원에서 인증을 안 받은 곳"이라고 밝혔다. 미인증 캠프를 선택한 학교 책임이 크다는 뉘앙스였다. 그런데 담당 공무원이 5분만 시간 내 캠프 인증 사이트를 검색하면 현재 시행되는 인증이 얼마나 미흡한

지 알 수 있다. 인증된 1000여개 프로그램 대부분이 작년이나 올 초 끝난 것들이었고, 올여름 이용 가능한 건 반의반도 안 됐다. 공주사 대부고가 속한 충남 지역에서 올여름 고등학생들이 단체로 갈 수 있는 '인증 캠프'를 검색하니 단 한 건도 안 떴다.

청소년 수련 시설은 3년에 한 번꼴로 평가한다는데, 그 역시 의무 사항이 아니어서 가장 최근 이뤄진 2011년 유스호스텔 평가에 3곳 중 1곳만 임했다.

교육부 담당 과와도 통화했다가 분통 터지는 답변만 들었다. "안전한 시설이나 캠프를 택하라고 각 학교에 권고했다"는 게 전부였다. 정부의 관리 감독도, 별다른 법적 제재도 없는 이 무법(無法) 시장에서 개별 학교나 교사가 안전한 곳을 어떤 방법으로 걸러낼 수 있을지 되물었더니 "수련회 활동은 교장 책임 하에 학교가 알아서 하는 것"이라는 답변이 돌아왔다.

태안 바닷가에서 다섯 아이 목숨을 앗아간 게 단지 검푸른 파도였을까?[82]

인천영선고교, 학생과 교사가 함께 하는 '동아리 체험 학습' 큰 호응

"생생한 동아리체험을 통해 창조적 인재를 양성해요" 인천의 한 고등학교가 학생들과 교사들이 함께 하는 '동아리 체험학습'을 실시하는 등 사제(師弟) 교류를 통한 인성교육 함양에 앞장서고 있어 관심을 끌고 있다.

　인천영선고등학교는 1,2학년 학생 665명 전체를 대상으로 2014년 10월 21일부터 22일까지 1박 2일에 걸쳐 사제동행 동아리 체험학습을 실시했다. 학교 수업에서 벗어나 학교 안팎에서 각 동아리별로 다양한 활동을 실시한 이 행사는 학생들로 하여금 자연과 벗하며 호연지기를 기를 수 있는 계기가 되었다.

　이 학교는 2011년부터 학교 특색 사업으로 실시하고 있는 이 행사는 수학여행을 대체하여 실시하고 있다. 하지만 지난 4월16일 300여 명의 학생 등이 숨진 지세월호 참사 이후 학교들 일선현장에서 대규모 단체 활동보다는 크게 위축되고 있는 실정이다. 이 때문에 인천영선고의 이번 동아리 체험활동은 지역 내 타 학교의 귀감이 되고 있다.

　20명 가량의 소규모의 인원으로 구성된 총 32개의 동아리들은 각각의 목적과 성격에 맞는 다양한 활동을 실시하였다. 이번 동아리 체험학습은 학생들 주도하에 계획되어 동아리 특성에 따라 2014장애인 아시안 게임 관람(함께걸음), 춘천 천문대 탐방(2.7K), 강화도 자연체험 농장(생명탐구동아리), 부평지역 아동센터 봉사활동(심리상담동아리), 남이섬 및 수학체험관 견학(수학학술동아리), 김유정 문학관(SNS)을 관람하는 등 동아리마다의 전문성과 경험의 폭을 넓힐 수 있도록 구성되었다.

　이번 행사를 통해 학생들은 일상에 지친 심신을 달래고 관심있는 주제에 대해 깊이 있게 탐구하면서 동아리 구성원들 간에 협동심과 배려심을 기를 수 있었다. 특히, 자신의 진로와 관련하여 학생들이 직접 선택한 다양한 동아리에서 자신이 관심있어 하는 분야를 집중적으로 탐구할 수 있었던 이번 활동은 학생들로 하여금 자신의 진로를 진지하게 생각해 볼 수 있는 기회가 되었고 생생한 체험을 할 수 있었다는 점에서 의미가 있었으며, 소규모로 진행되었기에 만족도 역시 높았다.

행사에 참석한 수학 동아리(가우스)소속 김모 군 "수학 체험관에서의 활동을 통해 그 동안 어렵게만 느껴지고 왜 배우는지 몰랐던 수학이 실제로 우리 생활에 유용한 학문이라는 사실을 알게 되었다"고 말했다. 고, 영어 학술 동아리(블라블라)소속 이모 군은 "외국인에게 우리 문화를 소개하는 자료를 수집하는데 그동안 내가 모르고 지나쳤던 우리 문화의 소중함을 실제 깨닫게 되었다"고 흐뭇해 했다.

또한 활동을 주관한 한 교사는 "학생 본인이 관심있는 분야를 직접 체험하여 활동에 더욱더 활기를 띠는 모습이 인상적이었다"면서 "앞으로 학생들의 진로와 관련된 상담을 함에 있어서 큰 도움이 될 것 같다"고 만족감을 표시했다.

고광수 교장은 "세월호 참사이후 학생들의 교내외 동아리 활동이 크게 위축돼 학생들의 인성교육에 걸림돌이 되고 있다"면서 "앞으로 기회가 되면 학생과 교사가 함께하는 체험프로그램을 강화시키고 수시로 실시하겠다"고 말했다.[83]

청소년 체험활동 오히려 장려해야

급속한 산업화·근대화는 물질적 풍요를 선사하지만, 그에 따른 부작용도 동반한다. 우리나라 역시 압축 성장에 따른 학교폭력, 자살, 왕따, 성범죄 등 청소년 문제와 세월호 침몰, 지하철 사고 같은 국가적 재난사고가 잇따라 발생했다. 그 근본 원인 중 상당수는 인재였다. 사고를 일으킨 당사자나 책임자의 인성 결여 같은 '사람 문제' 라는 얘기다.

지난 6월 21일 총기 난사 사건을 일으킨 동부전선 최전방 경계소초(GOP)의 23세 병사는 병영 내 따돌림 때문에 극단적 선택에 이르렀다고 말했다. 전문가들은 이와 같은 비정상적 인격 형성의 원인으로 치열한 입시 위주 교육을 지목한다. 입시 위주 교육 환경의 부작용은 OECD 국가 중 청소년 행복지수 5년 이상 꼴찌, 청소년 자살률 세계 1위, 학교폭력 및 청소년 스트레스의 지속적 증가 같은 사회현상으로 나타나고 있다.

장기적이고 근본적인 문제 해결을 위해서는 인간 발달과정에 있어 또래집단을 경험하고 자아정체감을 확립하는 청소년기의 단체활동에 주목할 필요가 있다. 청소년 단체활동은 지난 수십 년간 입시 위주 공교육을 보완하고 전인적 성장을 도우며 청소년 문제 예방과 치유 기능을 수행해왔다.

정부도 청소년 단체활동 활성화를 위해 전문성을 강화하고 다양한 콘텐츠 개발을 장려하고 있다. 하지만 작년 7월 해병대캠프 고교생 사망 사고와 올해 4월 세월호 사고 때 가장 먼저 내놓은 대책은 어처구니없게도 청소년 야외 체험활동 금지였다. 국민들은 청소년 활동에 문제가 있는 것처럼 인식하게 됐고, 그 피해는 청소년단체 시설들뿐 아니라 다양한 체험활동 기회를 잃은 청소년들에게 돌아갔다.

일본은 1955년 초·중학교 수학여행단 168명이 사망한 시운마루(紫雲丸)호 침몰 사고 이후 오히려 수영교육을 강화하는 등 체험활동을 적극 장려했고 이는 훗날 성공적인 정책으로 평가됐다.

청소년 단체활동은 공교육과 더불어 청소년의 신체적·지적·정서적·사회적 발달을 도모하는 사회 공공재(公共財)로서, 그들이 올바른 인격을 갖춰 국가와 사회를 이끌어갈 훌륭한 인재로 성장하는

데 결정적인 역할을 한다. 청소년 단체활동은 위험한 대한민국을 건강하고 안전한 대한민국으로 만드는 대안임이 분명하다. 정부는 청소년 단체활동이 본연의 기능을 다하고 더 많은 청소년들이 참여하도록 거시적인 정책을 마련해 시행해야 한다.[84]

제5장을 마무리하면서

비통하고 침통하다. 깊고 차가운 바닷물 속에, 생사를 알 수 없는 수백명의 사람들이 온몸을 담근 지 닷새가 지나고 있다. 수학여행을 떠나는 수백명의 고등학생들이 단체로 승선했던 터라 더 가슴 아픈 이 사고를 두고 지금 이 시각에도 물 위에 있는 어른들은 잇속에 따라 갑론을박하기 바쁘다. 사고 신고와 구조 활동까지 서로 책임을 전가하는가 하면, 촌각을 다투는 구조 상황에서 서툴고 무능한 정부의 대처 방식에 온 국민의 마음이 타들어가는 가운데, 일부에서는 아예 화근이 되는 '수학여행' 자체를 없애자는 주장이 나오고 있다. 각 교육청에서는 수학여행을 포함한 각종 현장체험학습을 보류하거나 취소하라고 지시한 한편, 현재 전국 시·도 교육청 누리집에는 "수학여행을 폐지시키라"는 청원이 쇄도하고 있다.

무능하고 무책임한 어른들 때문에 꽃다운 아이들이 목숨을 잃은 사례는 이미 너무도 많다. 오래전 씨랜드 사건이나, 천안함 사건, 지난해에 있었던 해병대 캠프 사고, 올해 초 경주에서의 부산외대 신입생들 사고에 이르기까지 언제나 죄 없는 젊은이와 아이들이 희생양이 되고 있음에도 어리석은 이 사회는 언제나 똑같이 허술하고 엉뚱한 대처방식을 반복하고 있다.

그러나 10여년간 대안학교 교사로 있었던 경험에 비추어 볼 때 결국, 이 사태가 더욱 아이들의 경험을 제한하고 억압하는 교육방식을 강화하게 될까 봐 염려가 되기도 한다. 긴 시간, 여러 차례 체험학습을 떠나는 대안학교에서의 교육과정을 보면, 아이들은 교실에서보다 실제로 세상을 만나는 과정을 통해 삶의 지혜를 배우고, 함께 살아가는 법을 체득하게 된다. 한 달여간의 '움직이는 학교'나 몇 개월 동안의 장기 여행을 다녀오고 나서 불쑥 성장하는 아이들을 보면 그 경험의 힘을 알 수 있다.

체험이 제한되어 있는 공교육에서의 수학여행은 주입식 교육에 꽁꽁 묶여 있는 아이들에게 삼년에 한번 있는, 그나마 숨통 트이는 시간일 것이다. 문제는 수학여행을 가는 것이 아니라 교육의 의미를 살려내지 못한 관행적 태도로 집단 이동을 하는 것에 있다. 학교를 벗어나니 아이들은 들뜰 수밖에 없고, 교사는 인상을 쓰며 수백명의 아이들을 통제, 억압하면서 행사 치르듯 다녀올 수밖에 없는 것이 오늘날 수학여행의 현실이다.

수학여행이란 교육과정은 본디 "학생들이 평상시에 대하지 못한 곳에서, 자연 및 문화를 실지로 보고 들으며 지식을 넓히는" 것을 목적으로 삼고 있다.

앞으로 이런 사고를 예방하기 위해서라도 수학여행을 폐지할 것이 아니라, 안전하게 넓은 세상을 경험하고 다양한 상황에 대한 직관을 기를 수 있도록 안전망을 기획하고 오히려 삶과 연결된 체험교육의 기회를 넓혀야 한다. 이번 사고만 해도 시키는 대로 움직이도록 길들인 교육환경이 아이들로 하여금 이 긴박하고 예외적 상황에 대해 직관을 발휘하지 못하게 한 면도 있다.

수학여행을 제대로 된 교육과정으로 만들려면, 내용은 다양해져야 하고 단위는 작아져야 한다. 이런 형태는 작은 단위로 운영하고 있는 대안학교나 새로운 시도를 꾀하고 있는 혁신학교 등에서 그 사례를 찾아 배울 수가 있다. 이를테면 의정부여중은 학년별 교육과정과 수학여행 주제를 접목해, 시골의 한 마을회관에서 어르신들에게 국수를 삶아 드리는 등 봉사활동을 하며 '함께하는 삶'을 배우고 있다.

또한 경기도 용인에 있는 흥덕고 2학년 학생들은 수학여행 대신 '통합기행'이라고 이름을 붙이고 학급구별 없이 뜻 맞는 친구 10~20명 정도가 모여서 장소부터 탐방 내용까지 모든 일정을 스스로 계획해 기행을 떠나고 있다.

지난해 7월 태안 해병대 캠프 사고 이후 교육부가 일선 학교에 소규모 수학여행을 권장한 적이 있으나 준비할 것이 많고 비용이 많이 든다는 등의 이유로 현장에서는 그 의견이 반영되지 않고 있다.85)

제6장

역사교과서 문제
어떻게 해결할 것인가

http://blog.daum.net/sang7981/4173

역사란 무엇인가

중국 춘추전국시대에 제나라의 귀족인 최저가 군주를 시살했다. 이 사실을 제나라 사관(史官)이 기록하였다. '최저가 장공(莊公)을 시살하다.'

그러자 최저가 그 사관을 죽였다. 그러자 사관의 아우가 다시 기록했다. '최저가 장공을 시살하다.' 최저는 아우마저 죽였다. 그러자 사관의 막내아우가 다시 기록했다. '최저가 장공을 시살하다.' 최저는 어쩔 수 없다고 여겨 막내를 살려두었다. 그리하여 최저의 행위는 영원히 남게 되었다.

역사가 무엇인지 서양의 학자들이 형이상학적으로 정의하기 훨씬 전, 동양에서는 실제 상황을 들어 우리에게 역사가 무엇인지 알려주었다.

그렇다면 왜 인간은 목숨을 걸고 역사를 기록하는 것일까?

시쳇말로 돈도 되지 않는 역사! 그래서 대한민국이라는 나라에서는 역사학과가 대학에서 사라져가는 데도 말이다.

'나'는 어디서 왔는가? '나'라는 존재는 어떻게 이 자리에 있는가? 또한 나라는 존재는 향후 어디로 갈 것인가를 이해하는 것. 이야말로 생각하는 인간이 처음으로 닥치는 의문이다. 내가 바로 서고, 내가 어떻게 살아야 하는지 판단하기 위해서는 역사가 필수라는 말이다.

내가 어디서 왔고, 왜 이곳에 머물러 있으며, 내 육체가 사라진 후에 내 정신이 어떻게 남아 후손에게 전해질 것인지 모른다면, 그건 하루를 살고 마는 하루살이나 바퀴벌레와 다를 바가 없을 것이다. 그래서 인간들은 문명을 기록하는 순간 가장 먼저 역사를 기록했고, 이후 수천 년에 걸친 인류문명사에서 역사는 늘 한가운데를 차지했다.

역사를 지키려는 자와 역사에 관여하려는 자의 싸움은 지적할 수 없을 만큼 많다. 그러나 어떤 경우에도 역사를 자신의 이익을 위해 고치고 왜곡시키려는 자는 패했다.

다행히도 우리 선조들은 역사를 꿋꿋하게 지켜내셨다. 그리하여 사초를 둘러싸고 벌어진 피비린내 나는 싸움인 '무오사화'의 승리자들은, 다시 후대 역사학자들에 의해 냉정한 평가를 받고 역사책의 한 귀퉁이에 비이성의 인간으로 영원히 남게 되었다.

'조선왕조실록'은 또 어떻게 세계기록유산이 되었던가.

조선 600년을 통틀어 자신의 실록을 열람한 왕은 단 한 사람도 없었다. 오늘날 폭군 중의 폭군으로 인정받는 연산군마저도 자신의 실록을 열람할 수 없었다. 다른 것은 차지하더라도 이 사실 하나만으로도 우리는 조선왕조실록의 내용에 신뢰를 보낸다.

자신에 대한 평가를 제 3자가 객관적으로 하는 것. 이야말로 그 평가를 공정한 것으로 이해하는 지름길이다.

그런데 역사를 바라보는 시각이 굳건한 상식이 되었다고 여긴 2013년, 대한민국에서 역사 교과서를 둘러싸고 시간을 거꾸로 돌린 듯한 일이 벌어지고 있다.

역사를 역사가 아니라 자신들의 이익을 전달하는 무기로 생각하는 자들이 벌이는 몰지각한 일 말이다.

우리는 이미 알고 있다. 이런 일을 행한 자들이 이웃 일본에 있다는 사실을. 양심 세력과의 갈등을 부추기고, 이웃 나라와의 갈등을 부추겨 이익을 챙길 수만 있다면 언제든 왜곡된 역사를 앞세워 전쟁마저 불사하겠다는 세력은, 목숨을 걸고 역사를 지키려는 따위 소명은 안중에 없다. 역사를 배우지 않은 인간은 당연히 영혼 속 나라가 없는 것이요, 그가 살고 있는 공간은 말 그대로 지리적 공간일 뿐이다.

반면에 역사의식을 간직한 겨레는 그 어떤 어려움, 심지어 겉에 보이는 나라를 잃은 경우에도 결국에는 자신들의 문화와 문명, 역사를 되찾아 그 모든 것을 잉태한 나라를 되찾고 만다는 자명한 사실을 우리는 세계사를 통해 확인한 바 있다.

역사는 목숨을 걸고 지키는 대상이 될지언정, 자신의 이익을 위해 농단의 대상이 될 수는 없다. 만일 그런 자들이 있다면 지금 이 순간의 초라한 승리와 영원히 지속될 역사적 치욕과 맞바꿔야 할 것이다. 그리고 그것은 그 자들의 몫이다.[86]

역사 교과서만 문제인가

며칠 전 수도권 지방자치단체의 한 간부 공무원이 찾아왔다. 그는 "고구려와 발해를 자기 역사라고 주장하는 중국의 '동북공정(東北工程)'보다 더 무서운 게 우리나라 역사교육"이라며 하소연을 늘어놓았다. 중학교 역사 교사인 아내가 초등학생 아들에게 사다준 어린이용 역사 교양서가 영 이상하다는 것이다. "책 표지에 이명박 전(前) 대통령 사진이 있는데, 그 얼굴 아래 '독재타도' 팻말을 든 학생 그림이 있어요. MB가 독재자라는 것을 암시하려고 교묘하게 편집했다는 느낌이 들더군요." 한국 근현대사에 대한 시각이 달라 아내와 자주 얼굴을 붉힌다는 그는 "북한 독재 정권보다 우리 역대 대통령들을 더 나쁜 사람으로 여기는 아이가 많다"고 걱정했다.

그의 가정사는 예외적 사례일 것으로 여겼는데, 그날 오후 모 국립대 박물관장과 통화하면서 그렇지 않을 수도 있다는 생각이 들었다. 조선일보의 어린이 교육 지면 '신문은 선생님' 의 역사 코너에 해당 박물관이 소장한 유물 사진을 싣고 싶다고 요청했다. 그런데 이 대학 박물관장은 "어린이 역사교육에 활용된다는 것은 알고 있지만 안 된다" 고 거절했다. 이유를 묻자 "교학사 역사 교과서 보도 등으로 미뤄볼 때 당신네 신문사가 학생들한테 올바른 역사 인식을 심어줄 수 없을 것으로 판단한다" 고 말했다.

그는 "교학사 역사 교과서는 대한민국의 정체성과 사실관계를 훼손하는 것으로 세상에 존재해선 안 된다" 고 주장했다. "지금 통화하는 취재 내용을 전부 국정원에 보고한다는 것도 알고 있다" 고 했다. 대학에서 사학(史學)을 가르치는 교수이자 박물관장의 말이라고는 믿기 어려웠다. 그는 "교육이 역사 인식과 무관할 수 없지만, 교육에선 어떤 형태로든 역사 인식이 표출되면 안 된다" 고 말했다. 하지만 정작 그의 말과 행동이 한쪽으로 치우친 역사 인식을 강하게 드러내고 있었다. 학교 측에 다시 요청해 유물 사진을 어린이들에게 소개할 수는 있었지만, 우리 역사교육의 현실을 엿본 것 같아 씁쓸했다.

한국사가 수능 필수 과목으로 채택됐다는 소식이 전해지면서 어린이를 위한 역사 서적이 봇물 터지듯 출간되고 있다. 논란에 휩싸인 역사 교과서 못지않게 어린이들이 즐겨보는 역사 만화책이나 단행본의 내용도 문제가 있는지 꼭 살펴봐야겠다. 그나마 책은 읽어보면 편향 여부를 확인할 수 있어 다행이다.

문제는 학교 현장에서 교사가 가르치는 역사 수업의 내용은 웬만해선 외부에서 균형 여부를 알아차리기 어렵다는 것이다. 우리 역사에 대한 어린이와 청소년들 관심은 갈수록 커지고 있는데, 이들에게 역사를 가르치는 스승의 역사관이 한쪽으로 치우쳐 있다면, 학생들의 역사 인식도 균형을 잃을 가능성이 크다. 최근 교육부가 신규 교원 임용 때 한국사 능력 검정시험(3급 이상)을 의무화했지만, 이것만으로 역사교육의 균형을 잡을 수 있을지 의문이다. 편향된 역사관이 불러오는 사회 갈등은, 역사 왜곡의 기회를 노리는 이웃나라 중국과 일본이 바라는 한국의 미래일 수 있다.[87]

이런 역사교과서로 건전한 대한민국 국민 기를 수 있겠나

검정을 통과해 내년 3월부터 쓰이게 될 고교 한국사 교과서 8종이 사실 왜곡·오류, 베끼기 등 심각한 문제를 안고 있는 것으로 나타났다. 좌편향 논란을 빚었던 기존 역사 교과서들은 대한민국의 성립·발전 과정을 헐뜯고 북한 정권을 우호적으로 기술하는 잘못된 사관(史觀)을 여전히 고치지 않고 있다. 이 교과서들의 필자들과 좌파 성향 언론·학계, 전교조는 우파의 교학사 교과서가 올해 처음 검정을 통과하자 대대적으로 들고일어나 교학사 교과서의 문제들을 부각시켰다.

'비상교육'과 '금성출판사' 교과서는 "붉은 군대는 조선 인민이 자유롭게 창조적 노력에 착수할 만한 모든 조건을 지어주었다"는 해방 직후 소련군 사령관의 포고문과 "북위 38도선 이남의 조선 영토와 조선 인민에 대한 통치의 전 권한은 당분간 본관(本官)이 시행한다"는 미군 사령관 포고령을 나란히 실었다.

이런 편집은 소련군은 자애롭고 인민 친화적인 해방군, 미군은 권위적으로 군림하는 점령군이라는 인식을 학생들에게 심으려는 뜻으로 읽힐 수밖에 없다.

좌편향 역사 교과서들에선 대한민국이 전쟁과 분단의 어려움 속에서 이룩한 성취의 역사를 찾기 힘들다. '천재교육' 교과서는 박정희 시대의 경제성장과 관련, "후에 긍정적인 평가를 내리는 사람도 생겨났다"며 경제적 성취를 인정하는 사람이 소수인 것처럼 묘사했다. 이승만·박정희 시대 기술에서는 '탄압' '협박' '공포' '저항' 같은 표현을 사용하며 '독재'를 강조하려 했다. 북한에 대해서는 '1인 체제' '독점 권력 체제' '수령 유일 체제' 같은 말을 쓰며 '독재'라는 단어를 피하려 했던 것과 대조적이다.

좌파 학자들과 언론, 전교조가 교학사 교과서의 문제를 집중 부각하고 검정 철회·불매운동을 들고 나온 것은 자기들이 장악하고 있는 현대사 교육에 우파 교과서가 들어오는 걸 똘똘 뭉쳐 막겠다는 뜻이다. 그런 가운데 교학사 교과서를 뺀 나머지 교과서 필자들은 교육부 장관의 수정 권고를 거부하고 있다.

역사 교과서는 자라나는 학생들에게 시민으로서 갖춰야 할 대한민국의 상(像)을 심어주는 것이다. 청소년 시기 한번 잘못된 역사관이 주입되면 나중엔 고치려 해도 고칠 수가 없다. 자신의 역사를 부정하고 사실을 왜곡하는 인간 틀이 형성되면 건전한 시민으로 성장하는 데 두고두고 독소(毒素)가 될 수 있다.[88]

남 볼까 부끄러운 역사교과서 소동

진보 진영의 여론 몰이는 일부 매체가 이슈를 제기하고, 야당이 받아 공식적으로 문제를 삼은 뒤, 일부 누리꾼이 확산시키는 방식으로 이뤄지고 있다. 2008년 봄 MBC 'PD수첩'이 미국산 쇠고기 문제를 보도한 뒤 야당이 가세하고 인터넷에서 각종 근거 없는 소문들이 난무했던 촛불시위가 대표적이다.

민주당은 2일 '뉴라이트가 만든 역사교과서가 교과서 검정을 통과했다'며 입장을 발표했다. 민주당은 '이 교과서에서 일부 알려진 내용은 경악할 만한 수준'이라고 밝혔다. 김구 선생과 안중근 의사를 테러 활동을 한 사람이라고 표현하고 있으며 5·16 쿠데타를 혁명으로 미화하고, 4·19혁명을 학생운동으로 폄하하고 있다는 것이다.

민주당이 거론한 교과서는 현재 검정 절차가 진행 중인 고교 한국사 교과서를 말한다. 그중에서도 교학사가 출판하는 교과서를 문제 삼고 있다. 하지만 교과서는 최종적으로 합격 판정을 받기 전에는 공개할 수 없다. 지금까지 교학사 교과서 안에 어떤 내용이 실렸는지 확인된 것은 없다.

그럼에도 민주당이 '일부 알려진 내용'이라고 밝힌 것은 일부 매체와 인터넷에 나와 있는 것들이다. 이들은 '교과서포럼'이라는 보수단체가 2008년 3월 간행한 '대안교과서 한국 근현대사'(기파랑)에 이런 내용이 실려 있으므로 비슷한 성향의 인사들이 만드는 교과서에도 같은 내용이 담겨 있을 가능성이 있다고 주장한다. 인터넷에는 대안교과서가 '안중근은 테러리스트 김구의 하수인' '유관순은 여자 깡패' '군 위안부는 자발적인 성매매업자'라고 표현했다는 말들이 오르내리고 있다.

이번 사례에서도 일부 매체가 앞장서고 야당이 가세하며 일부 누리꾼이 선동에 나서는 '좌파의 운동공식'이 재연되고 있다. 이들의 공세는 큰 반향을 일으켰다. 일부 매체의 글에는 수천 개의 댓글이 달렸고 소셜네트워크서비스(SNS)에서 최고의 관심사로 떠올랐다.

출판사인 교학사에는 항의전화가 빗발쳤다. 교학사에 대한 불매운동 움직임도 나타나고 있다.

이들의 말이 맞는지 '대안교과서 한국 근현대사'를 찾아봤다. 5·16에 대해서는 '헌법 절차를 거쳐 수립된 정부를 불법 전복한 쿠데타'라고 나와 있었다. 4·19는 '부정에 항거하는 학생들의 의거에 국민이 동참한 민주혁명'이라고 기술되어 있었다. 민주당이 '일부 알려진 내용'이라고 내세운 것도 잘못된 것이지만 그 내용 역시 사실이 아니었다.

김구에 대해 대안교과서는 '한인애국단을 조직해 항일테러 활동을 시작했다'고 썼다. 이명박 정권에서 역사교과서 문제가 불거졌을 때 진보 진영이 옹호했던 금성출판사의 '고교 한국 근현대사'와 비교해볼 필요가 있다. 전교조 교사들이 많이 채택했던 금성출판사 교과서는 김구에 대해 '한인애국단을 조직하고 적극적인 테러 투쟁을 벌였다'고 기술했다. 대안교과서는 '항일테러 활동'으로, 금성출판사 교과서는 '테러 투쟁'으로 적고 있다. 이 내용으로 김구를 테러리스트로 표현했다고 보는 것은 부적절하다.

대안교과서에는 '유관순은 여자깡패' '군 위안부는 성매매업자'라는 표현이 나와 있지 않다. 교학사 측은 '우리가 만드는 교과서는 대안교과서와 무관하며 우리 교과서에는 그런 내용이 들어 있지 않다'고 공식 해명했다. 하지만 인터넷에서는 교학사 교과서에 실리는 것처럼 인식되면서 '역사 왜곡을 하는 일본과 뭐가 다를게 있느냐' '이러고도 우리가 일본을 비판할 자격이 있느냐'며 비분강개하는 목소리가 이어지고 있다.

또 다른 왜곡은 교과서 필자에 관한 것이다. 민주당은 '뉴라이트가 만든 교과서'로 단정했다. 이 교과서는 6명이 집필했으며 그중 2명만 보수 성향인 한국현대사학회에 참여하고 있다. 현대사학회 회장이자 교과서 필자 중 한 명인 권희영 씨는 뉴라이트 활동에 관여한 적이 없다고 밝혔다. 연관이 있다면 현대사학회에 일부 뉴라이트 인사가 포함되어 있는 정도다. '뉴라이트 교과서'라는 무리한 주장은 어떤 의도를 갖고 있는 것으로 볼 수밖에 없다.

뉴라이트 일부의 친일적 이미지를 앞세워 이 교과서에 친일이라는 딱지를 붙이려는 계산이 엿보인다. 친일 꼬리표는 한국 사회에서 가장 효과적인 공격 수단이다. 마침 일본 극우 세력의 역사 왜곡이 부각되면서 함께 같은 세력으로 몰아가기에 안성맞춤인 시점이다.

역사교과서를 둘러싼 논쟁은 긍정적인 면이 있다. 역사문제에 대한 국민의 관심을 높일 수 있다. 그러나 일단 교과서가 나온 뒤 내용을 보고 판단하는 것이 순서다. 조직적으로 허위 사실을 동원해 여론 몰이를 하는 것은 '양심 세력' '진실 추구 세력'이라고 자부해온 진보 진영이 갈 길이 아니다. 한국은 일본 중국의 역사 왜곡을 강하게 비판해 왔다. 이번 소동을 남들이 어떻게 볼지 부끄럽고 두렵다.89)

거짓과 선동 앞세운 역사교과서 공격 실망스럽다

보수 성향 학자들이 집필자로 포함돼 있는 교학사의 고교 한국사 교과서에 대해 일부 매체와 야권이 근거 없는 비판과 공격에 나서고 있다. 이 교과서는 내년 학기 사용을 위해 현재 검정 절차를 밟고 있으며 최종 합격 여부는 8월 말 결정된다. 일부 매체는 2008년 뉴라이트 계열 학자들이 펴냈던 '대안교과서 한국 근현대사'와 집필 방향이 같을 것이라고 예단하면서 '뉴라이트 성향의 역사왜곡

교과서'라고 비판했다. 민주당과 일부 진보 교육감, 일부 누리꾼도 공격에 가세했다.

이 교과서의 내용은 아직 공개되지 않았다. 최종 합격 판정을 받기 전에 공개하는 것은 합격 취소 사유에 해당하기 때문이다. 어떤 내용이 실려 있는지도 모르는 상태에서 '뉴라이트 교과서'로 몰아세우는 것은 '마녀사냥'과 다름없다. 이들은 교과서 저자들이 소속된 한국현대사학회가 뉴라이트 성향이라고 주장한다. 그러나 저자 6명 가운데 현대사학회 소속은 2명이다. 현대사학회 측은 자신들이 보수 성향 단체인 것은 맞지만 뉴라이트 활동과는 아무 관련이 없다고 밝혔다.

이들이 교학사 교과서에 포함돼 있다고 지적한 내용들은 대부분 사실무근이다. 민주당은 이 교과서가 5·16 쿠데타를 혁명으로, 4·19 혁명을 학생운동으로 표현하고 있다고 했으나 교학사는 "그런 내용이 없다"고 해명했다. 뉴라이트 계열의 대안교과서도 4·19를 민주혁명으로, 5·16은 쿠데타로, 5·18은 민주화운동으로 기술하고 있다. 인터넷에서는 대안교과서가 '유관순은 여자깡패, 일본군 위안부는 성매매업자'라고 썼다는 유언비어가 돌고 있으나 역시 사실이 아닌 것으로 드러났다.

상식적으로 학생들이 배우는 교과서에 이런 내용이 들어간다는 것은 상상할 수 없다. 하지만 유언비어들이 그럴듯하게 통용되고 있다. 근현대사 학계는 민중사관이 주도하고 있다고 해도 과언이 아니다. 대학에서 좌파 역사관을 지닌 교사들을 키우고 이들이 학생들에게 같은 역사관을 주입하고 있는 것이다.

잘못된 정보가 유포된 이후 교학사 출판물의 불매운동을 벌이려는 움직임도 나타나고 있다. 인터넷에서는 저자를 상대로 인신공격이 자행되고 있다. 하태경 의원은 "제1야당이 확인되지 않은 사실을 유포해 왜곡과 마녀사냥을 부추긴 셈" 이라고 비판했다. 자신들의 이념과 맞지 않는다는 이유로 없는 말까지 지어내거나 사실 확인도 않고 믿어버리는 행태는 실망스럽다. 야권은 공식 사과를 하기 바란다.90)

민주당의 한국史 전투

교학사 국사교과서 발목 잡기… 左편향 일색으로 몰겠다는 건가. 국내 역사학계 패권 잡은 좌파의 낡은 이데올로기 守舊가 근본문제 많은 학교가 교학사 교과서 채택해 바른 역사교육의 가능성 보여주길 바란다.

6일은 현충일, 호국영령들의 명복을 빌고 충절의 의미를 새기는 날이었다. 이틀 뒤 8일, 대한민국 수도 한복판 광화문광장에서 민족민주열사·희생자 추모제라는 것이 있었다. 추모 대상에는 6·25전쟁 당시 빨치산으로 대한민국 공산화를 획책했던 자들, 휴전 후의 남파 간첩들, 평양을 오가며 자유민주체제 전복을 꾀했던 자들이 대거 포함되었다. 서울시는 이런 행사에 대한민국의 상징적 광장을 제공했다.

호국영령 추모와 남파 간첩 숭모가 공존하는 2013년 6월의 대한민국. 여기서는 고등학생들에게 가르칠 한국사 교과서를 둘러싼 전투도 진행 중이다. 일부 좌파 매체와 제1야당 민주당이 특정 출판사(교학사)의 공개되지 않은 교과서를 문제 삼은 것이 발단이다.

검정 과정에 있는 8개 안팎 출판사의 교과서 가운데 왜 하필 교학사 판(版)을 표적으로 삼았을까. 이 교과서 집필진과 이들이 소속

된 한국현대사학회가 左(좌)편향 역사 기술(記述)에 대해 가장 분명한 문제의식을 보여 왔기 때문일 것이다.

민주당은 교학사 교과서의 역사 왜곡 사례라며 5·16을 혁명으로 표현했다는 등 몇 가지를 들었는데, 사실이 아님이 드러났다. 그럼에도 민주당 의원들은 릴레이식으로 같은 주장을 반복하고 있다. 교학사 교과서의 주집필자인 권희영 한국학중앙연구원 교수(한국현대사학회 회장)는 거짓된 선동정치를 그만두고 진실 앞에 승복하라고 호소했다. 그러나 민주당은 오히려 권 교수 등 2명에 관한 자료를 한국학중앙연구원에 요구했고 제공받았다. 권 교수와 함께 자료 요구 대상이 된 다른 교수는 한국현대사학회 임원이다. 두 교수의 '강의 부실'을 거론하지만 속이 들여다보인다. 을(乙)을 위한 세상을 만들겠다는 민주당의 갑(甲)질이자, 학문 탄압 혐의가 짙다. 선거마다 우군(友軍)이던 조국 서울대 교수의 강의 부실이 문제되었을 때 잠시라도 학생들 걱정을 해본 민주당이던가.

이명박 정부 시절, 금성출판사 역사 교과서의 심한 좌편향이 논란되었지만 민주당은 한 번도 이 교과서의 사실 왜곡을 따진 적이 없다. 최근 한국현대사학회는 작년에 새로 검정을 통과한 일부 중학교과서들도 여전히 좌편향이라고 지적했다. 민주당은 이런 학회 소속 학자들이 쓰는 교과서가 햇볕을 보지 못하도록 하고 싶고, 나오더라도 고등학교들이 채택하지 않도록 위세를 부리는 것이 아닌가.

민주당 뒤에는 국내 역사학계의 패권(覇權)을 쥐고 있는 좌파세력이 버티고 있다. 좌파는 1986년 역사문제연구소를 설립했고, 교육현장의 헤게모니와 집단이익을 기반으로 튼튼한 역사시장(市場)을 구축했다. 역사문제연구소는 광복 후 남조선노동당을 이끌었던 박헌영의 아들 원경 스님이 돈을 대고, 단국대 사학과를 다니면서 고시공부를 한 박원순 현 서울시장이 이사장으로 얼굴을 냈다.

좌파 역사학계의 일부는 마오쩌둥주의에, 일부는 역사발전의 방향을 헛짚은 역사발전단계론에, 일부는 맹목적 분단극복론에, 또 일부는 폐쇄적 민족경제론에 뿌리를 두고 있다. '대한민국은 태어나지 말았어야 할 나라이고 북한이 더 나은 체제이다' '이승만은 악당이고 박정희도 인정할 수 없다' '분단 극복만이 절대선이며 통일지상주의로 가야 한다(그러면서 실제로는 한국 주도의 통일을 원하지 않는다)' 는 주장들이 그런 낡은 이데올로기에 매달려 있다.

좌파 역사학계 틈바구니에서 대한민국의 바른 역사를 지키려고 분투해온 것이 한국현대사학회이다. 이 학회는 한국 역사학계의 약자인 셈이다. 후세대가 반(反)대한민국 색깔의 국사교과서로 왜곡된 역사를 배우는 현실을 걱정하고 교정하려는 이들에게 무슨 잘못이 있는가.

민주당은 교학사 교과서를 '뉴라이트 대안교과서' 라고 낙인찍으려고 했다. 교학사 교과서 집필진은 뉴라이트와 무관하다. 설혹 관련이 있다고 해도 무엇이 문제란 말인가. 좌파가 원하는 세상을 함께 만들지 않겠다는 것이 죄란 말인가.

'뉴라이트' 는 노무현 정권하에서 대한민국의 정체성을 지켜내면서 낡은 보수(保守)도 개혁하려 했던 그룹이다. 이들 중 일부 학자는 대한민국을 위한 사명감에서 이명박 정부 시절에 대안교과서를 썼다. 그러자 좌파 세력이 일제히 들고일어나 대안교과서 분쇄작전을 벌였다. '대안교과서가 유관순을 여자깡패라고 했다' 는 둥, 없는 내용을 지어내 유언비어까지 퍼뜨렸다. 이런 좌파가 나쁜가, 뉴라이트가 나쁜가.

좌파 일부 매체와 정치권은 자유민주주의를 대한민국 정체성의 핵심으로 삼는 것까지 걸고넘어졌다. 민주주의에 '자유' 를 붙이면 반공이 강조되기 때문이라고 주장했다. 반공이 왜 문제인가. 대한민국 국민이야말로 공산주의의 최대 피해자이다.

역사시장에서도 뉴라이트가 살아나야 하고, 한국현대사학회가 힘을 내야하며, 교학사 교과서가 더 많은 학생들의 손에 들어가야 한다. 위정자들도, 교육부도, 국사편찬위원회도, 학교들도 이런 공감대를 거부한다면 과연 대한민국을 위한 존재들인지 검증받아야 한다.[91]

左派 역사교과서 필자 뒷조사하는 민주당 의원

김태년 의원이 한국학중앙연구원 권희영·정영순 교수가 지난 5년 맡아온 강의와 휴강·보강 실태부터 연구실적·연구비·수당, 해외출장 내역까지 시시콜콜한 자료를 연구원에 요구했다. 권 교수는 보수 성향 학술단체인 한국현대사학회 회장이고 정 교수는 이 학회 임원으로 좌편향 역사 교과서를 비판해 왔다.

권 교수는 최근 민주당과 일부 좌파 매체가 '극우(極右) 교과서'라고 비판한 교학사의 고교 한국사 교과서 집필자 중 한 사람이다. 연구원은 지난 5일 관련 자료를 김 의원에게 제출했다.

민주당과 좌파 인사들은 권 교수 등이 집필한 교학사 한국사 교과서가 지난달 국사편찬위 검정을 통과하자 "김구 선생과 안중근 의사를 테러 활동을 한 사람으로 표현하고, 5·16 쿠데타를 '혁명'으로 미화하고, 4·19 혁명을 '학생운동'으로 깎아내렸다"고 비판했다. "제주 4·3 사건과 5·18 광주민주화운동을 반란이나 폭동으로 규정했다"고도 했다.

교학사는 "교과서에는 민주당이 주장하는 것 같은 내용이 없다"

고 밝혔다. 고교 한국사 교과서는 수정·보완을 거쳐 오는 8월 최종 합격 여부가 발표 날 때까지는 내용을 알 수 없는데도 이들은 마치 교과서를 직접 본 것처럼 이런 주장을 폈다.

현재 중·고교 현대사 교육은 좌파 성향 학자들이 쓴 교과서가 거의 독점하고 있다. 일부에선 교학사 한국사 교과서가 검정을 통과한 뒤 교학사에 항의 전화를 걸고 교학사의 다른 교과서들까지 불매운동을 벌이겠다고 협박해 왔다. 김 의원은 한국학중앙연구원의 80여 명 교수 중에 두 교수만 찍어 연구비와 해외 출장 내역까지 요구했다. 김 의원 측은 "두 교수가 강의와 연구를 소홀히 하고 대외 활동에 몰두하는 것이 아닌지 확인하기 위해"라고 밝혔다. 그러나 김 의원이나 민주당은 야당 성향 국립대 교수나 국책 연구기관 학자들이 강의나 연구는 뒷전이고 바깥 활동에 몰두한다고 이들에 관한 자료를 요구한 적이 있나.

김 의원의 자료 제출 요구는 두 교수를 압박해 한국현대사학회의 좌편향 교과서 비판 활동을 움츠러들게 하고 교학사 교과서 출간을 방해하려는 의도라고 볼 수밖에 없다. 금성출판사 고교 근·현대사 교과서가 대한민국 역사를 부정적으로 묘사해 그토록 논란을 빚고 시민 항의가 빗발쳤어도 국회의원이 집필자 뒷조사에 나서지는 않았다.[92]

전교조의 실수, 역사교과서 투쟁

전교조의 이상한 헌법 해석 "친일 독재세력 배격이 우선 남한 단독정부 수립은 잘못", '자유민주주의' 입각한 교학사 교과서가 헌법 유린? 정의가 숨을 죽이고 기회주의가 득세하는 나라로 역사 관을 되돌리고 싶은가.

"전교조를 보니 정신이 번쩍 들더라. 교학사 교과서가 옳은가 보다."

전국교직원노동조합이 교학사의 한국사 교과서 반대 투쟁에 나선 것을 보고 중3 딸을 둔 엄마가 한 소리다. 교사 평가 반대, 학업성취도 평가 반대, 학교 성과급 반대 등 지금껏 전교조가 반대해 온 일은 모두 학부모들이 간절히 원하는 것이기 때문이다.

전교조는 전술상 실수를 한 것 같다. 진정 교학사 교과서를 죽이고 싶었다면 그들은 죽은 듯 있어야 했다. 학부모들 뇌리에 전교조는 학생 편이 아닌 지 오래다. 학년 초만 되면 엄마들은 내 아이 담임교사가 전교조 소속이 아니기를 빈다. 그 민심의 폭발이 작년 말 '전교조 위원장 출신'을 내걸고 서울시교육감 재선거에 나선 이수호 좌파 단일후보의 패배였다.

그 뒤 잠잠했던 전교조가 열흘 전 '친일·독재 미화 뉴라이트 한국사 교과서 무효화 국민운동'에 이어 '교학사 검정승인 취소 교사선언'을 내놨다. 법외노조 통보를 받을 위기에 처하자 '친일·독재 교과서' 딱지의 휘발성을 업고 실지(失地) 회복에 나선 모양이다.

나는 우리나라 헌법정신이 자유민주주의와 시장경제인 줄 알았다. 친일세력과 독재세력 배격을 자유민주주의보다 상위의 중요한 정신으로 친다는 건 교사선언을 보고 처음 알았다. 전교조는 우리나라 헌법 전문을 그렇게 해석하면서 "교학사 교과서는 대한민국의 정통성을 일제의 식민지 근대화론, 분단에 편승한 남한 단독 정부 수립…(중략)에서 찾으려 하고 있다"고 비난했다.

우리 사회에서 역사적 정통성의 잣대로 친일 여부를 사용한 쪽은

주로 좌파다. 좌파라는 말을 쓰고 싶진 않지만 조영기 고려대 교수
(북한학과)의 표현이니 어쩔 수 없다. 종북이라는 말도 쓸 순 없지
만 실제로 북에서는 일본이 남겨 놓은 제국주의 잔재와 봉건적인
잔재를 청산하기 위한 반제반봉건 과제를 수행한 반면, 남한은 정반
대의 길을 갔다고 주장한다.

　전교조의 헌법정신에 딱 맞는 역사는 천재교육 교과서라 할 수
있다. 대표저자로 역사문제연구소 연구위원인 주진오 상명대 교수
는 "대한민국이 임시정부의 법통을 계승했으며 평화통일을 지향하
고 4·19정신을 계승한다는 헌법정신을 바탕으로 역사를 서술했다.
그러한 관점에서 이승만 대통령을 평가한다면 과연 분단국가가 최
선의 길이었는지 생각해보지 않을 수 없다"라고 2년 전 경향신문
인터뷰에서 밝힌 바 있다. 그럼 이승만이 자유민주주의를 택하지 않
고 분단을 막기 위해 김일성의 공산당 전체주의로 한반도 전체를
넘겨줬어야 최선이었단 말인가.

　고교 한국사 교과서는 '헌법정신에 입각하여 올바른 역사관과
국가 정체성을 제고하도록' 편찬상의 유의점에 명기돼 있다. 교학
사 교과서는 보편적 가치인 자유민주주의를 택한 대한민국에 정통
성이 있다고 보고 역사를 서술했다. 일제의 식민지 근대화론을 옹호
했다는 전교조 주장은 납득하기 어렵다. '한국인 상공업자는 경제
적 자립이 곧 독립을 이룰 수 있는 길이라고 여겨 민족 경제 발전
에 노력하였다' 같은 대목이 그렇게 읽힐지 모르겠다. 전교조의 오
해를 피하려면 '속셈은 돈이었고 실제로 친일파였다'라고 생뚱맞
게 덧붙여야 할 판이다.

　물론 사실관계의 오류는 바로잡아야 한다. 교학사 저자들은 그렇
게 하겠다고 밝혔다. 반면 주 교수는 7개 교과서 저자들을 대표해
정부의 수정 보완 지시를 못 받겠다고 맞서고 있다. 천재교육 교과

서 베트남전쟁 파병 대목에 실제 있지도 않았던 '한국군의 베트남 민간인 학살'을 적었다가, MBC 100분 토론에서 사례 하나도 못 대는 공개 망신을 당하고도 안 고친다면 심각한 문제다.

전교조와 함께 교학사 교과서 죽이기에 나선 광주 경기 전북 강원교육감들은 한결같이 전교조의 세를 업고 당선된 교육수장들이다. 전교조 이영주 수석부위원장은 7월에 열린 '맑시즘 2013' 행사 포스터에 추천사까지 썼다. '학교, 마르크스주의, 그리고 해방'을 말한다는 포스터에는 교사들이 "경쟁교육 폐지"라는 팻말을 든 사진과 함께 '동료 샘(선생님) 제자들과 함께 오세요' '청소년 추가할인'이라고 친절하게 쓰여 있었다.

그들은 대체 어떤 교과서로 우리 아이들을, 이 나라를 어디로 끌고 갈 작정인지 묻고 싶다. 자칫하면 '정의가 패배하고 기회주의가 득세한 역사'라던 노무현 전 대통령과 사관을 공유하는 시대로 갈 수도 있다.[93]

무용한 역사교과서 논란을 다시 벌여서야

교육부가 내년도 고교 신입생이 사용할 한국사 검정 교과서 7종에 대해 41건의 내용 수정을 명령했다. 교학사 교과서 우(右) 편향 논란을 계기로 지난달 각 출판사에 권고한 829건의 수정·보완 내용 가운데 적절히 고쳐졌다고 승인한 788건 외의 나머지 내용 수정을 강제하려는 조치다.

교육부는 수정 명령을 받아들이지 않는 교과서는 발행을 정지시키거나 검정을 취소할 방침이다. 하지만 집필자 등은 이번 명령을 거부 사법적 대응까지 불사할 태세여서 역사교과서 논란의 재연을 예고했다.

수정 명령은 교학사 교과서에 8건, 진보성향의 교과서 6종에 33건이 대상이다. 교학사 교과서에 대해서는 반민특위 해산 과정에 대한 정확한 서술 등이 요구됐다.

다른 교과서에 내려진 명령은 북한 토지개혁에 대한 정확한 실상의 설명, 천안함 피격사건 주체 서술, 남북대립 및 통일논의 중단 원인에 대한 올바른 서술 등이다. 미래엔 교과서에는 '이승만 독재와 4·19 혁명'에서 '이승만 독재'가 부정적이니 빼라는 명령이 내려져 집필자 반발을 불렀다.

이런 명령 거부 움직임은 수정 명령의 타당성 여부에 앞서 교육부의 의도와 명령 절차에 대한 반발 성격이 짙다. 한 집필자는 "교육부의 수정 명령은 사실상 국정교과서를 만들자는 것"이라고 주장했다.

진보 교과서 집필자 대표인 주진오 상명대 교수는 명령 내용을 다룬 수정심의회가 법적 기구가 아니라는 점을 강조했다. 2008년 좌(左)편향 논란을 부른 금성사 교과서에 대한 교육부의 수정 명령에 대해 최근 대법원이 절차적 하자를 지적하며 부당하다는 판결을 내린 것을 감안한 듯하다.

그러나 교육부는 "법원이 지적한 절차적 정당성 확보를 위해 심의회 위원 선정 및 운영 구조 등을 법령에 맞췄다"며 "명령을 거부하면 행정조치를 강행하겠다"는 자세다.

양측이 이렇게 맞설수록 문제가 꼬여 무용한 논란만 커지기 십상이다. 수정 명령이 41건에 불과한 만큼, 교육부와 수정심의회, 집필자 등 3자의 이견 조정을 위한 협의체를 만들어서라도 내년도 신학기 시작 전에 문제를 지혜롭게 정리할 수 있기를 기대한다.94)

이런 교과서로 바른 '대한민국 像' 심어줄 수 있나

고교 한국사 교과서 8종 중 교학사를 제외한 7곳 출판사 교과서 필자들이 31일 '자체 수정안'을 내놓았다. 이들은 교육부가 수정 권고한 578건 가운데 514건과 자발적으로 걸러낸 잘못 등 623건을 바로잡겠다고 밝혔다. 그러나 교육부가 지적한 잘못 중 64개 항목에 대해서는 수정하지 않겠다고 했다.

7개 교과서 필자들은 9월 서남수 교육부 장관이 "한국사 교과서 8종 모두 사실 왜곡과 오류가 심각하다"며 수정 권고 방침을 밝히자 집단적으로 수정을 거부하기로 했다. 그랬던 이들이 '자체 수정'이란 이름으로 교육부 수정 권고안을 89%까지 받아들인 데는 수정을 끝내 거부할 경우 교과서 검정 합격 취소까지 갈 수 있는 사정도 작용했을 것이다.

그러나 이들이 교육부 수정 권고를 거부한 64개 항목 중에는 여전히 문제 있는 것들이 많다. '천재교육' 교과서 필자들은 북한 주체사상 출현과 관련된 서술에서 김일성 어록을 그대로 인용한 부분을 수정하라는 교육부 권고를 거부했다. '김일성 전집'에 실려 있는 이 어록은 "조선 혁명이야말로 우리 당 사상 사업의 주체입니다.… 소련식이 좋으니 중국식이 좋으니 하지만 이제 우리 식을 만들 때가 되지 않았습니까"라고 돼 있다. 김일성 유일 독재를 합리화하기 위한 사상을 왜 하필 북한의 체제 선전 자료에 나오는 주장을 갖고 학생들에게 설명하려는지 이해할 수 없다.

역사 교과서는 내일의 주역인 젊은이들에게 이 나라가 어떻게 태어났고, 어떤 과정을 거쳐왔으며, 어디를 향해 가고 있는가를 보여

주는 것이다. 이를 위해서는 먼저 사실을 정확히 기술해야 하고 역사의 큰 틀을 보는 사관(史觀)이 건강해야 한다. 우리 역사 교과서들에서는 식민 통치와 전쟁을 겪은 작고 가난한 나라가 어떻게 해서 세계가 주목하는 정치·경제·사회 발전을 이룩했는지, 그 역동(力動)의 발자취를 찾아보기 힘들다. 어떤 교과서는 북한 정부 수립을 대한민국 정부 수립보다 긴 분량으로 서술하고 있다. 대한민국 정부 수립 과정에서 건국 주체 세력들 간의 갈등을 정부 수립 자체보다 더 자세하게 서술한 경우도 있다.

　교육부는 현대사 연구와 교육을 어떻게 바꿀 것인지 긴 안목을 갖고 고민해야 한다. 지금 교육 현장을 지배하고 있는 좌파 사관의 씨앗은 어제오늘 뿌려진 것이 아니다. 역사 교과서 집필에 한국과 세계를 균형 있게 볼 수 있는 수준 높은 학자들이 참여하게 해야 한다.95)

21세기 친일파와 역사교과서

　일본이 패망한 지 근 70년, 아직도 우리는 '친일파'와 싸우고 있다. 인터넷 같은 하위문화적 공론장에서도 여전히 '친일파'는 최고의 욕이다. '친일파'와 '친일 청산'은 분명 단순하고 낡은 코드이다. 친일 대 반일의 구도는 지나치게 이분법적이어서 오히려 식민지배의 본질을 놓칠 수 있으며, 민족 스스로가 해야 할 반성도 몰각하게 만드는 면이 있다. 또한 친일파 때문에 모든 게 망쳤다는 식의 단순화나, 반일 민족주의의 언어도 낡은 것임에 분명하다. 그럼에도 엄연히 이 '친일파'라는 단죄의 정서와 언어는 살아있다. 그것은

'친일'이라 상징되는 악(惡)이 모습을 바꾼 채로 존재하고 있는, 현실을 수동적으로 반영한다.

일본의 한반도 지배가 나빴던 이유는 단지 그들이 이민족이어서가 아니라, 최악의 인종주의와 군국주의, 반민주주의에 근거한 '침략'이 었기 때문이다. 일제가 한국의 근대화를 자극했다지만, 한국인의 절대다수는 일제강점기 내내 주권은 물론, 인간으로서의 기본권과 시민권을 누리지 못했다. 또한 대다수 농민·노동자의 생존권이 보장되지 못했고, 무고한 젊은이들이 침략전쟁에 나가 총알받이가 되고 성노예가 되어야 했다. 일본 제국주의는 한국뿐 아니라 20세기 초반 환태평양과 동아시아 민중 전체의 고통의 원인이었다.

따라서 '친일파'가 악의 다른 이름인 것은, 그들이 추상적이고 모호한 '국가'나 '민족'을 이민족에게 '팔아먹'었기 때문이 아니다. 그들이 배신하고 팔아넘긴 것은 인민주권과 민생, 그리고 평화와 민주주의였던 것이다. 친일파는 민주주의와 인권에 대립되는 그 모든 것의 옹호자이며 나쁜 권력의 노예였다. 그러면서 동시에 가난한 한국 민중과 평범한 여성과 청년들의 목숨을 실질적으로 위협한 한줌의 기득권 세력이었다.

이제 친일파는 모두 죽고 없다. 그리고 그 자손들에게 조상의 책임을 묻기도 어렵다. 그래서 친일 청산 문제는 한편 일종의 기억투쟁이다. 그러나 기억투쟁은 항상 '현재' 때문에 벌어진다. 이 기억투쟁에는 한반도 안팎에서 긴요한 현안이 연관돼 있는 것이다.

해방 후 친일 청산의 문제는 반봉건적인 사회 개혁과 민주주의의 구성과 긴히 연관돼 있었는데, 이 과제는 사산됨으로써 후대로 물려졌다. 최근 벌써 대권 도전을 선언한 한 여당 정치인을 보라. 친일파는 반공과 보수의 탈을 쓰고 부와 권력을 확대 재생산해왔기에 '친

200 교육에 대한 사유(思惟)

일파 후손'도 세속의 온갖 것을 다 가진 경우가 많다. '친일 청산' 같은 낡은 민족주의적 담론을 유효하게 하는 지정학적 현실도 새삼 엄중하다. '친일파' 같은 단어가 필요 없는 때는 일본인들이 진정한 민주 평화국가의 시민으로 살아가고, 동아시아에서 전쟁의 가능성이 0이 될 때이다. 그러나 동해 동쪽에서 벌어지는 '우경화'는 심상찮다.

'친일파' 운운하는 대중은 단순히 철 지난 민족주의에 근거해 있는 것이 아니라, 이런 현실을 느끼고 있다. 그러니까 '친일파'와 친일 청산의 표상은, 탈식민주의와 민주주의에 관한 정당한 정치적 정념이 다른 적실한 표현을 얻지 못한 채 민족주의의 말옷을 걸친 것이다. 달리 말해 이 말들은 정치언어의 표현(시니피앙)과 내포(시니피에)가 불일치하는 대표적인 사례이다. '독도는 우리 땅' 같은 구호와도 비슷하다. 그 구호는 분명 역사적 반제 · 탈식민주의를 내포하지만, 겉으로는 영토제국주의나 유치한 애국주의의 구호와 다름없는 표현을 취한다. 이는 정당한 탈식민주의의 논리를 저 이북 세습 정권의 성마른 언어와는 다른 것으로 구성해내지 못하는 진보 정치 세력의 아포리아와 유사한 것인지도 모른다.

중요한 것은 친일과 한국식 보수 · 수구가 논리적으로나 역사적으로 상동성을 갖고 있다는 점이다. 실제로 친일파는 우익이었다. 국가주의자이며 반민주주의자들이었다. 그 같은 정치적 · 내용적 '친일-보수 · 수구'의 계보학은 현재에도 이어진다. 집권당의 일부, 뉴라이트 그리고 그들에 의해 씌어진 역사 교과서가 그 증거이다. 21세기 '친일 청산'은 반전 평화와 반원자력, 반패권주의에 근거해야 한다. 요컨대 교학사 역사 교과서를 폐기하는 것은 민주주의와 인권 차원의 과제다.[96]

교학사 교과서에 가하는 몰매, 정당한가

일각의 오류·친일 비판… 단순한 실수이거나 과장 많아, 우파 교과서 공격하는 좌파 역사학계의 이중 잣대, 역사교육 강화한다지만 올바른 방향은 요원한 과제이다.

길 한복판에서 매를 맞고 있다. 거의 집단 린치 수준이다. 말리는 사람도 거의 없다. 교학사가 펴낸 고교 한국사 교과서 얘기다. 매를 맞아도 싸다면 그만한 이유가 있어야 한다. 하지만 앞뒤를 살펴보면 왜 몰매를 맞아야 하는지 납득하기 어렵다.

이 교과서는 우파 시각에서 쓴 한국사 교과서다. 7종의 다른 교과서와 함께 검정 절차를 밟았다. 최종 합격 판정에 앞서 올해 5월 본심사를 통과했을 때부터 좌파 세력의 집중 표적이 됐다. 민주당까지 나서 "김구 선생과 안중근 의사를 테러리스트로 표현하고 있으며 4·19혁명을 학생운동으로 폄하하고 5·16군사정변을 혁명으로 미화하고 있다"고 공격했다. 헛발질이자 사실무근이었다. 교학사 교과서 최종본에는 '4·19혁명' '5·16군사정변' '5·18민주화운동'으로 기술되어 있었다.

일부 세력은 2일 교학사 교과서의 일반 공개가 이뤄지자마자 현미경 분석에 들어갔다. 민주당과 역사학계는 '친일 독재 미화 교과서'라고 주장했다. 일부 매체도 원색적인 비판에 나서고 있다. '곳곳에 오류가 있고, 사실을 왜곡한 것은 물론이고 친일과 독재를 미화하는 내용으로 가득 차 있다'는 식이다.

일부 오류는 발견된다. 217쪽에는 '명성황후'를 '민비'로 적고 있다. 그러나 190쪽에는 몇 번에 걸쳐 명성황후로 나와 있다. 민비라고 쓴 것은 바로잡아야 한다. 독립운동가 김약연 선생을 김학연으로 썼다는 것에 대해 찾아보니 226쪽 사진 설명에는 잘못 표기되어 있었으나 251쪽 본문에는 김약연으로 맞게 쓰여 있었다.

반면에 조선과 명나라의 교역을 공무역으로 써야 하는데 조공무역이라고 잘못 썼다고 했으나 118쪽에는 공무역으로 나와 있었다. 백두산을 장백산으로 썼다고 한 것도 찾아보니 백두산으로 표기되어 있었다. 일부 학자의 잘못된 분석도 있었다. 1922년 일제가 조선교육령을 내리면서 조선에 일본어 교육을 강화했는데도 교학사 교과서는 '한국어 필수화'라고 썼다고 했다. 그러나 1922년 당시는 3·1운동 직후 일제가 이른바 '문화 통치'를 하던 때라 한국어는 교육 과정에 필수로 들어가 있었다. 일제가 한국어 교육을 금지한 것은 1938년의 일이다.

틀린 것은 반드시 수정해야 하지만 단순한 실수를 '친일'로 몰아가는 근거로 내세우고, 이 정도 잘못을 놓고 "책장을 넘길 때마다 오류가 있다"고 표현하는 것은 과도하다. 일부 단체는 '한국판 후소샤 교과서'라는 꼬리표를 붙였다. 일본의 극우 교과서와 같은 책으로 매도한 것이다. 이 교과서에 대한 최근 비판은 분명 '마녀사냥'으로 흐르고 있다.

더구나 어느 역사적 사건은 왜 작게 취급하고 어떤 것은 크게 취급했느냐고 시비를 거는 것은 수긍하기 힘들다. 교과서 검인정 체제는 다양한 교과서를 만든다는 취지에서 도입됐다. 어느 역사학자는 "다른 분야는 보수 세력이 장악했으나 역사학계만은 아니다"라고 말했다. 좌파 역사학자들의 득세를 자신 있게 드러낸 말이다. 이들이 쓴 여러 권의 교과서에 맞서 우파 교과서 하나가 나왔다. 당연히 관점이 다를 수밖에 없다. 교학사 교과서가 검정을 통과한 것은 정부가 정한 집필 기준 내에서 교과서를 썼음을 의미한다. 기준을 벗어나면 검정을 통과할 수 없다. 정해진 범위 내에서 우파적 역사 해석을 했다는 뜻이다.

공격의 선봉에 서 있는 사람들은 주로 역사학자들이다. 그러나 이들은 2008년 좌편향으로 비판 받았던 금성출판사의 근현대사 교과서에 대해 이명박 정부가 수정 권고를 하자 이번과는 정반대 반응을 보였다. 여러 단체들이 "다양성을 중시하는 검정교과서 취지를 무력화하는 일" 이라고 반발했다. 최근에도 금성출판사 교과서의 필자였던 한 학자는 "역사 해석은 다를 수 있다. 교과서 집필의 자율성을 해치는 어떤 시도도 막아야 한다" 고 주장했다. 그러던 사람들이 지금은 교학사 교과서의 검정 취소를 요구하고 있다. 처음부터 우파 교과서의 싹을 잘라버려야 한다는 살벌함 같은 것이 느껴진다.

교학사에는 불매 운동을 하겠다는 전화가 빗발친다고 한다. 우파 교과서의 수난은 역사 교육에서 우파 학자와 역사관이 어떤 처지에 놓여 있는지 보여준다. 아울러 박근혜 대통령이 강화하겠다는 올바른 역사 교육이 얼마나 험난한 일인지 실감나게 전해주고 있다.[97]

교학사 교과서 협박은 학문, 출판 자유 침해다

우파 성향 집필자들이 만든 교학사의 고교 한국사 교과서가 좌파 진영의 집중적인 공격을 받고 있다. 일부 정치권까지 가세한 비판 공세는 이 교과서가 올해 5월 본심사를 통과했을 때부터 시작돼 이번 달 2일 최종본이 공개된 이후 더 가열되고 있다. 10일에도 한국역사연구회 민족문제연구소 등 4개 역사단체가 "식민사관에 근거한 교과서" 라고 목소리를 높였다. 어제는 유기홍 의원을 비롯한 민주당 국회의원들이 교육부를 방문해 검정 승인을 취소하라고 요구했다.

진보 진영의 전방위적인 공격이 계속되면서 이 교과서를 펴내는 출판사인 교학사에는 항의 전화가 잇따르고 있다. 이 출판사가 만든 서적에 대해 불매운동을 벌이겠다는 전화 이외에도 출판사에 위해를 가하겠다는 협박 전화까지 걸려 오는 판이다. 교학사 측은 이 교과서의 출판을 포기하는 방안까지도 고심하는 것으로 알려졌다.

권이혁 씨 등 전직 교육부 장관 7명과 역사학계의 원로 15명은 어제 기자회견을 열고 "역사 교과서가 정쟁의 도구가 되고 있다"고 개탄하는 성명을 발표했다. 원로들은 "이 나라의 역사를 사실에 충실하면서도 긍정적인 시각에서 조명하려는 학자들을 공격하는 일에 언론 매체가 동원되고 일부 정치인이 가세하는 일은 즉각 끝내야 한다"고 밝혔다.

좌파 역사학계는 이번에 모두 8종의 고교 한국사 교과서가 검정을 통과했는데도 나머지 7종의 교과서는 놔두고 교학사 교과서만 때리고 있다. 이들은 자극적인 용어를 동원하며 이 교과서가 친일과 독재를 미화하고 있다는 방향으로 여론 몰이를 한다. 이른바 '학문의 길'을 걷고 있다는 학자들이 교학사 교과서가 나오자마자 며칠 만에 '긴급 분석' 등의 명목으로 우파 성향 교과서를 표적으로 삼아 성토하는 것은 정치적 색채를 그대로 드러낸 것이다.

한국역사연구회 등은 "교학사 교과서에서 사실 관계 오류나 역사적 사실을 편파적으로 해석한 것이 298곳에 이른다"고 주장했다. 객관적 판단에서 나온 수치인지 의문이 들지만 교과서 내용에 오류가 있다면 당연히 바로잡아야 한다. 하지만 국사편찬위원회의 검정 절차를 정상적으로 통과한 교과서를 놓고 기존 역사학계가 '친일 독재 미화 교과서'라고 몰아세우는 것은 마녀사냥에 가깝다. 좌파 성향 학자들이 주도하는 기존 역사학계가 자신들이 쓴 교과서로만 학생들이 역사를 배워야 한다고 고집하며 우파 역사관에 돌을 던지는 것은 독선이다.

좌파 역사학자들은 일제강점기 역사의 경우 해외에서 독립운동을 편 인사들에 대해 호의적인 태도를 보이는 반면 국내에서 우리 민족의 실력 양성에 힘쓴 사람들에 대해서는 부정적으로 인식하는 편향성을 드러낸다. 대한민국보다 북한 체제의 정통성을 더 평가하는 경향도 보인다. 역사 교과서 기술은 정확한 역사적 사실에 근거해야 한다.

서남수 교육부 장관은 어제 한국사 교과서 8종 전체에 대해 수정 보완 작업에 나서겠다고 밝혔다. 사실 관계에서 잘못된 것은 철저히 바로잡되 검인정 취지에 맞는 다양한 교과서가 나오도록 해야 한다. 좌파 진영의 우파 교과서 공격은 일선 학교 채택을 저지하기 위한 전략이라는 말이 나온다.

교육 당국은 각 학교에서 자율적인 선택이 이뤄지도록 외압(外壓)을 막는 일에도 각별히 신경을 써야 할 것이다.[98]

국사 필수는 독이 든 사과

한겨레신문의 첫 교학사 한국사 교과서 비판 기사를 보자. "교학사 교과서는 '연합국은 카이로선언(1943)으로 일본에게 항복을 요구하였으나' 라고 했는데 여기서 카이로선언은 포츠담선언을 잘못 썼다" 는 내용으로 시작한다. 역사문제연구소 등이 던져준 약 300건의 비판거리 중 이것이 가장 화끈하다고 여긴 모양이다. 그러나 오류라고 주장한 바로 그 주장이 오류다. 카이로선언에는 'unconditional surrender of Japan(일본의 무조건적 항복)' 이란 말이 들어 있다. 포츠담선언은 그 선언을 재확인했을 뿐이다.

이 신문은 또 "일제는 1912년 토지조사령에 이어 조선민사령 부동산등기령 등을 반포해 토지조사사업을 추진했다"는 내용을 문제 삼으면서 조선민사령과 부동산등기령은 토지조사사업을 수행하기 위해 시행된 법령이 아니라고 비판했다. 그렇지 않다. 오늘날 민법과 부동산등기법에 해당하는 조선민사령과 부동산등기령은 토지조사를 위해 절대 필요한 법령이었다. 다만 토지조사령(8월)과 조선민사령 부동산등기령(3월)의 선후 관계가 교과서에 잘못 기재돼 있다.

이 신문의 다음 날 사설은 교과서의 대표적 오류로 "3·1운동 직후 일본이 한국인에게 한국어를 필수과목으로 배우게 했다"는 내용을 꼽았다. 교과서가 부속자료로 소개한 '(일제) 2차 조선교육령'에 '한국인에게 한국어 필수화'라고 쓴 부분을 언급한 것이다. '필수화'의 '화'라는 표현이 틀렸다.

한국어는 1차 조선교육령 때부터 필수였고 2차 조선교육령에서도 필수였으며 3차 조선교육령이 반포된 1938년까지 계속 필수로 남아 있었다. 2차 교육령에서 교육 시수(時數)가 줄긴 했지만 3·1운동 직후에도 일본은 한국인에게 한국어를 필수과목으로 배우게 했다.

교학사 교과서 비판에는 악의적인 비판도 많다. 그러나 정밀하지 못한 기술이 비판을 자초한 것도 사실이다. 트집 잡고 싶어 하는 사람들이 눈에 불을 켜고 있는데 이렇게 트집 잡힐 교과서를 써내다니 집필자들도 한심하다는 생각이 든다. 그러고도 수정 기한 내에 각고의 정신으로 완벽한 교과서를 만들려고 노력하기보다는 토론이나 강연에 참석해 자기변명을 하기에 바쁘다.

마음 같아서는 교학사 교과서는 없던 것으로 하고 새 교과서 프로젝트를 기대하고 싶다. 그러나 지금 상황이 그렇게 한가하지 않다. 기존 한국사 교과서는 모두, 그것으로 한국사를 배우면 배울수록 한국이 부끄럽게 여겨지는 교과서다. 올해 수능에서 한국사 선택 비율이 10% 미만으로 떨어질 것으로 예상되는데 그게 오히려 다행스럽게 생각될 정도다. 이런 실정을 아는지 모르는지 박근혜 대통령은 한국사를 수능 필수화하기로 했다.

교학사 교과서에 대한 융탄폭격적 비판에서 한국 현대 사학계 내 수정주의 진영의 헤게모니가 얼마나 확고한지 드러났다. 국민의 역사적 경험과 일치하는 상식적 교과서를 하나 끼워 넣는 작업이 이렇게 어렵다. 한국사 수능 필수화가 독이 든 사과임을 박 대통령도 이제는 깨달았기 바란다. 기존 교과서를 학교에서 필수로 배우는 것만으로도 해악은 충분히 크다. 그것을 달달 외워서 시험까지 보고 대학에 들어가라니 제정신인가.

기존 교과서가 문제 있다고 해서 하는 말만은 아니다. 역사라는 것이 많은 시간을 들여 공부하지 않으면 맥락조차 알기 어려운 과목이다. 그 분야에 흥미와 재능을 가진 학생들이 공부해 시험을 보면 된다. 나머지는 학교에서 필수로 배우는 것으로 족하다.

문이과 예체능계를 막론하고 국사를 필수로 시험 봐서 대학에 들어가야 하는 나라가 선진국 어디에 있는지 묻고 싶다.[99)]

뉴라이트의 '새로운' 역사교과서

알다시피 일본의 식민지배에 대해 비판적인 이들은 다른 아시아 나라들의 침략과 전쟁에 대해 일본이 사실을 인정하고 사죄할 것을 요구한다. 우익적인 인사들은 그런 태도를 '자학적'인 태도라고, 그런 식의 역사관을 '자학사관'이라고 비판한다. 사실 어차피 '국

사'라는 게 자국의 인민들로 하여금 하나의 '국민'으로서 동일시
하도록 하기 위해 만들어지는 집단기억이기에, 대부분의 '국사'는
자국민이 하나로 단합한 사건이나 단합할 이유들로 채워지게 마련
이다. 그러니 '국사'를 쓰려는 이들이 '자학사관'에 비판적인 것
은 차라리 아주 이해하기 쉽다.

그러나 우익 지식인의 역사관이 단지 자랑스런 것만을 남기고 치
욕적인 것은 지우려는 단순 무식한 태도에 기인하는 것이라고만 생
각한다면 그들을 과소평가하는 게 될 것이다. 진지한 역사가가 우익
이 되었다면, 그것은 아마도 전쟁 중에 죽어간 자국민에 대한 어떤
공감이나 연민 같은 때문이었을 것이다.

예전에 가토 노리히로가, 결코 우익 지식인이 아니었음에도 불구
하고, 사죄와 망언 사이에서 동요하는 일본의 역사인식이 '분열된
자아'의 표현이라고 지적하면서, 먼저 전쟁에서 죽어간 300만 국
민에 대한 애도를 표함으로써 '자아'를 회복하고 그 회복된 자아
가 주체가 되어 아시아의 피해자들에게 사죄를 하자고 주장한 것도
이런 이유에서였을 것이다.

그런데 이처럼 우익적인 역사가를 최대한 이해해주려는 입장에서
도 정말 이해하기 힘든 이들이 한국의 '뉴라이트' 역사가들이다.
최근 교육부 검인정을 통과함으로써 전면적으로 문제가 된 '뉴라이
트' 역사교과서를 보면, 이들이 레프트가 아닌 건 분명한데, 라이트
인 건 맞나 싶은 의문마저 든다.

어느 나라든 우익(라이트)은 대개 민족주의적 입장을 취한다. 자
국민의 통합, 자국의 발전과 영광을 활동의 목표로 하기 때문이다.
그러나 이들 '뉴라이트'는 민족주의자가 아니라 차라리 그 반대라
고 해야 할 것 같다. 이들이 식민지 지배나 정신대 문제, 일본의 전
쟁 등을 다룬 것을 보면, 정확히 일본의 관점에 서있기 때문이다.

이들의 역사관은 일본 역사가가 말하는 것과는 약간 다른 의미에서 일종의 '자학사관'이다. 정신대 피해자를 비롯해 일본의 침략과 전쟁에 의해 자국민이 겪은 고통에 대한 공감은 전혀 찾아볼 수 없고, 식민지배가 야기한 경제적 발전을 상찬하기에 급급하고, 일본인들도 인정하는 식민지 조선인의 피해에 대해선 지나치다 싶을 정도로 축소하여 서술하고 있기 때문이다. 흔한 민족적 자긍심도 없고, 진지한 우익 지식인들이 갖는 자국민에 대한 애정도, 자국민의 고통에 대한 공감도 없고, '민족의 나아갈 길'에 대한 독자적인 고심도 없었던 것 같다. 일본의 우익 역사가들의 관점을 빌어, 여기저기서 표절한 내용들을, 오직 좌파들의 역사인식과 반대되는 방향에서 늘어놓은 것으로 보인다.

왜 이렇게까지 엉망이 되었을까? 주된 이유는 하나인 것 같다. 이들에겐 한국의 '좌파' 내지 좌익 역사가들에 대한 비판이 '우익'이 된 유일한 이유였고, 좌익 역사가의 서술에 반대하는 것이 우익 역사책을 쓰는 유일한 방법이었던 것이다. 오직 좌파들이 주도하는 판세를 어떻게 뒤집을지, 거기에 어떻게 대항하며 자신들의 허명을 얻어볼까 하는 '정치적' 고민 밖에는 없었던 것 같다. 그렇기에 한국의 좌파들이 비판하는 일본 우익 역사가들의 얘기를 쉽게 차용할 수 있었던 것일 게다.

더욱 불행한 것은 역사를 다루는 '실증적' 능력에서도 매우 모자라고, 문장을 다루는 '문학적' 능력에서도 매우 떨어진다는 사실이다. 덕분에 검인증 도장을 찍어준 이들 또한, 자신의 안목 없음과 안이함에 대한 대가를 함께 치르게 된 것 같다.

새롭긴커녕 아주 저급하고 낡은 라이트다. 아, 제대로 된 '뉴라이트', 진지하고 능력 있고 사유의 깊이마저 있는 그런 라이트를 상대할 수 있었으면 좋겠다.[100]

새로운 국사 교과서가 필요하다

한국사가 고교 선택과목에서 필수과목으로 전환되고 당정이 대입 반영을 긍정 검토하고 있다. 어떠한 방법을 도입하든 한국사는 중시되어야 한다. 이스라엘은 1000년 동안 나라를 잃었다. 그들은 한곳에 정착하려고 발버둥쳤다. 그리하여 1948년 오늘의 이스라엘을 건국했다. 그들은 이스라엘 역사를 2세들에게 교육했다. '탈무드'를 통해 2세들의 정신자세를 올곧게 가르쳤다. 책의 저자는 한 사람이 아니라 이스라엘 국민 모두였다.

우리도 잃었던 나라를 되찾았다. 애국지사와 순국열사들의 민족혼에서 비롯된 결과라고 생각한다. 이 민족혼을 이어나가는 첫걸음이 한국사 교육이라고 생각한다. 당정에서 논의된 대학 입시와의 연계 방안은 네 가지이다.

첫째 안은 한국사의 대학수학능력시험 필수과목화, 둘째 안은 한국사 표준화 시험 신설 및 대입 연계, 셋째 안은 기존 한국사능력검정시험의 대입 연계, 넷째 안은 한국사 표준화 시험 고교 교내시험이다. 이 중 가장 유력한 안은 수능에서 한국사를 필수과목으로 지정하는 안이다. 수능 필수과목화는 한국사를 10개 사회 과목에서 분리해 별도의 필수과목으로 지정하는 방안이다.

한국사가 수능 필수가 되면 다른 사회 과목의 비중이 다소 줄어들 것으로 예상된다. 다른 과목 교사들이 반발하는 것도 이 때문이다. 다만 무조건 외우는 식으로 해서는 안 된다. 즐겁게 공부할 수 있는 새로운 교과서를 개발해야 한다.

당정은 한국사 교육에 대한 전문성을 높이기 위해 9월부터 임용되는 모든 신규 교원에 대해 한국사능력검정시험 3급 이상 취득을

의무화하기로 했다. 현직 교원들도 검정시험 3급 이상을 취득해야
만 교감 자격 대상자로 선정하는 방안을 검토 중이다. 현행 5단위(1
단위는 한 학기 동안 주당 1시간 수업)인 고교 한국사 시간을 내년
부터는 6단위 시수로 늘리기로 했다.

대학에서도 한국사를 필수로 이수할 수 있도록 권장할 방침이다.
이번 한국사 교육 정책이 성공하려면 학생들에게 올바른 역사의식
을 함양할 수 있는 구체적 방안을 도출해 내야 한다. 정권에 따라
한국사 교육이 '강화'와 '비강화'로 반복되는 사례가 없길 당
부한다.[101]

제6장을 마무리하면서

역사란 무엇인가? 역사는 학문의 한 영역이다. 학문은 진리를 추
구하며, 객관성 전제하지 않는 진리라는 말은 자가당착적이며, 진리
를 전제하지 않는 학문이 있을 수 없는 것과 마찬가지로 대상이 없
는 진리는 논리적으로 성립되지 않는다. 모든 학문은 각기 자신의
영역에 속하는 대상에 대한 객관적 진리를 추구한다.

역사란 본래 공동체의 집단 정체성과 지향점을 구성원들 사이에
서 소통할 목적으로 생겨난 서사다. 공동체의 정체성과 지향점에
대한 사회적 합의를 해 나가는 과정에서 역사 논쟁이 필연적으로
발생할 수밖에 없다면, 이 같은 역사 논쟁을 합리적으로 할 수 있
는 능력을 키우는 것이 역사 교육의 제일 목표가 되어야 한다. 따
라서 역사논쟁을 두려워 할 필요가 없다. 문제는 역사논쟁이 역사
전쟁으로 비화할 때 발생한다. 역사전쟁으로 비화하는 이유는 크게

두 가지다. 역사를 무기로 권력투쟁을 벌이는 '역시의 정치화'가 그 첫 번째 주범이다. 두 번째는 "대한민국은 민주공화국이다" 라는 정치공동체적 규약을 지키지 않고 역사의 담론 투쟁을 벌일 때다. 대한민국의 국가이성을 부정할 목적으로 역사논쟁을 벌이는 것은 정치적 자살행위이기 때문에 역사교육의 종말이다.[102]

역사는 언제나 도전과 대응의 역사임을 인식할 때, 도전과 대응의 역동적 관계 속에서 한 사회의 역사는 발전 혹은 후퇴, 생존 혹은 멸망의 형태로 결정된다는 것을 전재한다면 한국이 현재 놓여 있는 역사적 상황은 가변하지 않다. 그러나 현재의 역사적 도전은 각별히 심각한 의미를 갖고 있다는 데 문제가 있다.

21세기 지식 정보사회에서 한 사회와 국가의 위대함은 창조적 사고를 하면서 다르게 생각할 줄 아는 자유로운 영혼을 가진 시민과 국민이 얼마나 많으냐에 달려 있다. 따라서 한국 교과서 논쟁은 이념과 정치적 헤게모니 투쟁이 아니라, 역사란 무엇이며, 무엇을 위해 역사와 한국사를 알아야 하는 지를 나름대로 생각하고 이야기할 수 있는 서사 능력을 키우는 시민교육의 장이 돼야한다.[103]

한국 역사 연구는 한국 사회의 발전과 변화 양상을 끊임없이 관찰하고 염두에 두어야 할 것이다. 단순히 과거 사실 발굴과 과거로의 회귀를 통해 오늘을 바라볼 수 있겠으나, 현재가 요구하는 문제의 해답과 사회가 요구하는 역사적 해석을 공급할 필요가 있다고 생각한다.

한국 사회는 이제 더 이상의 방어적 역사 해석에서 벗어나 긍정적이고 적극적인 역사 해석을 요구하고 있다. 같은 역사 사실을 두고 해석은 다양할 수가 있다. 이를 위해서는 한국 역사학계에 개념화의 오력이 필요하고 이는 사회과학과의 대화를 통해 가능할 것이다.[104]

제7장

선행학습과 사교육 대안은 있는가

http://blog.daum.net/sang7981/4169

선행학습에는 죄가 없다

박근혜 대통령 당선인의 몇 안 되는 교육 공약 중에 눈길을 끄는 것이 '선행학습 금지'다. 학원이나 과외 선생들이 학교 진도보다 앞당겨 가르치는 바람에 사교육이 조장되고 있으니 이걸 법으로 막겠다는 것이다. 이를 위해 가칭 '공교육 정상화 촉진 특별법'을 만들어 초·중·고교 시험과 대학 입시에서 학교 교육과정을 벗어나는 출제를 금지하고 이를 어길 경우 처벌한다는 구상이다.

전두환 정부의 과외금지 조치에 위헌 결정이 내려진 전례를 볼 때 새 정부가 이 공약을 실천에 옮기기는 쉽지 않아 보인다. 그럼에도 만약 선행학습 금지법이 제정된다면 세계에 유례없는 희한한 사례로 기록될 것이다. 학생이 공부하겠다는 걸 국가가 가로막는 꼴이 되기 때문이다.

선행학습 금지를 주장하는 쪽에서는 선행학습을 못된 반칙행위쯤으로 본다. 하지만 교육학에서 말하는 선행학습은 본래 예습이다. 예습은 공부에 꼭 필요한 과정인데, 선행학습을 금한다고 할 때 예습과 선행학습을 어떻게 구분할 것인지 궁금하다. 어느 시민단체는 정규 진도보다 한 달 앞서는 것까지만 예습으로 허용하자는 아이디어를 냈지만 공감을 얻기 어려운 이야기다.

선진국 중에 선행학습을 허용하는 나라가 없다는 주장도 근거가 희박하다. 미국 고교에 'AP(Advanced Placement)'제도가 있다. 대학에 들어가서 공부할 일부 커리큘럼을 고교에서 미리 이수하게 하는 제도다. 미적분학·문학·역사·경제·컴퓨터·생물학 등 30여개의 AP 과목이 개설돼 있고, 중위권 이상 대학을 목표로 하는 학생들은 그중 4~6개쯤을 골라 수업을 듣고 학점을 딴다. 대학들은 입학 사정(査定)에서 AP 이수 성적을 일반 내신보다 가중(加重) 평가한다. 최상위권 대학 지원자에게는 AP 성적이 결정적이다. 대학이 대학 수업을 따라올 능력을 갖춘 학생을 먼저 뽑는 것은 지극히 당연한 선택이지만, 우리 선행학습 금지론자 기준에서 보면 중범죄에 해당할 일이다.

교육의 목표는 학생들에게 단편적인 지식을 넣어주는 데 있지 않다. 사물과 현상을 종합적으로 이해·분석하고 폭넓은 사고(思考)를 할 수 있도록 도와주는 것이 진정한 교육이다. 그러려면 학생들이 여러 교과를 활발히 넘나들며 공부하고 교과서 외의 풍부한 독서를 하도록 해야 한다. 프랑스 고교생들은 졸업하는 해 6월에 '바칼로레아'라는 대입 자격시험을 치른다. 시험은 1주일쯤 계속되는데 첫날은 항상 철학 논술로 시작된다. 학생들은 주어진 주제에서 하나를 골라 4시간 동안 자기 생각을 쓴다. 작년에 출제된 인문계열 논술 주제는 '우리는 노동을 하면서 무엇을 얻는가?' '모든 신앙은 이성(理性)에 반(反)하는가?'였다. 바칼로레아 논술은 고교생뿐 아니라 어른들에게 생각할 거리를 안겨줄 만큼 깊이가 있다. 교과서만 달달 읽고 교과서 밖 시험 출제를 죄악시하는 교육으로는 이런 고등 정신능력을 키울 수 없다.

어느 집단에나 학습 능력이 뛰어난 아이, 평범한 아이, 뒤처지는 아이가 섞여 있기 마련이다. 앞서 가는 아이들에게는 재능을 꽃피울 수 있는 기회를 더 열어주고 힘겨워하는 아이들은 낙오하지 않도록 배려하며 이끌고 가는 것이 학교가 할 일이다. 제대로 된 수준별 학습만이 그걸 가능하게 해준다. 오로지 사교육 때려잡자는 목표 하나로 앞서 가는 아이들을 끌어내려 강제로 줄을 맞추는 교육을 해서는 2류·3류 인재밖에 만들어낼 수 없다. 빈대 잡겠다고 초가삼간 다 태우는 결과가 되는 것이다.105)

죄가 있는 선행학습도 있다

15일자 A35면 태평로 '선행학습에는 죄가 없다'를 읽었다. 인재 자원밖에 기댈 곳이 없는 우리나라에서 우수 학생들에게 능력을 더 계발할 기회를 줘야 하는 것은 당연하다. 하지만 미국과 한국에서 아이를 키워본 경험으로 보건대, 미국 대학입시의 AP(Advanced Placement)나 프랑스의 바칼로레아 시험은 현재 한국에서 횡행하는 선행학습과는 전혀 다른 개념이다. 미국 고교의 AP과정은 공교육의 범위에서 이루어지고, 고교 1~2학년 때 듣는 선수과목에서 일정 수준 이상인 학생들만 수강할 수 있어 학생들의 수준이 대체로 균질하다. 수학의 경우 AP과정이 개설되려면 적어도 3~4단계의 우열반을 운영할 수 있어야 하기에 비도시 지역의 소규모 학교는 아예 AP과정을 개설할 수 없어 불리하다. 그러나 그런 학교의 학생들도 능력만 된다면 AP학점을 이수할 수 있는 이유는 우리의 내신처럼 '급우(classmate)'들과의 경쟁이 아니라 ETS에서 운영하는 시험을 봐서 5점 만점에 자신이 받은 점수를 대학 측에 보내면 되기 때문이다.

최근 선행학습을 없애자는 주장은 개인의 학습권을 침해할 수 있는 우스꽝스러운 제안이다. 하지만 그럴 수밖에 없는 게 학교 현실이다. 능력이 천차만별인 아이들을 한 교실에 넣어놓고 변별력이라는 미명하에 아직 학교에서 배우지도 않은 내용으로 내신시험을 출제하기 때문이다. 실제로 이번에 서울지역 외고에 합격한 둘째아이는 합격의 기쁨을 누릴 새도 없이 바로 국·영·수 평가고사를 봤는데 고1 전 과정을 망라한 문제가 나왔다. 고교과정 1년치를 선행학습 안 했기에 졸지에 보충학습을 받아야 하는 열등생이 된 것이

다. 제 학기에 배운 내용으로 시험을 봐서 우열반을 나눈다면 누가
뭐라 하겠나? 많은 학교에서 선행학습을 한 학생에게 유리한 내신
문제가 출제된다.

따라서 '제철학습'만 하면 불이익을 받으니 결국 모두가 선행
학습에 매달리는 것이다. 이런 악순환을 끊으려면 적어도 학교 내신
만큼은 제 학기에 배운 내용으로 평가해야 한다.[106]

선행학습 금지, 법으로 강제 적절치 않아

안양옥 한국교원단체총연합회 회장이 24일 박근혜 대통령 당선인
의 '선행학습 금지' 공약에 대해 "신중하게 추진해야 할 사안"이
라며 사실상 반대 견해를 밝혔다. 박 당선인은 초·중·고교에서 학
년별로 정해진 교육과정을 벗어나는 시험 문제 출제를 금지하고, 이
를 어긴 학교나 교장은 처벌하겠다는 내용의 선행학습 금지 공약을
제시해 놓은 상태다.

안 회장은 이날 신년 기자간담회를 열어 "법적으로 강제하는 방
식은 혼란만 가중시킬 뿐"이라며 "학생들의 학습욕구를 강제적으
로 제어하는 건 적절치 않다"고 말했다. 그는 또 "선행학습을 법으
로 금지하기 보다 교육과정 개정으로 난이도를 쉽게 조절해 선행학
습이 필요 없는 교육환경을 만드는 게 중요하다"며 "대통령직 인
수위원회에 이런 교총의 의견을 전달할 계획"이라고 덧붙였다.

안 회장은 필기시험 없이 독서, 예체능, 진로 체험 등을 중심으로
진로 탐색의 기회를 제공한다는 취지의 자유학기제 공약에 대해서
도 신중하게 접근할 것을 주문했다. 그는 "고교 입시가 끝나고 중3

후반기에 시행하는 방안 등 학업 부담이 상대적으로 완화되는 기간을 활용하는 것이 바람직하다"며 "시범운영 후 도입을 검토해도 늦지 않을 것"이라고 제안했다.

이어 학업성취도평가 개선 방안에 대해선 "초등학교 평가는 과도한 부담을 줄이기 위해 영어과목을 제외하고, 3R(읽기, 쓰기, 기초수학)의 학력도달 여부만 판별해야 한다"는 입장을 내놓았다. 대입제도 개선과 관련해선 "고교 수업 내용을 기반으로 한 문제은행식 국가기초학력평가를 실시하고, 대학자율로 전공별 내신 반영 과목을 채택 하는 게 적절하다"고 말했다.[107]

누가 먼저 앉을 것인가

7일 시민단체 '사교육 걱정 없는 세상'이 사교육이 심한 지역의 학원들을 조사한 결과를 발표했다. 13개 중대형 학원의 수학 교습 현황을 보니 평균 4.2년 선행교육이 이뤄지고 있다고 했다. 9월부터 선행학습금지법(공교육정상화 촉진 및 선행교육 규제에 관한 특별법)이 시행되지만 학교뿐만 아니라 학원의 선행교육까지 막지 않으면 실효성이 없다고 지적했다.

조사 과정과 취지에는 박수를 보내나 부작용이 우려됐다. 해당 학원들의 실명과 선행 속도를 그대로 공개했기 때문이다. 그중 진도가 특히 빠른 한 학원에 며칠 전 전화를 걸어봤다. 아니나 다를까, 우려는 현실이 됐다. 여름방학 특별반이 평소보다 빨리 마감돼 대기조차도 어렵다는 답이 돌아왔다. 선행학습 조사 결과가 광고 효과를 낸 셈이다.

선행학습금지법은 학원의 선행교육 자체는 막지 않지만 이를 선전·광고하는 것을 금지한다. 이 때문에 이번 조사 결과는 어쩌면 '마지막 선행 광고'가 될지 모른다.

20~30년 전에도 선행 사교육이 없었던 건 아니다. 다만 상위권 위주로, 영어나 수학만, 한두 학기 선행을 하는 수준이었다. 그런데 언제부터인가 성적 불문, 과목 불문, 기간 불문하고 선행학습은 필수처럼 돼버렸다. 대여섯 살이면 한글과 알파벳을 떼어야 대접을 받는 게 요즘 아이들의 숙명이다.

어쩌다 다들 선행 경쟁에 뛰어들게 됐을까? 과연 선행학습과 성적이 비례하긴 하는 걸까? 경륜이 쌓인 교사나 학원 관계자를 만나면 꼭 물어본다. 특히 사교육 업계에서 스타 강사나 진학지도 전문가로 이름을 날리는 이들에게는 꼬치꼬치 캐묻곤 한다. "정말 선행학습 많이 한 애들이 대학 잘 가나요?"라고.

몇 년 동안 축적한 답을 종합하면 결과는 '아니올시다' 쪽으로 기운다. 공부에 재능이 뛰어난 아이라면 선행으로 효과를 극대화할 수 있지만, 대다수 아이는 제 학년 진도를 완전히 이해하는 게 훨씬 중요하다고 입을 모은다.

하지만 학부모들에게 이런 말은 들리지 않는다. 주위를 둘러보면 다들 선행을 하고 있으니 뒤처질 수 없는 탓이다. 그나마 아이가 어릴 때는 '나는 선행학습 따위는 안 시키겠어'라고 다짐하던 부모도 아이가 초등학교에 들어가면 "○○만 한글을 몰라서 수업에 방해가 되네요" 혹은 "△△만 영어를 전혀 못해서 본인이 스트레스를 받는 것 같아요"라는 말을 듣고 화들짝 놀라 학원으로 뛰어가기 마련이다.

한 유명 학원장은 이런 현실을 '개판 공연장'이라고 부른다. 모두 앉아서 공연을 보다가 누군가 자기만 좀 더 잘 보겠다고 일어서면 뒷자리 관객들이 줄줄이 일어난다. 어느새 모두 일어나면 전보다 더 잘 보이는 것도 아닌데 괜히 다리만 아픈 바보 같은 형국이 된다.

10대, 20대 시절에야 서너 시간씩 서서 뛰고 구르는 스탠딩 콘서트가 마냥 즐거웠다. 그런데 나이가 들수록 왜 어르신들이 느긋이 앉아 디너쇼를 즐기는지 이해가 간다.

현재 사교육의 손길이 미치는 자녀를 둔 부모들이라면 우리가 스탠딩 콘서트를 감당할 수 있는 세대가 아님을 고민해야 한다. 부모 세대에 비해 천정부지로 오른 집값과 생활물가를 감당하면서 선행학습 비용까지 쏟아 붓기엔 위태롭다. 퇴직 이후 자녀에게 부담을 주지 않고 기나긴 노후를 보내려면 차분히 앉아서 체력을 비축해야 할 세대다.

문제는 개판 공연장에서 누가 먼저 앉을 것인가이다. '모두 앉기법'을 만든다 한들 내 자식만 공연을 못 볼까 하는 두려움이 있는 한 누군가는 몰래, 누군가는 처벌을 감수하고, 누군가는 법을 욕하며 서 있을 것이다. 보다 많은 이들이 함께 앉고자 하는 결단과 연대가 필요하다.[108]

사교육비 실태 조사에 적극 참여를

'에듀 푸어'란 단어가 새롭게 등장했다. '에듀 푸어'는 '교육'을 뜻하는 education과 '가난'을 뜻하는 poor의 합성어로 교육 때문에 빚지고 사는 사람, 즉 '교육 빈곤층'을 일컫는 말이다. 옛날엔 농촌에 사는 가난한 학부모가 소를 팔아서 교육을 시킨다는 뜻으로 대학을 '우골탑'으로 부르기도 했다는데 현대에는 '에듀 푸어'가 탄생했다. 에듀 푸어는 사교육비의 부담을 꼬집는 말이기도 하다.

'맹모삼천지교'는 누구나 알고 있는 말이다. 맹자 어머니가 맹자의 교육을 위해 세 번의 이사를 감행했다는 것인데 우리의 부모들은 자녀 교육을 위해서라면 이사 세 번 정도는 아무런 문제가 되지 않을 것이다. 내 자녀가 공부를 잘해서 좋은 대학에 진학을 하고 그리고 더 나아가 출세를 하기를 바라는 부모님의 열망에는 너와 내가 없을 것이다.

좋은 학벌이 자녀들의 소득과 사회적 지위를 결정한다고 믿는 부모들은 공교육만으로는 불안해 추가 비용을 부담하는 사교육을 시키게 되며 물가 상승과 경기불안 등에도 불구하고 교육비를 줄이지 않고 결국은 '에듀 푸어'가 되고 마는 것이다.

가정의 다른 소비는 줄이더라도 자식 교육만큼은 포기가 되지 않는다는 높은 교육열이 지금의 대한민국을 만들었다는 주장도 있지만 지나친 학원이나 과외 등 사교육 참여는 공교육의 부실을 초래하고 또한 가정 경제에도 큰 영향을 미쳐 정부에서 사교육비 경감 대책을 발표하기에 이르렀다. 입시제도를 바꿔보기도 하고 또한 교육방송의 활성화도 이러한 사교육비를 줄이기 위한 시도로 볼 수 있을 것이다.

하지만 정부의 사교육비 경감대책에도 불구하고 학생과 학부모들이 느끼는 사교육 현장은 여전하다는 여론이 팽배하다. 정부에서는 국민 현안 중의 하나인 교육정책을 수립하기에 앞서 '사교육비 실태조사'를 실시한다.

정부의 수많은 정책과 마찬가지로 교육에 대한 정책들도 통계청의 기본 자료를 바탕으로 하여 만들어지고 있으며 이번 통계청에서 실시하는 '사교육비 실태 조사'가 바로 교육정책의 주춧돌이 되는 것이다.

2007년부터 매년 조사해온 사교육비 조사는 우리나라 초·중·고교 학생들이 받고 있는 사교육비용, 유형, 참여율 등을 파악하고 더불어 사교육 참여 이유, 사교육 관련 정보 획득 경로, 사교육 경감 및 공교육 내실화 등의 교육정책 추진을 위한 기초 자료로 활용되고 있다.

전국 1,094개 학교의 1,407학급 중 학부모 4만4000명을 대상으로 실시되며 5.27~6.14(19일간) 학생편으로 조사표가 학부모에게 전달된다. 이번조사는 응답자 편의증진, 조사의 효율성을 위해 인터넷조사를 전면 도입하고 있으며 종이조사도 병행하고 있다.

모든 조사내용은 오로지 통계작성 목적으로만 사용되고 통계법 33조에 따라 비밀이 엄격하게 보장되고 있으니 적극적인 참여와 성실한 응답으로 올바른 정책 자료가 탄생되기를 간곡히 당부한다.[109]

死교육 내모는 선행… 추월경쟁 금지!

흔들리는 교육 바로 세우자. 사교육 악순환 끊으려면….한국 교육을 황폐화시키는 가장 큰 주범은 사교육과 잦은 대학입시제도 변화다. 특히 교육현장을 왜곡시키는 한국의 '사교육 지옥'은 아이들이 초등학교에 입학하기도 전에 시작된다.

우남희 육아정책연구소장의 2009년 연구논문 '조기교육·사교육' 에 따르면 1992년에는 유아 중 5.7%만이 영어 사교육을 받았으나 1996년에는 35.4%, 2007년에는 59%로 유아 사교육 비율이 급증했다. 시민단체 사교육걱정없는세상(사걱세)의 조사에 따르면 지난해 초등학교 입학 전 학생의 67.2%가 영어 사교육을 받았다.

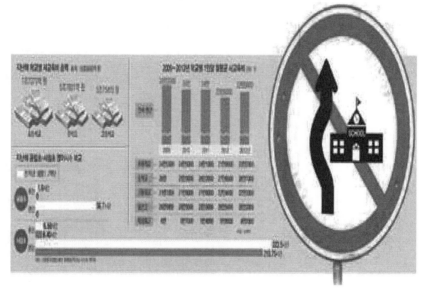

☞ **"엄마, 아빠" 입 열 때 "A, B, C"**

수학 등 다른 과목은 유아 사교육이 어렵지만 영어는 언어라는 특성상 오히려 유아 사교육부터 경쟁이 시작된다.

지난해 사걱세가 40개 사립초등학교 학생 5416명을 대상으로 한 설문조사에 따르면 36.9%(1998명)가 5세에서 초등학교 입학 사이에 영어 사교육을 시작한다. 4세에 시작한다는 답변이 15.4%, 3세가 11.4%, 초등학교 입학 이후가 10.5%를 차지했다. 그중에는 출생 직후 영어학습을 시작했다는 경우도 25명이나 있었다. "아빠, 엄마"를 채 익숙하게 말하기도 전에 영어 만화를 보고 오디오를 들으며 무의식중에 "A, B, C"를 시작했다는 뜻이다.

폐해는 초등학교 입학 뒤에도 이어진다. 현재 국가교육 과정상 초1, 2학년은 학교에서 영어를 배우지 않는다. 3, 4학년부터 매주 2회, 5학년 이상은 매주 3회 영어 수업을 한다. 하지만 많은 사립초등학교에서는 이 가이드라인이 무용지물이다.

지난해 서울 S초등학교는 1학년생들에게 할당된 '창의적 체험활동' 시간에 편법으로 영어 수업을 진행했다. 1년에 204시간으로 공립초등학교 5, 6학년생이 배우는 것과 똑같은 양이다. 정규 교과과정에서는 영어를 편성할 수 없으니 체험활동 시간을 영어 수업의 우회로로 이용한 셈이다.

일부 학교에서는 검정교과서가 아니라 미국이나 영어 등 영어권 국가에서 출판된 교재를 영어 수업에 쓰기도 했다. 이는 초중등교육법 제29조에 어긋나지만 학교와 학부모 등 누구도 이의를 제기하지 않으면 적발하기가 힘들다.

최근에는 이런 조기교육이 영어뿐만 아니라 제2외국어와 글쓰기, 예체능 등 전방위로 더 심해지는 양상이다. 4, 5세부터 중국어를 가르치는 어학원이 인기를 끌고, 영유아 학습지 시장에서도 한자와 중국어 비중이 늘고 있다.

또 평범한 중산층에서도 "초등학교에 들어가면 국영수에 시간을 쏟아야 해서 바쁘다"며 수영 미술 피아노를 '취학 전 3종 코스'로 정해 일찌감치 시키는 부모도 늘고 있다.

☞ **특목고 진학에 사교육은 필수**

중학교에 들어서면 사교육 양극화는 더욱 심해진다. 본격적으로 특수목적고, 자율형사립고 입시, 대학수학능력시험 대비 등을 시작하면서 부모의 경제력과 학생의 진로에 따라 사교육 형태가 결정된다. 이는 지난해 유기홍 국회의원(교육문화체육관광위 소속)이 사격세와 함께 분석한 조사 결과를 보면 확연히 드러난다.

유 의원은 전국 중학교 3학년 학생 2273명의 사교육 실태가 희망고교 유형(일반고, 자사고, 특목고)에 따라 어떻게 다른지 조사했다.

일반고 진학을 희망하는 학생들은 '한 달에 사교육비를 100만원 이상 지출하는가'라는 질문에 13.1%만이 '그렇다'고 답했다. 반면 자사고 진학을 희망하는 학생들의 경우는 '그렇다'라고 답변한 비율이 31.0%로 늘었다.

외고나 국제고를 희망하는 학생은 28.1%, 과학고나 영재고를 희망하는 학생은 38.2%가 매달 사교육에 100만 원 이상을 쓴다고 답했다. 과학고·영재고, 자사고, 외고·국제고, 일반고를 희망하는 학생 순으로 사교육비 지출이 많은 것.

이는 명문대 진학에 유리한 특목고나 자사고에 가기 위해서는 사교육의 도움이 필요하다는 현실을 방증하기도 한다. 사교육에 투입할 자본이 충분한 중학생일수록 사교육을 통해 특목고와 자사고 입학에 유리한 고지를 점하고, 경제적으로 어려운 학생들은 많은 경우 사교육과 동시에 우수 학교 진학을 포기해야 한다.

통계청 발표에 따르면 2010년 고교생 1인당 월평균 사교육비는 21만8000원이었지만 지난해에는 22만3000원으로 늘었다. 전문가들은 수능을 비롯한 초중고교 체제 전반이 바뀌지 않는 한 사교육을 뿌리 뽑기 어렵다고 전망했다.

시민단체가 사교육 비용을 줄이고 사교육 자체를 근절하려는 시도를 하고 있지만 기본적으로 '자녀를 공부시키려는 부모의 욕망'은 사라지지 않는다. 또 공교육이 사교육만큼의 효과와 질을 보장하지 못하는 한 한국의 '사교육 지옥'은 사라지지 않는다는 지적도 나온다.[110]

'친절한 교과서'가 모르는 불친절한 현실

'선행 학습 금지' 공약, 학생 공부 막는 발상… 私교육 없애려면 사회 구조 바뀌어야 한다. '교과서 안에서만 출제' 대통령 말 따르다가 교과서만 달달 외운 저학력 세대 나올라….

박근혜 대통령이 작년 대선에서 '선행 학습 금지' 공약을 처음 꺼냈을 때 의아해하는 사람이 많았다. 선행 학습은 학생이 학교 진도보다 앞선 내용을 미리 공부하는 것을 말한다. 선행 학습이 학원들의 주요 돈벌이 수단인 건 맞지만, 그렇다고 학생이 공부하는 걸 국가가 막겠다는 게 상식적인 발상은 아니다. 세계에 그런 나라는 없다. 그런데 그 비상식이 현실화돼 가고 있다. 보름 전 여당 국회의원들이 이 공약 실천을 위한 법안을 발의했고, 교육부 장관은 법이 통과되면 이를 뒷받침하는 시행령을 만들어 학교 수업과 대학 입시에 반영하겠다고 밝혔다.

박 대통령은 한발 더 나가 "교과서 밖에서 절대로 시험문제를 내지 말아야 한다"고 선언했다. 그러면서 '친절한 교과서' 개발을 주문했다. "교과서가 너무 간단해 참고서를 보지 않으면 알아듣기 어려우니 모든 것을 볼 수 있도록 충실한 교과서를 만들어야 한다"는 것이다. 대통령은 학교 시험과 대학 입시에서 교과서 내 출제 원칙만 지키면 사교육 문제는 저절로 해결된다는 확신을 갖고 있는 것 같다.

국가가 초·중·고 12년 동안 학생들이 배워야 할 내용과 성취 기준을 학년별, 과목별로 정해놓은 것을 '교육과정(教育課程)'이라고 한다. 교과서는 교육과정에서 요구하는 필수 개념과 그 개념을 이해하는 데 필요한 최소한의 설명을 담은 책이다. 학생들이 지식을 늘리고 이해의 폭을 넓히려면 제한된 교과서에 담을 수 없는 풍부한 고전과 교양서들을 접할 수 있어야 한다. 미적분 같은 어려운 수학 개념을 제대로 익히려면 많은 응용문제를 풀어보면서 문제 해결력을 키워야 한다. 교과서 외에 좋은 참고서와 문제집이 필요한 것은 그 때문이다. 이런 교양서와 참고서 역할까지 충실히 해 줄 '친절한 교과서'를 만들자면 책을 엄청나게 두껍게 하거나 가짓수를 크게 늘려야 할 것이다. 학생 공부 부담이 그대로라면 교과서를 새로 만드는 게 무슨 의미가 있을까.

한국의 사교육 문제가 시험을 쉽게 내서 해결할 수 있는 것이었다면 오늘 이 지경까지 오지도 않았을 것이다. 우리 학생들이 학원에 몰려가는 것은 미진한 학교 수업을 보충하기 위해서가 아니다. 시험문제가 쉽건 어렵건 옆 아이보다 1점이라도 더 받기 위해 가는 것이다. 이유는 자명하다. 그래야 좋은 대학에 갈 수 있고 그래야 남보다 나은 직장, 나은 직업을 얻을 수 있다고 믿기 때문이다.

다른 말로 바꾸면 우리 사회가 직업에 귀천(貴賤)이 있는 사회이기 때문이다. 작은 중소기업에 들어가도 행복한 인생을 살 수 있고 블루칼라 직업으로도 얼마든지 인간답게 살 수 있는 사회라면 굳이 일류대학 들어가려 목을 맬 까닭이 없다. 그런 사회라면 학교 성적 1, 2점 차이에 아등바등할 필요도 없고 사교육에 시간·돈을 낭비할 이유도 없다. 독일이나 북유럽이 그런 나라이다. 사교육은 우리 사회의 근본 구조를 바꿔야 비로소 풀리는 문제이지 그것만 따로 존재하는 별개 현상이 아니다.

39년 전 박정희 대통령은 고교 경쟁 입시를 추첨제로 바꾸는 혁명적 수단까지 동원했지만 과외병을 잡는 데 실패했다. 이후 역대 어느 정권도 사교육과 싸워 이긴 적이 없다. 이 정부의 선행 학습 금지나 '친절한 교과서' 전술도 성공할 가능성은 희박하다. 정부가 교과서 안에서만 시험문제를 내게 해서 사교육을 고사(枯死)시키려 들면 학원들은 실수를 피하는 기술, 비틀기·함정 문제를 가려내는 비법(秘法) 따위를 개발해 살아남을 것이다.

잘못하면 사교육은 잡지 못하고 교과서만 달달 외우는 경쟁력 없는 아이들만 생산해낼 위험이 있다. 그렇게 되면 '단군 이래 최저 학력' 조롱을 받는 '이해찬 세대' 처럼 나중에 '친절 교과서 세대' 라는 말이 나오게 될지 모른다.[111]

새 정부 선행학습 금지법 유감

학원은 모든 학부모의 관심사입니다. 새정부가 들어설 때마다 학원때리기 경쟁한다.

전두환 노태우 김영삼 김대중 노무현 이명박 정부에 걸쳐 공교육을 살리자는 명분으로 학원에 대한 강압적인 정책을 펴왔다. 대표적인 학원 정책은 다음과 같다.

1. 전두환 정부- 7.30. 과외금지 조치(1980. 07. 30)
2. 노태우 정부- 대학생 과외 허용(1989. 06. 19)
3. 김영삼 정부- 사교육과의 전쟁
4. 김대중 정부- 일반인 과외 허용(과외규제법령위헌결정. 2000. 04. 27)
5. 노무현 정부- 방과후 학교
6. 이명박 정부-학원 심야교습시간 제한
7. 박근혜 정부-선행학습 금지법 예정

요즘 학교, 학원, 학부모들 간에 화제가 선행학습 금지법에 대한 논쟁이다. 학생이 부족한 공부를 밤늦게 까지 미리 예습 하는 것, 태어나면서부터 천성적으로 늦는 아이는 이제 평생 뒤지는 인생을 살아야만 하는가?

내가 조금 여러 가지로 부족하다고 다른 사람이 나보다 앞서 가는 것을 막는 대한민국의 발전을 가로막는 법이 선행학습 금지법이다. 법의 목적은 사회 구성원간의 공동의 선을 추구하는 것인데, '선행학습 금지' 라는 말은 절대적으로 공동의 선을 담보할 수 없는 것이다.

우리 헌법 31조 1항은 '모든 국민은 능력에 따라 균등하게 교육 받을 권리를 가진다' 고 명시하고 있다. 획일적인 균등이 아니라 능력에 따른 균등, 이는 학생 개개인의 능력에 따라 편차가 존재함을 헌법이 인정하는 것이다.

선행학습을 금지하겠다는 것 '그 기준이 무엇인가' 부터 묻게 된다. 처벌 대상이 되는 선행학습의 기준을 정한다는 것 자체가 불가능하다. 도대체 '예습' 과 '선행학습' 의 차이가 무엇인가? 동일한 뜻을 가진 두 단어를 가지고 말장난 하는 것에 불과하다.

EBS를 통한 방송 강의와 인터넷 등을 통하여 개설되는 온라인 강좌를 수강하는 학생들의 선행여부를 어떻게 판단할 것인가. 학교마다 진도가 다르고, 학교 내에서의 수준별 이동수업도 못하게 되고, 특목고(과학고, 외국어고, 민사고), 자사고는 어떻게 할 것인가. 대부분 인문계 고등학교가 고2 말에 고3 진도 마치고, 고3때 수능 준비하는 모든 고교들의 대혼란이 있을 것이다.

선행학습금지법은 국민의 기본권을 제한하는 만들어서는 안 되는 법이다. 교육수요자들의 요구에 수준별 맞춤학습을 제공하는 것이 현대 교육이다. 교육과정에서 정한 진도만을 배우고, 진도만 나가라고 강제한다면 이는 국가 교육 체계의 명백한 퇴보다. 이미 대학은 서열이 분명하고 고교 다양화로 인하여 고등학교도 일부 서열화가 되어 있다.

마틴루터의 유명한 어록 중에 '어떠한 계획을 세울 때는 100년 앞을 내다보아야 하고 그 계획을 추진 할 때는 오늘 하루밖에 살지 못한다는 각오가 있어야 한다' 는 말이 있는데, 30년 앞을 예측하지 못한 계획을 하루밖에 못산다는 각오로 추진한 결과가 오늘날의 출산율 저하라는 국가적 위기를 초래한 것은 아닐까.

이 선행 학습금지법이 과연 몇 년 앞을 내다보고 추진하는 것일까. 학부모나 학생들의 과열된 학습열을 강제적으로라도 잠재우겠다는 것이 선행 학습금지법이다. 세계 어느 나라에 국가의 권력을 동원해 법으로 예습을 선행학습을 제한하는 나라가 있을까.

오바마 미국 대통령이 한국의 교육을 배워야 한다고 여러 차례 이야기 했다는데 그가 배워야 한다는 한국의 교육이 분명 지금 추진되는 강제적 선행 학습금지법은 아닐 것이다.

다행히도 새 정부는 '공교육 정상화 촉진 특별법' 을 제정하여 학교시험과 입시에서 교육과정을 넘어선 문제 출제를 금지하는 쪽으로 가닥을 잡았다. 과도한 선행학습으로 인하여 발행되는 사교육을 최소화시키는 평가체제의 변화는 문제의 핵심을 잘 파악한 정확한 해법이다. 결과를 억누르던 풍성 효과를 나타나게 하는 기존의 정책이 아니라, 원인을 제거하는 방식을 선택하였다는 것은 고무적인 일이다. 이로 인하여 사교육 시장의 과도한 선행이 줄어들 것이며, 자연스레 사교육비도 경감될 것으로 예측된다.

언론에서도 결과를 억눌러 풍선 효과를 나타나게 하는 방식보다 근본 원인을 제거하는 방식으로 사교육비 경감 하는데 기여해 주시길 바란다.[112]

선행학습 금지법, 수월성 교육까지 막지는 말아야

초중고 입학시험과 교육과정은 물론이고 대학 입학시험 등 세 단계 모두에서 선행학습을 금지하는 '공교육 정상화 촉진에 관한 특별법안'이 발의됐다. 선행학습 금지는 박근혜 대통령이 약속한 교육공약의 핵심으로 학원의 선행학습이 공교육을 황폐화시킨다는 인식을 담고 있다. 강은희 의원이 발의를 주도했지만 대통령과 교육부의 의지가 실려 있다.

법안 내용 가운데 초중고 입학전형에서 교육과정 내 출제 원칙을 엄격히 지키도록 한 것은 다분히 특수목적고를 겨냥한 것이다. 그런데 특목고를 그대로 두고 교육과정 내 출제를 강요한다면 특목고 존재 의미는 어떻게 될지 궁금하다. 특목고는 설립 목적에 맞는 수학능력을 요구하므로 선행학습 수요를 부른다. 특출한 외국어 능력을 요구하는 외국어고는 물론이고 대학 수준의 커리큘럼을 운영하고 글로벌 인재와 경쟁해야 하는 영재고 과학고도 중학교 범위 내에서만 출제하라면 우수 학생 선발이 어려울 것이다.

초중고 교육과정에서 지필(紙筆)평가 수행평가 교내경시 등 모든 시험에서 해당 교육과정의 범위와 수준을 벗어나는 내용을 출제하지 못하게 하는 것은 지금도 시행하는 제도다. 다만 어느 수준까지를 선행학습으로 볼 것이냐가 논란거리다. 교과서에서 응용문제를 출제할 경우 이를 선행문제로 볼 것인가, 심화문제로 볼 것인가는 판단하기 쉽지 않다.

논술, 구술, 면접, 실기 등 모든 대학별 고사에서 고교 교육과정의 범위와 수준을 넘어선 문제 출제를 금지하는 것은 위험한 발상이다. 출제문제에 대한 간섭은 대학 자율성에 대한 침해다. 교과목 간 통합형 문제를 출제하는 경향에 비추어 어디까지가 고교 교과과정 내 출제인지도 가늠하기 어렵다. 이 원칙을 어길 경우 재정지원을 중단하고 학생정원까지 감축하겠다고 하는 것은 행정권 남용의 소지가 있다.

　학생들이 학원에서 교육과정을 배우고 학교에서 잠을 자는 현실은 안타깝다. 선행학습 규제에 찬성하는 초중고생 학부모가 71%에 이른다는 여론조사 결과가 있다. 그러나 선행학습은 어느 한 면으로만 재단할 수 없는 특성이 있다. 사교육을 부추기고 가계 부담을 늘리며 공교육을 황폐화시키는 부정적 측면도 있지만 우수한 학생에게 지적(知的) 자극을 주고 수월성(秀越性) 교육에 도움을 준다. 무엇보다 교과과정을 앞서 공부한다고 해서 벌을 주는 제도는 지구상에서 한국 말고는 없을 것이다. 아무리 좋은 교육정책이라도 학부모의 가치관이 바뀌지 않으면 효과를 기대하기 어렵다는 점도 잊지 말아야 한다.[113]

학원들의 '공포 마케팅'

　한 사(私)교육 업체 대표가 고교생과 학부모 5000명 앞에 섰다. "선택형 수능은 올해 시행되고 (내년부터는) 사라질 것입니다. 입시 현실을 고려하지 않아 수험생들의 혼란만 키웠습니다."

　자리에 앉아있던 학생과 학부모들이 웅성거린다. "올해만 하고 끝이래!" "그럼 내년부턴 어떻게 되는 거야?" 올해 수능에서 A형(쉬운 시험)과 B형(어려운 시험)으로 나눠 치르는 시험이 처음 실시되는데 내년에 당장 이 시험을 중단할 것이라는 말이었다.

교육부는 이 부분에 대해 아직 말이 없는데, 사교육 업체가 나서서 나라의 입시 일정을 결정해 버렸다. 현장이 꿈틀거린다.

초등학교 4학년 학생이 한 유명하다는 학원에 갔다. 수학 레벨(level) 테스트 후 학원장이 학부모를 부른다. "큰일 났어요. 다른 학생들은 다 끝난 과정인데, 아이가 들을 수업이 없어요. 따로 보충 수업을 하든지…." 중학생 대상 어학원에서는 대학입시 수준의 영어 문제를 던져주고 아이들 기를 팍팍 죽인다.

대한민국 학원이 살아가는 방법 중 하나가 '공포 마케팅'이다. 학교의 교육과정을 훨씬 앞선 어려운 문제를 주고 "이 정도를 따라가지 못하면 상급 학교에 못 간다"고 겁을 준다. 처음엔 흔들리지 않으려고 하는 엄마, 아빠들. 그런데 친구 아들·딸을 보니 어렵다는 과정을 잘 따라가는 것 같다. 사교육이 만들어 놓은 공포 마케팅 프레임에 부모들이 낚이는 순간이다.

박근혜 대통령이 "교과서 밖에서 시험문제를 내지 마라"고 국무회의에서 얘기했다. 한편으론 대통령이 학교 시험 출제 가이드까지 지시해야 하나, 하는 생각이 들지만 그 정도로 교육문제가 온 국민의 관심사다. 문제는 이 접근 방법이 우리 교육의 핵심을 잘 짚고 있는가이다. 최근 만난 중학교 교사들은 "학교 시험에서 교과서와 교육과정을 벗어난 문제를 출제하는 경우는 없다"고 말했다. 아이들은 사실 학교 내신 때문에 선행학습을 하는 것은 아니었다.

인정하고 싶지 않겠지만, 우리 교육에서 주도권은 사교육에 넘어간 지 오래다. 학생들에게는 학교 공부보다 학원에서 제시하는 학업 성취 기준을 맞추는 게 더 중요하다. 아이들에게 통용되는 교육과정은 학교가 아닌 학원에서 결정하는 것이다. 학교에서 교사가 학생을 체벌하면 바로 신고하지만, 학원에서는 공부하라고 아이들을 때린다. 종례 시간이 길어지면 "학원가야 하는데 왜 아이를 안 보내느냐"는 학부모 전화가 걸려 온다.

　여당은 중간·기말고사에 교육과정을 벗어난 문제를 내는 것을 금지한 '선행학습금지법'을 국회에 상정했다. 그런데 현장 반응은 떨떠름하다. 어차피 이 법이 학교에만 영향을 미치므로 효과가 미진할 거란 얘기다. 그렇다고 학원의 선행학습을 법으로 금지하는 것이 가능한지, 또 바람직한지도 의문이다. 별다른 방법이 없다. 학교와 교육 당국이 영향력과 주도권을 회복해야 한다. 한 나라 교육정책에 대한 냉소가 사교육 입시설명회에서 쏟아지는 비상식적 상황을 더 이상 보고 싶지 않다.114)

'나는 私교육' 앞지르는 '기는 公교육' 있다

　우리 사회에 창궐해 있는 사교육은 군비경쟁에 비유될 수 있다. 옆집 아이가 학원에 가니 우리 아이도 보내는 현실은 냉전시대 미국과 구소련이 서로를 믿지 못한 채 우월한 지위를 선점하기 위해 과도한 군비경쟁을 벌인 것과 비슷하다. 뛰는 놈 위에 나는 놈이 있다는 속담에서 공교육만 받는 학생을 뛰는 놈으로, 사교육과 더불어 선행학습을 한 학생을 나는 놈으로 놓고 패러디를 해보자.

　불안 심리를 마케팅하는 학원의 선전에 귀가 솔깃한 학부모는 칸트에 대응될 수 있다. 칸트에게 있어 뛰는 놈 위에 나는 놈이 있다는 것은 '선험적 관념'에 해당한다. 상당수의 부모들은 사교육 우위를 직접적 경험으로 확인하기보다 선험적 형식으로 받아들이는 듯하다. 사교육 의존적인 학생은 프로이트로 대변될 수 있다. 인간의 심리를 콤플렉스로 설명한 프로이트에게 있어 뛰는 놈은 주행

콤플렉스 때문에 날지 못한다. 학생들은 학교 수업으로는 주행만 가능하기에 비행을 위해서는 학원에 가야 한다고 생각한다.

사교육의 효과성을 강조하는 학원가는 과학자에 비유된다. 수학자에게 뛰는 놈과 나는 놈은 각각 2차원 평면과 3차원 공간에 속하기에 사교육은 공교육보다 한 '차원' 높고, 화학자는 나는 놈의 '엔트로피'가 높다고 해석한다. 물리학자는 '관성의 법칙'에 의해 뛰는 놈은 계속 뛰고 나는 놈은 계속 날기 때문에 둘 사이의 차이는 지속된다고 본다. 사교육 중에는 약장사 버전으로 '이 약 한 병만 먹어봐! 뛰는 놈이 날 수 있어'라고 허위 과대광고를 하는 경우도 있다.

교육부는 칼 포퍼와 토머스 쿤에서 해답을 찾을 수 있다. '반증 가능성'에 무게중심을 둔 칼 포퍼는 나는 놈보다 더 빠르게 뛰는 놈을 발견함으로써 명제를 반증한다. '패러다임의 변화'를 강조한 토머스 쿤은 뛰는 놈 위에 나는 놈이 있다는 주류 패러다임이 바뀌어야 한다고 본다. 교육부는 공교육의 우수 사례를 통해 사교육 우위를 반증하고 패러다임의 변화를 이끌어야 한다. 사실 공교육 교사가 되기 위한 교원임용시험의 경쟁률은 수십 대 일이고, 이를 통과한 교사의 출발점 수준은 매우 높다. 그런데 문제는 우수 인재가 교사로 임용된 후에는 자기 개발을 게을리 하는 경우가 적지 않다는 데 있다.

패러디의 종결자는 뛰는 놈이나 나는 놈이나 똑같이 도착한다는 갈릴레이다. 갈릴레이는 자유낙하 실험을 통해 물체는 질량과 상관없이 동시에 땅에 떨어짐을 밝혔다. 선행학습으로 빨리 배우건 학교 진도를 따라가건 종국적으로 동일한 수능을 치른다.

베트남전에서 미군은 절대 우위의 공군력으로 폭격을 퍼부었지만 최종 승자는 땅굴 작전으로 이를 무력화시킨 월맹이었다. 이를 빗대

'나는 놈 위에 기는 놈 있다'는 격언이 등장했다. 낭비적인 시도보다 주어진 현실에 밀착된 노력의 가치를 드러낸 말이다. 베트남전에서 미국의 화려한 장비가 큰 효력을 발휘하지 못한 것처럼, 사교육을 통한 과도한 선행학습은 대부분 별 실효성이 없다. 학생과 학부모가 사교육과 선행학습의 미망(迷妄)에서 깨어나도록 하려면 뛰는 공교육이 나는 사교육을 앞지른다는 것을 보여주는 수밖에 없다.115)

사교육비 문제 땜질만 할 텐가

사교육비 부담 정말 해결할 수 없는 문제인가. 새 학기 교육현장의 최대 화두는 두말할 것 없이 사교육이다. 소득의 절반 이상을 사교육에 쏟아 부어야 하는 서민들이 관심을 갖지 않을 수 없는 문제이기도 하다.

교육부도 엊그제 사교육비 경감 대책을 내놓았다. 공교육의 내실화를 통해 사교육 수요를 흡수하겠다는 것이다. 초등 영어체험센터 개설, 저소득 소외계층을 위한 방과후학교 확대 운영 등이 주요 내용이다. 하지만 지난 2004년에도 비슷한 대책을 내놓았지만 사교육비를 줄이지는 못했다. 날이 갈수록 과해지는 사교육 광풍을 잠재우기에는 별무효과였다는 것이다.

교육 당국은 기회가 있을 때마다 헌법이 보장하고 있는 '교육의 공공성 실현'을 강조했지만 어느 누구도 이를 믿지 않았다. 교육정책이 오락가락할수록 파생되는 부담은 결국 학부모들이 떠안아야 했기 때문이다.

EBS수능강의, 방과후학교 운영도 좋지만 학교수업의 질을 높이는 등의 공교육 신뢰 회복에 전력을 다하지 않는 한 사교육비 문제는 사그라지지 않게 돼 있다. '사교육을 받지 않고 내 아이가 학교수업만으로 경쟁에서 이길 수 있을까, 학원 과외 한번 없이 대학 갈 수 있을까'라는 학부모들의 의구심도 그동안의 교육정책이 현실감이 떨어지고 믿기지 않아서다.

사교육비가 늘어나는 것은 공교육이 제구실을 다하지 못해서이다. 공교육이 수요자의 욕구를 충족시키지 못하니 학생들이 학원으로 몰려들고 사교육비가 공교육비를 압도하는 비정상적인 현상이 계속되는 것이다. 공교육의 획기적인 개선 없이는 사교육비를 결코 줄일 수 없다. 가뜩이나 소득의 양극화로 절망하고 있는 저소득 소외계층이 겪는 자녀교육에 대한 좌절감이 사회문제로 확대돼서는 안 된다.116)

사교육 대책이 눈물겨운 이유

교육부가 17일 내놓은 사교육 경감 및 공교육 정상화 대책에 대한 현장의 반응을 요약하면 이렇다. "사교육 대책은 어이가 없고, 공교육 대책은 내용이 없다." 눈에 띄는 항목이 없을뿐더러 그나마 새로 내놓은 학원비 경감 대책은 너무 황당하다는 지적이 있다.

일명 영어유치원이라고 하는 영유아 영어학원의 원어민 강사 채용을 금지하겠다는 교육부의 구상에 관련자들의 반응은 싸늘했다. 영어유치원 강사인 친구는 "그렇게 되면 내 손에 장을 지진다"며 헛웃음을 쳤고, 아이를 영어유치원에 보내는 후배는 "그게 무슨 말도 안 되는 소리예요? 조기유학 가라는 말이에요?" 라며 화를 냈다.

한국학원총연합회 전국외국어교육협의회는 당장 성명을 통해 "교육받을 권리를 제한하고, 외국인에 대한 차별적 조치" 라며 "영어유치원이 조기유학으로 인한 외화 유출과 기러기아빠 양산 같은 폐해를 줄이고 있는데 이 무슨 황당한 발상이냐" 고 따졌다.

조기 영어교육에 대한 수요는 날로 커지고 있다. 주위를 둘러보면 유아 공교육 시설이 부족해서 대체재로 이른바 영어유치원이나 놀이학교를 택하는 이도 적지 않다. 글로벌 시대에 영어는 필수라는 인식이 보편화됐음은 엄연한 현실이다. 교육부도 이 정책이 무리라는 것을 알았는지 유독 이 부분은 공론화 과정을 밟겠다는 단서를 달았다. 법적으로나 현실적으로나 무리수인 줄 알면서 이런 정책을 내놓을 수밖에 없었던 것은 '뭔가 새로운 것을 내놓아야 한다' 는 강박증 때문이 아닌가 싶다.

그도 그럴 것이 정부는 2000년대 들어 매년 한두 번씩 '사교육 대책' 이라는 것을 내놓았다. 하지만 건국 이래 사교육이 줄었다는 얘기는 들어본 적이 없다. 통계청 서류의 수치만 본다면 1인당 사교육비가 주춤한 시기도 있었으나 현장에서 체감하는 사교육은 액수도, 종류도 늘어만 간다. 이를 되짚어 보면 정부의 사교육 대책으로는 결코 사교육을 줄일 수 없다는 방증이기도 하다.

사실 교육부가 내놓을 수 있는 카드라는 것이 뻔하다. 학벌이 미래를 보장하는 사회구조가 달라지지 않는 한, 그래서 부모들이 자녀의 성적표에 일희일비하는 현실이 바뀌지 않는 한 당국이 할 수 있는 일이라고는 학원을 때려잡거나 EBS를 요리조리 바꿔보는 것뿐이다. 그러니 매번 똑같은 레퍼토리가 되풀이될 수밖에 없다. 이번에 교육부가 내놓은 학원비 옥외표시제의 경우 이미 2007년 사교육 대책으로 발표됐던 내용이다. 방과후학교나 수업의 질을 높이겠다는 것은 사교육 대책에서 한 번도 빠지지 않는 메뉴다. 그래서 오히려 '이건 진짜 미션 임파서블인가'라는 의구심이 들 지경이다. 해가 바뀌기 전에 한 번은 사교육 대책을 내놓고 넘어갔어야 하는 교육부의 처지가 딱하게 여겨질 뿐이다.

이쯤 되면 정부가 발상의 전환을 하는 것이 필요하다. 과거에는 정부가 모든 것을 할 수 있었으나, 점점 정보가 공개되고 개방의 범위가 넓어지면서 이제 정부가 모든 것을 할 수 있는 시대는 갔다. 정부가 부동산 활성화 대책을 내놓으면 시장이 반대로 움직이고, 부유세 도입 논의가 나오면 해외로 자산을 빼돌리려는 움직임이 일어나는 식이다. 정보와 국경을 차단하지 않는 이상 정부의 '정책 한계' 현상은 심화할 수밖에 없다. 교육당국도 사교육 대책으로 사교육을 잡을 수 있을 거라는 생각에서 벗어나야 한다.

현실과 동떨어진 무리한 대책을 짜내기보다는 정책 한계를 인정하고 공교육에 몰두하는 편이 사교육 혼란을 줄이는 길이다.[117]

'땜질 처방'으로 사교육 문제 해결할 수 있겠나

교육부가 어제 서민 가계를 짓누르는 사교육비 부담을 줄이기 위한 대책을 내놓았다. 대학 입학을 위한 필수 참고서로 통하는 EBS 수능 연계 교재를 쉽게 만들겠다고 한다. 영어와 수학 교재가 특히 그렇다. 비싼 학원비 문제를 해결하기 위해 유아를 대상으로 한 영어유치원에 대해서는 외국인 강사 채용 금지를 추진하기로 했다. 박근혜정부 들어 처음 내놓은 사교육비 경감 대책이다.

사교육비를 조금이라도 줄이고자 한 고민이 담겼다. 하지만 대책은 너무 미시적이다. 이번 대책은 수능과 연계한 EBS 영어·수학 교재의 학습 부담을 줄이는 데 초점을 맞추고 있다. 영어 교재의 어휘 수를 2014학년도 5668단어에서 2017학년도에는 절반 수준으로 줄이고, 수학 교제도 종류와 문항 수를 단계적으로 줄이기로 했다. 항구적인 대책이라고 할 수 없다. 올해 수능만 해도 "변별력이 없다"는 비판이 쏟아지자 교육부는 변별력 강화를 고민하고 있다. 수능이 또 흔들리게 생겼다. EBS 교재만 쉽게 만들고, 수능에서는 변별력을 강조하면 교육현장은 또 혼란에 빠진다. 정책의 신뢰는 무너지고, 사교육이 기승을 부리게 된다. '학원의 이익을 위한 변별력 강화'가 아니라 '학생의 이익을 위한 쉬운 수능'의 대원칙을 유지하는 것이 중요하다.

사교육비는 더 이상 방치하기 힘든 지경에 이르렀다. 2월 '2013년 사교육비·의식조사' 결과 학생 1인당 월평균 사교육비는 23만 9000원으로 나타났다. 이 조사 결과는 평균치일 뿐이다. 입시생을 둔 수도권 가정에서는 고교생 자녀에게 한 과목을 가르치자면 50만~70만원을 줘야 한다. 더 많은 돈이 드는 고액과외도 허다하다. 사교육비의 65%는 영어와 수학을 가르치는 데 쓰인다. 영어유치원의 원비는 월평균 79만 3000원에 이른다. 이런 식으로 드는 사교육비가 연간 18조 6000억원에 이르렀다. 경제난에 어려운 가계 살림에 사교육비는 멍에와도 같은 존재다.

근본적인 대책을 강구해야 한다. 사교육의 원인은 대학 서열화와 학벌주의의 고질에 있다. 교육부도 그런 문제를 잘 안다고 한다. 그렇다면 그에 대한 대책을 강구해야 할 것 아닌가. EBS 교재나 바꾸는 땜질 처방으로 할 일 다했다고 생각한다면 곤란한 일이다. 시간이 걸리더라도 국민이 체감할 수 있는 실효성 있는 대책을 내놓아야 한다. 대학 서열화와 대입제도의 근본적인 개혁도 강구해야 한다. 장관이 바뀌고, 담당 국·과장이 바뀌면 온 나라가 '사교육 도가니' 속으로 빠져드는 행태가 반복되도록 해서는 안 된다.

공교육 황폐화와 사교육 번성이 백 년은 고사하고 몇 년도 내다보지 못하는 교육당국의 무책임에서 비롯되는 것은 아닌지 돌아봐야 한다.[118]

空교육 만드는 수능… 땜질처방 금지!

흔들리는 교육 바로 세우자. 사교육 악순환 끊으려면…. 사교육이 공교육을 넘어 기승을 부리는 데는 대학입시 제도의 잦은 변경도 한몫하고 있다. 정부가 이념에 따라, 여론에 따라, 그리고 사교육을 줄인다는 목표로 입시에 수시로 손대면서 대입 사교육 시장은 점점 크고 복잡해졌다.

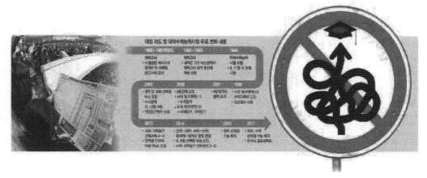

지난해에도 정부는 '대입 간소화 정책'을 통해 각 대학이 전형 수를 줄이고 전형요소를 단순화하도록 했지만 여전히 지원전략 짜기는 미로와 같다.

입시 제도가 바뀔 때마다 일반계 고교에서는 교사와 학생이 입시 시스템을 따라갈 수 없다는 불만을 쏟아낸다. 아무리 좋은 입시 정책이 나온다고 하더라도 변화의 속도가 더딘 공교육 시스템에서는 바로 적용하기가 어렵기 때문이다.

결과적으로 입시 개선안이 새로 나올 때마다 사교육 의존도가 더 높아지는 악순환이 이어져 왔다. 현장에서는 "최악의 입시라도 안 바꾸는 게 최선"이라는 말이 나올 정도다.

☞ 격변의 대입 제도

우리나라 대학입시 제도는 '격변의 역사'라고 해도 과언이 아니다. 정책 결정권자의 가치관, 각 정부가 중요시하는 가치, 그때그때의 여론에 따라 입시 정책이 바뀌었다. 반면 피해는 고스란히 학생과 학부모들 몫이었다. 특히 정권이 바뀌면 예외 없이 대입 정책을 대대적으로 바꾸었다.

광복 직후에는 모집단위 및 정원까지 전적으로 대학이 결정했다. 시험도 대학 자율로 치렀다. 하지만 부정입학이 성행하자 1969학년도부터 정부는 대학입학 예비고사제를 도입해 대학 입시에 개입하기 시작했다. 예비고사는 암기식이라는 비판을 받고, 병행된 본고사는 과외를 조장한다는 불만이 커지자 제5공화국은 대입학력고사를 도입했다.

김영삼 정부는 1994학년도부터 고교 과정의 수준에서 수험생의 종합적 사고력을 측정한다는 취지로 대학수학능력시험을 도입했다. 도입 22년째인 수능은 평균 1.7년에 한 번꼴로 시스템이 바뀌었다. 이명박 정부는 A, B형 수능과 입학사정관전형을, 현 정부는 쉬운 수능과 한국사 필수화를 대표적인 대입 정책으로 밀면서 해마다 입시 개선안을 내놓았다.

이처럼 입시 제도가 자주 바뀐 원인은 '반작용'에 있다는 분석이 우세하다. 특히 지난 정권이 만든 입시정책에 조금이라도 불만 여론이 있으면 곧바로 새로운 정책을 꺼내 드는 관행이 입시 제도를 불안하게 만들었다는 지적이다. 대입 제도가 너무 자주 바뀌는데 대한 피로감이 늘면서 지난 정권의 교육정책을 쉽게 뒤집는 관행을 막아야 한다는 의견이 나온다. 한국교육개발원 김순남 연구원은 "입시 제도를 정치인과 공무원이 결정하는 것이 아니라 연구원과 학자까지 참여하는 별도의 독립기구를 만들어 맡겨야 입시 정책이 지속성 있게 추진될 수 있다"고 말했다.

☞ 예측 불가능한 입시 구조가 사교육 키워

입시 제도가 바뀔 때마다 발 빠르게 적응한 것은 공교육이 아닌 사교육이었다. 논술, 적성고사, 영어능력시험, 입학사정관제 등 새로운 대입 정책에 나올 때마다 공교육이 당황하는 사이에 사교육은 이미 강사, 교재, 프로그램에 이르는 모든 것을 갖추고 학부모들을 끌어들였다.

최근 한계점에 봉착했다는 비판을 받고 있는 수능의 경우 난이도가 들쑥날쑥하다는 점이 사교육을 끊이지 않게 만들었다. 20년을 넘긴 시험에서 여전히 사교육이 성행하는 이유는 예측 가능성이 떨어지기 때문이다. 이는 정부가 난이도 시비가 불거질 때마다 한 해는 쉽게 내고 한 해는 어렵게 내는 식의 땜질 처방으로 일관해 '물수능' '불수능' 논란을 증폭시킨 탓이다.

일관성 없는 대입 제도만큼이나 수험생, 학부모, 교사는 종잡을 수 없는 수능 난이도 때문에 혼란을 겪었다. 인터넷 수능 강의업체의 대표는 "업계에서는 정부가 대입 제도를 흔들지만 않으면 사교육이 저절로 죽을 것이라는 말이 정설"이라며 "정부가 매년 수능

난이도를 달리하고 선택과목과 수도 수시로 바꾸고 A, B형을 도입했다가 1년 만에 폐지하는 바람에 사교육이 먹고사는 셈"이라고 말했다.

대체로 역대 정부는 시험 난도를 높이는 데 부담감을 느끼고 대체로 난도를 낮추려는 시도를 많이 했다. 난도가 높아지면 과외 등 사교육이 성행한다는 이유에서다. 그러나 난도가 낮아져 수험생 변별력이 떨어지면 대학들이 논술고사 등 대학별 고사를 강화하기 때문에 사교육이 다른 방향으로 옮겨간다는 지적도 나온다. 대표적인 물수능이었던 2012학년도 수능 이후 대학별 논술시험의 비중이 높아져 논술학원이 성행한 것이 그 예다.

서울의 한 사립대 입학처장은 "정부가 입시를 자꾸 바꾸면서 점점 학생이 스스로 준비할 수 없는 입시 시스템이 공고해졌다"면서 "교사와 학생이 감당할 수 있도록 최소한 3년 이상 끌고 가는 안정적인 대입 제도를 운영하는 것이 정부의 과제"라고 지적했다.[119]

사교육은 막을 수 없다

한 달 전, 각종 언론들은 금년에 시행할 예정인 선택형 수능에 대한 문제점을 지적했다. 서울 지역 9개 대학 입학처장들의 유보 의견 표명으로 촉발되었지만, 정부는 한 차례 작은 파도로 치부하고 계속 추진할 것으로 보인다.

선택형 수능이란 지금까지는 문과와 이과에 따라 수학만 Ⅰ, Ⅱ로 구분했던 것을 국어와 영어도 수학과 같이 A형과 B형으로 나눠 B형은 현 수준을 유지하고, A형은 쉽게 출제한다는 것이다. B형은 최대 2과목까지 응시 가능하나 국어B와 수학B를 동시에 선택할 수 없게 하고 대학들은 난이도를 고려해 가산점을 줄 수 있다. 과연 이 제도로 시험 부담이 없는 수능을 만들어 사교육이 필요 없게 될까? 우선 사교육과 대학 입시 간에 얽힌 문제들을 살펴보자.

첫째, 사교육은 대학입시 외에도 다양한 이유에서 비롯된다. 필자가 어렸을 때도 사교육은 있었지만 지금처럼 심하지 않았을 뿐이다. 우리는 여섯 형제였고 누나와 형이 같이 놀아주고 공부했으나 지금은 그럴 사람이 없다. 또 글로벌 시대의 기본인 영어교육이나 영재교육도 조기에 실시해야 효과적이다. 이렇게 보면, 사교육이 꼭 입시 탓만은 아니다. 한편 중·고등학교 입시가 있었을 때는 공부에 적성이 있는지가 몇 차례 걸러지면서 자연스럽게 정리되었다. 그러나 지금은 모든 학생이 대입에 똑같은 기대를 하게 되었고 공교육은 제 역할을 못하고 있다.

둘째, 학생들이 가고 싶은 소위 명문 대학 정원이 턱없이 부족하다. 이런 상황에서는 가위, 바위, 보로 학생을 뽑는다고 해도 다시 그 방법에 대한 사교육이 성행하게 된다. 상대의 심리를 읽고 이기는 방법을 배우려고 하기 때문이다. 심지어 자신의 자녀를 특수목적고나 명문대에 보낸 노하우를 살려 위탁 교육을 해주는 이른바 '사교육 대리모'가 인기를 얻고 있다는 말까지 나온다. 한동안 수도권 대학의 정원 축소가 대학 구조조정의 핵심이 된 적도 있었다. 소위 명문대학의 정원을 늘리지 않더라도 학생들이 가고 싶은 좋은 명문 대학들을 많이 육성하는 방법은 없을까?

셋째, 전형요소가 너무 많아 입시가 복잡해졌다. 필자가 5년 전 총장 취임 시 인터뷰에서 기자들은 입시문제에 대해서 특히 3불(不)제도에 관해 집중적으로 질문했다. 당시 입시가 너무 복잡해 나도 파악하기 힘들어 단순해져야 한다고 답했다. 지금 전국적으로 3천여 개가 넘는 전형이 있다고 한다. 엄마의 정보력이 대학 합격의 으뜸가는 필요조건이 된 것도 여기서 비롯된 것이 아닐까?

전형요소가 많아진 데는 설익은 정부 정책에서 비롯된 것이 많다. 한 가지만 잘해도 대학에 갈 수 있게 한다는 것이 결국 내신, 논술, 수능, 심지어는 사회봉사까지 다하게 만들었다. 한 가지로 들어갈 수 있는 문이 좁기 때문에 다른 예비 수단들도 다 준비해야 하기 때문이다. 한편 거론조차 금기시되어 왔던 3불제도 역시 입시를 복잡하게 만들었다. 필자는 기여 입학제를 줄곧 반대해 왔다.

그러나 평준화 이후에도 지역에 따라 또는 특목고, 자사고와 같은 새로운 명문이 생겨났는데 고교특성을 반영하지 않는 내신이 과연 판별능력이 있을까? 대학별 고사를 금지하고 수능과 같은 통일된 잣대로만 평가하면 대학의 서열화는 더 심해진다. 수험생들과 학부모에게는 학교와 학원 진학교사들의 수능성적에 의한 배치표가 곧 대학서열이 되는 것이다.

다시 선택형 수능으로 돌아가자. 현재 고등학교는 문과와 이과 계열만 존재한다. 세 과목의 선택형 수능을 준비하려면 모두 8개의 계열이 필요하다. 세 과목 가운데 두 과목만 B형을 택할 수 있으나 대학과 학생들의 선택조합이 일치하지 않을 수 있어서 막상 입시에서 학생들의 선택은 줄어들 수 있다.

대학에 따라 천차만별인 가산점은 어떻게 고려해야 할까. 엄마의 정보력은 그 위력을 더 발휘할 수밖에 없다. 이미 예고된 것이고 의견 수렴과정을 다 거쳤기 때문에 강행해야 한다는 것은 합리적인 명분이 될 수 없다. 교육과학기술부는 카운트다운에 들어갔던 나로호 발사도 문제가 발견되자 연기하지 않았던가. 선택형 수능, 다시 생각하여 헤아려 볼 일이다.[120]

사교육의 정당화

　우리나라의 사교육비 문제는 교육의 일반수요자 뿐만 아니라 정책담당자에게도 좀처럼 벗기 어려운 멍에로 씌워져있다. 그 규모도 점점 더 커져만 간다. 한국교육개발원이 2003년에 조사한 자료에 의하면 학생당 월 평균 23만 8,000원의 사교육비가 지출되고 있고, 국가적 총액은 13조 6,000억원에 달하는 것으로 밝혀졌다.

　중앙정부와 지방정부, 그리고 학생의 납입금을 포함한 공교육비 총액의 3분의1 수준을 훨씬 넘는다. 저소득층에게는 생계를 심각하게 위협하는 부담이고, 그 부담 능력의 차이로 인한 교육의 불평등적 양극화는 해결해야 할 가장 시급한 사회적 문제의 하나로 인식되고 있다. 비단 우리나라만의 독특한 문제는 아니라고 하더라도 우리의 사정은 이대로 방치하기가 어렵다고 생각하는 것이 일반의 인식인 것 같다.

　그런데 지난 1996년에 한국이 OECD의 회원 국가로 가입하기 직전 전문가들로 구성된 평가단이 교육개혁방안을 중심으로 한국교육의 제도와 정책을 검토하던 중에 한국이 사교육 문제로 시달림을 받고 있다는 사실을 감지하였다.

　어느 날 어이없다고 할 만한 엉뚱한 소리가 언론에 보도되었다. 미국 출신의 한 평가위원이 사교육비의 부담능력의 차이로 인한 불평등 현상이 문제가 된다면 정부가 저소득층에 사교육비를 지원해 주면 될 것 아닌가라고 한 것이다. 그 말이 당시 우리의 귀에는 한국의 사정을 잘 모르는 외국학자의 '철없는 소리'로 들렸다.

　물론 그 평가위원은 우리 사회에서 성행하는 사교육이 어떤 성격의 것이며, 어떤 폐해를 안고 있는가를 잘 모르고 있었을 줄로 여겨진다.

그러나 그가 생각하기로는 자녀의 교육을 위하여 돈을 쓴다는 것이 나쁠 것이 없고, 부담 능력이 없는 저소득층의 부모들에게 그들의 자녀를 위하여 사교육비를 지원해 주는 것은 교육복지를 지향하는 국가로서는 당연히 할 만한 정책적 사업에 속한다고 여겼을 것으로 짐작된다.

다시 생각해 보면, 가정이나 나라가 돈을 딴 곳에 쓸 것을 절약하여 교육을 위해 쓴다면 그만큼 그 가정이나 나라는 높은 '삶의 질'을 영위하고 있는 셈이다.

만약에 이 말이 옳다면 사교육비는 불필요한 부담으로 여겨야 하는 것이 아니라 더욱 가치 있는 삶을 추구하는 데 소요되는 비용으로 여겨야 할 것이다.

현실적으로나 이상적으로나 교육이 학교에서 완성될 수 있는 것은 아니다. 학교의 역량이 미치지 못하는 인간계발의 영역이 무한히 남겨져 있고, 그런 한에서는 학교외의 교육, 사교육의 여지가 불가피하게 존재한다. 그것을 위하여 비용을 들이는 것은 근절되어야 하는 병폐가 아니라 절실한 사회적 필요에 속한다. 그러면 사교육비를 많이 쓰는 개인이나 국가는 그만큼 '좋은 삶'을 추구하고 있다고 보아야 할 것이다.

다만 돈을 가진 사람들은 자기 자식의 안위나 출세나 영달을 위해서만이 아니라, 국가의 발전과 인류의 복리를 위하여 그 자식이 지닌 잠재적 역량을 계발하는 데 자신의 능력이 자라는 만큼 비용을 부담할 의무를 느끼고 있을 경우의 이야기이다. 이런 경우에 그 의무를 자력으로 감당하지 못할 때 사회나 국가의 지원을 기대하거나 요청하는 것은 당연하다고 할 수도 있다.

그러나 우리가 씨름하고 있는 사교육의 문제는 반드시 부담능력의 차이로 인해서 초래되는 양극화의 문제만은 아니다. 공교육이나 사교육이나 간에 비용을 많이 쓸 수 있는 사람으로 하여금 적게 쓰게 해서 경제적 능력이 모자라는 사람과 똑같이 쓰게 하는 것으로 사교육의 문제가 해결되는 것은 결코 아니다. 그것은 사교육의 문제를 교육적 문제로 보는 것이 아니라 사회적 문제로만 보는 것일 따름이다.

더욱 중요한 것은 오히려 사교육을 위한 비용이 무엇을 위하여 사용되고 있느냐이다. 그 비용이 학교의 교육력이 미치지 못하는 특별한 능력의 계발이나 보충적 부분에 쓰이고 있다면 교육적으로 크게 문제될 것은 없다. 비용의 배분문제는 그 다음의 문제이다.

그러나 근시안적 이기심에 매여 단순히 진학의 경쟁을 위한 '점수따기식'의 학습에 그 비용이 쓰이고 있다면, 그것으로서는 사교육이 결코 정당화 될 수가 없다. 창의력, 자료해석력, 문제해결력 등의 고등정신능력의 계발과는 거리가 먼 단순암기, 기계적 계산, 족집게 정답 맞추기, 강제된 공부 등의 얄팍한 학습력을 기르기 위하여 그 많은 사교육비가 사용되고 있다면, 그러한 사교육비는 적게 쓰라 많이 쓰라고 하기 전에 교육적으로 해악이며 사회적으로 낭비에 불과하다.

부모의 이기심이나 기회주의적 계산에 의해서 젊은이들의 건전한 성장을 방해하고, 그들의 잠재력을 원천적으로 파괴하는 일을 '교육' 이라는 이름으로 자행하는 것은 무지의 소행이라고만 할 것이 아니라 오히려 죄악에 속한다.

우리는 누가 사교육비를 많이 쓰고 누가 적게 쓰느냐를 두고 싸울 것이 아니라, 그 비용이 어떻게 사용되고 있느냐를 사회적으로 감시할 필요가 있고, 실제로 소요되는 적정한 비용을 어떻게 정의롭게 배분할 수 있는가를 두고 진지하게 숙의할 필요가 있다.[121]

"서열화 교육 반대"

나는 시험 점수가 좋은 몇몇 아이들만의 교사가 아니다. 학교는 학원이 아니다. 학교는 사교육의 결과를 확인 받는 곳이 아니다. 이런 식으로 아이들을 서열화하고 경쟁시키는 것은 교육이 아니라고 본다. 날마다 시험 점수 올리는 문제 풀이로 아이들과 교사가 힘들어지고 싶지 않다. 아이들과 다양한 방법으로 공부해 보고 싶고 아이들의 잠재력을 찾아 줄 수 있는 교육을 하고 싶다. 아무리 공부해도 평균 90점을 넘지 못하는 아이, 부모가 모두 일을 다녀도 변변한 학원하나 보내는 것과 학습지 하나 하는 것도 힘겨운 부모를 둔 아이, 할아버지 할머니 손에 자라는 아이, 아직 받침이 잘 안 돼서 글을 제대로 못 쓰는 아이, 덧셈 뺄셈을 아직도 손가락을 꼽으며 하는 아이, 나름대로 학교 오는 것이 친구들과 선생님 만나는 것이 즐겁고 행복한 아이 모두의 교사이다. 아이들이 시험점수가 올라서 상을 받아 자신감이 생기고 상을 받지 못해 공부를 하지 않는다는 일부 부모들의 의견에 동의하지 않는다. 그것은 자신감이기 보다는 내가 내 친구보다 낫다는 잘못된 우월감일 수 있기 때문이다. 내 아이만은 상을 받을 수 있다는 잘못된 자식 사랑이다.

얼마 전 경기도 수원의 모 중학교 2학년 여학생이 꽃다운 목숨을 버렸다. 시험 점수 때문이었다. 우리는 해마다 이런 아이들의 죽음을 보면서 너무 무감각한 어른으로 살고 있는지 않은지 우리들의 죽음이고 내 자식의 죽음인 것이다. 내 제자의 죽음인 것이다. 어른들이 도대체 성적으로 석차로 아이들에게 무슨 짓을 하고 있는 것인가?

교사로서 죄스럽다. 인생에서 가장 행복하게 꿈을 가꾸어 나가야 할 우리 아이들이 시험점수 때문에 등수 때문에 가끔씩은 죽음을 생각하고 내 친구를 동료보다는 딛고 올라서야 하는 경쟁상대로 생각하는 이 슬픈 현실이 두렵다. 그렇기 때문에 우리가 아이들에게 꿈을 주기보다는 성적으로 가르고 성적으로 차별받게 하고 싶지 않은 것이 저의 소박한 꿈이다.

초등학교는 초등학교에 맞는 교육과정이 있다. 학부모님들! 아이들의 꿈과 희망 그리고 날마다의 삶에서 웃음을 지켜주시기 바란다. 아이들의 가능성에 대해 믿는 교사의 소신을 지켜봐 주시기 바란다. 그리고 교사로서 제가 지켜나가고자 하는 소신에 동의해 주시기 바란다. 더 분발하겠다.[122]

새로운 교육의 지평을 여는 방과후 학교

요즘 학교의 모습은 새롭게 변해가고 있다. 학교 정규수업이 끝나면 아이들이 썰물처럼 빠져나가던 종전의 모습과는 사뭇 다르다.

점차 쾌적하게 가꿔져가는 학교 학습공간에서 다양한 프로그램으로 운영되는 방과후 학교가 아이들을 붙잡아 놓고 있다. 그야말로 보내고 싶고, 가고 싶고, 머물고 싶은 곳으로 다시 태어나고 있는 것이다.

우리의 교육현실은 획일적인 교육과정의 틀에서 벗어나지 못하고 교육 수요자인 학생 학부모의 다양한 요구와 기대에 부응하지 못해 사교육이 성행하여 서민들의 사교육비 부담은 물론 공교육을 불신하는 우려의 목소리가 높은 것도 사실이다.

이러한 교육 구조 속에서 본격적으로 추진되고 있는 방과후학교는 새로운 교육패러다임으로써 '방과후학교에서 누구나 최고의 다양한 학습을!' 이라는 비젼을 가지고 공교육력을 강화하는 유일한 대안으로 모든 학교에서 심혈을 기우리고 있다.

학교 교육과정에 다양한 교육활동을 추가로 마련해 사교육에 포섭된 교육 수요를 공교육으로 끌어들여 소득계층별, 지역별 격차 등 사회 양극화 현상을 획기적으로 해소하고, 맞벌이부부와 사회진출 여성의 증가, 저 출산 고령화 사회면화로 학생들의 보육·보습과 생활지도 기능까지 맡아줄 것을 기대하고 있다. 또 지역사회·유관기관과의 연계체제 구축으로 평생교육 및 지역사회의 교육센터 역할을 담당 할뿐 만 아니라 다양한 과외욕구를 학교로 습수하여 사교육비 경감을 위함이 궁극적 추진 배경으로 돼 있다.

학생들의 다양한 욕구를 충족시키고 특기·소질·적성 및 창의력을 계발하며 학습에 대한 심화 및 보충지도로 교육의 질을 높임을 물론 학생들이 방과 후 여가 시간을 건전하게 보내기 위한 장을 마련, 학생의 흥미와 욕구를 만족시키는 활동을 통하여 건전한 정서적·사회적 발달을 제공하며 최소의 비용으로 학습의 보충뿐만 아니라 다양한 특별활동의 기회를 제공하여 그들의 미래사회 역할에 대한 인식 제고와 전인적인 발달을 제공하는데 목적을 두고 있다.

방과후학교 교육 활동은 학교 시설과 지역사회의 인적·물적 자원을 이용하는 교육활동으로써 학부모들의 과중한 사교육비 부담에서의 해방과 신뢰성 있는 공교육의 틀에서 자녀가 보호받고 있다는 안도감으로 취업이나 적극적인 사회생활의 참여에 그 의의가 있다 할 것이다. 또한 학생들을 유해 환경으로부터 보호하고 그들의 수준과 욕구에 알맞은 프로그램을 통하여 학습을 보충하고 다양한 경험으로 전인적 성장의 토양 마련이 주된 활동이라고 할 수 있다.

향후 방과후학교 교육활동을 당국의 적극적인 시설 확충 및 재정

지원으로 인적·물적 환경을 조성하고 교사 및 강사, 그리고 학부모 연수 강화를 통하여 질 높은 방과후학교 교육이 이루어져 학생과 학부모의 방과후학교에 대한 긍정적인 방향으로의 인식 변화를 유도해야 한다.

방과후학교에 대한 법적인 뒷받침과 교사들의 업무경감 및 참여 교사에 대한 보상과 인센티브를 제공함과 동시에 더욱 다양한 특기 활동과 관련된 내용이 제공됨으로써 교과는 물론 교과 이외의 교육적 욕구를 충족시킬 수 있어야 한다.

이를 위해서는 방과후에 원하는 학생들에게 학교와 지역사회 시설을 활용한 저렴하고 질적 수준이 높은 다양한 프로그램, 이를테면 자유 선택학습 영역, 방과후학교 종일반 운영, 방과후 주말학교 운영, 휴가 중 특별활동 운영 등이 폭넓게 개발되고 적용되어 획일화된 학교 교육활동에서 벗어나야 한다.

또 개성과 소질을 신장시키고 학부모의 과중한 사교육비를 절감할 뿐만 아니라 소외받는 계층의 상대적 교육기회 박탈을 해소시킬 수 있는 순도 높은 방과후학교가 되어야 하겠다.

따라서 방과후학교 교육 활동이 지식과 정보만을 가르치는 교육의 장이 아니라 인격과 사랑으로 삶의 지평을 열어주고 밝혀주는 교육의 장이 되어야 할 것이다.

외딴 섬나라의 '사교육 전쟁'

모리셔스 공화국. 인도양 마다카스카르에서 동쪽으로 800㎞ 떨어진 작은 섬나라다. 인구 130만명, 제주도 크기의 섬 주위를 에메랄

드빛 바다가 감싸고 있다. 해안의 리조트, 꿈 같은 휴양지엔 오늘도 전 세계 관광객이 몰려든다.

하지만 당연히 지상낙원이어야 할 이 인도양 작은 섬나라가 100년 이상 '사교육과 전쟁'을 펼치고 있다. 도대체 무슨 일이 일어난 것일까? 1901년 모리셔스의 한 중학교 교장이 정부에 호소한다. "사교육 때문에 무력감을 느낀다." 전쟁의 신호탄이었다. 그리고 1980년대 중반, 이 나라 초등학교 6학년 학생 72%가 사교육을 받는 것으로 조사됐다. 정부의 사교육 대책이 이어졌다. 1990년대 초 '초등학교 1~3학년 사교육 금지' '일주일 사교육 시간 10시간 제한' 등이 발표됐다. 몇 년 후 '주말·공휴일 사교육 금지'가 실시됐다. 하지만 모리셔스 교육 상황이 좋아졌다는 보고서는 없다.

모리셔스 이야기를 듣고 있으면 '어디서 많이 들은 얘기'라는 느낌이다. 지난 60여년 우리 모습이 지나간다. 새 정부가 들어서면 새 입시 제도가 나왔다. 과외를 전면 금지했다가 풀고, 학원 시간을 제한했다. EBS에서 수능 문제를 출제하겠다고 하고, 수능을 무조건 쉽게 출제하겠다고 했다. '사교육 없는 학교'가 지정되고 '방과 후 학교'를 활성화하는 정책이 뒤를 이었다. 모두 사교육비를 줄여보겠다는 의지였다. 하지만 학교에 대한 불만은 줄어들지 않았다.

많은 나라에서, 학교는 학생과 학부모들의 성토 대상이다. 세상은 급변하는데 학교는 뒤처진다. 학교가 공급자 마인드에서 벗어나지 못했다는 것이다. 오늘 저녁 술자리에서도 아마 '교육부가 사라져야 한다' '학교는 왜 그래?' '선생들이 문제야!'라는 푸념이 오갈 것이다.

그런데 이상하다. 한국 교육은 나라 안에선 천덕꾸러기인데, 밖에서는 성공 모델이다. 미국 오바마 대통령이 잊을 만하면 한번씩 한국 교육을 치켜세운다. 한술 더 떠 한국 교사를 국가의 건설자

(nation builders)라고 했다. 2010년 발표된 '매킨지 보고서'는 한국 교사를 싱가포르·핀란드 교사와 더불어 세계에서 가장 우수한 교사 집단으로 소개한다.

이 역설적 상황은 좀처럼 이해가 가지 않는다. 한국 교사는 최고라는데, 왜 학생들은 '교사보다 못한'(한 교육 관료의 주장) 학원 강사에게 달려가는가. 한 원로 교육학자를 최근에 만났다. "정책 하나 새로 도입한다고 해서 우리 교육 바뀌지 않는다. 정책이 나빠서가 아니다. 교사들이 열정을 갖고 움직이게 하자. 그게 우리가 할 수 있는 마지막 교육 개혁이다."

맞는 말이다. 하지만 인도양 섬나라 모리셔스도 알면서 못했다. "사교육에 대항하기 위해서는 학교 '수업의 질'을 향상시켜야 한다. 만약 교사가 정규 수업을 잘 수행하면 사교육 수요는 감소한다."(1984년 정책 보고서)

세계 최고 수준인 선생님들이 우리 교단에 서 있다. 명성에 걸맞은 한국 교사의 참모습을, 이제 한국 학생과 학부모는 보고 싶다. 5월 15일은 '스승의 날'이다.[123]

제7장을 마무리하면서

학교교육 내적 개혁이 성공하기 위해서는 학교 밖의 외적 선행조건이 뒷받침되어야 하는데, 바로 학벌위주의 취업구조와 학력별 임금격차 해소 그리고 대학서열 완화가 선행조건으로 이루어져야 한다. 아무리 학교 내에서 학생들에게 협동과 협력적 방법으로 교육을 진행하려 해도 학교 밖에서 학교서열을 조장하고 학벌중심의 취업

구조가 청산되지 않고 대학의 서열이 존재하는 한, 공교육 정상화는 구호에 불과할 뿐이다.

사회적 불공정한 구조를 청산하기 위하여 실현성이 높은 대안으로, 학력 간 차별과 학벌 차별을 없애기 위해서 차별금지법을 제정할 것을 제안하며, 수도권과 비수도권 대학 간의 차별을 불식하기 위해서 균형노동법을 제정하여 지역 간의 불균형을 바로 잡아가야 한다. 그리고 대학의 서열타파를 위해서, 국공립대 공동학위제를 채택하고 혁신대학을 설립하는가 하면, 거점대학을 확대하여 지방 곳곳에 명문대학을 탄생시킬 수 있다. 또한 고등학교 서열 타파를 위해서는 고교의 수평적 선택, 교육양성기관의 개혁 등을 대책으로 제안한다. 패키지화된 정책이 연동되어 함께 정착할 때에 공교육이 정상화될 수 있다.

이렇게 사회적 불공정성과 대학서열 타파의 전제하에 모든 학생에게 국가가 책임지고 최소기초교육목표를 실현하게 되면, 학교에서 교사가 학생을 개인별로 지도하고 보살피게 되어 학생 모두가 학교를 자신에게 꼭 필요한 곳, 편안한 곳으로 인식하게 될 것이며, 사교육에 대한 필요가 거의 사라지게 될 것이다.124)

제8장

내실 있는 논술교육을
계획하고 있는가

논술과 진학

대학입시의 관문인 수능시험이 지난달 16일로 끝났지만, 전국은 다시 입시열풍에 휩싸였다. 바로 논술이다. 이 논술은 그동안 대학 입시에서 '서술형' 주관식 문제의 형태로 다루어 오던 것을 1988 년 내신이 도입되고, '선지원 후시험'으로 입시제도가 바뀌면서 변별력을 높이고자 논술이라는 과제가 등장했다.

평가의 한 방법이었을 뿐 새삼스러울 게 없었는데도, 갑자기 온 나라가 논술 때문에 떠들썩한다. 이유인즉 올해 교육부가 발표한 2008학년도 대입전형 때문이다. 학교 공교육의 정상화를 위해 내신을 강화 하고, 대학수학능력시험은 단지 학습능력을 판단하는 기준으로만 삼겠다는 것이다. 즉 점수는 공개 되지 않고 점수 분포를 일정비율에 따라 9단계로 등급화 한다는 것이다. 올해의 수능응시자 기준으로 보면 1등급은 2만3천5백명이나 된다.

오래전부터 학교간의 학력차를 이유로 대학에서는 내신비율을 상향 조정하는 것은 못마땅하고 있던 차에 수능점수 마저 공개를 하지 않겠다니 우수학생을 유치하려는 대학입장에서는 볼멘소리가 나올 수밖에 없다. 하여 논술시험의 비율을 높여 변별력을 높이겠다는 것이고, 지금까지는 인문·사회계열만 논술을 보아 왔는데 앞으로는 전 계열에 걸쳐 논술을 실시하되 '통합 교과형 논술'로 가겠다는 것이다.

지금까지의 논술은 제시된 주제에 대하여 내용을 요약하고 자기의 관점을 논리적으로 진술하는 보편적인 것인데 비해, 통합 교과형 논술은 자연의 이치나 현상을 사회나 언어영역 접목시키는 새로운 창의적 사고력을 평가하겠다는 것이다.

이는 우선 평가의 중점을 '창의적 사고력'을 측정하여 해당대학의 수학능력을 검증하고자 한다는 것이다. 얼마 전 대학입시관계자가 말 했듯이 '학원가의 답이 자기대학의 논술문제의 답이 될 수 없다'고 한 것은 일률단편적인 지식일 수밖에 없는 학원가의 답으로는 변별력을 알 수 도 없거니와, 능력도 파악하지 못한다는 취지에서 통합교과형 논술을 시행하겠는 것으로 해석된다. 또한 교과서만 잘 소화하는 학생이라면 문제가 없다는 것은, 배우는 교과목은 달라도 학습자가 자기주도적 학습을 통해서 상호 연관시키는 훈련을 평소에 해야 한다는 뜻으로 이해된다.

두 번째로 평가자의 평가 체제를 단일화하겠다는 목적이 있는 것 같다. 얼마 전 서울에서 논술지도 교육을 받았었는데 그때 강의를 담당 하셨던 교수 말에 의하면 "수백 명의 답안지를 몇몇 교수가 채점을 담당하는데 시간이 지날수록 집중력과 판단력의 한계를 느낀다." 라고 실토를 한 적이 있었다. 미루어 짐작컨대, 계열별로 다른 문제를 출제하면 많은 평가자와 시간이 소요되는데 이를 효율적으로 운영하고자 하는 것 같다.

그러나 모든 것을 대학 진학에만 문제의 초점을 맞추는 게 아닌가 하는 생각이 든다. 2007년도 정시모집에서는 논술시험을 거쳐 신입생을 모집하는 대학이 21개교에 11,900여명에 불과 하며, 이중 몇 개 대학은 20%-50%를 수능점수 우수자로 미리 선발하기 때문에 실제 논술반영 모집인원은 10,000여명에 불과 할 것으로 생각된다.

이는 34만 2천여 명의 대학입학정원(2006년 기준) 중 수시 합격자 17만4천여명을 빼고 나면 16만8천명이 정시 모집 인원이므로 수능반영 모집인원은 전체의 6%밖에 안 되며, 대부분 수도권에 있는 대학들이어서 자기의 적성에 맞는 학교 학과를 지원 한다면 구태여 논술에 목멜 일은 아니라는 것이다. 장래의 실현가능성이 있고 자기 성격에 맞는 진로를 고려하여 대학을 선택 한다면 말이다.

허나, 2008학년도부터는 사정이 다르다. 전국45개 대학에서 논술을 입시에 반영하여 5만천8백여명을 선발한다. 지금부터 착실히 준비하여야 한다. 논술은 하루에 이루어지는 게 아니다. 물론 논술 없이도 대학은 간다. 그래도 해야 한다면 지금부터라도 정보를 얻자. 그리고 준비하자. 길은 우리 앞에 있으니까?[125)

論述의 정규 과목화, 치밀하게 준비해 內實 갖추라

일부 고등학교에서만, 그것도 '방과 후 수업' 방식이거나 국어·사회·도덕·과학 수업의 일부로 가르치는 데에 그치고 있어 대입 수험생들이 거의 전적으로 사설 학원에 의존해온 논술(論述)의 정규 과목화가 예고됐다.

교육부는 1일 발표한 '초·중등학교 교육과정 일부 개정안(시안)' 을 통해 내년부터 고교의 생활·교양 교과에 논술도 포함시키는 방안을 추진하겠다고 밝혔다. 일선 학교가 6학기 동안 16단위(1단위는 주당 1시간)를 의무적으로 운영해야 하는 생활·교양 영역의 선택과목으로 현재 지정돼 있는 기술·가정, 제2외국어, 철학, 논리학, 심리학, 교육학 등에 논술을 추가하겠다는 것이다.

논술은 글을 통한 표현력을 비롯해 사고력·논리력 등을 키워주는 과목이어서 대학 입시 반영 여부와 상관없이 공(公)교육이 결코 외면해선 안 된다. 그럼에도 불구하고 정규 과목에서조차 그동안 배제해온 것은 정상(正常)일 수 없다. 고교 과정에서나마 진작 정규 과목으로 지정했어야 마땅한 일이다.

교육부가 "학교에서 가르치기 힘든 현실을 감안했다"고 둘러대는 것은 공교육을 포기한 사실에 대한 책임 회피일 뿐이다. 교육적으로 필요한데도 가르치기 힘들다는 이유로 학원에 떠넘긴다는 것은 어불성설(語不成說)이다. 관건은 논술 교육의 내실(內實)을 갖추는 일이다. 정규 과목화하더라도 교육이 부실하면 학생들의 수업 부담은 더 키우면서 시간 낭비만 초래할 수 있다. 그래서는 정규 과목화하지 않느니만 못하다.

교육부는 내년 1월 10일까지 여론을 수렴해 15일 개정안을 확정할 예정인 만큼, 시행 세칙 등도 치밀하게 마련해 논술 공교육의 실질적 효과가 있도록 제도적 뒷받침과 준비를 차질없이 해야 한다. 각 학교와 관련 교사들이 교육 경쟁력부터 가져야 정규 과목화 취지를 제대로 살릴 수 있다.126)

정규 과정 된 고교 논술, 방향 맞지만 준비되어 있나

2014학년도부터 고등학교에서 논술 과목을 자유롭게 개설할 수 있게 됐다. 현재는 극히 일부 학교가 정규 과목이 아닌 방과 후 수업 형태로 학생들에게 논술 교육을 하고 있다. 주로 사교육 영역에서 이뤄지던 논술 교육을 공교육 안으로 끌어들인 것은 사교육비 경감과 공교육 정상화라는 측면에서 일단 바람직한 방향이다.

이번 조치는 입시 대비를 위해 학교 내부의 논술 교육을 강화하는 차원에서 이뤄졌다. 논술 교육은 학생들의 사고력, 논리력, 글쓰기 능력을 키우는 장점이 있다.

프랑스는 철학 논술 시험인 바칼로레아를 나폴레옹 시대부터 대입 자격시험으로 실시하고 있다. 한국에서는 노무현 정부가 대학별 논술고사를 도입한 이후 일부 대학이 입시 전형에서 논술고사를 보고 있는 반면에 고교들은 논술 과목을 개설하지 않아 괴리가 존재하고 있다. 일부 수험생들은 대학수학능력시험이 끝나자마자 바로 논술 학원으로 달려가는 일이 해마다 반복되고 있다. 짧은 시간에 집중적으로 수업을 진행하는 논술 학원은 학부모들에게 적지 않은 비용을 요구하는 것으로 알려져 있다.

학생들이 논술에 적응하려면 꾸준한 독서를 통해 기초를 쌓은 뒤 충실한 논리 및 글쓰기 교육을 받아야 한다. 논술은 단기 속성(速成) 학습으로는 실력을 키우기 어렵다. 논술 교육은 박근혜 정부가 강조하는 '창의융합형 인재 양성'과도 연결되어 있다. 학생들의 요구와 수준을 반영해 다양한 과목의 교사들이 교육과정을 구성해 가르치는 것이 효과적이다.

현 정부는 대학입시를 간소화하는 차원에서 논술 등 대학별 고사를 축소시키겠다고 밝힌 바 있다. 하지만 이번에 논술을 정규 과목에 포함시킴으로써 대학의 논술 고사가 되레 확대되는 것 아니냐는 우려도 나오고 있다. 고교 교사들의 논술 지도 역량에 의문을 표시하는 학부모도 많다. EBS가 사교육비 경감 차원에서 인터넷 논술 강좌를 진행하고 있으나 큰 효과를 얻지 못하고 있다. 고교 논술 교육이 학생과 학부모들의 믿음을 얻기 위해서는 사교육의 수준을 뛰어넘어야 한다. 학교 측의 철저한 준비가 필요하다.127)

고교 논술 제대로 해야 사교육비 줄어든다

논술이 내년부터 고교 정규 교육과정에 들어간다. 기술 · 가정, 제 2외국어 등 고교 생활 · 교양 교과 선택과목 중 하나로 포함된다. 극히 일부 고교에서 방과후 교실이나 국어 사회 도덕 같은 교과수업의 일부로 논술을 가르쳐왔던 것에 비하면 큰 변화다. 교육 당국이 사교육 의존도가 높은 논술을 학교 안으로 끌어들인 것은 일단 올바른 방향으로 보인다. 사교육비 경감과 공교육 정상화에 도움이 될 거라는 기대 때문이다.

글 쓰는 표현력은 물론 사고력과 논리력 함양을 위한 논술 교육의 중요성은 재론의 여지가 없다. 그러나 대학입시에서 논술의 비중이 높아지면서 당초 취지가 변질돼 여러 부작용이 생겨났다. 이윤을 노린 사교육 업체들이 몰리면서 정형화된 붕어빵 답안을 만들어내고, 대학들은 이를 피해 변별력을 높인다며 고난도 시험을 출제했다. 여기에 맞춰 학생들과 학부모는 더 비싸고 실력 있는 논술학원이나 과외를 찾는 악순환이 반복됐다. 교육부가 대학들의 논술전형 축소를 권고하고 서울대가 내년부터 논술고사를 폐지하기로 한 것은 이런 이유다. 논술의 고교 정규과목화는 사교육에 물든 부정적인 측면을 줄이는 대신 논술과목 자체의 긍정적인 요소를 살릴 것이라는 기대를 갖게 한다.

관건은 일선 고교가 이런 요구에 부응할 수 있을 만큼 내실을 갖출 수 있느냐는 것이다. 무엇보다 학교와 교사들이 학생들의 수준과 요구에 맞춰 철저하게 준비를 해야 한다. 다양한 과목의 교사들이 집중연구를 통해 체계적인 교육과정을 만들어야 한다. 교사들의 논술 지도 역량에 의문을 표시하는 학부모가 적지 않다. 고교 논술이 내실을 기하지 못할 경우 학생들이 학교 논술과 사교육 논술 두 가지를 동시에 받는 등 오히려 부담을 가중시킬 우려도 있다.

교육 당국은 고교 논술 시행과 함께 대학들이 입시에서 논술시험의 난도를 조정하는 등 고교 과정과 연계해 출제하도록 권고할 필요가 있다. 논술 공교육이 실질적인 효과를 내도록 하는 데는 고교뿐 아니라 대학의 역할도 중요하다. 특히 교육 당국은 제도적 뒷받침과 준비에 차질이 없도록 해야 한다.[128]

논술을 어떻게 따로 가르치나

사교육에 논술 열풍이 불고 있다. 특히 대학수학능력시험이 끝난 이 시기에 대부분의 대학입시 준비생은 학교 수업을 빠지고 학원에서 논술 준비에 한창이라고 한다. 사정이 이렇다 보니 논술시간을 따로 마련해 준비시키는 학교가 늘고 있다.

대학입시에 언제부터 논술이 포함됐는가. 대학별 본고사 대신에 수능과 고교 내신 성적으로 학생을 선발하다 보니 변별력이 떨어져서 논술을 따로 출제하기 시작했는데 논술의 비중이 차츰 늘어나는 추세이다.

대학에서 논술을 중시하는 이유는 수능과 고교 내신 성적으로 판단할 수 없는 문제 해결력, 사고력, 자기생각을 평가하기 위해서다. 논술은 순한 글쓰기의 영역을 벗어난다. 여러 영역에 걸친 문제에 관해 학생이 어떤 생각을 하고, 자기 생각을 논리적으로 전개할 수 있는지를 평가하기 위해 실시한다. 여기에는 비판적 사고력, 창의적 사고력, 문제 해결력이 포함된다. 논술을 다른 교과 교육과 분리해 집중적으로 가르친다고 해서 비판적 사고력과 창의적 사고력을 기르기는 힘들다.

몇 해 전 필자가 대입 논술채점을 했을 때 자기만의 생각으로 글을 쓴 학생을 찾아보기가 어려웠던 기억이 난다. 논술에서만이 아니라 면접에서도 마찬가지다. 우리 대학에 지원한 동기라든지, 전공을 선택한 동기에 대해 질문했을 때 자기 고유의 생각을 말하는 학생은 드물다. 대부분의 학생은 단기간의 교육을 통해 훈련을 받은 결과로 문제 유형에 따라 거의 비슷한 대답을 한다.

늦게나마 학교가 자체적으로 논술지도를 하겠다고 나선 것은 다행이지만 다른 교과 시간과 분리해서 가르치는 방법은 효과적이지 못하다. 사고는 어떤 대상에 대해 하는 것이므로 내용 없이 별도로 테크닉만 가르칠 수 없다.

사고력은 학교에서 이미 다루는 교과 교육의 내용과 함께 가르쳐야 한다. 교과서 내의 지식에만 국한하지 말고 실생활에서 일어나는 문제를 교과 내용과 관련시켜 학생이 해결할 수 있도록 교육과정을 재구성해서 다루면 학습에 대한 동기를 유발할 뿐만 아니라 사고력, 문제 해결력, 자기 주도성을 기를 수 있다.

초등학교부터 시작해서 중고교에서 다루는 교과의 수와 양이 이미 많은 상태에서 논술이 또 다른 교과처럼 간주되면 학생과 교사를 혼란에 빠뜨릴 뿐만 아니라 교육적 효과도 기대하기 어렵다.

각 교과에서 실생활 문제를 다루다 보면 여러 교과에 걸친 통합교과적 학습이 자연스럽게 이뤄진다. 학생 간의 의견발표와 토의를 통해 창의적 아이디어의 산출도 가능하다. 이런 성취는 논술뿐만 아니라 다양한 방법으로 표현돼야 한다.

대학입시를 위한 수능에서도 이런 사고력을 평가할 수 있는 문제를 다루고 평상시 학교 교과 평가에 반영해야 한다. 대학별 본고사를 실시하는 경우에도 대학 자체적으로 여러 교과 내용을 기반으로 사고력과 문제 해결력을 평가할 수 있는 문제를 출제하는 방안이 바람직한 것이다.[129]

논술은 일종의 철학시험…생각의 크기부터 키워라

정체 모를 대상은 늘 불안과 공포를 준다. 무협영화를 생각해보자. 상대의 무예가 소림의 권법인지 무당의 검술인지를 아는 사람은 당황하거나 두려워하지 않는다. 상대의 정체를 안다는 점에서 그는 이미 고수이고 싸움에서 한 수 앞서 있다.

논술도 이와 다르지 않다. 논술이 무엇인지, 어떻게 준비해야 할지 그 개념과 공부 방법을 안다면 논술에 대한 강박관념에서 벗어날 길이 열린다. 이 책은 소문과 오해 속에 가려진 논술고사의 성격과 흐름을 짚어 내고 그 대비책을 세세히 일러 준다.

어떤 면에서 논술을 바라보는 이 책의 시각은 다소 파격적이다. 배경 지식에 목매지 말라고 하는가 하면 교과서가 최고의 논술 교재라고 주장한다. 또 글을 잘 쓰려면 글을 잘 써야 한다는 부담감에서 벗어나야 한다고도 하고 논술공부는 절대로 하지 말라고도 한다. 얼른 납득이 가지 않는 역설적 이야기이지만 차근차근 책의 논리를 따라가다 보면 '아하!' 하는 생각과 공감에 머리를 끄덕이게 된다.

사실 논술이 어려운 이유는 논술고사가 일종의 철학 시험이고 수많은 배경 지식을 필요로 한다는 점이다. 수많은 철학자와 복잡다단한 철학의 흐름은 내신과 수능에 시달리는 학생들을 주눅 들게 한다. 하지만 논술고사의 제시문을 미리 읽었느냐 읽지 않았느냐는 것은 결정적인 문제가 아니다. 핵심은 자발적인 참여와 능동적 사고력이다. 설사 '삼국지'가 제시문으로 나온다 하더라도 논술을 잘하는 것과 '삼국지'를 읽은 것은 별개의 문제임을 이 책은 실제 사례를 통해 보여 준다.

무엇보다 논술에 대한 미시적 접근은 이 책의 **빼놓을 수 없는** 장점이다. 주요 제시문의 깊이 있는 분석과 다양한 활용 방안은 논술고사와 수험생들의 거리를 좁혀주고 세상과 사물을 바라보는 새로운 눈을 제공한다. 또 구슬이 서 말이라도 꿰어야 보배라는 말처럼 기출문제를 이용한 쓰기 연습이나 광고의 법칙을 활용하라는 충고와 조언은 논설문 작성 요령을 압축하고 있다. 나아가 대학생 선배들이 권하는 한 권의 책과 기출문제 제시문 목록 역시 논술의 훌륭한 길잡이가 되리라 본다.

논술고사를 대비할 수 있다는 사실을 아는 데서 논술을 준비할 수 있는 노하우가 생긴다. 자신감을 갖고 저자의 말마따나 무조건 써보자. 1차적으로 논술은 시험을 위한 것이지만 장기적으로는 자신의 인생을 업그레이드시키는 발판임에 틀림없다.[130]

논술공화국을 위한 충고

대학입시를 준비하는 고교생들이 '논술공황'에 빠져 있다는 소식을 듣고 있자면 석 달 체증에 걸린 사람처럼 속이 답답해진다. 대학이 논술고사를 시행하는 한 학생들은 논술을 준비해야 하고 학교는 필요한 논술교육을 실시해야 한다. 문제는 무엇이 논술교육의 유효한 방법인가라는 것이다. 이 '방법'이 얼른 잡히지 않기 때문에 학생은 학생대로, 학교는 학교대로 쩔쩔 맨다. 학부모들도 답답하다. 공황은 시장을 만든다. 논술학원, 논술과외, 논술지도서가 학원 골목과 서점을 메우고, 최근에는 유수의 신문사들까지 체면 불고하고 논술시장에 뛰어들고 있다. 초등학생 때부터 논술교육을 시작해야 한다는 소문도 파다하다. 21세기 한국은 '논술공화국'이 되어 있다.

☞ 논술을 글쓰기의 전부로 오해

그 논술공화국에서 벌어지고 있는 '잘못된 일'들은 한두 가지가 아니다. 첫 번째로 잘못된 일은 고교생은 물론이고 중학생들까지 '글쓰기'라면 곧 논술쓰기이고 논술문이 글의 전부라고 생각하는 착각 속으로 유도되고 있다는 점이다. 논술은 글의 특수한 한 형식이고 갈래이지 글쓰기의 전부가 아니다. 대학이 논술을 요구하는 것은 대학 교육에 필요한 지적 이성적 비판적 사고력이 논술문이라는 글 형식을 통해서만 가장 유효하게 측정될 수 있기 때문이다. 비판적 사고(critical thinking)는 아닌 게 아니라 대학 교육의 알맹이다. 그러나 비판적 사고력은 논술훈련만으로 키워지는 것이 아니다. 거기에는 정서적 감응력, 논리와 지식을 뛰어넘는 상상력, 윤리적 감성 같은 여러 능력의 균형계발이 필요하다. 좋은 논술문도 이런 여러 능력의 종합적 발전이라는 토대가 있을 때 가능하다.

그 다양한 능력을 키워주는 것이 '다양한 글쓰기'의 훈련이다. 글의 종류는 운동화 종류만큼이나 많다. 글은 그 목적, 대상, 주제, 스타일, 방법에 따라 얼마든지 달라질 수 있다. 신문기사 같은 보도문, 기행문, 편지, 서평, 인터뷰, 수필, 에세이, 상품 광고, 보고서 같은 것에서부터 소설, 시, 동화, 희곡, 우화 같은 창작물에 이르기까지 주제와 소통 대상과 목적에 따라 다양한 언어적 표현 형식과 스타일을 동원할 수 있는 것이 글이다. 이런 여러 종류의 다양한 글들을 써보게 하는 것, 그것이 글쓰기 교육의 출발점이다.

짧은 소설과 우화도 지어보고 시도 써보고, 하느님한테 보내는 편지도 써 보게 해야 한다. 논술문은 글의 한 종류이지 글의 전부가 아니다. 논술교육은 여러 종류의 글들을 써보게 하는 훈련 위에서 진행되어야 한다. 글쓰기 교육을 논술훈련으로부터 시작하는 것은 글쓰기 교육의 왜곡이고 파행이다. 그 방식으로는 논술문 작성 능력도 제대로 길러지지 않는다.

☞ 공포 대신 즐거움 느끼게 해야

논술공화국의 두 번째 큰 문제는 학생들이 논술 때문에 주눅 들고 공포에 사로잡혀 '글'이라면 치를 떨게 하는 역효과가 나고 있다는 점이다.

글쓰기는 인간의 자기표현 방식의 하나이다. 자기 표현은 즐겁고 흥미롭고 재미있어야 한다. 그러나 논술 훈련은 고도의 이성적 글쓰기이기 때문에 그 자체만으로는 글을 쓴다는 것의 즐거움을 경험하게 하기가 어렵다. 글쓰기이건 무엇이건 간에 '즐거움의 경험'은 능력계발과 교육의 성패를 좌우하는 열쇠이다. 그러므로 논술훈련의 '왕도'가 있다면 그것은 글쓰기에 대한 공포를 글쓰기의 즐거움으로 바꾸어주는 일이다.

처음부터 딱딱한 논제를 주어 '논술'하게 하는 훈련보다는 먼저 학생들의 경험과 삶으로부터 나온 글감, 그들이 중요하다고 생각하는 문제, 그들이 자신 있게 써낼 수 있는 화두를 스스로 선택해서 자유로운 방식으로 글을 써보고 표현기술을 익히게 하는 것, 그것이 글쓰기의 즐거움에 이르는 길이다. 그런 즐거움을 경험한 학생에게 논술은 공포의 대상이 아니다.[131]

글 잘 쓰는 방법

글쓰기 훈련은 어릴 때부터 시작하는 게 좋다. 생각을 '3행 200자'에 담아야 … 좋은 글 암기, 신문 읽기 도움이 된다. 또한 국가 공인 글쓰기 시험(한국실용글쓰기)을 활용하는 것도 방법이다.

기업은 '글 잘 쓰는 인재'를 선호한다. 대학입시를 준비하는 수험생에게는 수능 못지않게 글쓰기 스트레스가 만만치 않다. 논술 전형 및 자기소개서 때문이다. 글쓰기 실력을 늘리는 비법은 뭘까. 글쓰기 전문가와 한국국어능력평가협회로부터 글쓰기 요령을 들어본다.

한 문장으로 정리하는 연습해야 한다. 글을 잘 쓰려면 한 문장으로 압축하는 습관을 기르는 게 좋다. 자신이 말하려는 바를 한 문장(one sentence)으로 정리할 수 있어야 한다. 좋은 글은 독자를 설득한다.

엄마들 사이에서 '논술 전형 전문가'로 불리는 중동고(서울 일원동) 안광복 교사는 "설득을 잘 하려면 글을 세 줄 이내로 요약할 수 있어야 한다. 글자 수로는 200자, 말하기 기준으로 3분까지가 좋다"고 강조했다. 한 문장에 들어가는 단어 수는 5~9개가 적당하다. 글이 너무 길면 독자가 시선을 돌릴 수 있다. 주장 및 근거를 논리적으로 구조화하는 훈련도 필요하다. 비유·은유법을 활용하면 독자가 이해하기 쉽다. 문장 길이는 가급적 짧게 한다. 단, 감정으로 글을 써서는 안 된다.

글쓰기는 자신의 절절한 감정을 왜 그렇게 느낄 수밖에 없는지 설명하는 것이다. 안 교사는 "감정이 들어가면 스토커가 된다. 감정을 이성으로 품을 수 있어야 한다"고 설명했다. 단기간 글쓰기 실력을 늘리는 방법은 어떤 게 있을까.

안 교사는 "암기만큼 좋은 훈련법은 없다"고 말했다. 좋은 문구는 외워 두자. 좋은 글을 외우면 그 글의 호흡을 익힐 수 있고, 자신의 글에 응용할 수도 있다. 신문 읽기도 좋다. 특히 신문의 논설은 짧은 글 안에 논리에서 필요한 품새를 다 담아낸다. 명쾌한 주장, 그를 뒷받침할 근거, 사례, 예상 반론에 대한 재반론이 다 담겨 있다.[132]

제8장을 마무리하면서

논술은 언어의 수학, 쓰는 것이 아니라 푸는 것이다! 요즘 자녀의 시험 문제를 본 적이 있는가? 논술형 문제가 많아 '이런 문제를 과연 우리 아이가 풀 수 있을까?' 하고 적잖이 당황하게 될 것이다.

급기야 지난 4월 27일 김석준 부산시교육감은 "2018학년 새 학기부터 부산의 모든 초등학교에서 객관식 문항 출제를 금지하고 서술·논술형 문항만 내도록 지침을 마련하겠다"고 하며 논술의 중요성을 밝혔다.

입시도 마찬가지다. 전국의 상위권 대학 30여 군데에서 논술고사를 실시하고, 논술을 폐지한 고려대도 사실상 구술 면접을 통해 논술의 평가방식을 새롭게 이어가고 있다.

이런 가운데 부모들은 자녀의 논술교육을 어떻게 시켜야 할까.

논술과 글짓기의 차이를 알고, 특별한 훈련을 해야 한다. 무엇보다도 글짓기와 논술의 차이를 알아야 한다. 보통 논술이란 '내 생각을 논리적으로 쓰는 것'이라고 생각하기 쉽다.

하지만 20년 대학으로 먼저 들어온 논술은 바로 '시험'이었다. 논술은 자신의 생각을 쓰는 글짓기가 아니라 답이 있고 당락을 결정하는 시험이라고 생각해야 한다. 자녀가 아무리 공부를 잘하고, 책을 많이 읽고 국어논술 학원을 다녀도 여전히 논술·토론이 어려운 이유가 여기에 있다. 때문에 제대로 된 논술을 위해서는 특별한 훈련이 필요하다.

논술은 책을 많이 읽는다고 실력이 늘어나는 게 아니다. 독서는 개인적인 취향과 성찰로서는 좋은 도구이지만 논술과는 별개의 문제다. 시중에는 독서글짓기와 논술을 같은 개념으로 하는 곳이 너무도 많다. 논술을 쓰는 것이 아니라 푸는 것으로 보며, 언어의 수학이라고 생각한다.

논술, 입시에서도 중요하지만 독해력·사고력은 큰 자양분이 된다. 논술교육은 입시로 인해 그 중요성이 무척 부각되지만, 사실 기본적으로 독해력과 논리적·비판적 사고력을 강화시키는 학습이기에 평생 가지고 갈 수 있는 자양분이 된다는 것도 큰 의미를 지닌다. 다시 말해 영어와 수학은 학교를 졸업하면 그 중요성이나 실용성 면에서 투자 대비 감가상각이 큰 반면, 논술교육은 다른 입시 전략에 비해 평생 '활용할 수 있는' 거의 유일한 교육이라는 것.

대학에서 치러지는 각종 시험과 리포트 그리고 졸업 논문, 취업을 위한 자기 소개서 및 면접, 회사에서 주된 업무인 보고서 작성 및 업무 브리핑 등 논술은 이에 대한 근본적인 교육인 것이다.[133]

제9장

학생인권조례, 교육적
효율성은 있는가

http://blog.daum.net/sang7981/4168

이 또한 지나가려나

팍. 팍. 팍. 학생 수십 명을 일렬로 세운 영어교사가 손바닥 라이 트훅을 시계추마냥 반복하며 일일이 따귀를 후려쳤다. 그러고는 살짝 거칠어진 숨을 고르며 "전부 눈 감아"라고 말했다.

찌익, 종이 뜯는 소리. 이어서 희미하게, 부스럭부스럭. 궁금함에 실눈을 떴다. 교사는 연습장을 찢어 손에 묻은 피를 닦고 있었다. 20여 년 전 서울 어느 고등학교 교실의 기억이다. 그날 그 일은 그곳 학생들에게 사건 아닌 일상이었다. 수업 중 갑자기 "운동장으로 뛰어나가 엎드려뻗쳐"라고 소리친 음악교사는 잠시 후 부러진 탁상다리를 둘러메고 걸어왔다. 수학교사에게 말대답한 급우는 대걸레자루로 두들겨 맞다가 병원으로 옮겨져 터진 머리를 꿰맸다.

10년 전쯤 한 동창과 소주잔을 주고받다 떠올린 뒤 구겨 눌러둔 기억이다. 학교는 졸업 후 찾아가본 일이 거의 없다. 가끔 근처를 지날 때도 그쪽으로 눈길을 주지 않는다. 요즘 군대 관련 뉴스를 보면서, 군 복무 시절만큼 학교에서 겪은 일이 많이 떠올랐다.

'삼국지'의 동탁을 비롯해 역사 속 허다한 위정자가 '공포'를 요긴한 정치도구로 썼다. 고문, 연좌와 멸족, 공개처형, 효수는 모두 '대들면 고통스럽게 죽는다'는 메시지를 각인시키는 수단이었다. 일렬종대 따귀, 탁상다리 엉덩이찜질, 대걸레자루 난타는 죄다 학기 초의 일이었다. '교사 눈 똑바로 쳐다보면서 말대꾸하지 마라' '떠들지 마라' '숙제 빼먹지 마라' 12년간 만난 교사 수십 명 중 태반이 훈계의 메시지를 말 아닌 몸을 통해 전했다.

육군 28사단 이 병장은 왜 얻어맞아 실신한 윤 일병을 비타민주사로 깨워가며 때렸을까. 해병 1사단 신병은 왜 소변기를 혀로 핥아야 했을까. 20년 전 교사의 라이트훅이 10여 회를 넘겼을 때, 교실 어느 구석에도 이미 메시지 따위는 없었다. 폭력은 언제나 스스로 폭주한다.

고등학교만 졸업하면 따귀와 대걸레자루에서 벗어날 수 있으리라 생각했다. 하지만 졸업을 하건 제대를 하건 여전히 가까운 건 주먹이다. 법은 멀리나마 있는지 없는지 알 수가 없다. 후임을 집단폭행해 절명시킨 이 병장, 소변기를 핥도록 지시한 선임병은 군대 밖에도 득실댄다. 강자로부터 받은 스트레스를 약자에게 푸는 버릇이 있다면, 그러면서 '다들 비슷하게 사는데 내게 무슨 잘못이 있느냐'고 생각한다면, 그는 틀림없이 누군가의 이 병장이다.

'시간이 모든 것을 해결해 준다'는 말을 믿지 않는다. 시간은 무엇 하나 해결하지 못한다. 닳아 없애 잊게 할 뿐이다. 지금 이 땅에서 그걸 '해결'이라 부르는 이는, 시간이 모두 해결해주리라 간절히 되뇌는 이는, 어떤 사람일까. 아프게 헤집어 가능한 한 낱낱이 드러내야 한다. 어느새 '일부의 문제로 전체를 매도해선 안 된다'는 익숙한 변명이 슬며시 고개를 들이밀 눈치다. 이러구러 이 또한 지나가려나. 그렇다면 여기가 무간지옥이다.[134]

전면적 체벌금지는 교육적인가?

21조원에 이르는 사교육비가 모든 학부모들을 짓누르고 있다. 이미 오래 전에 가정 부부가 매춘 행위를 하다가 적발되었을 때, 그런 불법행위를 하게 된 이유로 아이들 과외비를 대기 위해서라고 한

적이 있었다. 살인적인 사교육비를 조달하느라 대부분의 부모들은 임사체험(臨死體驗) 비슷한 체험을 한다. 거의 죽기 전까지 간다는 말이다.

2011년 7월 초순에 모 일간지에는 1999년에 퇴직한 한 76세의 전직 교사가 '선생님이 신이 나야 학생들도 신난다.' 는 글이 적힌 피켓을 들고 일인시위를 벌였다는 기사가 실렸다. 그는 우리 사회가 '학생지도를 할 수 없을 정도로 교사들의 기를 죽여 놓은 것을 보고 분통이 터져 그대로 있을 수 없었다.' 고 했다. '교권이 붕괴됐다는 말은 많이 들었지만 수업 시간에 휴대 전화를 한 학생에게 5초간 엎드려뻗쳐를 시켰다고 경기도교육청이 교사를 징계했다는 신문 기사를 보고, 정말 교권이 이렇게까지 무너졌나 하는 생각에 울분이 터졌어요.' 라면서 교권추락을 개탄했다.

학교 현장에서 교사들의 과잉체벌이 문제가 된 것은 어제오늘의 일이 아니다. 1983년 서울의 어떤 중학교 교사는 학생을 흥분 상태에서 때리다가 학생의 장을 파열시켰는데, 이를 자책하여 음독자살 하였다. 그리고 1992년에는 학생의 팔을 부러뜨린 여교사가 자살한 사례도 있었다.

2005년 10월에 초등학교 6학년 담임교사가 미술 시간에 화가나 학생의 뺨을 때리다가 아이의 고막을 파열시켰다. 이 일로 말미암아 교사는 징역 1년에 집행유예 2년을 선고 받고 교사직을 잃었다. 2006년 8월에 대구의 모 고등학교에서 교사가 지각생에게 막대기로 200대를 때린 일이 있었다.

학생이 교사를 어떻게, 얼마나 화나게 했는지는 몰라도, 교사가 학생을 200대를 때렸다는 것은 아무리 물러서서 생각해주고 아무리 이해해주려고 해도 이해가 안 되는 엽기적인 사건이다. 아마 타인을 고통스럽게 만들면서 본인은 희열을 느끼는 유사 사디즘 증상을 가진 교사가 아닌지 모르겠지만, 그런 사람이 교사가 될 수 있었다는 것도 문제고, 그런 사람이 교사가 된 뒤에도 걸러지지 않았다는 것도 문제다.[135]

문성학은 체벌이 전면적으로 금지되려면 세 가지 조건을 충족시켜야 한다고 언급하고 있다.[136]

첫째는 체벌이 본질적으로 폭력일 경우이다. 두 번째는 체벌이 본질적으로 폭력이 아니라 하더라도, 체벌이 아무런 교육적 효과를 가지지 못할 때이다. 셋째는 체벌이 교육적 효과가 있을 수 있다 하더라도, 현실적으로 대대수의 교사들이 체벌권을 오용하여 체벌에서 시작하여 폭력으로 끝나버릴 경우이다.

현행 우리나라 초중등 교육법 시행령 31조 7항에 의하면, '학교의 장은 법 제18조 제1항의 본문의 규정에 의한 지도를 하는 때에는 교육상 불가피한 경우를 제외하고는 학생에게 신체적 고통을 가하지 아니하는 훈육훈계 등의 방법으로 행하여야 한다.' 이 조항은 체벌을 최소화시켜야 한다는 기본 방침을 천명하고 있지만, 불가피한 체벌을 인정하고 있다. '불가피'란 말이 애매한 말이어서 교사들에 따라 자의적으로 해석될 여지가 있는 것이 문제지만, 규정상 인정되는 체벌권은 교사에게 허용해 주는 것이 바람직하다고 생각한다.

교권은 교육이 가능하게 되는 터와 같은 것이다. 축구를 운동장 위에서 하듯이 교육은 교권 위에서 하는 것이다. 축구 선수가 있고 관중이 있고 구단주가 있어도 운동장이 없으면 그 모든 것이 아무런 쓸모가 없다. 마찬가지로 교사가 있고 학생이 있고 교육청이 있어도 교권이 놓여 있지 않으면 교육행위는 불가능하다.

교권은 교육행위를 통해 증명되고 확립되어야 하는 것이기도 하지만, 교육이 가능하기 위해서는, 그 이전에 이미 학생과 학부모에 의해서 인정되어야 하는 것이다. 교사들의 교권을 부정하면서 교사들에게 교육적 열정을 기대하는 것은 불가능할 것이다.

학생과 학부모들이 링부 교사들의 잘못된 체벌을 핑계 삼아 모든 의사들이 수술을 못하게 하는 것이나 마찬가지이다. 그리고 교사들이 일부 학생들과 학부모의 과잉 무례를 핑계 삼아 말썽을 일으키는 모든 학생들에 대한 생활지도를 포기하는 것은, 일부 환자들의 행패를 핑계 삼아 의사들이 수술이 필요한 모든 환자들의 수술을 거부하는 것이나 마찬가지이다.[137]

교육감 따라 바뀌는 학생인권조례 무슨 의미있나

서울시교육청이 30일 작년 1월 곽노현 전 교육감이 만든 학생 인권 조례 중 논란이 돼온 몇 개 조항을 고쳐 새 조례안(案)을 입법 예고했다. 학생 동의 없이 복장·두발을 규제하거나 소지품 검사·압수를 할 수 없게 돼 있던 조항은 학칙으로 규제할 수 있도록 바꿨다. 학생이 차별받지 않을 권리를 열거한 조항 중에서도 '임신·출산' '성적(性的) 지향' '성별 정체성'처럼 사회적 합의가 미진한 항목들은 삭제했다.

학생인권조례는 2010년 경기도교육청을 시작으로 현재 전국 17개 시·도 중 서울·광주·전북 등 4개 지역에서 시행하고 있다. 모두 친(親)전교조 교육감들이 당선된 지역이다.

학생 권리만 일방적으로 옹호하는 인권 조례가 만들어지면서 학생들 사이에 '나 하고 싶은 대로 해도 선생님은 아무런 제지를 못한다'는 인식이 급속히 확산됐다. 고삐 풀린 학생들이 수업 방해,

교사 희롱·욕설·폭력을 빚는 사태가 일상화돼 버렸다. 선진국에도 비슷한 제도가 있지만 우리처럼 학생 권리만 늘어놓는 인권 조례 사례를 찾아보기 힘들다.

미국 뉴욕시 '학생의 권리·의무 장전'은 학생 지도 방법과 징계 절차를 담은 '초·중·고생 훈육 규정' 속에 한 장(章)으로 들어가 있을 뿐이다. 장전의 61개 항 가운데 24개가 학칙 준수, 교사·교직원에 대한 예의 등 학생의 책임에 대한 것이다.

문용린 서울교육감이 내놓은 개정안을 야당이 다수인 서울시의회가 받아들일 가능성은 별로 크지 않다. 의회 통과 여부를 떠나 교육감이 바뀔 때마다 수정하는 학생인권조례라면 그것이 학생들을 위해 무슨 의미가 있겠는가. 자라는 아이들에게 권리를 가르치려면 권리를 누리는 데는 반드시 책임이 따른다는 것을 함께 가르치지 않으면 안 된다.138)

"학생도 인간이다" vs "교권은 누가 보장" 당신의 생각은?

☞ 찬성 38%, 반대, 62%

서울시가 '학생인권 조례'를 공포하고 나서면서 시민과 누리꾼들이 갑론을박을 벌이고 있다.

26일 현재 서울시교육청 홈페이지와 포털사이트 커뮤니티, 트위터 등에는 학생인권 조례에 대해 찬성하는 입장과 반대하는 의견이 다양하게 올라오고 있다.

☞ 서울시 학생인권조례 찬성

우선 이번 조례에 찬성하는 이들은 교육의 기본 전제 조건으로 '존중과 신뢰'가 바탕이 돼야 한다는 점을 강조했다.

한 트위터리안은 "학생인권조례의 문제의식은 '학생도 인간'이라는 사실이다. 인권은 이념을 넘어선, 민주사회라면 유보할 수 없는 기본권이다"라며 서울시의 결정을 지지했고, 또 다른 네티즌은 "아이들에게 필요한 건 무시당하거나 괄시받지 않고, 눈치 보거나 왕따당하지 않고 골고루 사랑받고 지도받아 올바르게 성장할 기회를 뺏기지 않는 것"이라고 주장했다.

"사랑 받고 성장한 아이가 성인이 돼 타인을 사랑하고 존중받으며 큰 아이가 타인을 배려할 수 있다"며 서울시의 학생인권조례를 환영하기도 했다.

☞ 서울시 학생인권 조례 반대

반면 학생들의 권리와 입장만 우선시된 나머지 부작용이 우려된다는 의견도 팽팽히 맞섰다.

한 트위터리안은 "인권조례의 내용은 좋으나 아이들이 의무에 대한 책임을 모른 채 권리만 주장한다는 건 참으로 무서운 결과를 가져오지 않을까"라고 반문했고, "이제 선생님들 인권도 존중받을 수 있게 만들어라", "학생의 임신, 출산 등을 허용하는 이 법은 절대 통과돼서는 안 된다"는 등의 강경한 입장도 올라왔다.

"학생인권조례가 완벽한 대안은 아니겠지만 몸으로 맞고 때우는 체벌은 더더욱 아니다", "교복 입고 같은 모습으로 학교 다니면 안 되나요? 왜 여기서 빈부격차를 느껴야 되나요?" 등 다소 중립적인 의견도 눈에 띄었다.[139]

학생인권조례, 체벌 억제 효과 있다

학생 인권조례(學生人權條例)는 학교교육과정에서 학생의 인권이 보장될 수 있도록 전국 16개 시·도 교육청별로 제정·공포해 시행하는 조례다. 교육청에서 학생인권조례를 제정해 시행하게 되면 각 학교장은 이에 따라 시행하고 있다.

"선생님들도 학생인권조례를 신경 쓰기 시작하면서 과거라면 10번 이뤄지던 체벌이 이제는 2,3번 정도로 확실히 줄었어요. 하지만 체벌을 원래 심하게 하던 일부 선생님들은 여전히 개의치 않고, 인권조례에서 강제로 하는 것을 금하고 있는 방과후학교나 야간자율학습 등은 그대로라 아쉽습니다." (서울 A마이스터고, 1학년 김모 양).

두발·복장의 자유, 체벌 금지, 임신과 출산 및 성적 지향으로 차별받지 않을 권리 등을 보장하고 있는 학생인권조례를 둘러싼 힘겨루기가 여전하지만 학교 현장에서 조례가 학생인권 신장에 긍정적 역할을 했다는 게 확인됐다. 조례가 시행되는 지역에서 체벌 억제 효과가 뚜렷했고 학교에 대해 긍정적으로 인식하는 학생 비율이 높았다.

전교조 참교육연구소와 인권친화적 학교+너머 운동본부는 전국 초·중·고 81개교 학생 2,921명을 대상으로 지난 8월 진행한 '전국 학생인권·생활 실태조사 결과'를 30일 공개했다. 인권조례 시행 이후 처음 실시된 전국 단위 조사다.

조사 결과 인권조례가 있는 광주·경기·서울 지역(7월부터 시행된 전북은 제외)에서 체벌을 전혀 경험하지 못한 학생이 58.7%였던 데 반해 인권조례 미시행 지역은 그 비율이 39.8%로 떨어졌다. 일주일에 1번 이상의 체벌이나 언어폭력을 경험한 학생도 인권조례 시행 지역 학생은 28.2%에 불과했지만 미시행 지역은 2배 가까운 49.8%였다.

학생인권조례 시행 여부에 따른 체벌·언어폭력 경험 (단위:%)

■ 시행 지역 Ⅰ ■ 미시행 지역

	자주 있다	가끔 있다	별로 없다	전혀 없다
교장·교감, 교사들의 체벌	2.6 / 8.4	10.9 / 20.8	27.7 / 31.0	58.7 / 39.8
교장·교감, 교사들의 언어폭력	4.8 / 10.3	15.5 / 23.6	27.9 / 29.6	51.7 / 36.5
벌점이나 벌을 잘못한 것보다 지나치게 주는 것	6.1 / 14.8	10.4 / 19.0	27.1 / 30.9	56.4 / 35.4
징계 시 학생의 변호할 권리를 보장하지 않는 것	5.6 / 13.9	11.2 / 17.2	29.1 / 30.2	54.2 / 38.7
야간자율학습, 방과후학교 등을 강제로 하게 하는 것	6.6 / 27.2	7.1 / 19.4	21.6 / 20.8	64.7 / 32.6

체벌·언어폭력 발생 빈도

거의 매일	주 2회 이상	주 1회	한 달에 1~2번	아주 가끔
8.0 / 17.1	12.8 / 22.0	7.4 / 10.7	10.8 / 9.4	61.0 / 40.9

최근 1년간 학교에서 경험하거나 목격한 체벌의 형태는 무엇입니까
(단위:%, 복수응답 가능)

	손, 발을 이용	회초리 등 도구	오리걸음 등 신체적 고통	단체기합	기타
초등학교	14.3	13.9	36.8	24.1	10.9
중학교	16.0	25.0	34.1	19.3	5.6
인문계고	16.1	24.0	38.7	15.5	5.8
특성화고	16.7	26.2	33.7	19.1	4.3
특수목적고	14.6	21.6	30.4	29.2	4.1

*조례 시행 지역: 서울·경기·광주(지난 7월부터 시행한 전북은 제외), 전국 초·중·고 81개교 학생 2,921명 조사. 자료:전교조 참교육연구소·인권친화적 학교+너머 운동본부

　인권조례를 부정적으로 보는 입장에서는 흔히 학생인권과 교권을 상충하는 것으로 바라본다. 인권조례 때문에 학생지도가 힘들어지고 교권이 추락한다는 얘기다. 하지만 설문에 참여한 학생 3명 중 2명(76.2%)은 '학생을 존중해주면 학생도 교사를 존중한다' 고 답해 오히려 학생인권 보장으로 교권이 바로 설 수 있다고 인식하고 있었다.

　또한 인권을 제대로 보장하는 지역의 학생들일수록 학교에 대한 애착이 강하고, 긍정적인 인식을 갖고 있는 것으로 나타났다. 조례를 시행하지 않는 지역의 학생들은 '학교에 있으면 숨이 막힌다' '학교를 그만두고 싶다는 생각을 했다' 는 질문에 '그렇다' 는 응답이 광주·경기·서울 지역보다 각각 17.7, 13.5%포인트 더 나왔다. '학교는 학생을 차별한다', '학교 규칙 때문에 스트레스를 받는다' 는 질문에도 시행 지역보다 2배 가까이 '그렇다' 고 답했다. 학생들의 자율성을 최대한 살려주는 혁신학교와 일반학교 간에도 조례 시행 지역과 미시행 지역 간 차이와 비슷한 결과를 냈다.

　학교급별 체벌 경험은 상급학교로 올라갈수록 많았다. 초등학교의 경우 대부분(75.4%)이 체벌을 전혀 경험하지 못했다고 응답했지만 중학교는 51.2%, 고등학교 36.9%로 떨어졌다. 조영선 전교조 학생인권국장은 "입시 경쟁이 심해지면서 '학생은 공부에 집중하기 위해 인권에 제한을 받을 수 있다' 는 생각이 퍼져 고교로 갈수록 체벌 등 인권침해가 늘어난다" 고 말했다.

　서울학생인권조례에 대해 교육부가 대법원에 조례무효확인소송을 제기하는 등 학생인권조례를 둘러싼 논란에 대해 이번 실태조사는 시사하는 바가 있다는 지적이다. 조 국장은 "조례가 시행되는 지역에서도 완전히 인권침해가 근절된 것은 아니지만 미시행 지역과 비교했을 때 인권조례가 확실히 인권을 보장하는 제도적 틀로서의 역

할을 하고 있는 것을 알 수 있다"고 설명했다.140)

30일 전교조의 전국 학생인권·생활 실태조사에서 체벌의 대체수단으로 활용되고 있는 벌점제는 교육적 효과는 없고 부정적 영향이 더 큰 것으로 나타났다.

2010년 도입된 벌점제에 대한 최초의 전국 조사인 이번 조사에서 응답자의 64.8%는 벌점을 받고도 자신의 행동을 반성하지 않는다고 답했다. 절반이 넘는 학생들이 '벌을 주는 기준이 확실하지 않다(62.2%)', '벌점에 대해 반대하는 말을 할 수 없다(56.2%)', '벌을 받는 학생이 늘어난다(54.2%)', '벌점을 무기로 학생을 협박한다(52.9%)', '학생과 교사 사이가 멀어진다(52.8%)'고 생각하는 것으로 드러났다.

올해 대구의 한 고등학교를 졸업한 김모군은 "벌점제 도입으로 체벌이 약간 줄기는 했지만 '맞을래, 벌점 받을래'라고 강요하거나, 사소한 것에도 벌점을 줘 학생이 오히려 체벌을 선택하는 경우도 있다"며 "벌점을 주는 기준도 교사 마음이어서, 자습시간에 인문학 책을 봤다는 이유로 교사 지시 불이행 명목의 벌점을 받기도 했다"고 말했다.

'벌점이 쌓이면 어떤 벌을 받느냐'는 질문에 21.9%가 기합이나 체벌이라고 답해 벌점제와 체벌이 동시에 이루어지는 경우가 많았다. 반면 학교생활에 대한 상담이나 도움을 받았다는 응답은 17.3%에 불과해 벌점제가 학생을 벌주는 수단으로 그치는 것으로 나타났다.

또 벌점이 쌓여 벌을 받은 이후에도 벌점이 그대로 쌓이거나(29.8%), 다시 벌점을 받으면 더 심한 벌을 받는 등(21.4%) 학생을 문제아로 낙인 찍는 수단으로 활용되고 있었다.

김진우 좋은교사운동 공동대표는 "벌점제는 벌점의 남용과 학생

들의 스트레스 유발, 교사와 학생 간 불통과 관계 악화 등 부정적 측면이 더욱 크다"고 지적했다.[141]

교육계가 변해야 '학생인권' 실현된다

학생인권조례가 제정된 지 1년이 넘었지만 체벌이 여전한 것으로 나타났다. 학교 현장에서 가끔씩 '학생이 교사 폭행' 등 교사들의 교권, 인권이 무너지는 사례가 적지 않은 것도 사실이다. 하지만 상당수 학생이 여전히 체벌을 받고, 학교를 '숨 막히는 곳'으로 인식하는 조사 결과가 나온 것은 유감이다. 교육계가 떠들썩하게 학생인권조례를 제정했지만, 실제로 후속 조치는 제대로 하지 않고 있는 셈이다.

학교+너머 운동본부와 전국교직원노동조합이 지난 28일 발표한 학생 체벌 관련 설문조사 결과에 따르면 전국 학생 45.8%가 체벌을 자주 또는 가끔 겪는다고 응답했다. 머리 길이를 규제받았다고 응답한 학생도 49.9%에 달했다.

이같은 사정은 전북지역도 비슷했다. 전북 지역 응답자 290명 중 체벌을 경험했다는 응답이 42.1%로 전국 평균과 큰 차이가 없었다. '직접 때리지는 않지만 오리걸음, 엎드려뻗쳐 등으로 신체적 고통을 주는 체벌'을 자주 또는 가끔 경험한다는 응답은 58.6%에 달했다. 전북에서는 이미 2011년에 체벌이 금지됐고, 지난해 7월 학생인권조례가 제정 공포됐지만, 학교 현장에서는 체벌이 근절되지 않고 있는 것이다.

또 머리 길이 규제가 있다고 응답한 학생은 31.1%, 머리 색깔이나 모양에 대한 규제가 있다고 응답한 학생은 72%로 나타났다. 보충학습이나 야간자율학습 등을 강제로 한다는 응답이 46.7%, 성적 공개 등으로 인해 모욕감을 받았다는 응답이 38.4%였다. 응답자 중 63.8%가 교칙 등에 학생 의견이 전혀 또는 거의 반영되지 않는다고 답했고, '학교에 있으면 숨이 막힌다'는 학생도 30%가 넘었다. 설문 결과는 학생들이 학교에서 엄청난 스트레스를 받고 있다는 사실을 그대로 보여준다.

그러나 교육계 대응은 무기력하기 짝이 없다. 인권조례가 제정된 지 1년이 넘었지만 인권교육을 받았다고 응답한 학생은 14.5%에 불과했다.

전북교육청은 지난 8월에서야 '전북학생인권센터' 문을 열었다. 학생 체벌 금지, 학생의 양심과 종교·표현의 자유 보장, 야간학습 강요 금지 등을 조례로 제정한다고 학생 인권문제가 해결되는 것은 아니다.

학생인권문제가 해결되려면 성적을 우선하는 교육방침과 교사들의 의식이 변해야 하고, 교사와 학생이 자연스럽게 소통할 수 있는 공간으로 학교를 만드는 조치가 선결돼야 한다. 교육계의 변화를 기대한다.142)

학교 구성원 인권을 보장하기 원한다면

도교육청이 지난 달 말 '강원도 학교구성원의 인권에 관한 조례'(학교인권조례) 초안을 공개했다. 초안은 최근 큰 논란을 불러일으키고 있는 '학생인권조례'가 학생의 인권만을 강조하여 교권이 위축되었다는 비판을 수용하여 교사와 학부모의 권리에 대한 내용도 담고 있다.

조례 제정과 시행을 둘러싸고 경기도와 서울시 등 일부 교육청이 교육과학기술부와 정면으로 충돌하고 있는데, 이러한 전철을 밟지 않으려는 도교육청의 지혜가 돋보인다. 이런 노력에 다음과 같은 소견을 덧붙인다.

사실 교과부와 서울시교육청 간의 계속되는 극한적 대립은 '행복한 학교' 만들기에 좋은 모델은 아니다. 양측 모두 학생을 위하여 그런다고 하지만 오히려 교육현장의 혼란만을 촉발시키고 있을 뿐이다. 그로 인한 막대한 행정력 낭비를 인권신장을 위한 대가라고 말할 수는 없다. 협력기관이어야 할 양대 교육기관이 타협점은커녕 파행적 무리수를 두는 모습은 교육적이지도 아니하고, 학생들은 물론 국민을 불편하게 하고 있다.

여기서 간과해서는 안 될 것은 이런 인권조례를 가지고 있지 않다고 해서 학생인권이 제대로 보장되지 않는다고 말할 수 없다는 점이다. 그 이유는 조례(초안)에 담겨있는 인권보장 조항들 대부분은 헌법을 비롯하여 교육관련 법령, 청소년과 아동관련 법령, 학교폭력방지법, 교원지위 관련 법령 등에 '이미' 상세히 규정되어 있기 때문이다.

이런 법령은 교과부나 교육청의 규정이나 조례 등의 하위법규로 구체화되었고, 그때그때 필요한 각종 지침 등으로 일선학교에 행정적으로 전달되어 있다. 이런 점에서 새로운 인권조례의 필요성은 그렇게 크지 않다.

요컨대 학교의 인권상황은 새로운 조례의 입법이 아니라 기존의 인권법규를 성실히 집행하는 것을 필요로 하고 있다. 조례(초안)의 대부분 규정들의 의무주체는 교육감이거나 학교장으로 되어 있는데 따지고 보면 이런 사항들은 조례제정과 무관하게 지금 당장 수행해야 하는 일들이다. 이것들은 비로소 조례가 아닌 상위법령에서 직접 도출될 수 있는 사항들이기 때문이다. 그러므로 그렇게 하지 않은 것은 오히려 현행법규에 대한 직무불이행(집행결여)인 것이다. 이에 대한 반성은 없이 새로울 것도 없는 내용의 조례를 만드는 것은 의도한 바는 아니겠지만 인권조례(초안)에는 중복입법이자 과잉입법이라는 태생적 불명예를 씌우고 교육기관 자신은 책임을 모면하는 행위로 보일 수도 있다.

다만 인권법규의 실현에 실무적으로 장애가 있거나 그 여건이 미비한 경우가 있을 수 있는데 바로 이런 장애의 제거와 여건 마련을 위하여 조례가 필요한 것이다. 인권조례(초안)에 담겨있는 인권실태조사, 각종 인권교육, 학생인권위원회, 학생인권옹호관, 그리고 학생인권침해 구제 등에 관한 제도적 장치 등이 그 좋은 예이다.

조례가 담아야 할 내용은 다름 아닌 바로 이런 사항들이다. 정말이지 인권실현을 위하여 요구되는 위와 같은 실천적 장치를 내용으로 하는 조례를 제정하고자 했다면 그 누가 반대했을 것인가. 괜히 불필요한 내용을 둘러싸고 교과부와 해당 교육청은 마치 순교자처럼 논쟁을 벌였지만 인권의 신장보다는 불화와 소란을 키워 서로에게 상처만 남겼다. 얼마든지 연착륙할 수 있었음을 알고 있는 많은 사람들은 바로 이런 이유로 이들이 진정으로 학교구성원의 인권보장에 관심이나 있는지조차 의심스러워 하고 있다.

학교 구성원의 인권보장을 위한 노력은 물론 중요하고 필요하다. 그러므로 학교폭력 문제 등 다수의 긴요한 사안을 다루기에도 벅찬 시점에 무모한 시도로 인한 행정력 낭비만은 피했으면 좋겠다는 것이다. 말했듯이 학교인권 문제는 입법이 아니라 신실한 집행이 요구되는 사안이다.

그렇다면 학교인권 실현을 위해 우리가 해야 할 일은 분명하다. 위에서 언급한 실천적 장치를 마련하는 것과 이를 통해 교육현장에서 발생하는 인권문제를 거침없이 대처해 나아가는 것이다.143)

서울교육청, 체벌 대신해온 상벌점제 없앤다는 데… 어떻게 생각하십니까

조희연교육감 "非인권적" 지적… 학생인권 계획 초안에 포함시켜 "이제 학생 생활지도 어떻게 하나" "생활까지 점수 매겨… 비교육적", 수업시간에 정치 토론도 추진… 현실정치 투영으로 혼란 우려된다.

서울시교육청이 상벌점제 폐지 등을 담은 '학생인권 3개년 종합계획' 초안(草案)을 24일 공개했다. 2012년 도입된 학생인권조례를 더욱 구체화한 내용이다. 교육청 관계자는 "일선 교사, 학부모, 학생들의 의견을 들어오는 10월쯤 확정안을 발표할 예정"이라고 말했다. 그러나 국내 최대 교원단체인 한국교총 등이 "그나마 남은 학생 지도 수단마저 없애는 것 아니냐"고 걱정하고 있다.

☞ 상벌점제 폐지… 교육 현장 견해 엇갈려

인권종합계획에서 가장 논란이 큰 부분은 '상벌점제 폐지'다. 상벌점제는 학생이 잘못된 행동을 하면 벌점을 주고, 벌점 누적에 따라 단계별 조치를 취하는 지도 방법이다. 지각하면 벌점 2점, 봉사하면 상점 2점을 주는 식이다. 상점이 벌점을 상쇄하기도 한다.

벌점이 쌓여 징계를 받으면 이를 학교생활기록부에 기록하는 학교도 있다.

지난 2010년 서울시교육청이 체벌을 금지하면서 생활 지도 대체 수단으로 상벌점제를 도입한 학교가 많다. 현재 서울 전체 초·중·고교의 73% 정도가 시행 중이다. 서울시교육청은 "벌점을 남발하거나 징계 수단으로 사용하는 경우가 많다" 며 "교사가 일방적으로 처벌하기보다 학생들 스스로 규칙을 만들고 자율적으로 지키는 분위기를 만들어 나가야 한다" 고 밝혔다.

서울교육청 학생인권종합계획 초안

	현행	서울시교육청 학생인권 정책 추진 계획
상벌점제도	서울지역 초·중·고교 73% 상벌점제 시행	상벌점제 폐지→학생들이 스스로 만드는 학급규칙 제정 등 대안 마련
참정권	학생 선거권 없음	선거법 개정 추진 (만18세 선거권, 만16세 교육감 선거권)
용모 규제 소지품 검사	학생인권조례에서 원칙적으로 금지 개별 학교마다 단속 기준 달라	교육청이 용모·소지품 검사에 대한 세부 가이드라인 마련
수업시간 정치토론	대부분 학교는 정규 수업에서 정치·사회 현안에 대한 토론 못해	정규 수업 시간에 논쟁 수업 시행
학교운영위	학교운영위에 학생 배제 학교 많아	학교운영위에 학생 참여 의무화하는 법 개정 추진

교육 현장에선 견해가 엇갈린다. 서울의 한 고교 교사는 "교사가 생활 지도를 하지 말란 말이나 다름없다" 며 "학생들의 잘한 점은 칭찬하고 잘못한 점을 지적하는 것이 상벌점제인데, 이마저도 폐지하면 학생들이 교사 말을 듣겠느냐" 고 말했다. "교사들이 아예 생활 지도에 손을 놓게 돼 결국 학생들이 피해를 볼 것" 이라는 의견도 있다.

반면 "학생 개개인의 생활까지 점수를 매기는 건 반인권적이고 반교육적" 이라며 시대가 달라진 만큼 학생 자율에 맡겨야 한다는 목소리도 있다. 경남교육청도 상벌점제를 내년부터 전면 폐지하기로 했다.

☞ 수업 시간에 정치 토론 추진

이번 인권종합계획에서는 정치·사회 현안에 대한 논쟁 수업을 허용하는 방안도 포함됐다. 그간 대부분 학교에서는 수업에서 정치 토론을 배제해왔는데, 학생 참정권을 보장한다는 취지로 교육청이 이 같은 논쟁 기회를 보장하겠다는 것이다. 윤명화 서울교육청 학생 인권옹호관은 "예를 들어 어떤 정치적 사안에 대해 A팀, B팀으로 나뉘어 토론하는 방식을 생각해 볼 수 있다"고 말했다. 이에 대해 한국교총 측은 "현실 정치의 갈등과 대립이 극심한데 이것이 교실에 투영되면 혼란이 빚어질 수 있다"고 지적했다.

서울교육청은 또 만 16세에 교육감 선거, 만 18세에 일반 선거가 가능하도록 법 개정 추진에 나서겠다고도 했다. 김재철 한국교총 대변인은 "선거 연령은 기본적으로 국회와 정당이 결정할 사안"이라며 "교육감 선거가 1년도 남지 않은 상황에서 정치적 의도가 있는 것으로 오해받을 수도 있다"고 말했다.

☞ 두발 자율화·소지품 검사 가이드 라인도

두발 자율화와 소지품 검사 금지도 논란거리다. 현행 서울 학생인권조례는 학생들이 원치 않는 두발 단속과 소지품 검사를 못 하도록 하고 있다. 하지만 일부 학교에서는 구성원 의견을 수렴해 학교 교칙으로 두발·복장 단속을 정해 규제하는 경우가 있다. 서울시교육청 측은 "두발이나 복장을 단속하지 말라는 가이드 라인을 만들 예정"이라고 밝혔다.

이창희 서울 상도중 교사는 "학교마다 상황이 다 다른데, 교육청이 가이드 라인을 통해 똑같은 생활 지도를 하게 하는 것은 우려스럽다"고 말했다.

반면 중학교 2학년 자녀를 둔 학부모 이모 씨는 "예전처럼 자로

치마 길이 재는 시대는 이미 지나지 않았느냐" 며 "이제는 학생 개
인의 표현의 자유를 인정해야 한다" 고 반박했다.[144]

제9장을 마무리하면서

　대한민국 학생인권조례(學生人權條例)는 학생의 인권이 학교교육
과정에서 실현될 수 있도록 함으로써, 학생의 존엄과 가치 및 자유
와 권리를 보장하기 위해 제정된 대한민국 각 교육청들의 조례이다.
　전국 16개 시·도 교육청 가운데 경기도(2010. 10. 5), 광주광역시
(2011년 10월 5일)에 이어 세 번째로 서울시교육청이 집회의 자유
등을 포함한 서울학생인권조례를 2012년 1월 26일 공포하였고, 그
뒤를 이어 전북도교육청이 2013년 7월 12일 전북학생인권조례를 공
포하였다.
　학생인권조례의 주요 내용은 다음과 같다.
　차별받지 않을 권리·폭력으로부터 자유로울 권리·정규교과 이
외의 교육활동의 자유·두발, 복장 자유화 등 개성을 실현할 권리·
소지품 검사 금지, 휴대폰 사용 자유 등 사생활의 자유 보장·양
심·종교의 자유 보장·집회의 자유 및 학생 표현의 자유 보장·소
수 학생의 권리 보장·학생인권옹호관, 학생인권교육센터의 설치
등 학생인권침해 구제 등이다.
　학생인권조례가 공포·시행되고, 학부모들의 목소리가 점점 높아
지면서 학교현장에서는 교사들마다 학생교육 및 생활지도가 전보다
어려워졌다고 하소연하고 있다. 게다가 교육과학기술부에서 초·중
등 교육법시행령을 개정하여 학생 생활지도 대책으로 제시한 자율

학칙 제·개정권이 학생인권조례와 정면으로 대립각을 세우면서 학교현장은 매우 혼란스럽다는 분위기다.

이러한 분위기를 반영이나 하는 듯 명예퇴직 교원은 늘어나는 추세이며, 언론에 심심치 않게 등장하는 교실붕괴 및 교권침해 기사 보도는 그나마 애써 참고 버티는 교원들의 자존심과 사기를 땅에 떨어뜨리는 실정이다.

교육과학기술부에서 교권보호대책이 시급하다고 판단하여 교원 협박 및 폭행 시 가중처벌에 관한 조항을 담은 법안을 입법예고까지 할 정도인 것으로 보면 지금 학교현장의 분위기가 대략 어떠한지 충분히 짐작이 가고도 남음이 있다.

그렇다고 해서 우리는 이대로 학교현장을 방관하며 학생교육의 끈을 놓을 수는 없는 일이다. 이 시점에서 '교육이 인재를 만들고 인재가 미래를 만든다'는 말의 의미를 다시 한 번 되새겨볼 필요가 있다. 오히려 교사의 본분인 학생들을 잘 가르치는 일에 전념하도록 현재의 학교 분위기를 쇄신하려는 노력이 필요하다.

이를 위해 변화를 추구하는 학교장의 역량과 리더십이 다른 어느 때보다 필요한 시점이며, 학교동동체 구성원 모두 합심하여 학교의 위기 극복에 동참하고 학교의 변화 선도로 이어지게 하는 학교장의 능력과 결단이 절실히 요구되는 때이기도 하다.145)

실험실에서 노 젓는 소년에게

헨리 데이비드 소로(Henry David Thoreau)

가령 한 소년에게 예술과 과학에 대하여 무엇인가를 가르치고 싶다면 나는 그 아이를 어떤 교수가 있는 곳으로 보내는 식의 흔해빠진 방법은 쓰지 않겠네.

왜냐하면 그곳에서는 모든 것이 강의되고 실습되지만 삶의 예술은 가르쳐주지 않기 때문이지. 그곳에서는 망원경이나 현미경으로 세계를 관찰하는 법을 가르치지만 육안으로 세상을 보는 법은 가르쳐주지 않는다네.

화학은 공부하되 자기 빵이 어떻게 구워지는가는 배우지 못하며, 기계학은 배우되 빵을 어떻게 버는지는 배우지 못한다네. 해왕성의 새로운 위성은 발견해내지만 자기 눈의 티는 보지 못하며 또한 지금 어떤 악당의 위성 노릇을 하고 있는지는 깨닫지 못한다네.

한 방울의 식초 안에 사는 괴균(怪菌)들을 연구하면서 자기 주위에 우글거리는 괴물들에게 자신이 잡아먹히고 있다는 것은 알지 못한다네.

http://blog.daum.net/sang7981/4172

제10장

교육과 교육정책에 대한 담론

교육, 지방 자치 단체가 책임질 때다

학교 무상급식이 위기를 맞고 있다. 경기도가 세입이 줄어들자 무상급식 지원비 800여억 원을 삭감하기로 했다. 다른 지자체들도 무상급식 지원비를 줄일 예정이라고 한다. 지자체는 다른 사업에 비해 무상급식 지원에 인색하다. 지방 교육은 교육감 책임이므로 지자체장이 반드시 지원해야 할 의무가 없기 때문이다.

우리나라는 지방 자치와 교육 자치가 엄격하게 분리돼 있다. 시도 단위의 초중고 교육은 교육감이 책임지고 재정 지원도 교육재정 교부금이란 이름으로 지방 행정과 분리돼 있다. 지자체는 인건비와 무상급식비 등 일부만 지원할 뿐이다.

그동안 교육감 선거와 교육 자치제도는 많은 문제를 드러냈다. 교육감은 직선으로 뽑지만 교육의 정치적 중립성이란 명분으로 정당 공천 없이 무소속으로만 입후보할 수 있다. 일반 국민은 교육 행정가에 대해 정보도 없는 데다 무소속 후보만 있다 보니 교육감으로 누가 적합한지 알 수가 없다. 현직 교육감이나 경력이 그럴듯한 사람이 유리할 수밖에 없다.

또한 돈이 많은 사람이 아니면 선거 비용을 충당할 수도 없다. 예컨대 서울시와 경기도의 경우 법정 선거비용만 50억 원 정도 된다. 개인이 시도 전 지역에 선거 사무소를 만들고 유지해야 하는데 어떻게 감당할 것인가. 당선자는 법정 선거비용을 돌려받는다고 하지만 실제 선거비용은 그보다 훨씬 더 들어갈 게 뻔한데 보통 사람이 어떻게 그 돈을 충당할 수 있을 것인가. 당선된 후에도 다음 선거 비용을 마련하기 위해 비리에 연루될 가능성이 크다. 현재 2010년에 당선된 교육감 15명 중 9명이 당선무효 또는 각종 비리로 수사를 받거나 재판 중에 있다. 교육감 직접선거의 후유증이라고 본다.

현재의 교육 자치제도는 자치의 기본 취지에도 맞지 않는다. 현재 시도 교육정책을 심의하는 최고 의사결정기구는 시도 의회의 분과위원회 중 하나인 교육위원회다. 교육위원회에는 시도의원과 교육위원이 함께 있다. 서울시의 경우 총 15명의 교육위원회 멤버 중 7명은 정당 출신의 시의원이고 8명은 무소속 직선의 교육위원이다. 서울 시민 1000만 명에 직선 교육위원은 8명이니 125만 명당 1명꼴이다. 서울 시민이 교육위원 만나기가 시장 만나기만큼 어렵다.

현행법에 따르면 2014년에는 교육위원 선거를 폐지하고 교육위원회는 시도의원으로만 구성할 예정이다. 이럴 경우 교육에 관해 국민의 의사는 누가 대변하는가. 시도의원 중 일부만 시도의회의 교육위원회 위원이 됨으로써 교육위원회 위원이 아닌 시도의원에게는 교육에 관한 이야기를 해봐야 별 소용이 없다. 도지사만 있고 도의원이 없는 것과 같다. 교육 자치가 아니라 교육감 자치이다.

또한 교육부 장관과 시도 교육위원회 위원인 시도의원이 모두 정당의 영향을 받는데 오로지 교육감만 무소속으로 둘 이유는 무엇인가. 현재의 교육 자치는 논리도 없고 실효성도 없다.

차제에 교육자치 제도를 근본적으로 개혁해야 한다. 우리나라 국민의 최대 관심사는 자녀 교육이다. 국가적으로도 인재 양성은 가장 중요한 과제이다. 그런데 공교육은 붕괴된 지 오래다. 공교육을 살리려면 공교육에 대한 투자를 늘려야 한다. 학교 시설도 개선해야 한다. 원어민 교사도 늘리고 방과후 교육도 강화해야 한다. 이처럼 어려운 과제를 특별한 재원이나 정책수단도 갖지 못한 무소속의 교육감이 어떻게 해결할 수 있겠는가.

교육 자치와 지방 자치를 통합해 지자체가 교육에 책임 의식을 갖도록 해야 한다. 중앙 정부는 복지 확대로 교육 지원을 늘릴 여력이 없다. 요즘은 지자체 재정도 어렵다. 그러나 유권자의 가장 큰 관심사가 교육이므로 교육과 지방 자치를 통합하면 지자체장이 이를 무시할 수 없을 것이다. 교육이 지자체장 업무의 우선순위 1위가 될 것이다. 어느 지역의 지자체장이 교실에 에어컨을 설치하면 인근 지역도 경쟁적으로 설치할 것이다. 현재는 대부분의 지자체가 예산의 5% 정도만 교육에 투자하는데 지자체가 교육을 책임지면 교육 투자는 획기적으로 늘어날 것이다. 공교육도 대폭 개선되고 그 결과 사교육비도 크게 줄어들 것이다.

교육자치 개선 방안의 하나로 교육감을 광역단체장이 지방 의회 동의를 얻어 임명하는 방안을 생각할 수 있다. 미국의 경우 대다수 지자체가 교육에 책임을 지고 있다. 워싱턴의 교육 개혁으로 널리 알려진 미셸 리의 경우도 워싱턴 시장이 발탁한 것이고 뉴욕 시도 블룸버그 시장이 직접 나서서 교육 개혁을 추진하고 있다. 일본은 지자체장이 임명한 교육위원들이 교육감을 선출한다.

교육이 중요하다고 하면서 교육 시스템 개혁에는 관심이 적다. 국가정보원 개혁은 중요시하면서 교육자치 개혁은 거론도 하지 않는다. 내년 6월에 교육감 선거가 있다. 이번 정기 국회에 고치지 않으면 또 4년 허송세월한다.146)

'SW교육, 수능 포함' 사교육 시장만 웃는다

정부는 최근 소프트웨어 교육 의무화 방안을 발표했다. 내년 중학교 신입생부터 시작해 초등학교는 2017년, 고등학교는 2018년부터 정식 교과목으로 채택하겠다는 것이다. 박근혜 대통령은 지난달 23

일 "소프트웨어 과목을 대학입시에 포함시켜야 한다"며 한발 더 나갔다.

하지만 현재 국민 사이엔 공감과 찬성 대신 비판과 반대의 목소리가 더 큰 것 같다. 소프트웨어 전문가들조차 소프트웨어 산업의 경쟁력 강화에는 공감하지만 이런 교육 방안이 타당하고 실제 효과가 있을지 의문을 제시한다. 사교육시장만 키워 치킨집보다 컴퓨터 학원이 더 많아질 것이라는 냉소적 반응도 나온다. 가뜩이나 사교육비에 허리가 휘는 서민들에게 더욱 부담만 지울 가능성이 크다.

필자는 초중고교 학생을 상대로 한 소프트웨어 교육 자체를 반대하지는 않는다. 그러나 소프트웨어 교육을 프로그래머 양성을 위한 프로그래밍 언어 교육 정도로 여기는 현 정부의 자세는 크게 잘못됐다고 본다.

과거에도 여러 차례 소프트웨어 교육이 강조된 때가 있었다. 지금은 성인이 된 당시 어린 학생들은 교재에 나온 예제 프로그램을 베껴 간단한 컴퓨터 게임을 만들어보곤 했다. 이는 수학 답안지를 보고 베껴 써보는 것과 다를 바가 없었다. 한마디로 과거 정부의 소프트웨어 교육은 프로그래머 양성에만 주안점이 있었던 셈이다.

소프트웨어는 알고리즘이 핵심이다. 알고리즘이란 어떤 문제 해결을 위해 컴퓨터가 사용가능한 정확한 방법으로서 지식과 문제 해결 능력으로 구성된다. 소프트웨어는 단지 이런 알고리즘을 프로그래밍 언어로 전환한 것일 뿐이다.

예를 들어 검색 엔진에서 특정 키워드를 검색한다고 치자. 이때 검색된 웹 페이지는 중요도 순으로 제시된다.

href=http://search.daum.net/search?w=tot&rtupcoll=NNS&q=%EA%B5%AC%EA%B8%80%20%EA%B2%80%EC%83%89&nil_profile=newskwd&nil_id=v20140806030806526 target=new>구글 검색 서비스는 웹 페

이지 각각에 중요도 점수를 부여하는 페이지랭크라는 알고리즘을 활용한다. 이는 그래프 이론이라는 수학을 적용한 것으로 프로그래밍 능력으로만 이뤄지는 것은 아니다. 페이지의 중요도를 결정하는 수학적 지식과 이를 알고리즘으로 구현하는 논리적 문제 해결 능력이 동시에 필요하다.

구글은 뉴스 편집을 알고리즘에 맡긴다. 야후 네이버 다음 등 사람이 뉴스를 편집하는 업체와 크게 다르다. 구글의 뉴스 편집 알고리즘의 성패를 좌우하는 것은 프로그래밍 기술만이 아니다. 중요한 것은 좋은 뉴스를 판별해내는 기준과 관련한 저널리즘 지식이다.

href=http://search.daum.net/search?w=tot&rtupcoll=NNS&q=%ED%8E%98%EC%9D%B4%EC%8A%A4%EB%B6%81&nil_profile=newskwd&nil_id=v20140806030806526 target=new>페이스북과 같은 소셜네트워크서비스(SNS) 소프트웨어도 마찬가지다. 누구를 친구로 추천할 것인가, 어떤 포스트를 인기글로 제시할 것인가 하는 문제에서는 대인관계에 대한 사회학적, 심리학적 지식과 이를 바탕으로 한 알고리즘 구현이 관건이다.

이런 소프트웨어 특성 때문에 외국에서는 이미 현대 사회를 '소프트웨어 사회'로 규정하고 소프트웨어에 대한 인문사회과학적 연구를 폭넓고 심도 있게 진행하고 있다. 이른바 '소프트웨어 연구'라 불리는 새로운 학문 분야가 부상하고 있다. 초점은 우리와 달리 소프트웨어에 구현된 알고리즘의 분석과 비판에 있다.

한마디로 우리는 프로그래머라는 기능인 양성에 국한하는 데 반해 외국은 다양한 소프트웨어 전문가 양성에 방점이 찍혀 있는 셈이다. 소프트웨어 교육에 '소프트웨어 문화'라 불릴 교과목이 필요한 것도 이 때문이다.

소프트웨어 인력 양성은 필요하다. 그러나 어떤 능력을 교육할 것인가가 중요하다. 프로그래밍 언어만으로는 안 된다. 이는 수단일 뿐이다. 지식 상상력 통찰력을 알고리즘으로 구현할 수 있는 능력을 계발해야 한다.

소프트웨어 교육을 프로그래밍 언어 교육 정도로 보는 한 이번 정책은 일자리 창출이나 B급 인력 양성 대책은 될지언정 우리 사회가 원하는 A급 인력 양성 정책은 될 수 없다.[147]

'29세, 39세 천재'를 위하여

입시철이 다가오면서, 주변의 많은 학부모들이 아이들을 어떻게 하면 좋은 유치원, 초등학교, 중학교, 대학교에 넣을까 고민하는 모습을 본다. 물론 나 자신도 시골 학교에 다니면서 자연을 벗삼아 손수 기른 작물을 손에 들고 기뻐하는, 초등학교 다니는 큰 애를 보고 가끔은 "내가 너무 아이를 순진하게 키우는 건 아닌가?" 하는 불안감을 느낀다.

초등학교 고학년인 아이를 꼭 국제중에 보내야 한다며 분주히 '입시정보'를 캐러 다니는 한 친구는 요즘 세상엔 부모가 유치원부터 달라붙지 않으면 자식을 좋은 대학에 결코 보낼 수 없다고 일갈하곤 한다. 그 친구 앞에서 나는 '세상물정 모르고 자식을 시골스럽게 키우는' 철없는 학부모가 아닐는지.

그런데 한 가지 할 말이 있다. 우리가 학부모로서 고민하는 것들은 대부분 아이의 19세 전후에 관한 것들이 대부분인 것 같다. '명문' 대학에 진학시켜 10대의 마지막을 화려하게 장식할 수 있도록 이끄는 것이 우리 교육의 최대 현안인 것처럼 생각하고 있는 건 아

닌지. 하지만, 아이가 만약 19세에 인생의 절정기를 맞는 '19세 천
재'라면, 그것은 행복이라기보다는 불행에 가까운 것은 아닐까.

오히려 아이들의 절정기는 20대와 30대여야 할 것 같다. 학자의
길을 걷는 청년이라면, 20대에 학사-석사-박사 과정을 밟으면서, 지
식의 깊이와 폭을 마음껏 넓히고 자신이 평생 연구할 어젠다를 손
에 넣은 뒤에 30대 10년을 다 바쳐 일로 매진하는 모습이 흔한 과
정이다.

그런데, 인생의 절정기를 19세로 전제한다면, 이삼십대의 노력은
그냥 김빠진 맥주일 뿐이다. 인생의 정점을 이미 경험했는데, 무슨
흥이 나서 전력질주를 하겠는가.

클라우스 폰 클리칭(Klaus von Klitzing)이라는 노벨상 수상자가
얼마 전 필자가 재직중인 학교에 와서 특강을 했다. 그는 1943년에
태어나 30대 중반이었던 1980년에 뮌헨 공대의 교수가 되었는데, 바
로 그 시기에 발표한 논문이 '양자 홀 효과(Quantum Hall Effect)'
라는 물리학에서의 기념비적인 발견을 담고 있었다고 한다.

30대에 물리학계를 뒤흔든 논문을 쓰고, 40대 초반이었던 1985년
에 노벨상을 받은 뒤, 70대가 된 지금까지 세계 곳곳을 다니며 자신
의 최신 연구를 소개하고 있는 그에게 인생은 충분히 흥미진진한
듯 보였다. 그를 보기 위해 장사진을 이룬 수많은 초중고생들과 기
꺼이 사진을 찍을 때, 그는 천진난만한 미소를 보였다. 그의 강연장
은 마치 한류스타가 온 듯 북적거렸지만, 정말로 행복이 넘치는 왁
자지껄함이 있는 시간이었다.

수학의 노벨상이라고 불리우는 필즈 메달(Fields Medal)의 경우,
수상자의 연령은 만 40세가 넘지 않아야 한다는 제한규정이 있다.
수학분야는 2,30대에 주요한 업적을 내는 경우가 많다고 한다. 러시
아의 천재 수학자 그리고리 페렐만은 1966년생으로 불과 36세였던

2002년에 수학계의 최대난제 중 하나를 풀었고, 그 공로로 40세였던 2006년에 필즈메달 수상자로 선정되었으나 고사했다. 문제를 풀었으면 그것으로 족한 것이라면서.

우리의 10대들은 너무 일찍 최고의 대학에 입학하기 위한 고난도의 문제풀이에 집중하며, 20대에는 이미 경험한 인생의 절정기를 뒤로 하고 이미 '익숙해진' 고난도의 문제들에 만족하며 안주하는 경우가 많은 것 같다. 그들에게는 '고난도'의 문제를 스스로 찾아내거나 정의할 의지가 부족하다. 어느 누군가가 그런 문제를 만들어 풀어 놓으면, 그 풀이를 찾아서 공부할 준비에 오히려 더 치중한다. 이런 식으로 공부한다면, 문제를 스스로 정의하면서 해결책 역시 스스로 찾아 제시해 내는 지식창조자가 되기는 영원히 글렀다.

내가 굳이 '19살 천재'라는 용어를 쓰는 것은 명문대학에 입학하는 순간 마치 인생의 모든 것을 다 이룬 것처럼 대접받는 우리의 풍토 때문이다. 이제 29세, 39세 천재들을 많이 길러야 할 때는 아닐까. 물론 김연아 같은 19세 천재도 필요한 분야가 있겠지만.[148]

교과목 권력 투쟁에 볼모잡힌 아이들

2007년 김신일 교육인적자원부 장관은 "제7차 교육과정 개편은 (교사들의) 이해관계가 얽힌 권력투쟁"이라며 교육과정 개편작업의 어려움을 호소한 적이 있다.

현 교육비서관인 김재춘 영남대 교수는 당시 한 신문 기고를 통해 "교육과정 개정과 관련해 각 교과 전문가들에게 학생들이 해당 교과를 얼마나 공부하는 것이 적절한가를 조사했더니 적게는 현재

보다 1.5배, 많게는 3~4배 공부할 필요가 있다는 결과가 나왔다"
고 소개했다. 과목 수업시간을 늘리느냐 줄이느냐를 놓고 이해관계
갈등이 얼마나 치열했을지 짐작하게 하는 대목이다.

그런 권력투쟁 끝에 만들어진 2007년 개정 교육과정이 전면 적용
되기도 전에 개편되는 운명에 처했다. 노무현 정부의 교육과정이 이
명박(MB) 정부의 교육방향과 맞지 않아서다.

학교의 다양화 자율화를 내세운 MB 정부는 중3까지만 국민공통
교육과정으로 하고 고교 전체를 선택과정으로 바꿨다. 자율형 사립
고에 교과편성 자율권을 부여하고 특정 과목을 한 학기에 집중적으
로 공부하는 집중이수제 도입을 골자로 한 2009 개정 교육과정이
그것이다.

그러나 이 역시 효과를 보기도 전에 부작용부터 불렀다. 자사고는
늘어난 자율권을 국·영·수에 배정해 '입시학원화'했고, 자사고
에 우수 학생을 뺏긴 일반고는 불만을 쏟아냈다. 집중이수제로 음악
체육 미술 등 예체능 과목을 한 학기에 몰아 하는 학교가 생기고,
학교마다 집중이수 시기가 달라 전학을 가면 특정 과목을 배우지
못하는 일도 벌어졌다.

MB 정부가 만든 2009 개정 교육과정은 박근혜 정부에서 슬그머
니 수정됐다. "자사고만 국·영·수 과목을 늘릴 수 있게 해주느
냐"는 일반고 항의에 교육부는 국·영·수·사회·과학 필수 수업
이수단위를 15단위에서 10단위로 축소해 일반고의 교과목 편성 자
율권을 늘려주었다.

미래를 이끌고 갈 창의 융합 인재를 배출한다는 건 현 정부의 구
실일 뿐, 모든 교육과정은 정권이 바뀔 때마다 정권의 이념과 학부
모 요구에 따라 조변석개(朝變夕改)를 거듭했다. 수시로 바뀌는 교
육과정 속에서 학생들은 영락없는 '표본실의 청개구리'였다.

아이들에게 무엇을 가르칠 것인가는 단순히 과목 배치와 수업시수의 문제가 아니라, 장차 나라를 어떤 사람들이 끌고 가기를 바라는가 하는 담론이어야 한다.

나라마다 다른 교육과정과 수업단위에는 이런 한 나라의 고민과 철학이 담겨 있다. 예컨대 교육 강국 핀란드의 중학생들은 무려 19단위의 과학을 배운다. 경제협력개발기구(OECD) 평균은 12단위다. 북유럽의 척박한 자연환경에서 과학기술로 먹고살려는 핀란드의 국가적 의지가 느껴진다.

아일랜드는 읽고 쓰는 교육에 24단위(OECD 평균 16단위)를 배정하고 과학은 10단위뿐이다. 제임스 조이스를 배출한 나라답다. OECD 국가는 아니지만 수학 과학 교육에 집중하는 중국 교육과정도 주목된다. 비판적 사고 함양보다는 기초과학과 실용기술에 집중할 수밖에 없는 체제의 특성 때문이지만 그렇기 때문에 유인 우주선을 쏠 수 있는 것이다.

국사 필수화와 문·이과 통합으로 인한 교육과정 개정작업이 홍역을 치르고 있다. 지난번 교육과정 개정 때는 사회 교과에서 반발이 나왔는데 이번 문·이과 통합 과정에선 과학이 희생되고 있고, 개정작업이 '사대(師大) 마피아'에게 독점되고 있다는 말이 들린다.

미래 인재상에 대한 국가적 합의를 이루지 않고 어떤 과목에 몇 단위를 배분할 것인가 하는 문제로 다투는 것이야말로 숲은 보지 않고 나무만 보는 격이다.

수업시수가 아니라 수업 내용에서 문·이과를 섞는 콘텐츠의 변화가 필요해 보이지만 더 급한 것은 미래의 인재에 대한 사회적 합의를 도출하는 일이다. 그렇지 않으면 이번 교육과정 개정도 권력투쟁의 산물이라는 말을 듣게 될 것이다.149)

비빔밥과 융합교육

교육도 비빔밥과 같은 정신으로 해보자… 진보니 보수니 하는 이념도 비벼 넣자. 교과와 교과도 비벼서 넣자. 생각이 다른 사람도 넣고 비비면 비빔밥은 통합이요 융합이며 새로운 창조가 될 것이다.

비빔밥은 유래가 다양하나 보통 궁중에서 유래되어 민간으로 전하여졌다는 설이 있다. 비빔밥이 처음으로 언급되어진 문헌은 1800년대 말의 '시의전서'로서 이 문헌에는 비빔밥이 골동반으로 기록되었다. 골동반(汨董飯, 骨董飯)의 골(汨)은 섞을 골, 동(董)은 비빔밥 동으로 여러 가지 반찬을 밥과 함께 한데 섞어서 비비는 것을 의미한다.

요즘 우리나라는 물론 외국에서도 비빔밥의 저력이 느껴지기도 한다. 비빔밥은 한국의 전통음식이지만 기내식 메뉴로 선정되면서 세계적인 음식이 되었다. 대한항공 기내식 비빔밥은 1998년도 국제기내식협회(IFCA)에서 머큐어리(mercury)상을 받았고, 2012년 베를린 국제관광박람회((ITB, Internationale Tourismus Boerse)에 참가하여 600인분의 비빔밥이 30분 만에 동이 났다고 한다. 이제 비빔밥은 우리나라 비행기에서만 아니라 외국항공사 기내식에도 비빔밥이 단골메뉴로 등장하기도 한다.

비빔밥은 가장 한국에 있어 토속적인 음식이며 한국 사람이면 누구나 먹어보았을 것이고 만드는 재료도 쉽게 구 할 수가 있고 만드는 방법도 형식에 구애 받지 않고 만들 수 있어서 언제 어디서나 누구나 즐길 수 있다는 특징을 지니고 있다. 특히 여러 가지 반찬이 어우러져 각각의 독특한 향을 유지한 채 함께 어우러져 맛을 내는 비빔밥은 우리나라의 대표적인 음식이라고 해도 과언이 아니다.

어렸을 적에 외갓집에 가면 어김없이 등장하던 비빔밥, 대학 때 농촌 봉사활동가서 새참으로 먹었던 맛있는 비빔밥은 우리 생활에 아주 밀접하게 연결되어있고 우리에게 연대감을 묶어주는 고리의 역할을 하곤 한다. 비빔밥을 만들어 함께 나누는 친구야 말로 여러분에게 가장 소중한 벗일 것이다.

교육도 비빔밥과 같은 정신으로 해 보자. 교육이라는 그릇에 그러한 멋과 향기를 내는 모든 것을 담아 비벼서 해보자. 진보니 보수니 하는 이념도 비벼 넣자. 초등과 중등도 비벼 넣자. 교과와 교과도 비벼서 넣자. 교사와 학생도 비벼서 넣자. 생각이 다른 사람도 넣고 비비고 도시와 농촌도 넣고 비비면 비빔밥은 통합이요 융합이며 새로운 창조가 될 것이다. 이것이 새로운 교육이요 미래교육의 디딤돌이 될 것이다. 정치권에서는 보수니 진보니 저마다 진영싸움에 빠져 있다하더라도 교육은 비빔밥과 같은 통합의 정신을 살려 나아가야 한다.

교육이 정쟁의 논리에 휩쓸리거나 진영 논리가 판을 친다면 교육의 미래는 암울할 것이다. 갈등과 분열을 조장하는 그런 교육은 이제 대통합의 교육으로 바뀌어야 한다. 북유럽의 실례에서 볼 수 있듯이 경쟁보다 협력을 분열보다 통합 교육이 더 뛰어나다는 것을 입증하고 있다. 화합과 통합의 키워드로 변화시켜가야 한다.

교육에서 보수니 진보를 말하는 사람들은 분열을 획책하여 이득을 보려는 사람들이다. 이러한 사람들이 다시 교육을 책임진다면 강원교육은 퇴보할 것이다. 그러므로 이제 앞으로 우리사회와 교육은 통합의 시대로 나아가야 한다.

비빔밥의 정신을 살리자. 그리하여 모두를 위한 교육보다는 모두가 만족하는 교육을 만들어 가야 한다. 각각의 멋과 향기는 지켜나가며 비빔밥의 통합정신을 살려나가는 길이 우리나라 전통을 살리

는 길이요 교육의 자율성을 바탕으로 강원교육을 한 단계 더 업그레이드 할 수 있다고 본다.[150]

행복한 교육의 지름길

쌀쌀해진 날씨만큼이나 대학수학능력시험을 앞둔 수험생의 마음은 타들어 갈지도 모른다. 소위 명문대학을 진학하리라는 목표로 학업에 열중하고 있는 것이다. 연신 공부해서 대학을 가도 다시 취업의 문턱을 넘기 위한 스펙 쌓기를 다시 해야 하는 이중고를 겪고 있다.

지난 수세기 동안 교육은 건전한 시민의식의 함양과 함께 사회경제적 지위의 향상, 즉 상층 이동을 위한 사다리 역할을 해온 것이 사실이다. 계층 간의 이동은 소위 크리덴셜리즘이라 하는 학력 또는 학벌주의의 고착화를 불러왔다. 우리나라의 교육은 높은 학구열과 서열화에 정작 학생들 적성과 능력을 발휘할 수 있는 기회의 장을 열어주지 못하고 있다.

교육의 진정한 가치는 학생들의 행복에서 찾아야 한다. 배우는 것 자체가 즐겁고 행복해야 한다. 우리나라의 학업성취도 순위는 핀란드 다음으로 2위다. 그런데 우리나라의 교육제도는 핀란드의 교육제도와 많이 다르다. 핀란드의 교육제도는 평등과 차별을 통해 모든 학생이 고른 교과과정을 배우고 부족한 학생들은 더 배우게 해서 모든 학생의 학업성취 수준을 비슷하게 끌어올린다. 또한 공부하는 시간이 현저하게 낮지만 교육의 질이 가장 높은 나라 중에 하나다. 공부하는 시간 외적으로 학생 개개인의 시간을 충분히 보장하면서 학생들 스스로 취미를 익히고 다양한 경험을 할 수 있다. 핀란드의 교육은 과제의 불행은 없고 배움의 행복만이 있는 것이다.

그렇다면 우리나라의 학생들은 배움에서의 행복을 느끼고 있을 것인가. 많은 공부 시간으로 학업성취 수준은 높지만 배움이 행복하다는 학생은 그리 많지 않다. 또한 주입식 교육제도를 통해 획일화되고 표준화된 교육은 단지 대학 진학을 위한 수단에 지나지 않는다. 학생들의 개성과 적성을 살린 교육이 없는 교육은 행복은 없고 불행할 것이다. 몰개성적이고 행복이 보장되지 않는 우리나라의 교육 실정은 문제가 있다.

독일 교육의 경우 과거 주입식 교육제도에서 변화해 의무교육제도를 채택하고 있다. 학생들의 적성과 능력에 따라 자기계발을 최선의 방향으로 나아가고 제공해야 한다는 이념을 바탕으로 직업능력의 개발, 정치 참여, 문화 등을 습득할 수 있는 공평한 학습기회를 보장해 주고 있다.

또한 직업교육을 통해 학생들의 진로 방향을 어린 시기에 정해서 취업과 연관된 교육을 시키고 있다. 독일의 직업교육 정책을 통해 사회경제적 측면뿐 아니라 일자리 문제를 해결함으로써 실업 문제를 줄이고 있다.

이제 우리나라의 교육도 변해야 할 시점에 도달했다. 교육의 진정한 가치는 배움보다 학생들의 행복이 우선이다. 다양한 직업교육을 개발하고 더 많은 직업교육의 기회를 학생들에게 제공해야 한다.

 학생들이 직업교육을 통해서 취미를 찾고, 취업의 문을 두드릴 수 있어야만 미래의 행복을 보장할 수 있지 않을까? 따라서 대학 진학 위주보다, 학생 개성·적성 따른 진로 방향을 제시해야 한다.

적성과 진로에 맞지 않는 대학에 진학해 타인에 의해 귀천이 정해진 직업이 아니라 자신이 진정으로 원하고 잘할 수 있는 일을 찾

는 것은 행복한 미래를 보장받는 길일 것이다. 이제 교육이 행복으로 가는 지름길이 됐으면 한다.[151]

'글로벌 시민의식' 학교에서부터 가르쳐야

"첫날 우리는 모두 자기 나라를 가리켰다. 3~4일째는 자기가 속한 대륙을 가리켰다. 5일째가 되자 우리는 지구만을 보게 되었다." 우주비행사 술탄 빈 살만 알 사우드는 첫 번째 우주여행 후에 이렇게 말했다.

글로벌 시민 의식을 함양하기 위해 우리 모두가 우주로 갈 수는 없기에 더 쉬운 방법을 찾아야 한다.

우리는 '교육'을 최대한 활용하여 인권을 가르치고, 피부색·성별·국적·종교적 정체성과 관계없이 모든 사람의 존엄을 지키며 이해를 심화해야 한다. 교육을 통해 우리는 변화하는 세계에서 다른 이들을 이해하고, 공감하고, 생각을 교환하고 전 지구적 문제를 함께 다루는 능력을 함양할 수 있다.

교육은 학교에서 시작되어야 한다. 학교는 우리가 평화와 지속 가능성의 씨앗을 뿌리며, 함께 살고 서로 돕는 '상생(相生)'을 배우는 최고의 장소다. 다른 문화와 생활 방식을 존중하고 이해하는 법을 배우며 글로벌 사회의 새로운 행동 방식을 발전시키는 곳이다.

글로벌 시민이 된다는 것의 의미는 오늘 새로운 방법으로 활동하고 행동하고 소비함으로써 미래 세대에 책임을 진다는 것이다. 아이들은 글로벌 시민 의식에 대해 배움으로써 학교 내에 민주적인 공간을 만들고, 의사 결정 과정에 참여함으로써 주위 환경과 사회에 소속감을 가질 수 있게 된다.

글로벌 시민 의식은 지역에서 시작해야 한다. 그것은 지역적 참여, 문화적·언어적 다양성의 존중, 생물 다양성과의 조화에 기반을 두어야 한다. 글로벌 시민 의식은 각자가 매일 주도하는 실천이 되어야 한다. 이것은 인권과 존엄성에 대한 것이며, 우리가 다른 이들과 지구에 대해 가진 책임에 관한 것이다. 글로벌 시민 의식은 전 지구적 소속감과 연대감으로, 우리에게 필요한 새로운 휴머니즘이다.

반기문 유엔 사무총장이 '글로벌 교육 우선구상(Global Education First Initiative)'을 제안한 것도 이 때문이다. 그 실행기관으로서 유네스코는 9~10일 대한민국 외교부 및 교육부, 유네스코 아시아태평양국제이해교육원과 함께 '글로벌 시민교육 전문가회의(GCE)'를 서울에서 개최한다. 이번 회의는 글로벌 시민교육에 대한 전 세계인의 관심을 불러일으키는 계기가 될 것이다.[152]

강 건너 불구경하는 교육부

중국 광둥성 광저우 난궈(南國)중학교 3학년생 정성재군은 반에서 유일한 외국인이다. 중국에 온 지 5년이 지나 언어엔 자신 있지만, 수업시간에 한국이 언급될 때마다 스트레스를 받는다. 한국의 경제 발전을 높이 평가할 때도 간혹 있지만, 사실과 다른 내용을 배워야 할 때가 더 많기 때문이다. 정군은 "선생님이 한국이 북한을 먼저 공격해 6·25전쟁이 일어났다고 가르쳐 매우 혼란스러웠다"고 말했다.

지난 2일 광저우의 한국학교 개교식에는 정군과 비슷한 어려움을 겪던 초·중학생 100여명과 부모들이 참석했다. 이들은 다니던 중국학교나 국제학교를 포기하고 이곳에 입학했지만, 교육부가 '한국학교' 설립 인가를 내주지 않아 불안했다.

'한국학교'는 외국에 사는 국민을 위한 정규학교를 뜻하는 법정 용어다. 초·중등 교육법에 따른 교육과정의 적용을 받아 국내와 같은 교과서로 배우고 학력도 인정받는다. 전 세계 15개국에 한국학교 30곳이 있는데 이 중 10곳이 중국에 있다. 베이징·톈진·다롄·칭다오·선양·옌타이·옌지 등 7곳이 북부에 몰려 있고, 나머지 3곳은 상하이·장쑤·홍콩에 있다.

교민이 5만명 이상인 광둥성을 비롯해 광시·푸젠·하이난 등 중국 남부엔 한 곳도 없다. 그 때문에 이 지역들에선 중국 학교에 입학해 중국식 사상교육을 받거나 학비가 연간 3000만원에 달하는 국제학교를 가는 수밖에 없다. 그러다 보니 비싼 학비를 대지 못해 한국으로 돌아가거나 중국학교에 적응 못해 학업을 중단하는 사례도 많다. 광저우의 한 교민은 "세종대왕은 모르는 딸이 마오쩌둥 일대기를 달달 외는 것을 보고 착잡했다"고 말했다. 다른 부모는 "아이가 학교에서 사회주의를 학습하며 잘못된 민주주의의 대표적 사례로 한국의 광우병 쇠고기 파동을 배우더라"고 했다.

이 문제를 대하는 우리 정부의 부처별 체감온도는 다른 것 같다. 날마다 재외국민과 부대끼며 사는 외교부(총영사관) 입장에선 이번 문제가 지금 바로 '내 집에 난 불'이다. 그래서 광저우시와 광둥성 정부를 끈질기게 설득해 6개월 만에 개교에 필요한 모든 인가를 받아냈다.

이에 비해 교육부는 '강 건너편에 난 불'로 보는 것 같다. 작년부터 줄곧 교민들과 상공회, 총영사관이 한국학교 설립 인가를 요청해왔지만, 중국 정부의 허가를 거쳐 개교한 지금까지도 인가를 꺼리고 있다. 교육부는 "안정적 학교 운영을 위해 적어도 70년 이상 장기(長期)로 학교 부지 및 건물 계약을 맺어야 한다" 는 입장이다.

교육부의 인가가 미뤄지면서 학부모들은 교사와 학생들이 이탈해 학교가 공중분해될까 걱정하고 있다. 교육부는 "나중에 문제가 생겨 혼란을 겪는 것보다 처음부터 신중하게 조건을 따져야 한다" 는 입장이다. 교민들은 "1년 가까이 되도록 실사(實査) 한번 안 오고, 현지 상황과 동떨어진 요건만 고집하는 게 이해가 안 된다" 고 말한다. 강 건너 불 보듯 하지 말라는 이야기였다.153)

反應과 認識

무상보육 누리과정의 내년도 예산 배정을 놓고 국회에서 여야 협상이 한창이다. 국고 지원, 우회 지원, 지방채 발행 등이 거론되었고 우회 지원으로 가닥이 잡혀가고 있다. 다행스러운 일이지만 이를 바라보는 마음은 영 개운치 않다. 중앙정부가 국고를 지원하든, 우회로 지원하든 지방채를 발행하든 결국 그 돈이 그 돈, 국민의 세금이기 때문이다.

올해는 그렇다 치고 내년 이맘때 또 어찌할 것인가. 게다가 정권이 바뀌면, 지방선거에서 자치단체장과 시도교육감이 바뀌면…. 무상급식을 둘러싼 자치단체장과 시도교육감의 갈등도 마찬가지 상황이다.

무상급식과 무상보육은 정치권의 선거 공약으로 나온 것이다. 교육감 후보든 대통령 후보든, 여든 야든 무상급식과 무상보육은 표를 얻기 위한 전략이었다. 깊이 있는 검토 끝에 나온 공약이라고 믿는 사람은 거의 없다.

얼마 전 종교학자인 정진홍 서울대 명예교수의 글 '오늘의 한국 종교'를 읽었다. 이 글은 '문화의 안과 밖: 오늘의 시대에 대한 문화적 성찰'이라는 대중 강연의 원고였다. 글은 당대(當代)를 사는 주체에게 있어 당대를 기술하고 그것을 통해 당대를 진단하며 나아가 당대의 의미를 밝히는 작업에 대한 정 교수의 견해로 시작된다. 그중에 이런 대목이 나온다.

"인식을 위해 요청되는 최소한의 거리를 확보하지 못할 때, 사물에 대한 인식은 인식이 아니라 즉각적이거나 직접적인 반응에 그치게 된다. 우리는 이러한 반응을 하고 있으면서도 이를 (…) 인식으로 여기곤 한다."

최소한의 거리 두기, 이는 객관적 성찰 같은 것이다. 이 과정을 거쳐야 반응(反應)은 인식(認識)이 될 수 있다는 말이다. 하지만 지금까지의 무상보육, 무상급식은 모두 반응의 수준이었다. 무상보육과 무상급식에 어떤 가치와 철학이 담겨 있는지, 교육적으로 볼 때 또는 복지의 측면에서 볼 때 어떤 의미가 있는지, 우리의 현재 상황으로 미루어 어떻게 어느 정도로 다가가야 하는지에 대한 논의는 들어보지 못했다. 그저 표를 얻기 위한 동물적 반응일 뿐, 객관적 인식에 이르지 못했다. 지금의 예산 배정 협상도 마찬가지다. 역시 현재 상황을 넘어가기 위한 반응에 불과해 보인다. 그러니 이 문제는 또다시 재연될 수밖에 없는 것이다.

대학수학능력시험 출제 오류로 온 나라가 시끄럽다. 교육당국은 이 같은 오류가 다시 발생하지 않도록 대책을 마련하겠다고 약속했다. 교육당국과 수능 출제 시스템을 불신했던 사람들도 이번엔 어느 정도 개선되리라고 믿는 것 같다.

그 믿음처럼 수능 출제 시스템은 개선될 것이다. 그러나 출제 시스템을 고치는 것은 문제 해결의 핵심이 아니다. 출제 오류 방지는 너무나 당연한 일인 데다 솔직히 말해 마음만 먹으면 그리 어려운 일도 아니다. 오류 방지 대책을 마련한다는 것은 현재 상황에 대한 직접적인 반응에 불과하다.

그 이상이어야 한다. 대입과 수능이라는 것에 대한 본질적인 고민과 인식으로 나아가야 한다는 말이다. 예를 들어 점수제가 아니라 9등급제가 합당한 것인지, 모든 학생이 수능을 볼 필요가 있는지, 중하위권 등급 학생들은 결국 들러리가 아닌지 그리고 수능이 왜 필요한지까지. 거리 두기와 객관적 성찰을 통해 본질적인 것에 대해 고민해야 한다. 그 과정에서 그동안 애써 외면해온 우리의 치부와 상처를 정면으로 만나야 한다. 그것이 바로 이번 수능 사태에 대한 진정한 인식이다.[154]

초중고 549곳, 반경 1km 이내 性범죄자 6명 이상

전국 1만 2500여개교 현황 조사… 학교 41%, 1km 이내 성범죄자 1명 이상 거주, 서울 동대문·중랑區 학교 98% 인근에 성범죄자 최소 1명 이상 주변에… 性범죄자 많은 학교 대부분 안전대책 예산 미지원 학교들 "몇 명인지는 잘 몰라, 그저 '조심하라' 당부하는 정도" 수준이다.

서울 양천구에 있는 A초등학교 반경 1km 안에는 성범죄자 15명이 살고 있다. 이 중 임모 씨는 2010년 7월 금천구에서 열 살도 안 된 여자 아이를 강제로 추행해 2011년 법원에서 징역 2년 6개월, 집행유예 4년을 선고받았다. 또 작년 1월 새벽 경기도 김포에 있는 아파트 주차장에서 여성을 강제로 성폭행하려다 여성이 저항해 미수에 그친 김모 씨도 A초등학교 지척에 살고 있다.

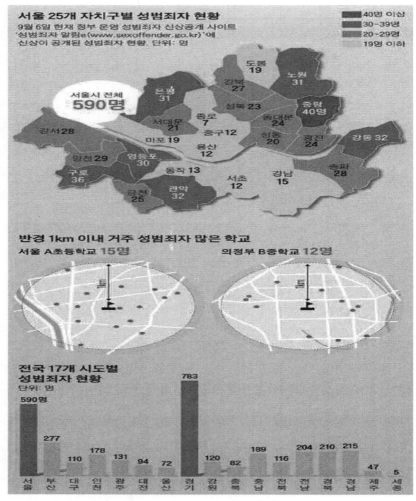

서울 25개 자치구별 성범죄자 현황. 반경 1km 이내 거주 성범죄자 많은 학교. 전국 17개 시도별 성범죄자 현황.

임씨와 김씨를 포함해 A초교 인근에 사는 성범죄자 15명은 모두 법원에서 유죄 확정 판결과 함께 신상공개 명령을 받아 인터넷에 얼굴과 이름, 나이 등이 공개된 이들이다. 정보가 공개되지 않은 이들까지 합하면 A초등학교 근처에 더 많은 성범죄자가 살고 있을 것으로 보인다. 아이들이 하루 중 대부분 시간을 보내는 학교 가까이에 다수의 성범죄자가 사는 것으로 나타났다.

국회 교육문화체육관광위 유기홍 의원실은 6일 정부가 운영하는 '성범죄자 알림e(www.sexoffender.go.kr)' 사이트를 통해 전국 초·중·고교 반경 1㎞ 이내에 성범죄자가 거주하는 현황을 조사한 결과, 전체 1만1575개교 가운데 41%(4792개교)에서 반경 1㎞ 이내에 성범죄자가 1명 이상 살고 있었다고 말했다(지난 3월 기준). 특히 성범죄자가 인근에 6명 이상 살고 있는 학교도 549곳에 달했다. 이 중 절반 가까운 48%(263개)가 초등학교였다.

서울 지역은 전체 1326개 초·중·고교 중 937곳(71%)의 반경 1㎞ 이내에 성범죄자가 살고 있는 것으로 조사됐다. 이 중 233개 학교는 인근에 성범죄자가 6명 이상 사는 것으로 파악됐다. 서울에는 성범죄자가 인근에 15명 살고 있는 학교가 2곳, 14명 사는 곳이 11곳, 13명 사는 곳이 10곳이나 된다. 동대문과 중랑구는 거의 모든 학교(98%) 인근에 성범죄자가 1명 이상씩 거주하고 있다.

그러나 이런 사실을 잘 모르는 학교도 많다. 인근에 성범죄자가 15명 살고 있는 양천구 A초등학교 관계자는 "주변에 성범죄자가 몇 명이나 있는지는 파악하지 못하고 있다"고 말했다.

교육부는 "올 3월에 전국 초·중·고교에 '성범죄자 알림e 등을 활용해 학교 안전 강화 대책을 수립하라'고 지시했다"고 밝혔다. 그러나 서울 강북의 한 초등학교 교장은 "주변에 우범 지역이 많아서 아이들에게 수시로 '등·하교할 때 조심하라'고 당부하지만,

구체적으로 성범죄자가 몇 명 있는지는 나도 몰랐고, 아이들에게 따로 교육한 적도 없다" 고 말했다.

더구나 주변에 성범죄자가 많이 살고 있는 학교 중에서 정부로부터 학생 안전 대책을 마련하는 예산을 지원받지 못하는 학교도 많다. 정부는 2010년부터 범죄 발생률, 재개발 지역 여부 등을 종합적으로 판단해 위험에 노출된 학교들을 '안전강화학교' 로 지정하고 학교당 예산을 2000만~3000만원 지원했다.

2012년 기준 전국적으로 1622곳이 안전강화학교로 지정됐고, 이 학교들은 경비실과 출입문 자동개폐장치를 설치하는 등 안전장치를 강화했다.

서울에는 184개 학교가 안전강화학교로 지정됐지만, 성범죄자가 인근에 6명 이상 살고 있는 학교 233개교 중 3곳만 여기에 포함됐다. 주변에 성범죄자 16명이 살고 있는 의정부의 B중학교 역시 학생안전강화학교로 지정되지 않았다.

장애 학생들이 다니는 특수학교 주변에도 성범죄자가 많이 살고 있지만, 학생들을 보호하기 위한 정부 차원의 대책은 딱히 없다. 예컨대 서울 강북구의 C특수학교 인근 성범죄자는 10명이다. 2009년 16세 여학생을 성폭행하려 했던 강모 씨, 2011년 8월 36세 여성을 세차장으로 끌고 가 성폭행한 장모 씨 등이 포함돼 있다.

교육부 김영진 학교폭력대책과장은 "학교 등·하굣길에 학생들이 성범죄에 노출된 만큼 학교별로 인근 성범죄자 현황에 대해 숙지하게 하고, 성범죄자가 많이 거주하는 지역 학교의 안전을 강화할 대책을 마련하겠다" 고 밝혔다.155)

신학용 의원은 "성범죄는 재발률이 높다는 점, 등하굣길에 학생이 혼자 걷는 시간이 생길 수밖에 없는 점 등을 고려해 안전대책을 마련할 필요가 있다" 며 "현재 교육부가 성폭력 예방교육을 강화

하고 있다지만, 이와 더불어 학생들의 안전한 등하교를 위한 제도적
장치를 마련해야한다" 고 지적했다.

고졸취업 활성화, 아직도 멀었다

미국 젊은이들 사이에 자격증 따기 열풍이 불고 있다고 한다. 미
국도 청년들이 많은 비용을 들여 대학을 나와도 변변한 일자리를
찾지 못하는 현실은 우리와 비슷한 듯하다.

미국인 4,000만 명이 약 1조 달러의 학자금 상환 부담을 갖고 있
고, 대학을 졸업해도 절반 이상이 대학 교육을 필요로 하지 않은 일
을 하고 있으니 대학을 가는 대신 혹은 대학을 중퇴하고 비교적 짧
은 기간의 교육이나 연수를 거쳐 취업을 하면 급여도 대졸자보다
많이 받을 수도 있어 자격증을 따려고 하는 것이다.

우리나라도 사정은 비슷하다. 한국직업능력개발원이 학생 1만 명
이상인 중위권 10여개 대학의 재학생 1,000여명을 조사한 결과에 따
르면, 우리나라 청년들은 자격증을 영어능력, 대학 졸업 여부와 함
께 취업에 중요한 것으로 보고 있는 것으로 나타났다. 대학생들이
어학연수를 통한 영어능력 향상, 자격증 취득 등 소위 스펙 쌓기에
공을 들이는 이유다.

그러나 대학생들의 영어능력이나 자격증이 실제로 취업에 도움이
되는지는 불확실하다. 취업포털 잡코리아에 따르면, 지난해 조사대
상 400여개 주요기업의 3분의 2가 신입사원 공채 때 영어 어학 점
수에 제한을 두지 않았다. 제한을 둔 기업의 토익점수 평균 커트라
인도(일반적으로 조금만 노력해도 얻을 수 있는 점수인) 700점을 약

간 넘었다. 민간자격도 취업에 도움이 되는 국가에서 공인된 것은 100여개 정도이다.

1997년 말 외환위기 이후 심각해진 청년실업문제가 15년이 지난 현시점에서 근원적으로 해결되지 못하고 오히려 악화된 듯하고 많은 대학생들이 별로 소용되지 않은 자격증 등 스펙 쌓기로 귀중한 시간과 자원을 낭비하는 것은 고졸 경시라는 노동시장 관행 및 사회분위기가 획기적으로 개선되고 있지 못하기 때문이다.

최근 몇 년간 약간 줄어들었지만 우리나라는 여전히 너무 많은 젊은이들이 대학에 진학하고 있다. 경제협력개발기구(OECD) 국가중 대학진학률이 가장 높은 나라 군에 속한다. 대학교육에 걸 맞는, 누구나 원하는 좋은 일자리는 오히려 줄어들고 있는데, 젊은이들은 대학을 가려고 하고, 부모들은 어떠한 희생에도 자식들을 대학, 그것도 좋은 대학에 진학시키려고 한다.

자식의 교육을 위해 가족을 해외에 보내고 국내에 남아 돈을 버는 기러기아빠라는 우리나라에만 있는 사회적 병리현상이 존재하는 한 인위적으로 대학에 진학하려는 국민들의 욕구를 막을 수는 없다.

청년 노동시장의 인력수급 불일치를 해결하는 유일한 대안은 고졸취업을 더욱 활성화시키는 것이다.

지난 몇 년간 기술예비명장을 양성하는 마이스터고의 육성으로 대표하는 '선취업- 후진학' 정책의 시행으로 고졸취업의 노동시장 여건이 상당히 개선되었다. 주요 대기업 및 공공기관에서 고졸자를 일정부분 할당하여 선발하고, 승진 등에 있어서도 제도적인 차별을 없애는 등 여러 노력으로 졸업 후 취업하거나 취업을 희망하는 특성화고(예전의 실업고) 학생의 비율이 올라가는 등 정상화되고 있다.

'선취업- 후학습' 체계가 더욱 공고해 지기 위해서는 학벌이나 인연이 아닌 능력중심의 노동시장 관행이 만들어져야 한다.

우리나라 노동시장은 닫혀 있다. 어느 곳에서 출발하느냐 하는 것이 개인의 취업경로를 일생동안 좌우하게 된다. 대기업이나 공공기관에 들어가기 위해 젊은이들이 대학 졸업까지 미루면서 몇 년간 준비하는 이유이다. 출신대학이나 직장에서의 근속년수가 아닌 무슨 일을 얼마나 잘 할 수 있느냐가 채용, 이직, 승진 등의 준거가 되는 열린 노동시장이 만들어져야 한다.

박근혜정부가 추진하고 있는 국가직무능력(NCS)체계 구축, 일·학습 병행 제도 등이 성공적으로 시행되면 능력중심 사회로 다가갈 것으로 기대된다.

궁극적으로 정부의 능력중심 사회를 지향하는 정책의 결과로 고졸취업 성공시대라는 노동시장 결과가 우리사회에 현저히 나타날 때 고졸자를 경시하는 사회적분위기도 획기적으로 바뀔 것이다.[156]

학교 앞까지 음란물, 강남구, 성매매 전단지와의 전쟁

흡사 낙엽 같았다. 군대 시절 쓸고 쓸어도 막사 주변을 뒤덮는 낙엽처럼 성매매 전단지가 뿌려졌다.

1일 오후 11시경 서울 강남구 삼성동 지하철 선릉역 출입구는 반라의 여성 사진과 자극적인 문구와 전화번호가 찍힌 성매매 전단지로 도배돼 있었다. 선릉역 출입구는 모두 10곳. 동아일보 취재팀이 1번부터 10번 출구까지 성매매 전단지를 직접 세어 보니 출구당 50

~300장씩 총 1500여 장에 달했다.

2번 출구 앞에서 검은 복면을 쓴 한 남성이 오토바이를 타고 인도 위에 나타났다. 그는 주위의 시선은 신경도 쓰지 않은 채 전단지를 한 움큼씩 공중에 뿌린 뒤 사라졌다. 그가 20m가량 이동하며 뿌린 수백 장의 성매매 전단지는 지하철역 주변 인도 위에 가득 쌓였다. 이날 청소 중인 환경미화원은 "전단지가 많이 뿌려질 때면 보도블록이 보이지 않을 정도"라며 "건물 경비원과 상가 주인이 수시로 치우지만 도저히 거리가 깨끗해지지 않는다"라고 하소연했다.

1일 오후 11시경 서울 강남구 논현초등학교 정문 바로 옆 담벼락에 끼워진 유사성행위 업소 전단지(왼쪽). 같은 시각 선릉역 5번 출구 앞은 오피스텔 성매매 전단지로 뒤덮여 있다(박훈상).

성매매 전단지는 학교 주변과 주택가에까지 침투했다. 논현역과 도보로 5분가량 떨어진 논현초등학교 정문 담벼락에는 '어린이 식품안전보호구역' 간판 바로 아래 변종 유사성행위 업체인 '입살롱', '립카페' 광고지들이 걸려 있었다. 학교 정문 앞 인도에도 2장의 광고지가 놓여 있었다. 인근 주민은 "비가 오지 않을 때는 학교 주변에도 전단지가 잔뜩 깔린다"라고 했다.

경찰 관계자는 "호기심이 왕성한 학생들은 적힌 전화번호에 장난 전화도 걸고 어떤 업소인지 검색도 해 본다"라며 "선정적인 사진이 인쇄된 명함 크기의 전단지를 딱지 모으듯이 갖고 있는 아이도 있다"라고 전했다.

서울 서초구 서초동 우성아파트 사거리 뒷길도 사정은 마찬가지였다. 대기업 사무실 주변 오피스텔 등에서 성업 중인 '불법 마사지' 전단지는 밤마다 거리에 가득 쌓였다. 이 지역 주민 조모 씨는 "어른이 봐도 얼굴이 후끈거리는 성매매 전단지가 동네 전체를 더럽히고 있다"라며 "초중학교가 가까운 거리에 있어 아이들 교육에 문제가 많다"라고 지적했다.

☞ 오토바이는 물론 행인으로 위장해 전단지 배포

강남의 선릉역, 강남역, 논현역 일대는 경찰과 구청이 대대적인 단속을 벌여 왔지만 여전히 성매매 전단지로 몸살을 앓고 있다. 지난달 강남구가 "집중 단속으로 성매매 전단지가 많이 줄었다"라고 밝힌 것과 실제 현장은 딴판이었다.

이들 강남 지역에 집중적으로 성매매 전단지가 뿌려지는 이유는 주변에 오피스텔이 밀집해 있기 때문이다. 오피스텔 성매매 업소, 일명 '오피방'들은 단기간 오피스텔을 임대해 성매매 장소로 사용하고 있다. 오피방은 룸살롱처럼 간판을 내걸고 영업을 할 수 없어 인터넷 성매매 알선 사이트를 이용하거나 '오프라인'에서는 성매매 전단지로 손님을 끌고 있다. 경찰 관계자는 "술에 취한 남성은 거리에 떨어진 야한 사진과 자극적인 문구를 보고 성적인 유혹을 느끼는 경우가 있다"라며 "간판 없이 영업하는 오피스텔 성매매 업체는 전단지가 간판인 셈"이라고 말했다.

낮 시간대를 노린 '도보 살포' 방법도 등장했다. 1월 10일 오후

4시경 오피방 영업실장 김모 씨는 선릉역 일대에서 두툼한 잠바 속에 넣은 수백 장의 성매매 전단지를 길에 뿌리고 다니다 경찰에 검거됐다. 경찰 관계자는 "김 씨는 행인으로 위장해 은근슬쩍 인파가 많은 곳에 전단지를 뿌리며 단속반의 눈을 피했다고 진술했다"라고 전했다.

☞ 경찰과 자치구, '성매매 전단지와의 전쟁' 선언

경찰은 지난달 14일부터 강남구청과 함께 강남 일대 '불법 음란 전단지' 집중 단속에 나섰다. 서울지방경찰청 생활질서과는 집중 단속 이후 선릉역 논현역 강남역 주변에 전단지를 뿌리고 오피스텔 성매매를 해 온 4개 업소를 단속했다. 업주, 성매매 여성, 배포자 등 18명을 성매매 알선 등 처벌에 관한 법률 위반과 청소년보호법 위반 혐의로 검거했다고 3일 밝혔다. 단속된 오피스텔 업소에서 나온 전단지 28만여 장도 압수했다. 강남구도 직원 150명을 동원해 '불법 선정성 전단지 철폐 합동단속반'을 꾸렸다.

그러나 좀 더 근본적인 해결책을 마련해야 한다는 지적이 나온다. 대전의 경우 성매매 전단지를 인쇄하는 업체를 집중 단속해 효과를 거뒀다. 인쇄업체들은 사회적인 비판이 잇따르자 성매매 전단지를 제작하지 않기로 결의했다.157)

'교육 사다리' 정책을 세워야 할 시기

지난 2009년 국정감사의 최대 이슈는 '외고 때리기'였다. 일부 여당 의원은 "외국어고가 사교육비의 주범"이라고 진단했다. 그들은 "외고에 들어가는 데 학생의 학력보다 부모의 경제력이 더 중요하다"며 "외고를 사실상 없애는 개혁을 해야 한다"고 주장했다.

그때는 이명박 정부 2년 차로, 사(私)교육비를 줄이는 처방이 쏟아질 때였다. 학원 수강 시간 제한에 이어 외고 폐지론이 등장했다. 하지만 이에 대한 반대가 적지 않았다. 수월성(秀越性) 교육의 싹을 자른다는 지적과 평등주의 교육정책을 펼 것이냐는 반발이 이어졌다. 당시 논란은 외고 입시를 개혁하는 것으로 마무리됐다.

최근 10년간 사법연수원을 수석 졸업한 법조인의 50%가 외국어고 출신이라고 한다. 사법연수원 1~10기 수석 졸업생 중 5명이 경기고 출신이었으니, 과거 명문고가 차지하던 자리를 외고 출신이 대체하고 있는 것이다. 전체 법조인 수에서는 대원외고 출신이 경기고를 이미 앞질렀다. 최근 입시마다 외고·자사고 돌풍을 보아 온 사람이라면 "올 게 왔다"고 얘기한다.

우수한 학생이 명문고 가고, 명문대 진학하고, 선망하는 직업군에 들어가는 것은 당연하다. 건전한 경쟁은 사회를 건강하게 만들고, 그 인적 자원을 통해 사회가 발전한다. 우리가 교육 평등주의 함정에 빠지지 말아야 할 이유이다. 하지만 외고 돌풍 현상이 꼭 편안하지만은 않은 부분이 있다.

과거의 명문고와 지금의 외고가 다르기 때문이다. 비평준화 시절 모든 고교의 학비는 같았다. 가난한 수재들이 명문고에 입학했고, '개천에서 용(龍)이 나는' 신화를 만들었다. 하지만 지금 외고·자사고의 학비는 일반고의 3~4배 수준이다. 게다가 이 학교에 입학하기 위한 사교육비는 날로 늘어나고 있어 학부모는 등골이 휜다. 미국의 교육 칼럼니스트 아만다 리플리는 "한국 학부모들이 2011년 학원에 쓴 돈 180억달러는 미국 연방정부의 마약 퇴치 예산보다 많다"고 했다. 공교육이 제 역할을 못 하니 가정의 경제력이 학생 학력에 점점 많은 영향을 미치고 있다.

최근에 만난 서울 지역의 한 대학교수는 "지원 학생의 학교별 학력 차가 더 심해지는 것 같다"고 했다. 외고·자사고와 일반고의 학력 차, 같은 일반고도 지역별 학력 차가 커지고 있다는 것이다. 2014학년도 서울대 입시에서도 그런 현상은 더 강해졌다. 올해 입시안을 보면 대학들은 외고와 자사고 학생을 뽑기 위한 전형을 확대했다. 이런 추세라면 우리 사회의 엘리트 집단이 특정 그룹과 학교군(群)에 더 집중될 가능성이 크다. 게다가 앞으로 본격적으로 법조인을 배출하게 될 로스쿨(법학전문대학원) 학비는 연간 2000만원에 이른다.

가계 수준에 따른 학력과 사회 진출 격차의 문제가 심각하다. 정부는 저소득층 학생의 학력 향상을 위해 발 벗고 나서야 한다. '패자 부활 교육정책' '교육의 사다리'를 다시 세워야 한다. 말 많았던 '사회적 배려 대상자 전형' 같은 눈속임 말고 진심 어린 정책이 절실하다.158)

교원평가제 입법화해 더 이상 소란없게 만들어야

대법원은 23일 김승환 전북교육감이 "교육부가 전북교육청의 교원 능력 평가 시행 계획은 교육부 지침에 맞지 않으므로 수정하라고 한 것은 부당하다"며 교육부장관을 상대로 낸 소송에서 김 교육감에게 패소 판결했다. 대법원은 "시·도 교육감은 본래 국가 업무인 교원 능력 평가 업무를 국가로부터 위임받았기 때문에 교육부 명령에 따라야 한다" 고 말했다.

교육부는 2011년 2월 '교원 연수에 관한 규정'을 개정해 그해 3월부터 전국 1만1000개 초·중·고교에서 교원 평가제 시행에 들어갔다. 그러나 전북교육청은 교원 평가는 지역 자율에 맡겨야 한다며 자체 계획을 따로 만들어 교장·교감은 평가 대상에서 빼고, 평교사를 평가할 때는 교장이나 교감을 평가자에 포함해야 하는데도 평교사끼리만 해도 되도록 했다. 평가 방법도 점수를 주는 계량적 평가와 서술형 주관 평가를 함께 하도록 한 교육부 지침과 달리 서술형 주관 평가만 해도 되게 고쳤다. 평가 결과가 나쁜 교사들에게 장·단기 직무 연수를 실시하도록 돼 있던 부분도 연수를 해도 되고 안 해도 되게 바꿨다. 교육부는 2011년 6월 교육부 지침에 맞춰 전북교육청에 평가 계획을 다시 세우라고 명령했지만 김 교육감은 이를 거부하고 교육부 명령 취소 청구 소송을 냈다.

교원 평가는 노무현 대통령 시절인 2004년 사교육을 잡으려면 교원 평가로 교사들에게 자극을 줘 공교육의 질을 높여야 한다는 취지에서 추진됐다. 현재 전북을 제외한 모든 지역이 교육부 지침에 맞춰 교원 평가를 하고 있다. 교원평가제의 취지를 살리려면 교사 능력을 객관적으로 평가해 평가가 좋게 나온 교사에게는 학습연구년제 같은 인센티브를 주고 평가가 나쁘게 나온 교사는 직무 연수로 수업 능력을 키우도록 해야 한다. 연수로도 지도 능력을 향상시키지 못한 자질 부족 교사들은 교단에서 퇴출시켜 학생들이 피해를 보지 않도록 하는 게 옳다. 전북교육청처럼 동료들끼리 적당히 봐주는 식으로 평가하고 평가 결과를 무시해도 좋은 것이라면 교원 평가는 하나마나다.

국민의 86%, 교사의 69%가 교원평가제를 지지하고 있다. 그런데도 국회는 전교조 등의 눈치를 보며 두 번이나 국회에 제출됐던 법안을 처리하지 않고 폐기했다. 교원평가제는 현재 대통령령으로 시행하고 있지만 국회가 법률로 교원평가제를 실시하도록 명문화해야 더 이상 혼란이 벌어지지 않을 것이다.159)

교육감 직선제를 폐(廢)하라

교육자의 사표가 되고 학생들의 교육을 책임지는 지역 교육의 수장인 교육감은 보다 엄격한 도덕성과 자질이 요구된다. 최근 교육감 중 8명이 비리에 연루된 상황을 국민들이 곱게 볼 리 없고 특히 학생들이 알까 부끄럽고 두렵다.

곽노현 전 서울시교육감이 측근 보은·특혜인사와 선거과정에서 여타 후보에 대한 사후매수죄로 실형선고를 받은 데 이어 최근 일부 시도 교육감은 승진 인사에서 측근에게 유리하도록 근무평정을 조작, 지시한 혐의로 검찰의 수사를 받았다. 또 특정인의 승진을 위해 인사 규정 및 승진요건을 수정한 사실이 드러나 감사원의 주의 조치를 받은 사람도 있었다. 여기에 장학사 임용비리 연루와 관련한 수사를 받던 충남교육감이 음독에 이어 영장실질심사까지 받고 구속되었다.

언론 보도에 따르면 2010년 서울시교육감 선거 후보단일화 과정에서 곽 전 교육감 측으로부터 사퇴 대가로 2억 원을 받아 징역 1년 6개월과 추징금 2억원을 확정 받고 복역한 뒤 최근 출소한 박명기 전 교수는 "위법인 줄 알았지만 직선제 유세 자금 때문에 정신이 없었다"라고 밝혔다. 결국 현행 직선제 교육감제도는 선거 비용이 많이 들어 유혹과 비리가 생길 수밖에 없는 구조적 문제가 있는 것이다.

2010년 교육감 선거에서 중도 사퇴한 전직 교장과 교육청 장학관들은 이렇게 토로하고 있다. "교육감 직선제가 정치 선거와 같이 선거운동 관계자들이 돈으로 연결되어야만 움직일 수밖에 없는 현실을 뛰어넘지 못하고 있다. 순수한 교육자들이 교육철학과 신념, 양심을 갖고 임하기에는 너무나 거리가 있어 실망을 금치 못했다."

내년 6월에는 전국동시 지방선거와 함께 교육감선거가 예정되어 있다는 점에서 정부와 국회, 정치권은 현행 직선제의 문제점을 파악하여 개선에 나서야 할 때다.

현행 교육감직선제의 주요 문제점은 인물이나 교육전문성이 아닌 여야 정치권의 대리전 양상으로 변질해 정치선거에 함몰되는 것이다. 이에 따라 일반 국민의 무관심이 증가하고 후보자의 자질 및 정책 검증 장치가 미흡해진다. 이른바 로또선거 및 깜깜이 선거가 된다. 또 광역 단위의 선거이거나 많은 유권자를 대상으로 한 선거운동에는 적게는 4억9000만 원에서 많게는 40억7000만 원에 달하는 막대한 선거비용이 들어간다. 내년 교육감 선거부터는 입후보자 자격에 교육경력이 없는 사람이나 정치인도 출마할 수 있어 교육선거의 의미마저 퇴색하고 있다.

수조 원대의 막대한 교육예산을 편성, 집행하며 학생교육을 책임지는 교육감이 경찰과 검찰의 수사대상이 될 수밖에 없는 현 교육감 직선제를 더이상 고수해서는 안 된다. 따라서 선거운영방식을 정치선거와 분리해 교육선거를 별도로 하는 방안이나 교육과 관련이 없거나 교육에 무관심한 유권자가 많다는 점에서 학부모, 교직원만 참여하는 축소된 형태의 선거방식 개선도 논의할 필요가 있다. 또 많은 선진국이 채택하고 있는 임명제 방식도 가능하다. 주민자치 원리의 퇴색과 인사검증 문제는 의회의 동의절차나 인사청문회를 통해 해소될 수 있을 것이다.

현재의 교육감직선제로는 더이상 안 된다는 사회적 공감대는 형성되었다. 이제 교육의 주체인 학부모, 교원이 중심이 되어 제도 개선 노력에 함께 나서고, 국회와 정치권도 정치적 이해관계에 매몰돼 대다수 국민의 요구를 외면할 경우 직무유기라는 비판에 직면한다는 사실을 인식하기 바란다. 내년 6월 교육감선거가 예정되어 있다는 점에서 국회는 올해 정기국회 전에 하루빨리 제도개선에 나서길 촉구한다.160)

교육 현장 '복지 파산' 사회적 합의 필요하다

전국 17개 시·도 교육감들이 어제 내년에는 어린이집 보육료를 편성하지 않겠다고 선언했다. 3~5세 무상보육(누리과정) 예산 3조 9284억원 중 어린이집 해당분 2조 1429억원을 국비로 부담해 달라는 요구다. 지난달 지방자치단체들이 기초연금의 전액 국비 지원을 요구한 데 이어 예산부담 '폭탄 돌리기'가 재연된 꼴이다. 지자체·정부에다 교육청까지 가세한 펑퐁 게임이 벌어지면서 이러다간 재정능력을 무시하고 설계된 현행 복지정책들이 줄줄이 파산선고를 맞는 게 아닌가 우려를 갖게 한다.

우리 사회에 '복지 포퓰리즘'의 그늘이 드리워진 지는 오래다. 특히 교육 현장이 그렇다. 내년도 교육예산은 55조 1322억원으로 사상 최대지만 일선 학교의 현실은 암울하다. 예산이 무상 급식, 누리과정, 초등 돌봄 교실 등 무상복지의 블랙홀로 빨려 들어가면서 교육시설 개선은 엄두를 못 내고, 소외계층 학생 지원은 뒷전으로 밀려나고 있다. 예컨대 방과 후와 주말, 방학에 맞벌이 저소득층 학생을 돌봐주는 교육복지우선사업 예산은 해마다 줄어들고 있다. 아동들이 비가 새는 교실에서 수업을 받으며 코를 싸쥐고 재래식 화장실을 드나들고 있는 게 인기 영합성 복지정책의 이면 풍경이다.

물론 교육감들의 주장에 경청할 대목도 없지 않다. 유치원과 달리 어린이집은 복지부 소관이기 때문에 교육청들이 보육료를 전액 떠맡는 것은 부당하다는 입장도 일리는 있다. 하지만 시·도 교육청이 빚내서 '무상 잔치'를 벌이다 2012년 기준으로 14조원대의 빚더미에 올라 있는 사실은 뭘 말하나. 일부 교육감들이 무상급식 전면 확대를 신호탄으로 교육 현장의 복지 포퓰리즘을 부추긴 원죄를 방증하는 지표다. 그런 마당에 이제 와서 중앙정부에 재정 부담을 떠넘겨 문제를 해결할 것인가. 464조원이란 엄청난 부채를 안고 있는 중앙정부라고 해서 당장 뾰족한 수가 있겠는가. 이런 난맥상은 근본적으로 재원 대책을 도외시한 채 보편적 무상복지를 선택한 결과다. 지방선거에서 전면 무상교육 공약으로 민주당 후보가 재미를 본 뒤 여야가 무상보육, 반값등록금 등 더욱 강도 높은 '무상 시리즈' 경쟁을 벌인 후유증이다. 까닭에 정치권부터 솔직해져야 한다.

정부와 지자체 간 재정분담 비율 조정은 미봉책일 뿐이다. 차제에 경제성장 둔화를 일부 감수하더라도 세금을 늘려 재원을 확실히 조달하든지, 아니면 어느 수준의 선별적 복지로 선회할 것인지에 대한 사회적 합의를 도출해야 한다. 줄곧 복지 확대를 입에 올리면서 재원 염출은 다른 쪽에 떠넘기는 일은, 춤을 추며 쾌락을 누리면서도 얼굴은 알리지 않는 가면무도회를 계속하겠다는 것과 다를 바 없다.[161]

교육투자 늘려야 선진국 된다

교육투자의 중요성을 증명하는 나라가 대한민국이다. 6·25전쟁이 끝나는 1953년의 1인당 국민소득은 67달러였다. 이제 우리의 1인당 GDP는 2만4000달러를 상회한다. 세계를 놀라게 한 경제성장이다. 어찌 이루어졌겠는가. 높은 교육열에 기반한 교육이 뒷받침했기 때문이다.

그런데 대한민국이 국민소득 2만달러 시대로 진입한 2007년 이래로 3만달러를 넘지 못하고 있다. 금융위기 이후 1만달러 대로 떨어졌다가 다시 올라섰지만 2010년 이래로 그 증가 폭이 지지부진하다.

가난했던 시절 우리의 부모는 빚을 내서라도 자식을 가르치려 했었고 국가는 선진국의 원조를 받은 것 중의 큰 부분을 떼어내 교육에 투입했으며 차관을 들여서라도 각 학교의 기자재를 구입하고 교육여건을 개선하는데 온 힘을 쏟았다. 지금도 대학의 기본 기자재의 표찰에 남아있는 IDA니 IBRD니 하는 표시가 이를 말해주고 있다. 그렇게 해서 조국 근대화의 기틀을 마련할 수 있었고 세계와 경쟁할 수 있는 기술력을 갖출 수 있었던 것이다.

이제 우리의 경제력은 세계 10위권을 넘나들 정도로 커졌다. 우리는 더 이상 다른 나라로부터 원조를 받는 나라가 아니다. 이제는 세계의 가난한 나라를 돕는 나라다. 우리 국민 각자도 유니세프와 같은 자선단체를 통해서 개인적인 후원을 아끼지 않고 있다. 도움을 필요로 하는 곳을 찾아가서 손길이 필요한 이들의 손을 직접 잡아주기도 한다. 자랑스런 일이다.

그런데 정작 우리는 한 단계 더 도약하지 못하고 세월을 보내고 있다. 일본은 3만달러 시대를 여는데 5년이 걸렸고 4만달러로 가는 데는 3년밖에 소요되지 않았다. 인구가 1000만 명을 넘으면서 국민소득 4만 달러 이상인 나라는 10여 국가를 넘지 않는다. 그들 국가의 공통점은 교육투자를 제대로 하고 있고 질서가 잡힌 나라라는 사실이다.

우리는 아직도 교육을 부모의 교육열에 의존하는 나라다. 그나마 초·중등 교육은 81%를 정부가 부담하지만 이것도 OECD 평균 91%와 비교하면 10%나 부족하다. 문제는 고등교육 분야에 대한 정부 부담 비율이 현저히 낮다는 사실이다.

OECD평균이 70%를 정부가 부담하고 있는데 비해 우리 정부는 겨우 27%를 부담하는 실정으로 73%를 학부모와 학생이 떠안고 있다. 학자금을 대출받고 졸업 후 이를 갚지 못해 신용불량자로 전락하는 젊은이들이 있으며 그들이 일자리를 얻기 위해 이곳저곳을 기웃거리고 더 나은 스펙을 쌓는다며 방황하는 모습은 우리를 슬프게 한다.

정치인들이 반값등록금을 약속했지만 이를 대학이 스스로 해결하라고 하는 것은 대한민국의 고등교육을 포기하겠다는 것과 다를 바 없다. 사적인 이익을 위해 공적인 지위를 이용하는 것이 부정부패다. 무질서다. 나라의 장래를 걱정하지 않고 다음 선거에서의 승리만을 생각하는 정치인은 금방 효과가 드러나지 않는 교육에 투자하려 하지 않는다.

애국자로서의 생각과 실천력을 지닌 정치지도자가 그립다. 선진국과 같은 교육투자와 질서를 세우는데 온 힘을 기울이는 정치인이 애국자다. 그런 정치지도자들이 우리의 정치권의 중심이 될 때 우리의 미래는 밝아질 것이다.

정부의 예산 편성에 고등교육예산의 확대를 요구하고 대학교육의 질적 향상을 주창하는 국회의원이 주류를 이루게 되면 우리는 국민소득 3만달러로 가는 것은 시간문제가 될 것이고, 더하여 질서가 있는 사회로 이끌어서 청렴한 정치인과 공무원이 주류를 이루는 때가 되면 국민소득 4만달러를 넘어서는 것은 아주 자연스럽게 다가올 것이다.

자신이 이 나라의 지도층에 속해 있는 사람이라면 교육투자를 크게 확대하는데 팔을 걷어붙이는 사람이 애국자이며 우리의 후손에게 질서 속에서 살아가는 아름다운 대한민국을 물려주려는 이가 진정 대한민국을 사랑하는 지도층 인사다.

이 나라의 지도자들이여 한발 물러서서 잠시라도 애국과 우리의 후손들이 살아갈 미래를 그려보길 바란다.162)

교육 예산 53조, 학생 數 주는데 언제까지 늘려만 가나

기획재정부 2차관이 최근 "초·중·고교 학생 수는 지속적으로 줄고 있는데 교육 교부금은 계속 증가하고 있다"며 "향후 학생 수 감소와 노령 인구 증가, 고등교육 투자 필요성을 감안해 교육 교부금 개혁 방안을 논의해야 한다"고 말했다. 교육 교부금은 중앙정부가 유치원과 초·중·고교 교육에 소요되는 돈을 각 지자체 교육청에 나눠주는 예산을 말한다.

2015년 교육 예산은 53조원으로 편성됐다. 이 중 문제 되고 있는 것은 교육 교부금이다. 교육 교부금은 국세(國稅)의 20.27%를 강제 배정하도록 돼있는 '지방교육재정교부금법' 규정에 따라 매년 자동적으로 늘어나고 있다. 2000년 22조원이었던 것이 내년 42조원이 되고 2020년엔 59조원으로 불어날 전망이다.

그러나 초·중·고교 학생 숫자는 2000년 795만명에서 올해 629만명까지 줄었고 2020년엔 다시 545만명이 된다. 20년 사이 3분의 1이 줄어드는 것이다. 그런데도 교육 교부금은 자동적으로 늘려 오다보니 해마다 교육 교부금 중에서 예산을 쓰지 못해 남는 불용액(不用額)이 1조5000억원에 이른다. 그러자 교육부와 지자체 교육청들은 교육 교부금을 이용해서 무리하게 새 사업을 벌이는 사례가 생겨나고 있다.

2012년엔 만 3~5세 영·유아에게 어린이집·유치원 비용을 지원하는 누리과정 지원 사업이 시작됐다. 누리과정에는 작년 2조6000억원이 들어갔던 것이 2017년 5조원으로 불어나게 된다. 방과 후 학교 사업 예산도 작년 9000억원에서 2017년 1조3000억원까지 불어날 전망이다.

고졸자가 계속 줄어 대학 구조조정이 시급한데도 교육부의 대학 지원 예산 역시 끝없이 늘고 있다. 내년 예산안에서 대학 등 고등교육 지원 예산은 10조5341억원으로 올해보다 무려 22%가 증가하게 편성돼 있다. 대학 지원 예산이 늘면서 진작 퇴출됐어야 할 부실(不實) 대학들이 계속 연명(延命)해가고 있다.

우리나라 초등학교 학급당 학생 수는 26.3명으로 OECD 회원국 평균 21.2명보다 많다. 1980년대 이전에 지은 학교 건물이 21%나 된다.

교육 분야 지출은 미래를 위한 투자인 만큼 학생 수가 줄었다고 예산을 갑자기 싹둑 잘라낼 수는 없을 것이다. 그러나 취약 계층을 위한 복지와 경제를 살리기 위한 재정 투입이 계속 늘면서 정부는 국채(國債)를 팔아 재정을 감당하고 있다. 각 부처가 매년 예산의 몇 %는 내 몫이라는 식의 이기주의적 발상을 갖고 예산 지키기에만 골몰하는 것은 곤란하다.

국가 재정은 인구구조 변화에 맞춰 유연하게 조절해가야 한다. 부처의 이기주의를 누르고 더 필요한 곳에 더 많은 예산이 돌아가도록 최적(最適)의 예산 배분을 결정하는 것이 바로 정부와 국회의 리더십이다.[163]

교육현장에 불어닥친 무상복지 후유증

교육재정파탄 우려가 현실화되고 있다. 선심성 교육복지 공약과 무리한 추진에 따른 결과다. 당장 내년도 3~5세 어린이, 62만명에 대한 보육료 지원이 끊길 처지다. 전국 시도교육감협의회가 내년도 어린이집 보육료 전액을 편성하지 않을 것이라고 공개적으로 밝혔다. 내년 누리과정(3~5세 무상교육)지원에 소요되는 3조9284억원가운데 어린이 집 지원분 2조1429억원을 부담하지 못하겠다는 것이다.

초교 1~2년생을 방과후부터 오후 5시까지 돌봐주는 무료 돌봄 서비스 역시 마찬가지다. 올해 긴급예산편성으로 운영됐으나 내년 국고 예산에서 빠져 시행이 불투명하다. 그뿐인가. 고질적인 학교환경 개선도 엄두를 못낼 판이다. 여름에는 한증막, 겨울에는 얼음집으로 변하는 교실은 물론 냄새나서 코를 막고 가는 화장실 업그레이드 역시 요원하다. 축대위에 세워진 학교와 빗물이 줄줄 세는 판잣집 교실에 아이를 맡겨야할 판이다. 오죽하면 최근 모 지역학교에서 일부 인건비를 학교운영비예산으로 돌려막았겠는가

교육재정파탄의 근인은 무상급식과 누리 과정, 초등 돌봄 교실 등

과도한 무상 복지 탓이다. 여기에 예산이 블랙홀처럼 빨려 들어가 정작 교육의 질이나 소외계층 학생 지원은 뒷전으로 밀렸다. 내년도 교육예산만 해도 그렇다. 사상 최대 규모인 55조1322억원에 달하는 데다 학생수 감소 추세를 감안 하면 투자가 넘쳐야 한다. 하지만 정작 교육현장은 돈 기근이다. 보편적 무상복지를 내세우며 도입된 무상급식에 이어 취학전 아동의 보육비 지원비가 최근 3년간 2배 수준으로 급증, 교육재정을 거덜 낸 것이다. 서울시만 해도 하반기 이들 예산으로 3100억원이 부족한 상태다. 학생연합고사를 취소하고 교원 명예퇴직요구에 한자릿수도 대응을 못할 정도다. 경기마저 장기불황으로 세수가 늘어날수 없는 처지여서 교육부와 시도교육청간에 다툼은 더 격해지고 학부모와 교사의 불안은 극에 달할정도다.

우선 교육복지 사업의 우선순위부터 시급히 점검, 재정파탄의 주범인 무상급식제도를 전면 조정해야 한다. 누리 과정, 돌봄 서비스 같은 정부사업을 대폭 축소, 부담을 대폭 줄여야 한다. 상류층 자녀에게 무상급식을 제공하는 것은 물론 하루 서너시간 어린이 집을 이용하는 아이에게 종일 기준 보육료를 지원하는 잘못된 폐단부터 막아야 한다. 나라경제는 2만불인데 국민 복지수준을 4만불로 키운 정치권의 대오각성이 필요하다. 소를 잃고 난 지금이라도 외양간을 시급히 고쳐야 한다.[164]

'교육복지 예산' 마련에 여야가 머리 맞대라

전국 시·도교육감협의회가 6일 내년도에 2~3개월분의 어린이집 누리과정 예산을 편성하기로 함으로써 당장 누리과정은 파행을 면하게 됐다. 그러나 말 그대로 발등에 떨어진 불만 급히 끈 격이다. 그 이후 예산을 어떻게 마련할지는 여전히 남은 문제고, 교육복지를 둘러싼 근본적인 논란도 계속되고 있다.

이 사안엔 중앙정부와 지방정부, 시·도교육청의 서로 다른 시각이 복잡하게 얽혀 있다. 하지만 문제를 풀어나가는 기준은 수혜자인 어린이나 학생, 학부모에게 피해가 가지 않아야 한다는 점이다. 그래야 타협의 여지가 생기고 해결의 길이 보인다. 가령 어린이집 누리과정 문제에서, 취학 전 아이들에게 국가가 얼마나 돈을 대서 보육 및 교육을 시키는 게 필요한가라는 판단과 이에 대한 국민의 공감대가 가장 중요하다. 심각한 저출산 문제를 해결하기 위해 보육을 사회에서 책임져야 한다고 생각한다면, 누리과정 비용은 국가가 부담하는 게 맞다. 중앙정부와 지방정부, 교육청에서 어떻게 분담할지는 그 이후에 논의할 문제다. 지난 대통령선거에서 여야 모두 무상보육을 주요 공약으로 제시한 건, 단지 표만 의식해서라기보다는 이런 기본 인식이 깔려 있었기 때문이다.

그렇다면 여권 일부의 주장처럼 누리과정이나 무상급식과 같은 교육복지를 무조건 철회하자고 할 게 아니라, 재원 마련 방안을 함께 진지하게 고민해 보자고 말하는 게 책임 있는 자세다. 우선 내년도 예산 심의를 하면서 국회가 누리과정 예산의 부족분을 메울 방안을 찾는 게 현실적으로 바람직하다.

올해 예산안의 국회 심의 과정에서 도로·하천·철도 등 사회간접자본 예산이 정부안보다 4천억원이나 늘어났는데, 그중 상당수는 국회의원 지역구 사업을 위한 '쪽지예산'이었다고 한다. 불요불급한 부분을 줄이고 국민이 절실하게 원하는 부분에 돈을 더 투입하라고 국회에 정부 예산 심의를 맡겼음을 여야 정치권은 되새겨야 한다.

좀더 근본적으로는 증세 추진이 불가피하다. 교육복지 논란의 가장 큰 책임은 박근혜 대통령과 청와대에 있다. 대선 때 자신 있게 공약해 놓고 이제 와서 교육부와 지방정부, 교육청 사이의 갈등을 청와대는 바라만 보는 듯한 태도를 취하는 건 옳지 않다. 사실 박 대통령이 취임 이후 '증세 없는 복지'를 내세울 때부터 이런 사태는 예견되었다.

지금이라도 대기업과 재산을 많이 가진 사람들에 대한 세금을 올려서 복지 재원을 마련하는 방향으로 정책 기조를 바꿔야 한다.[165)]

급전 빌리는 교육청, '탕진한 재정' 왜 말하지 않나

시도 교육청들이 돈이 없어 아우성이다. 재정이 바닥나 교사 월급조차 제대로 주지 못할 지경이다. 급기야 정기예금을 깨고, 급전까지 빌렸다고 한다. 이런 곳이 한둘이 아니다. 대전, 광주, 충북, 충남, 전남 교육청이 대동소이하다. 대전시교육청은 교사 월급 줄 돈이 없어 개청 이래 처음으로 80억원을 단기 대출받았다. 정기예금 300억원도 중도해지했다. 광주시교육청도 100억원을 빌렸다.

급전을 빌려 교육재정을 하루하루 땜질하는 형편이니 갑갑할 노릇이다. 이래서야 '교육 백년대계'를 말할 수 있겠는가.

교육현장에서는 학생들을 가르치는 데 투입돼야 할 각종 예산이 잘려 나가고 있다. 돈이 없으니 학력평가시험을 제대로 치르지 못하고, 각종 교육프로그램 지원금이 삭감된다. 구닥다리 PC는 언제 교체될지 기약조차 할 수 없다. 붕괴 직전 건물에서 불안하게 공부하는 학생은 또 얼마나 많은가.

시도 교육청은 "중앙정부가 교부금을 제때 지급하지 않았기 때문"이라고 한다. 그것만이 원인인가. 근본적인 원인은 돈도 없이 무턱대고 올라탄 무상교육 열차의 어두운 그림자가 드리워지기 시작했기 때문이다. 17개 시도 교육청의 재정상황이 이를 잘 말해준다. 지난해 말 채무 총액은 13조8510억원에 달했다.

교육청 전체 세입의 25.2%를 차지하는 규모다. 각종 무상교육 예산은 지속적으로 투입돼야 하니 재정탕진은 더 가속화될 수밖에 없다. 시간이 흐른다고 해결될 사안이 아니다. 무상급식 예산은 2010년 5631억원에서 올해 2조6239억원으로 5배로 늘어나지 않았는가.

시도 교육청은 이런 문제에 대해서는 왜 한마디 말이 없는가. 정부와 시도 교육청이 서로 부담을 떠넘기며 핑퐁게임이나 할 일이 아니다. '교육재정 탕진'의 수레바퀴를 굴리는 교육재정 구조를 수술대에 올려야 한다. 재정탕진을 부르는 포퓰리즘에서 비롯된 '무상 구조'부터 뜯어고쳐야 한다. 그것이 교육의 백년대계를 다지는 길이다.[166]

근본적인 교육정책 나와야

말도 많고 탈도 많은 대입제도가 또 바뀐다. 교육부가 대학수학능력시험(수능) 영어 절대평가 전환을 결정하고, 2018학년도부터 시행에 들어간다. 2017년 한국사에 이어 영어까지 절대평가제로 전환되면서 수능이 자격고사화 수순에 들어갔다는 전망도 나오고 있다. 조만간 국어와 수학의 절대평가 전환 논의도 시작된다고 봐야 한다는 의미다.

내년부터 발표·시행될 입시정책만 봐도 '교육 대격변'에 가깝다. 내년 3월에는 수능의 전체적 개선방안이 나오고, 상반기 중에는 영어 절대평가 등급 수와 분할방식 등이 결정된다. 2017학년도에는 한국사가 절대평가로 전환되고, 2018학년도부터 문·이과 통합수업이 실시된다. 비록 2020년 이후로 미뤄졌지만 고교 교과 내신의 성취평가제(절대평가)도 시행을 앞두고 있다. 이 같은 변화의 배경은 '사교육 경감'이다. 커져만 가는 사교육 시장을 잡아야 공교육이 제대로 설 수 있다는 것이 교육당국의 판단이다.

그러나 안타깝게도 전망은 그다지 밝지 않다. 그간 교육당국이 내놓은 '사교육 경감대책'은 시장에서 '연전연패'의 수모만 당했다. '사교육 총량보존의 법칙'이라는 말이 공공연하게 거론될 정도다.

수능 영어 절대평가제 역시 수학·국어 등 타 과목 사교육 비중이 커지는 '풍선효과'가 나타날 것이란 전망부터 쏟아졌다. 고교 영어 사교육 시장이 줄더라도 쉬워진 영어를 중학교 단계에서 '떼는' 전략으로 오히려 영어 사교육 연령만 낮아진다는 분석도 나왔다.

정책의 연속성도 문제다. 대입 제도가 1년이 멀다하고 바뀌니 얼마 동안 지속될 정책인지도 가늠하기 어렵다. 교육당국을 바라보는 학생과 학부모들이 "사교육 잡기는커녕 학생만 잡고 있다"는 비판이 나오는 것도 이 때문이다.

사교육 시장 증가는 뿌리깊은 대학 서열구조에 따른 기형화된 입시 문화가 바뀌지 않는 이상 결코 멈추지 않는다. 수능을 자격고사화하면 '변별력'을 앞세워 대학별고사가 강화될 것은 뻔한 일이다. 결국 사교육 형태만 바뀔 뿐 '총량'은 줄지 않는다.

심지어 사교육 업계는 "이 또한 지나가리라" 라는 말로 정책을 비웃는다. 교육당국이 시장에서 얼마나 신뢰를 잃었는지 알 수 있는 대목이다. 더 이상 사안별로 대응하는 '땜질처방' 으로는 비대해진 사교육 시장을 잡을 수 없다. 더 근본적인 변화를 위한 첫발을 떼야 할 시점이다.[167]

다행스럽게도 국가교육회의를 구성하여 장기적인 전망하에 교육 정책을 수립한다고 하니 기대를 걸고 있다. 국가교육회의에도 직업 교육 현장전문가들을 많이 참여시켜야 한다. 이제 일반교육 일변도 의 교육패러다임은 일반교육과 직업교육 양자가 병립하는 패러다 임으로 바꿔가야 할 것이다. 아직은 기대보다는 실망적인 대세인 상황에 있다. 전문가 간담회에서 해법을 기대한 것은 아니지만 중 간에 점검하고 현 정부가 수립하고 도움이 되는 말을 많이 했다

3不, 가난한 집 아이에게 더 불리하다

EBS에서 방영된 노무현 대통령의 '본고사가 대학 자율인가' 특 강을 들으면서 우리 교육의 미래에 대한 대통령의 충심을 이해할 수 있었다.

교육을 정치논리로 보지 말라는 비판도 없는 것은 아니지만 우리 사회에서 교육이 학교와 학생, 학부형들만의 문제를 넘어선 지 이미 오래다. 교육 정책이 선거의 당락을 좌우하고, 아파트값을 끌어올리 고, 좌·우파를 가르는 기준이 되는 나라가 대한민국이다.

"지금도 학부모의 학력과 소득 수준에 따라 대학 진학 기회가 달라진다" 는 대통령의 진단은 정확하다. 필자가 근무하는 카이스

트만 하더라도 가난한 집 자식은 드물다. 대통령이 '걱정'하는 것처럼 강남 부잣집 자식은 아니지만 중산층 이상의 가정에서 자라난 학생이 대부분이다. 찢어지게 가난한 지방 출신 명문대생이 적지 않았던 10여 년 전 필자의 대학 시절과 비교하면 격세지감을 느낀다. 하지만 그렇기 때문에 '3불정책'이 정당하다는 대통령의 논리는 받아들이기 어렵다.

우리 사회가 계층 이동이 자유로운 열린사회로 가기 위해 좋은 대학에 진학하는 가난한 집 자식 숫자는 대폭 늘어나야 한다. 하지만 현재의 교육환경과 입시제도는 가난한 집 자식에게 더없이 불리하다.

항간에는 '자녀를 명문 대학에 진학시키기 위해 필요한 세 가지 능력'이라는 뼈 있는 우스갯소리가 떠돈다. 어머니의 '정보력'과 학생의 '체력', 그리고 할아버지의 '경제력'이다. 입시제도가 너무 복잡하다 보니 어머니의 정보력이 필요한 것이고, 내신·수능·논술 등 갖가지 과외를 받자니 학생의 체력이 필요한 것이며, 아버지가 혼자 벌어서는 그 많은 과외비를 도저히 감당할 수 없으니 할아버지의 경제력이 필요한 것이다. 가난한 집 자식에게 자신의 의지로 기를 수 있는 체력 외에 다른 능력이 있을 리 만무하다.

고액 과외를 막기 위해 도입된 '쉬운 수능'도 공부 잘하는 가난한 집 학생에게는 불리하게 작용한다. 현재 수능시험 개별 문항의 정답률은 70% 내외이고, 일부 문항은 90%에 육박한다. 학생의 자질이 부족하면 아무리 과외를 시켜도 풀 수 없는 고도의 창의력을 묻는 문제는 수능 시험장에서 사라진 지 오래다. 쉬운 수능은 난이도를 과외로 극복할 수 있는 수준으로 대폭 낮춘 결과, 과외를 많이 받은 학습능력이 부족한 부잣집 자식에게 오히려 유리하게 작용한다.

어릴 적부터 좋은 교육을 받아야 좋은 대학에 진학한다. 공부 잘하는 가난한 집 자식이 공교육 기관에서 공부 못하는 학생과 똑같은 '평준화 교육'을 받는 동안 부잣집 자식은 사교육시장에서 차별화된 양질의 교육을 받는다.

학교 선택권도 없고, 수준별로 반 편성도 못하는 학교에서 학원에 다닐 형편이 못 되는 가난한 집 영재는 학년이 올라갈수록 범재(凡才)로 전락할 수밖에 없는 구조다.

대학이 대학별 고사를 요구하는 이유는 변별력을 높이겠다는 의도도 있지만 왜곡된 입시교육을 정상화시키겠다는 의도가 더 본질적이다. 우리나라 고등학생은 3불정책이 시행되고 있는 현재도 세계에서 가장 많은 시간을 공부에 할애한다. 그처럼 많은 공부시간을 창의력을 기르거나 통합적인 사고력을 기르는 데 쓰지 않고, 단편적인 지식을 쌓거나 실수하지 않는 연습을 하는 데 쓰고 있으니 학생은 물론 대학과 국가의 손실이 이만저만이 아니다.

대학이 요구하는 창의력과 통합적 사고력은 학원이 아니라 학교에서만 체계적으로 기를 수 있다. 다만 현재와 같은 평준화·획일화된 학교가 아니라 학생 수준에 맞는 맞춤식 교육을 할 수 있는 학교라야 가능하다. 사립대학에서 요구하는 기여 입학제 역시 매년 4조원에 달하는 해외 교육수지 적자를 우리 대학의 발전에 쓸 수 있는 기회를 달라는 것일 뿐이다.

3불 정책과 평준화 교육 하에서도 부잣집 자식은 양질의 교육을 받고 있고, 국내에서 실패하면 해외에서라도 좋은 대학에 진학한다. 3불 정책과 평준화 교육의 가장 큰 피해자는 공부 잘하는 가난한 집 자식이다.[168]

한국 대학교육의 모든 문제가 고교 평준화와 3불정책에서 비롯한 것으로 보는 신문에 실린 글들을 보면서 한국 지식인들의 수준이 이것밖에 안되는가 하는 비판적인 생각이 든다.

지난 20일 경향신문 29면 '판' 에 실린 문학비평가 하응백씨의 칼럼도 박태환, 김연아 등 한국 체육계 스타들의 예를 들며 3불정책의 문제점을 지적한 글이다. 사실 지금 고등학교의 평준화정책은 엄밀하게 이야기하면 이미 깨졌다.

고등학교 배정은 학생들이 원하는 학교를 먼저 선택하여 지원한 후에 지원자가 넘칠 경우 통학 거리를 고려하여 추첨하는 방식이다. 그리고 특수한 영재를 위한 특수목적 고등학교도 그 재적 학생수가 적지 않다. 또 일반 인문계 고등학교에서도 영어와 수학 과목은 수준별 이동식 수업을 통해 학생들을 '맞춤형' 으로 지도한 지 이미 오래다.

대부분의 3불정책 폐지 주장들은 몇몇의 기득권을 가진 대학들에서 나온다. 그래서 이들 주장의 순수성을 의심하게 된다. 마치 세계 유명대학순위에 들지 못한 것이 고등학교의 잘못된 평준화 교육과 부족한 수학 · 과학 실력에서 비롯된 것처럼 호도하고 있는데, 우리나라 초 · 중 · 고 학생들의 수학과학 성적은 세계에서 1~3등 안에 들고, 이들 대학은 우수한 학생들만을 독점하고 있다.

고등학교 입장에서 보면, 대학 학력저하 문제의 핵심은 제대로 연구하지도 않고 제대로 가르치려 하지도 않으며, 그저 정치판에나 기웃거리고 정부 기구의 자문위원이나 되려는 대학교수들에게 있다. 3불정책은 대학이 자초한 것이다. 과거의 입시부정과 투명하지 않은 학교 운영이 자초한 것이다.

적어도 대학교수, 문화평론가를 자처하는 지식인들은 전후좌우를 따져보고 자신들의 주장이 사회 전반에 끼칠 영향을 생각해야 한다. 요즘 시대적인 문제가 양극화 심화, 청년실업 문제 아닌가? 약자를 배려하는 지식인이 제대로 된 지식인이 아닐까?[169]

도시와 농촌 교육격차 해소해야

도시와 농어촌간의 교육 격차가 벌어지는 것은 농촌 인구 감소와 무관한일은 아니다. 강원도 인구는 전국 16개 시·도 중 11번째, 전년비 1만 4000명이상이 줄어 각 지자체들은 인구 늘리기를 위한 관련 조례안을 제정하고 출산장려금을 지급하는 등 각종 혜택을 주고 있지만 인구 증가를 위한 여건을 조성하는 데는 미흡하다고 본다.

지금 도시보다 경제적, 문화적으로 열악한 농어촌은 매우 어려운 실정에 직면해 있다.

우선 교육환경이 좋은 도시지역으로 떠나며 학생수가 감소하고 교육활동에 미미한 재정적 지원, 교육과정운영에 필요한 교사의 부족 등 문제점이 한두 가지가 아니다. 대다수가 소규모인 농어촌 지역 학교 교사들은 열악한 근무 환경과 업무과중으로 인해 근무의욕이 저하되고 이는 또다시 농어촌 학교 기피현상으로 이어져 결국 총제적인 교육력 저하를 가져오고 있다.

결국 교육주체인 학부모, 학생, 교사들의 농어촌 교육에 대한 불신은 도·농간 교육 격차를 더욱 벌어지게 해 이제는 중앙정부와 지방자치단체가 함께 풀어야할 과제라고 생각한다. 교육은 백년지대계라는 말이 있듯이 장기적인 안목과 비전을 가지고 계획을 세워 실천해야 할 것이다. 교육양극화 해소를 위해서는 중앙정부와 지방자치단체들이 많은 노력이 있어야 할 것이다.

첫째, 중앙정부와 지방자치단체에서 충분한 교육투자로 학교의 교육 여건을 개선해 주어야 한다. 농어촌의 많은 학교가 좋은 교육을 할 수 있는 시설을 갖출 수 있도록 하고 교육과 복지, 문화가 연계된 통합 서비스를 제공해야한다. 그 실례로 참여정부 교육복지종

합계획에서 시책 사업으로 '농어촌 특성화 학교'와 지방자치단체와 결합한 '1군 1우수고 육성방안'이다.

둘째, 학교 간 학력 차이를 인정하고 경쟁하게 해야 한다. 평준화와 비평준화가 어느 것이 좋은지 딱 부러지게 말하기는 쉽지 않다. 각각 장·단점이 있기 마련이다. 무엇보다 헌법에 명시하듯 '교육을 받을 권리', 즉 기회균등을 최대한 정책적으로 보장하되 미래사회에 대처할 경쟁력을 갖춘 인재를 키우는 것이 매우 중요하다고 본다.

셋째, 대학 입시에서 농어촌지역 출신 고교생의 특별전형과 서울대학의 지역균형선발도 점차 확대해 나갈 수 있도록 정부의 정책이 필요하다. 지금 고교 2학년부터 농어촌 대입특별전형도 현재 3%에서 4%로 늘인다고 하니 다행한 일이다.

평창고는 강원도에서 처음으로 농어촌 거점 육성학교 및 자율학교로 선정되어 교육여건개선을 통한 교육 격차해소 차원의 농어촌 우수고 육성사업을 펼치고 있다.

교육기본 시설, 교육기자재 확보, 우수학생 유치를 위한 장학생 선발고사, 학생복지 시설 및 기숙사 건립, 원어민 교사 및 논술지도교사 확보, 우수교사 유치, 교사복지를 위한 관사 건립 등 교육활동을 위한 필요한 요건을 충족시켜 가고 있다.

자신의 기량을 얼마든지 갈고 닦을 수 있고 공부하는 분위기가 마련된 농어촌학교, 통학이 불편하지 않고 자연과 더불어 진학과 꿈을 펼칠 수 있는 학교를 만들어 간다면 교육격차를 저절로 해소되리라 믿는다.

송기석 의원은 2일 지역 간, 학교 간, 학생 간의 교육격차 해소에 필요한 사항을 규정하여 모든 학생이 균등하게 교육받을 권리를 보장하는 '교육격차 해소를 위한 법률안' 제정안을 발의했다.

송의원은 또한, 농산어촌 학생들의 학습권을 실효성 있게 보장함으로써 학교가 지역사회의 역량 강화를 도울 수 있도록 하는 내용을 골자로 '농산어촌 학교 지원에 관한 특별법' 제정안도 2일 대표발의했다.

'교육격차 해소를 위한 법률안'의 골자는 정부와 지자체가 5년마다 교육격차 해소를 위한 기본계획을 수립시행토록 하고, 교육부 내에 자문위원회 설치와 함께 교육격차해소센터 설치 및 지정을 통해 필요한 사업을 정부가 지원할 수 있도록 했다.

특히 '농산어촌 학교 지원에 관한 특별법'의 주요내용은 국가와 지방자치단체가 농산어촌 학교의 교육여건 개선과 교육의 질 향상에 필요한 시책을 수립 시행하도록 했으며 국가는 이에 필요한 행정적, 재정적 지원을 하도록 했다.

이에 따라 교육부장관은 '농산어촌학교지원위원회'를 두어 농산어촌 학교지원에 필요한 사항의 심의 의결과 공정하고 효율적인 시행을 위해 농산어촌학교지원센터를 설립 운영 및 지정할 수 있도록 하였다. 여기에 학교 컨설팅과 문화예술 격차 해소를 위한 '문화예술교육사'를 배치할 수 있도록 하는 내용 등을 담았다.

이번 2개의 제정안이 국회를 통과하면, '대한민국 헌법'과 '교육기본법'에 규정된 교육의 기회 균등과 국가의 균형발전을 적극적으로 실현하고, 날로 심각해지는 도 · 농간 교육격차 문제에 대한 객관적인 진단 및 정책 수립을 시행하는 출발점이 될 수 있을 것으로 전망된다.

송기석 의원은 "갈수록 심화하는 교육격차 해소와 도시와 농어촌 간의 교육 양극화 개선을 통해 지역균형발전과 국가경쟁력 강화를 위한 노력이 어느 때보다 절실하다"며 "정부는 행 · 재정적 지원 강화를 통해 이를 뒷받침해야 한다"고 밝혔다.[170]

교육강국의 다섯 가지 특징

2012년 세계 최대 교육기업인 피어슨이 '세계의 교육강국'에 관한 연구 결과를 발표한 적이 있다. 1위는 핀란드, 2위는 우리나라였다. 우리도 세계학력평가(PISA) 결과나 대학의 세계 서열이 발표될 때, 그리고 노벨상 수상자가 나올 때 어느 나라가 교육강국인가라는 질문을 할 때가 있다.

세계학력평가 결과에서는 늘 우리가 세계 최상의 그룹에 속한다. 대학도 이제 세계 100위권 내 대학이 등장했다. 그러나 학문분야 노벨상은 아직 한 명도 없다. 그래도 OECD 국가들과 미국 버락 오바마 대통령마저 우리나라를 교육강국이라 부르기도 하고 '교육 기적의 나라'라 부르며 우리 교육을 칭찬하고 있다.

진정한 세계 교육강국은 어느 나라일까. 미국, 캐나다, 프랑스, 호주, 영국, 독일, 핀란드, 이스라엘, 싱가포르, 홍콩 등을 들 수 있다. 신흥 교육강국은 중국과 인도, 말레이시아가 될 수도 있다. 각 나라가 처한 교육환경은 다르지만 교육강국은 몇 가지 공통적인 특징을 지니고 있다.

첫째는 일류대학 진학에 매달리기보다 확고한 교육철학을 바탕으로 교육이 이루어진다는 점이다. 성적순으로 한 줄 세우기 하는 게 아니라 다양한 개성과 능력에 따라 여러 줄 세우기 교육철학을 바탕으로 한다는 점이다. 학습자들의 잠재 가능성을 최대한 계발해 동등한 시민으로 국가에 기여하도록 돕는 교육에 바탕을 두고 있다는 점이다. 그리고 목표는 세계 시민 양성에 초점을 맞추고 있다.

둘째, 무한 경쟁보다 협력과 공존에 치중하고 있다는 점이다. 캐나다처럼 국가 수준의 교육과정이 없이 각 주 정부나 교육청에 구체적인 교육 과정을 제시해 자율과 다양성을 키우기도 하고, 스스로 생각하는 힘을 키워 세계 두 번째로 노벨상 수상자를 많이 배출한 프랑스 교육체제도 있다. 호주처럼 수월성 교육이나 영재교육을 하지 않고, 서열은 없고 경쟁보다 협력을 통해 모두가 승자가 되는 교육을 강조하는 곳도 있다. 이스라엘처럼 놀이와 학습을 함께 하면서 4~5명 그룹 활동 형태로 남과 힘을 모아 이기는 법 등 서로 가르치고 토론하는 '하브루타'의 공존에 치중하는 교육을 강조하는 예도 있다.

셋째로 학생 중심 교육이 주가 되는 교육적 특성을 가지고 있다. 교사 중심의 획일화된 교육 과정에 따라 운영되는 교육이 아니라 학습자 개별의 특성이나 적성에 맞게 교육 과정을 개인별로 부과하고 다양한 교육 과정을 전제로 논리와 사고력을 키워 주는 토론 교육을 중요시한다. 이를 통해 사고 능력을 배양하고 스스로 생각하는 힘을 키워 주며 함께 공부하는 태도를 형성시킨다. 사회·인문계통 과목은 교사보다 학생들이 주가 돼 학습하는 형태다. 물론 시험은 사지단답형 객관식 시험보다는 논술 형식을 취한다.

넷째, 모두 대학에 진학하지 않는다는 점이다. 비교적 대학 진학률이 높은 미국과 캐나다를 제외하고는 거의 모든 교육강국들은 50% 내외다. 절반 정도만 대학 진학을 하고 고등학교 졸업 후 취업한 후 안정적 직업이 있을 때 평생 교육 차원에서 대학 교육을 계속한다. 그러나 첨단 과학 영역 등 필요한 부분은 고학력 엘리트 교육 형식으로 배양시키는 특징을 가지고 있다. 장인교육 중심의 독일을 비롯해 신흥 교육강국인 인도나 영국, 프랑스, 북유럽이 이러한 경우들이다.

다섯째, 정체성 확립 교육을 강조한다는 점이다. 어릴 때부터 '셰마' 교육을 시키는 이스라엘의 경우가 이에 속한다. 모세 5경인 '토라' 교육과 토론을 통해 국가 정체성과 자아 정체성을 기르는 뿌리교육이 강조된다. 이러한 철저한 뿌리교육과 가정에서부터 이루어지는 대화를 통한 머리 쓰는 교육은 세계 인구의 2%에 불과한 이스라엘이 노벨상 197명으로 23%를 차지하고 아이비리그 학생 30%, 세계 재계, 학계, 금융계, 과학, 문화 등의 영역에서 압도적 우위를 차지하는 이유다. 개개인의 다름을 모아 이스라엘의 힘을 키우는 지혜에서 비롯된 것이다.

이처럼 교육강국들은 일반적으로 몇 가지 특징을 지니고 있음을 알 수 있다. 우리가 교육강국인지의 질문은 우리 교육문화 속에서 답을 얻을 수 있을 것이다. 이제는 우리 모두 우리가 진정 세계 교육강국인가에 대한 답을 할 때다.[171)]

새 정부의 교육정책과 방향

학생·학부모·교사에게 박수받는 정부로 임기를 마감하길 바라며 새 정부의 교육정책과 방향에 대해 몇 가지 제안하고자 한다.

첫째, 지난 정부가 시행한 주요 교육정책에 대해 깊이 성찰하기 바란다.

이명박 정부가 추진해 온 '고교다양화', '일제고사', '영어몰입교육', '교원평가', '대입자율화', '국립대 법인화' 등의 주요 교육정책은 하나 같이 '경쟁'을 강조하는 것들이다. 경쟁 중심의 교육정책은 지난 정부 5년 내내 교육 현장의 혼란을 부추겨 왔다. 교육계의 많은 이들은 이를 두고 '교육 위기'라고 한다.

새정부 5년도 이런 혼란이 반복된다면 교육위기를 넘어 '교육

불가능'의 나락으로 떨어질 것이다. 새 정부의 교육정책은 교육주체의 적극적인 동참이 있을 때 비로소 성공할 수 있을 것이다.

둘째, 대통령 선거 때 약속한 공약을 빠짐없이 이행하기 바란다.

새 정부 교육공약의 핵심은 'OECD 상위 수준의 학급당 학생수 감축', '교원업무 정상화', '대입제도 간소화', '초등학교 일제고사 폐지', '고교 무상교육', '대학 반값 등록금', '고등교육재정확대' 등이다. 이들 공약의 집행에 필요한 예산은 대략 20조원에 이를 것이라고 한다. 경제민주화와 복지정책 관련 공약은 대통령 취임도 하기 전에 유보 또는 파기되고 있다는 소식을 접하면서, 교육공약도 선심성 공약에 불과했다는 세간의 우려가 현실이 되지 않길 바란다. 다른 분야도 마찬가지지만, 국가의 '백년대계'인 교육만큼은 정치적 손익을 따지는 정부가 아니길 간절히 소망한다.

셋째, 교육선진국의 성공적인 교육정책을 도입하기 바란다.

독립적 국가교육위원회 설치, 대학통합 네트워크 구성과 국립교양대학 설치, 사립학교의 부패 방지 제도화 및 사립학교법 개정, 대학입학자격고사 도입, 자율형사립고교와 특수목적고교 정책의 전면적 재검토를 통한 고교평준화체제 재정립, 사회적 교육과정위원회 구성과 교육과정 전면 개편, 학교자치와 교장선출보직제를 통한 학교민주화 등이 그것이다. 교육선진국들은 수 십 년 동안 이들 정책을 꾸준히 실행해 왔기에 혁명적 교육혁신을 이룰 수 있었다.

넷째, 교육자치를 더욱 발전시켜 나가기 바란다.

주지하다시피 교육자치제는 교육행정의 지방분권을 통하여 주민의 참여의식을 높이고 각 지방의 실정에 맞는 적합한 교육정책을 강구·실시함으로써 자주성·전문성·정치적 중립성을 확보하려는 교육제도이다.

그러나 지난 정부는 지방의 교육정책에 사사건건 간섭하여 갈등

을 불러일으켰고 심지어 교육감을 고발하기까지 했다. 더구나 내년
으로 다가온 교육감 선거 제도조차 변경 하려는 정치권의 움직임이
있다. 교육자치의 근간을 허무는 중앙정부의 간섭과 교육의 정치적
중립을 훼손하는 정치적 이해타산은 결코 있어서는 안 된다.

마지막으로, 학교비정규직 노동자의 고용과 처우를 획기적으로
개선하기 바란다.

교무행정사와 급식조리원, 초등 돌봄교사, 방과후학교 강사 등 70
여 개의 직종에 15만 여 명의 비정규직 노동자들이 전국의 학교에
서 학생과 교사의 교육활동을 직접 지원하는 업무를 담당하고 있다.

그러나 불안정한 고용과 낮은 급여로 인하여 직무 만족도가 그리
높지 않은 것이 사실이다. 강원도교육청이 가장 앞서서 시행한 교육
감 직접고용 등의 고용안정화 및 처우개선 방안을 새 정부는 법제
화하여야 할 것이다.[172)]

학교 주변에 아직도…유흥업소 4만여곳 성업

학교 주변에 아직도… 유흥업소 4만여곳 성업, 정부 특별단속 벌
였지만 5년간 5000여개만 감소, 키스방 등 변종업소는 작년보다 오
히려 늘었다.

'XX 단란주점' '○○○노래타운'

서울 서초구 방배동 A초등학교 앞 사거리에는 골목골목 마다 술
집이 빼곡하게 들어서 있다. 정문에서 100m 남짓 거리에는 당구장
이 두 곳 영업 중이고, 인근 사당역 쪽으로 걸어가다 보면 술 파는
노래방 등 각종 유흥업소를 쉽게 찾을 수 있다. 이 학교에 다니는

아들을 둔 가정주부 김모 씨는 "학교를 마치고 집에 올 때는 유흥
업소 문이 닫혀 있어 그나마 다행이지만, 그래도 아이 교육에 좋지
않은 영향을 미칠까 걱정" 이라고 말했다.

전국 초·중·고교 주변에 4만개가 넘는 청소년 유해시설이 버젓
이 영업하고 있는 것으로 조사됐다. 지난해 조사와 큰 차이가 없어
정부의 유해업소 근절 노력이 부족했다는 지적이 나온다.

8일 전국 시·도 교육청이 국회 교육문화체육관광위원회 소속 안
민석 민주당 의원에게 제출한 '2013년 학교환경위생정화구역 내 유
해시설 현황' 보고서에 따르면 올해 6월 말 기준으로 학교환경위생
정화구역 안에 위치한 청소년 유해시설은 총 4만531곳으로 집계됐
다.

●전국 학교환경위생정화구역 내 유해업소 업종별 현황

업종	시설 개수
유흥·단란주점	1만2,041
노래연습장	9,596
당구장	6,913
숙박업	6,843
멀티게임방(PC방)	3,062
게임제공업	629
천연·액화가스 시설	287
무도장	284
만화가게	279
비디오방	208
신·변종업소	171
성기구 취급점	41
기타	177
총계	4만531

≪자료: 안민석 의원실≫

학교환경위생정화구역은 학생들의 학습환경 보호를 위해 정부가 학교를 중심으로 반경 200m 안에 노래연습장, 당구장, 단란주점, 모텔 등의 유흥시설이 들어올 수 없게 제한한 지역이다.

학교 출입문에서 직선으로 50m 까지는 절대정화구역으로 이들 업종의 진입이 불가능하다. 나머지 지역은 상대정화구역으로 업소가 들어서려면 학교환경위생정화위원회의 심의를 통과해야 한다.

유형별로는 유흥·단란주점(1만2,041곳)이 가장 많았고, 노래연습장 9,596곳, 당구장 6,913곳, 호텔·숙박업 6,843곳, 멀티게임장(PC방) 3,062곳 순이었다.

키스방 등 신·변종 퇴폐업소(171곳)를 포함해 성기구 취급업소(41곳), 전화·화상방(23곳) 등 학교환경위생정화구역에 절대 들어설 수 없는 유해시설도 적지 않았다.

폐기물 처리시설과 화장장·납골당 등 보건·위생상 금지된 시설도 각각 21곳과 1곳이었다. 학교환경위생정화구역 내 유해시설 개수는 서울(8,604개) 경기(7,036개) 부산(4,128개) 경남(2,679개) 순이었다.

안민석 의원은 "정부가 그간 학교 주변 유해업소 합동 특별단속을 벌여왔으나 실효성이 적었던 게 사실"이라며 "국정과제 중 하나인 '학생 위험요소 제로 환경 조성'을 위해서는 처벌 강화 등 대응방안을 마련해야 할 것"이라고 지적했다.

실제 최근 5년간 학교환경위생정화구역에서 성업 중인 유해시설 개수는 2009년 4만6,287개에서 올해 4만531개로 5,700여개 감소하는 데 그쳤다.

신·변종 퇴폐업소는 지난해 159곳에서 올해 171곳으로, 성기구 취급업소는 같은 기간 22곳에서 41곳으로 오히려 늘었다.[173]

학교 200m 안에 술집, 모텔 등 49곳, 등굣길 취객 마주쳐 깜짝

집을 나선다. 오전 8시. 왕복 2차로 도로를 따라가면 학교까지 7분이 걸린다. 중학교 2학년 김준석(가명) 군의 등굣길이다.

맑은 정신으로, 차분한 마음으로 교실에 들어가고 싶다. 마음대로 되지 않는다. 현란한 간판이 아른거린다. 야릇한 상상을 하다 보면 선생님 말에 집중하기 힘들다. 왜 그럴까.

☞ 퇴폐업소 간판 물결

아파트 단지를 나서면 길 건너편엔 3층짜리 C모텔이 보인다. 지하 1층은 S노래주점이다. 이 건물 앞의 홍보 간판엔 '도우미 있음'이라는 글귀가 선명하다.

모텔 바로 옆 건물에는 S마사지가 있다. 퇴폐 마사지를 전문으로 한다. 비슷한 마사지 업소와 성인전용 컴퓨터방이 옆에 줄지어 있다. 압권은 성인용품점. 간판에 이렇게 적혀 있다. '누구나 들어오세요.' 김 군의 머리가 아침부터 어지러운 이유다. 이 모든 업소가 김 군의 집에서 학교로 이어지는 언덕길에 몰려 있다. PC방은 양반이다.

김 군이 다니는 학교는 서울 강동구 천호3동의 동신중. 이번 유해업소 실태조사에서 인근 200m 안에 유해업소가 49곳이 있다고 확인됐다. 서울 시내 전체 중학교 가운데 5번째다. 이 중에서 유흥업소가 26곳이나 된다. 동신중 3학년인 정모 군은 김 군보다 학교에서 멀리 산다. 오가면서 마주치는 유해업소가 많다는 얘기다. 정 군은 "아침까지 술 마시던 사람과 마주치면 얼굴이 화끈거린다. 길에서

토사물 보기도 역겹다"고 했다. 그러더니 한 곳을 손가락으로 가리켰다. '전화(방)'라고 적힌 업소. 깜빡거리는 전광판이 보였다. "대충 어떤 곳인지 아는데…. 괜히 위축되고 불안해서 여기를 지날 때면 뛰어서 가요."

유해업소 주인들조차 이런 현실을 걱정했다. 동신중 인근에서 모텔을 운영하는 A 씨는 "하교 시간에 앞을 지나가는 학생을 많이 본다. 나도 자녀를 키우니 주변에 이런 곳이 많은 학교에 아이를 보내고 싶진 않다"고 했다.

마포구 노고산동의 창천중 인근 단란주점 주인도 생각이 비슷했다. "애들이 뭔 죄여. 우리도 먹고살자니 여기서 영업은 하지만…. 밤에 학원 간다고 여기 지나치는 애들이 야한 옷 입은 업소 언니나 비틀거리는 취객이랑 마주치면 괜히 미안해져."

☞ 한번 생기면 없애기 쉽지 않아

동신중은 학교폭력 피해율이 전국에서 가장 높은 4.6%에 들어간다. 학업성취도는 밑에서부터 17% 수준이다. 학교폭력은 지난해 8~10월 실시된 교육과학기술부의 2차 조사를, 학업성취도는 지난해 6월 중학교 3학년을 대상으로 실시된 학업성취도 평가를 기준으로 한다.

관련 법률은 학교환경위생정화구역을 절대정화구역과 상대정화구역으로 나눈다. 절대정화구역은 유치원, 초중고교, 대학을 포함해 학교 출입문으로부터 직선거리 50m 안이다. 전화방 등 44종류의 유해시설 설치가 금지돼 있다.

상대정화구역은 학교 경계선으로부터 200m까지를 말한다. 학교환경위생 정화위원회 심의를 거치면 유흥주점을 비롯한 26종류의 유해업소가 가능하다. 정화구역 안에도 상당수의 유해업소가 자리 잡을 수 있는 셈이다. 교육과학기술부에 따르면 지난해 6월 전국 2만여 곳의 정화구역 안에 4만1545곳의 유해업소가 들어섰다. 학교당 2.5개꼴이다. 이 중 350여 곳은 불법이다. 하지만 일단 업소가 생기면 없애기가 쉽지 않다. 지방자치단체장이 정화구역 내 불법 업소에 대한 조치 권한을 갖고 있지만 업주 반발을 이유로 이전이나 폐쇄 조치에 적극적으로 나서지 않는다. 안마방이나 키스방 같은 신종 및 변종 업소는 정화구역 안에 들어서지 못하게 하기가 힘들다. 학교보건법으로 규제할 수 없는 자유업으로 허가를 받기 때문이다.

교육당국은 정화구역 안의 불법시설에 대한 행정조치를 강화하는 한편 아동보호구역, 어린이보호구역 등 다양한 보호제도를 통합할 방침이다.

김도완 교과부 학생건강총괄과장은 "학교와 교육당국에 실질적인 행정권한이 없어 교묘하게 파고드는 유해업소를 막기가 쉽지 않다"며 "안전 문제를 중요한 국정과제로 설정한 만큼 학교 주변의 유해요소를 체계적으로 관리하는 방안을 찾고 있다"고 밝혔다.

'서울시 중학교 주변 유해업소 현황' 지역별·학교별 상세보기

유흥주점이 가장 큰 문제, 단속 규정도 잘 안지켜

한국교원단체총연합회의 설문 결과 서울지역 중학교 교사 297명 가운데 72명(25.8%)이 유흥주점을 가장 문제가 많은 업소로 지목했다.

서울 강남구 중학교 23개의 경우 반경 200m 이내에 48곳의 유흥업소(유흥주점, 단란주점)가 있었다. 유흥업소만 놓고 보면 서울 25개구 중에서 가장 많다.

강남구 A중의 이모 교사는 "하루는 학생이 와서 물었다. 술 마시면 기분이 좋냐고. 학교 근처 술집을 드나드는 취객을 자주 보면서 그런 호기심이 들었다고 했다"며 머리를 저었다.

교사들은 유흥주점 다음으로 게임방 11.8%, 악취 소음 등 환경기준초과 업소 10.8%, 담배자판기 8.4% 등의 순으로 문제가 있다고 답했다.

학교 주변의 유해업소 단속규정이 잘 지켜지지 않는다는 교사는 30.6%(91명)였다. 규정이 보통으로 지켜진다는 응답은 35.4%(105명), 잘 지켜진다는 대답은 34%(101명)였다. 학교가 이와 관련된 자료 비치 의무를 잘 준수하느냐는 질문에는 41.4%(123명)만 그렇다고 말했다.

학교폭력에 시달리다 얼마 전 자살한 최모 군(16)은 유서에 이렇게 남겼다. "교내 폐쇄회로(CC)TV의 사각지대에서 폭행을 당했다." 그런데 교사들은 학교 안보다 학교 밖이 문제라고 지적한다. 학교 안에 아무리 많은 CCTV를 설치해도 학교 밖의 비교육적 환경을 함께 개선하지 않으면 폭력의 뿌리를 뽑기가 어렵다는 말이다.

김무성 한국교총 대변인은 "교외 환경이 나쁘면 단속과 지도 역

시 힘들다. 하루빨리 학교 주변을 청정지역으로 만들어야 하는 이유" 라고 강조했다.[174]

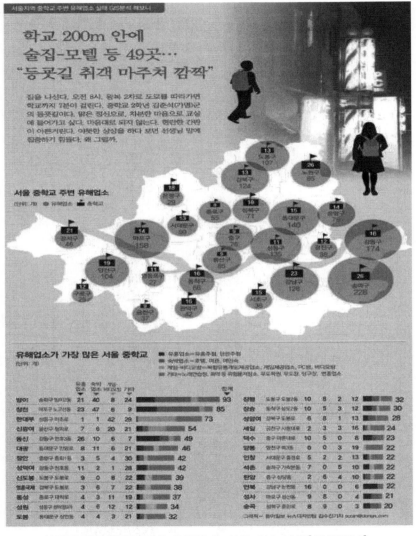

서울지역 중학교 주변 유해업소 실태 GIS 분석[동아일보]

'예방과 상담' 차원 넘어선 스마트 폰 중독

청소년 스마트폰 중독률이 불과 1년 새 두 배 가까이 급증한 상황이 확인됐다. 미래부가 만 10세 이상 49세 이하 스마트폰 사용자 1만683명을 대상으로 2012년 실태를 공식 조사한 결과다.

조사에 따르면 지난해 청소년 스마트폰 중독률은 무려 18.4%에 달해 전년(11.4%)보다 7.0%포인트나 급증했다. 성인(9.1%)에 비해 두 배를 넘긴 청소년 중독률은 사회의 미온적 대처 속에 스마트폰 부작용이 괴질처럼 급속히 번지고 있음을 재확인 해준다.

스마트폰 중독은 과다사용으로 인한 금단·내성을 나타내며, 일상생활에서 장애가 유발되는 상태를 가리킨다. 통계적으로는 중독 진단척도 상 '고위험 사용자'와 '잠재적위험 사용자'를 합친 수치다. 지난 5월 서울시교육청이 시내 초등학교 4학년, 중·고교 1학년생 30만239명을 전수조사 해 청소년의 6.5%가 중독이라고 밝혔지만, 이번엔 그보다도 3배나 높은 중독치가 나온 셈이다.

중독 급증은 2011년 21.4%였던 청소년 스마트폰 보급률이 지난해 65%, 올 상반기까지 90%에 육박할 정도로 급팽창한 데 따른 것이다. 여기에 이번 조사결과 모바일메신저와 온라인게임 등이 중독의 촉매제로 작용했다. 정부는 이에 따라 미래부 교육부 문화체육관광부 여성가족부를 망라한 8개 부처 합동으로 2015년까지 전개할 '제2차 인터넷·스마트폰 중독 예방 및 해소 종합계획'을 세워 발표했다. 하지만 생애주기별 예방과 상담, 치료를 강화하겠다는 계획은 여전히 막연하고 미온적이라는 게 우리의 판단이다.

이미 선도 차원을 넘는 단호한 조치와 제안이 잇따르고 있다. 많은 학교가 프랑스나 독일 등과 마찬가지로 교과시간 중 스마트폰 사용을 제한한다. 최근 권은희 새누리당 의원은 학교장 재량으로 교내 스마트폰 사용을 제한할 수 있도록 한 '초·중등 교육법 개정안'을 발의하기도 했다. 별도로 '게임중독 관리법'도 발의됐고, 청소년 모바일게임 규제 요구도 분출하고 있다. 정부는 거시적 청사진만 그릴 게 아니라 이런 현장의 요구들을 반영해 구체적이고 단호한 조치를 강구해야 한다.[175]

초등학교 통일교육을 강화해야 한다

최근 정부는 2차 남북관계발전기본계획(2013~2017)을 확정했다. 이번 기본계획은 박근혜 정부 5년 동안 추진할 대북·통일정책의 대강을 정한 것으로서, 앞으로 중·장기 비전에 입각한 일관된 대북정책 추진과 대북정책에 대한 국민적 공감대 형성에 이바지할 것으로 기대된다. 기본계획은 북핵문제 해결, 당국간 대화 추진 및 합의 이행 제도화, 인도적 문제의 실질적 해결, 개성공단의 발전적 정상화 등 10대 과제를 중점 추진과제로 제시하고 있다. 이 중 주목을 끄는 것은 '국민통합에 기여하는 통일교육'이란 과제다.

통일은 의지, 능력, 환경의 3박자가 맞아야 가능하다. 통일의지는 통일을 하려는 의지로 통일을 추동케 하는 무형적인 힘이다. 제 아무리 통일을 실현할 수 있는 경제력, 외교력, 사회·문화·군사적 역량을 확보하고 있고, 북한의 변화, 주변 국제여건 등 환경적 조건이 성숙돼 있다 하더라도 통일의지가 없다면, 통일은 이루어지지 못할 것이다. 이런 점에서 의지는 통일을 위해 요구되는 가장 선차적인 조건이라고 하겠다.

통일교육은 바로 이 같은 통일의지를 함양하는 것을 목적으로 한다. 또 청소년들이 차세대 통일주역이라는 사명감을 갖도록 하는 것을 주안점으로 삼아야 한다. 통일 후 일정기간 동안 불편이나 후유증이 발생하기 마련이어서 통일에 따른 고통과 부담을 나누는 자세가 요구될 것이다. 따라서 남북 나눔과 고통 분담의 자세를 키우는 것 역시 중요한 목표가 돼야 한다.

2차 남북관계발전기본계획도 통일의지의 중요성을 감안해서 '통일미래 세대의 통일의식·역량 배양'을 기본방향으로 설정하고, 청소년들의 통일의식 제고를 위한 '맞춤형 통일교육'을 세부 추진 과제의 하나로 제시하고 있다. 통일 후계(後繼)세대 양성을 위해선 자라나는 세대의 통일의식 제고가 긴요함은 두말할 것도 없다.

지난 시기에도 통일교육이 없었던 것은 아니다. 하지만 최근 실시된 각종 여론조사에 따르면, 우리 젊은이들이 통일문제에 무관심하며 심지어는 통일을 원치 않는다는 보고가 계속 나오고 있는 게 우리의 현실이다. 그런 점에서 교보재, 교육내용, 교육기법 등을 전반적으로 재검토해 통일교육의 내실화를 기할 필요가 있다. 무엇보다도 통일교육은 재미가 있어야 한다. 일방적인 지식 전달 중심의 주입식 교육을 지양하고, 교사와 학생 간에 긴밀한 소통을 통해 북한 사람들의 생각을 자연스럽게 깨닫게 하는 것이어야 한다. 나아가 청소년들에게 동기부여를 통한 자발적 학습·참여를 가능케 하는 것이어야 한다.

이 밖에도 중·고등학교 때 보다도 초등학교 시절에 통일교육을 시행하는 게 더욱 효과적이라는 평가가 나오고 있는 바, 초등학생 대상 통일교육의 비중을 늘릴 필요가 있다. 이와 관련, 통일교육개발연구원이 진행하고 있는 "북한친구 알아보기 통일교육"은 하나의 모델사례가 될 수 있다. 우선 북한에서 교사생활을 하다가 탈북한 교사가 원하는 학교를 찾아가 교육을 담당한다. 북한 어린이의 생활상과 통일을 위한 내용을 사진, 동영상, 애니메이션 등을 활용함으로써 초등학생 수준에 맞는 강의를 실시하되, 흥미와 동기유발을 자극한다. 통일담당 교사들의 강평과 함께 교육을 받은 학생들로부터 느낀 점을 접수해 차후 교육에 반영한다.

정부는 통일교육 실상의 자세한 모니터링을 통해 수요자의 입장과 교육현장의 의견을 최대한 반영한 초등학교 통일교육 체계를 마련하는 한편, 현장교육에 대한 가능한 인적 · 물적 지원방안을 강구해야 한다. 더불어 피교육생의 눈높이에 맞는 교육 자료 개발 · 보급, 체험 · 참여형 학습프로그램 운영 확대를 추진해야 한다. 이는 장기적으로 민족동질성 회복과 남북관계 발전의 토대가 될 것이다.176)

교육은 백년대계다

봄꽃이 흐드러지게 피었다. 산수유, 벚꽃, 살구꽃, 개나리꽃, 진달래, 철쭉 등 온갖 봄꽃들이 저마다의 색깔과 자태를 뽐내면서 겨우내 움츠렸던 대지를 환하게 채우고 있다. 그야말로 싱그러운 봄이다. 대학에도 새내기들로 활기가 넘친다. 신입생들은 한껏 멋을 부리고 뭐가 그렇게 좋은지 쾌활하고 발랄한 웃음을 꽃망울처럼 터뜨린다. 입시 지옥에서 허덕이느라 찌들은 모습은 온데간데없다. 청춘(靑春)은 푸른 봄이라더니, 봄을 맞아 교정은 새내기 청춘들의 뜨겁고 신선한 열정으로 가득하다. 그들을 마주 보는 것이 봄꽃 보는 것보다 더 황홀하다.

나는 새내기들에게 실컷 젊음을 만끽하라고 한다. 연애도 하고, 여행도 다니고, 연극도 보고, 늦도록 잠도 자고, 수업 시간도 빠져보고, 그야말로 하고 싶었던 것 다 해보라 한다. 그래서 하루빨리 입시에 시달렸던 고등학생의 굴레에서 벗어나 대학생답게 스스로의 꿈을 펼치면서 알차게 생활하라고 한다.

가끔 외국의 고등학생들이 방과 후 활동을 통해 자기 계발에 몰두하는 것을 보면 부럽기 그지없다. 예체능 등의 다방면에서 취미 생활을 즐기면서 자신의 재능을 가꾸어 나가는 모습을 보면서 저것이야말로 진정한 전인교육이 아닌가 하는 생각을 한다.

한국의 고등학생들에게 그런 활동은 사치다. 학교 수업도 모자라 방과 후면 학원으로 곧장 달려가 밤늦도록 문제집과 씨름한다. 그들은 김소월의 시 '진달래꽃'을 배운다. 그렇지만 그 시를 읽고 자신의 시를 창작해보고, 또 그 시를 음악이나 미술에 창조적으로 활용해 보는 기회를 갖지 못한다. 오로지 대학 입시에 맞추어 선생님이 가르치는 대로 암기하고 문제를 풀고 또 풀 뿐이다. 가히 문제풀이 기계다. 그런 그들이 어찌 자신만의 색깔과 향기를 지닌 개성적인 꽃을 피울 수 있겠는가. 그들은 단지 획일화된 입시 제도에 길들여지고 희생된 조화(造花)일 뿐이다.

학생들을 더욱 힘들게 하는 것은 해마다 바뀌는 입시 제도다. 하도 바뀌다 보니 학생도 학부모도 무얼 어떻게 준비해야 대학에 갈 수 있는지 헷갈린다. 대입수능시험 과목도 해마다 바뀌고, 전형 방법도 해마다 바뀐다. 국사가 홀대를 받다가 정치인의 한 마디에 어느 날 홀연히 필수과목으로 바뀐다. 자기 계발을 위해 무엇을 어떻게 준비해야 할지에 대한 장기적인 계획을 도대체 세울 수가 없다. 시도 때도 없이 변하는 교육 제도에 학생이나 학부모 모두 노예처럼 이리저리 휘둘리고 있다.

　물론 교육제도의 변화가 '교육은 국가의 백년대계'라는 입장에서 학생들의 자기 계발을 위한 쪽으로 진행된다면 더없이 반가운 일이 아닐 수 없다.

　그러나 주지하다시피 우리의 교육제도는 정치적 요인에 의해 찰나적이고 즉흥적으로 변한다는 것이 문제다. 사리사욕에 눈먼, 무식하기 이를 데 없는 정치인 나부랭이들이 오로지 한 표를 얻기 위해 신성한 교육을 무자비하게 난도질하고 있는 것이다. 그들은 그들이 만든 제도에 문제가 생기면 또 다른 제도를 급조해낸다. 학부형이 반발하면 또 고치고, 교사들이 반발하면 또 고치고, 여론이 들끓으면 또 고친다. 이 과정에서 학생들은 엉터리 정책의 실험 도구로 전락한다.

　초등학교부터 대학까지 학생들이 즐거운 마음으로 학문을 익히고 자신의 능력을 계발할 수 있는 교육 제도는 진정 없는 것인가. 이에 대한 해답을 나 또한 알지 못한다. 그러나 다만 이 한 가지만은 분명히 말할 수 있다. 무엇보다 기성세대는 자신의 편협한 이해관계를 절대 교육 제도에 개입시켜서는 안 된다. 그러면서 대한민국이 진정 인간다운 삶이 가능한 나라가 되기를 바라고, 우리 학생들이 그런 나라를 이끌어나갈 주역이라는 생각을 하는 것이다. 그럴 때 바람직한 교육제도가 정립될 수 있을 것이다. 정권이 바뀌고 교육감이 바뀔 때마다 널뛰는 교육제도에 이제는 더 이상 우리 학생들이 희생돼서는 안 된다.

　젊은이들이 저마다의 색깔과 향기를 뿜내는 모습을 보고 싶지 않은가. 그 꽃들이 어우러져 화려한 봄의 축제를 연출하는 역동적인 대한민국을 보고 싶지 않은가. 그 생기 넘치는 세상, 살 만한 세상을 위해 기성세대 그 누구도 교육제도에 대해서만은 어떠한 사욕도 품어서는 안 된다.[177]

교과부의 획일화된 법령이 최선인가

교육정책을 놓고 이명박 정부와 일부 시도교육감의 가치 충돌이 잦다. 교육의 정치적 중립성을 말하면서 정치색이 짙기 때문이다. 진보적 시각의 행정 행위라고 판단할 수도 있으나 이중적 사고(思考)의 오류다.

이렇다 보니 무엇 하나 속 시원하게 해결되는 게 없다. 무자격 교장, 자율학교, 학생 체벌, 학력 평가, 성과급, 방과후 학교, 교원 징계 등 지면에 열거하기가 부족할 정도다. 초가집에 살아본 적 없는 '책상 좌파' 교육행정가들의 낭만 타령에 농락당하는 느낌이다.

'진실과 하품은 가릴 수는 있어도 막을 수는 없다'는 말이 있다. 지금 교육계엔 잠시 고통을 잊게 하는 포퓰리즘이라는 '진통제'가 아니라 병인(病因)을 근본적으로 다스릴 수 있는 제도 개혁이라는 '치료제'가 시급하다.

사회의 다원화와 학부모의 다양한 스펙트럼을 아우를 수 있는 제도 개선이 급선무이자 신약이다. 더불어 교육이 특정 이념에 경도된 외눈박이 시각의 국지성을 탈피하는 게 전제되어야 한다.

'명예(권력)가 한 등급 올라가면 비방은 10층이나 높아진다'는 다산의 말처럼 국민들의 교육에 대한 비방의 강도가 임계점을 넘어 교육정책 불신으로까지 치닫고 있다. 왜일까? 정답은 간단명료하다. 학부모들의 교육에 대한 서비스의 질량 요구 수준이 동네 구멍가게(아날로그)에서 글로벌 유통망의 메이저급(디지털)에 와 있는데 옛날 시스템으로 해결하려 하니 문제가 해결되기보다는 꼬여 간다고 여겨진다.

따라서 엄청난 교육 예산을 투입하고도 천문학적인 사교육비 지출과 교실 붕괴(?)의 현실을 보았을 때 공교육의 총체적 부실이라는 게 학부모들의 평가다.

사교육 시장은 생존의 더듬이가 발달해 끊임없는 자기 증식을 하며 여유만만하게 지배력을 확대하며 진화하고 있다. 이에 비해 공교육은 위에서 시키는 대로 안주하면 62세 정년까지 은수저를 떼지 않고 살 수 있다.

교육계의 역린(逆鱗)일 수도 있지만 과연 조세 징수권이 없는 교육 자치와 일반 자치의 이원화는 정말 우리 현실에 적합한가. 반문하지 않을 수 없다. 경제협력개발기구(OECD) 국가 중 우리나라만 유일한 데서 해법을 찾아야 한다.

농산어촌의 시골 마을부터 중·대도시까지 아우르는 교육과학기술부의 획일화된 법령과 기능이 과연 이 시대의 최선인가. 인사권, 예산권, 학교 선택권, 학생 선발권, 교육과정 편성권, 더 나아가 교원 임용권까지 대부분의 기능을 지역 교육지원청에 위임해야 한다. 대기업의 본사는 연구와 미래전략 수립 등 큰 틀에서 기능하고 나머지는 다 독립 채산하듯 고등교육을 제외한 초중등 교육은 지역 교육지원청의 기능 강화가 난제를 푸는 지름길이다.

시쳇말로 교과부의 만기친람(萬機親覽)의 결과가 오늘날 교육의 총체적 부실과 난맥을 초래하였다. 교과부의 각종 장밋빛 통계의 진위는 '통계는 진실 하나만을 제외하곤 무엇이든 증명할 수 있다'는 말로 대신한다.

결론적으로 공교육의 신뢰 회복은 기초자치 정신에 입각한 지역 교육지원청으로의 권한 이양과 함께 교원들의 자율성에 바탕을 둔 책무성에서 찾아야 한다.178)

제10장을 마무리하면서

역대 정권은 모두 사교육을 없애기 위하여 정책을 내놓았으나 사교육은 늘어만 간다. 현재 가계소비지출 중에 교육비 비중이 7.5%로 OECD 국가 중 제1위인데, 이는 제2위인 일본의 3배나 된다. 사교육에 대한 대중적 대책을 벗어나 정공법으로 접근해야 한다. 공교육의 정상화를 통하여 사교육이 들어설 틈이 없게 만들어야 한다. 이를 위해 국가책임달성 최소기초교육목표 실현과 차별금지법, 균형고용법, 고교의 수평적 선택제, 국공립대 공동학위제 및 국공립대 네트워크 구축, 교사교육의 개혁 등 종합 연동된 정책 수립이 요청된다.

차기 대통령은 격심한 교육격차를 해소하여 '사람존중' 이란 혜택을 누리지 못하고 있는 많은 아픔과 격무에 시달리는 교사의 고충을 해소하는 교육 대통령이 되어주길 간절히 소망한다.[179]

"교사는 교육의 주체다." 그래서 교사들이 공감하지 못한 교육정책은 실패한다. 우리는 역대 정부가 교육 개혁, 교육혁신 등 새로운 교육정책을 야심차게 펼쳤지만 하나 같이 성공하지 못한 선례를 기억하고 있다. 때론 교사가 교육개혁의 주체가 아니라 대상이 되어 한껏 교사의 자존심과 사기의 상처를 남겼다. 아무리 좋은 정책이라 하더라도 정책을 실천하는 현장 교사들로부터 충분한 의견이나 공감을 얻지 못하면 그 실현이 어렵다.

바로 교육의 실천은 정책 입안자가 아니라 일선 교사이므로 이들로부터 공감하고 실천 의지를 갖추게 해야 성공하는 것이다. 역대 대통령들이 교육대통령을 부르짖었지만, 늘 교육이 국가정책에서 중요한 위치에 있음에도 교사들에 대한 정책은 미미했다.

우리 교육의 미래와 희망은 교사들에게 있다. 실추된 교권을 회복하고 교사의 자존심을 살리는 일은 먼저 교사에 대한 국민적 예우부터 필요하다.

올바른 인간으로 성장하기 위해서는 반드시 참된 스승이 필요하다. 교직에 인생을 걸고 사랑과 열정이 사라지지 않는 교사가 있는 한 우리 교육의 미래는 희망적이다.[180]

학교장은 지금처럼 학교현장의 분위기가 무거울 때 교사에 대한 이해와 배려를 바탕으로 긍정의 바이러스를 전파하고, 칭찬문화를 더욱 확대할 필요가 있다. 교사집단은 다른 조직과 달리 자존심이 매우 강한 집단이다. 이런 집단일수록 교사의 존재가치를 진정으로 인정해 주고 강점에 대한 긍정적 피드백을 강화하는 것이 중요하다.

이렇게 되면 교사 스스로 가치 있는 일을 한다는 자부심과 주인 의식을 갖게 되어 열정이 뿜어져 나오는 학교조직문화를 만들어 갈 수 있으며, 결과적으로 교육의 질 개선과 학교 교육력을 크게 향상시킬 수 있다.

미국 위치타 주립대의 제럴드 그레이엄 교수는 '직장인들의 가장 강력한 동기부여 요인은 상사의 격려'라고 하였으며, 사마천(司馬遷)의 『사기(史記)』에는 '선비는 자기를 알아주는 이를 위해 목숨을 바친다.'라고 쓰여 있다. 이는 교육 리더인 학교장이 학교조직 내에서 구성원에 대한 칭찬에 절대로 인식해서 안 된다는 학교장 역할론을 크게 강조하고 있음을 알 수 있다.[181]

제11장

애국심 고취정책

애국심(愛國心)

자기가 속해 있는 나라를 사랑하고 그 사랑을 바탕으로 국가에 대하여 헌신하려는 의식·신념이다. 그러나 근대적 애국심은 미개사회나 고대의 도시국가와 같은 소사회에 대한 애정과는 질적으로 다르다. 그것은 유럽 봉건제도의 몰락, 민주주의의 발달을 조건으로 성립, 특히 신흥 부르주아지에게는 해방적인 의미를 가진다.

18세기 중엽부터 프랑스에서는 국민(nation)이라는 말이 자랑스럽게 사용되고 진보파는 스스로를 애국자라고 칭하였다. 네덜란드의 공화주의자도 애국자라 칭하고 그 운동을 애국자혁명이라고 불렀다. 이처럼 근대적 애국심의 의미는 '참다운 조국은 서로 대항하지 않고 평화적으로 공존하며 가족적으로 상부상조하는 것'이었으나, 그것이 절대주의국가의 권력에 의하여 조작(操作)되거나 자본주의국가의 내부모순 속에서 이용되면서 침략주의의 성격을 띠게 되었다. 그러한 예로 일본을 들 수 있다.

메이지유신[明治維新] 후에 성립된 절대주의정부는 의무교육을 통하여 국민의 애국심을 충국(忠國)에 종속시키는 한편, 가부장제(家父長制) 가족주의에 기초하는 사회유기체설(社會有機體說)을 도입하여 가족국가관을 형성시켰다. 그러한 상황 속에서 민주주의세력은 항상 비(非)애국자·국적(國賊) 등으로 몰려 배척되고, 교화된 국민의 애국심은 군국주의의 침략도구로 이용되었다. 그 밖에도 나치스 독일을 비롯한 여러 전체주의국가의 지배층은 국민교육을 통하여 또는 매스커뮤니케이션 등의 기구(機構)를 이용하여 애국심을 조작, 제국주의적 침략을 정당화하였다.

그러나 전체국민의 이익을 대표하는 국가에서의 진정한 애국심은 직장이나 가족 ·향토에 대한 애정과 모순됨이 없이 결부되어 평화적 성격을 지닌다. 거기에는 병적인 합리화나 공격적 태도가 없으며, 다만 침략자에 대하여는 생활과 행복을 지키기 위하여 국민은 자발적으로 애국자로서 단결한다. 임진왜란(壬辰倭亂) 당시의 의병과 승병(僧兵)의 봉기는 비록 당시의 국체(國體)가 봉건군주제도라 하여도 오로지 나라를 살리려는 자발적 애국심이었으며, 결코 조작되거나 강요된 애국심은 아니었다. 3·1운동이라는 거족적인 항일 독립운동도 지배자에 의한 종용도 조작도 아니었으며, 오히려 국가의 지배권을 확립하려는 애국운동이었다는 점에서 세계역사가 말하는 애국심과는 그 근원을 달리한다. 요컨대 국민은 자신의 나라가 진실로 국민을 위하고 평화를 사랑하는 나라가 되었을 때 또는 그러한 나라를 만들기 위하여 발휘하는 애국심이라야 참된 애국심이다.

　애국주의라고도 한다. 자기가 태어난 나라에 대한 애정을 말한다. 19세기 이래 근대 국가 형성의 기본원리가 되었다. 이것은 긴 역사 속에서 길러져, 그 국토·언어·문화에 대한 애정으로 나타난다. 그러나 이 사랑은 어떤 특별하고 신비적인 기원에 의한 것이 아니라, 사회적·경제적 조건에 기초하여 생긴 것이며, 따라서 시대의 차이에 따라 그 내용도 달라진다. 어떤 국가가 좁은 생활 범위에 제한되어 있다면, 그 국민의 애국심도 그 범위에 제한되는 것이다. 애국심이 특히 현저하게 나타나게 된 것은 역사상으로 자본주의가 발전하고, 중앙 집권에 의한 민족 통일 국가가 성립하면서부터이다.

　이 경우에 그것은, 민족통일 운동의 이데올로기로서 작용하고, 부르주아 민족주의와 일치하여 자본주의의 해외 진출에 대한 욕구를 돕는 정신적 지주로도 작용했다. 마르크스주의 이론에 의하면 자본주의 가운데서 계급투쟁이 발전하고, 또 모든 자본주의 국가의 대립·경쟁이 치열하게 됨에 따라, 애국심은 지배계급인 자본가, 특히 독점자본가의 이익을 수호하는 도구로 전락하게 되면서 '나라'를 사랑하는 것에서, 노동자 계급을 비롯한 근로자를 억압·지배하고 자기 계급의 이익을 신장시키는 기관에 불과한, 자본가 계급을 위한 '국가'를 사랑하는 것으로 바꾸어지게 된다.

결국 자본가 계급의 이익 증대를 꾀하는 것이 애국심으로 불리워지고, 침략 전쟁의 합리화 수단으로도 이용되며, 다른 국가에 종속되는 것조차도 애국심인 것처럼 선전된다. 이에 대하여 현대에서 진정한 애국심을 발휘하는 것은 노동자 계급을 중심으로 하여 근로자 전체를 자본주의의 구속에서 해방하는 사회주의를 자신들의 나라에 수립하는 운동이며, 그것이 달성된 경우에는 사회주의를 발전시키는 노력이라고 한다.

왜냐하면, 이것은 자기 나라의 전체 사람들을 발전시키는 상태를 만들어 내고, 자기 나라를 한층 높은 단계로 진행시키기 때문이다. 이 애국심은 세계에서 자본주의의 지배를 척결하고 사회주의 세계를 건설하는 모든 나라에서의 노동자 계급의 운동과 결부되어 있기 때문에 프롤레타리아 국제주의와 완전히 일치한다고 한다.[182]

☞ 헌법 앞부분에 나올 만큼 대단한 4·19 혁명을 다른 나라들은 어떻게 봤을까?

☞ 민주화되지 않았다면?

아직도 우리 손으로 대통령을 뽑지 못할 거야.

학교에서도 군사 훈련을 받을 수 있어.

언론도 사실을 있는 그대로 보도할 수 없을 거야.

독재 정권에 반대되는 생각을 말할 수도 없어.

☞ 뭐라고 부르는 게 맞아요?183)

혁명(Revolution) : 프랑스 혁명, 4·19 혁명

시민들의 뜻이 모여 세상을 바꾸는 것

운동(Movement) : 새마을 운동, 5·18 민주화 운동

사회 개혁을 위해 벌이는 집단적인 행동

쿠데타 (Coup'detat) : 5·16 군사 쿠데타, 나폴레옹의 쿠데타

시민들과는 전혀 상관없는 개인의 권력 욕심으로 이전의 지배자를 내모는 것

항쟁(抗爭) : 6월 민주 항쟁, 삼별초의 항쟁

적이든 독재 정권이든 어떤 대상을 두고 싸우는 것

미국의 애국심 고취정책

　미국의 애국심은 민족주의의 뿌리가 약한 미국사회를 묶고 지탱하는 최고의 정신적 가치이자 국가경쟁력의 핵심적 역량이다. 미국에서의 애국심 교육은 국가주의 교육정책의 일환이자 국민의 정치사회화 과정에 있어 중요한 매개체로 작용한다. 특히 미국은 공교육 설립이후 이민으로 인한 분쟁과 다양한 계층의 사람들이 시민의식을 갖고 애국심을 고취하고자 하는 목적으로 역사교육을 필수교육으로 지정하는 등 문화와 교육을 통하여 애국심을 전파하였다.

　미국의 교육과 문화 분야에서 애국심 고취정책이 국가의 유지 존속과 발전을 위해 지속적으로 이루어져 왔다는 전제에서 출발하여 미국의 애국심이 어떤 유형과 방법 및 상징을 통해 구현되어왔고, 시대적 상황에 따라 어떠한 지속과 변형과정을 거쳐 왔는지를 탐구하고자 한다. 나아가 애국심 고취를 위한 교육과 문화 분야에서 어떠한 유형과 모습을 추구해야하는지에 관한 시사점을 도출하고자 한다.

　이를 위해 애국심 관련 이론 고찰 및 선행연구 검토를 통해 애국심의 개념적 정의의 명확화, 애국심 또는 애국심을 형성하는 환경에 따른 유형화, 애국심과 교육과의 관계 그리고 애국심과 문화와의 관계에 대한 이론적 틀을 정립하고자 한다. 교육분야에서 미국의 애국심 고취정책 분석을 위해 애국심과 교육정책에 관한 이론적 분석틀을 바탕으로 구체적인 이념, 정책, 방침, 과정 등을 분석하고 그 영향과 영향력을 구성하는 요인을 도출하고자 한다. 미국은 공교육 설립이후 이민으로 인한 분쟁과 다양한 계급의 사람들을 통합하기 위한 애국심 고취목적으로 역사교육 등을 필수화하고 있다. 더욱이 세계화로 인한 국가 간 경쟁심화로 각국의 교육에는 국가주의적 색채가 강하게 나타나고 있으며 교육내용 측면에서 애국심 및 국가정체성 함양 교육을 강화하고 있다. 특히 미국의 경우 시대적 상황에 따른 교육개혁을 통해 애국심교육을 실시함으로써 애국심교육을 교육정책에 합목적적인 요소로 파악하고 있다.

미국에서의 애국심은 인종의 다양성으로 인한 비공통성을 극복하기 위해 모두에게 공통된 특징이 있다고 생각하게 하는 도덕적인 구성물이자 서로 교차하는 유사성에 대한 결집을 위한 하나의 공유된 신념이다. 미국 웨스트 포인트(west point)의 교훈은 '의무, 명예, 조국'이다. 의무를 다하고 명예롭게 조국을 지키는 것은 군인정신이자 국민정신에 뿌리 깊게 배양된 의식 가운데 중요한 위치를 차지하고 있다. 특히 미국은 교육과 문화영역에서 미국이 지향하는 가치들을 전달하고 실천하는 토대를 마련하고 있으며 보훈영역에서 과거·현재·미래로 이어질 수 있도록 애국심을 고취하는 동기를 끊임없이 부여하고 있다.

미국을 설명할 수 있는 역사적 키워드는 자유, 평등, 개척, 실용주의 등으로 나타나며 이는 미국인들의 문화와 가치체계에 큰 영향을 미쳤다. 더욱이 미국은 약한 민족국가의 뿌리를 극복하기 위한 수단으로 문화자원을 통해 자국의 애국심을 강화하고 더 나아가 세계적으로 영향력을 강화하고자 하는 것이 특징이다. 미국문화의 잠재력은 단기적이고 유형적인 성과뿐만 아니라 장기적이고 무형적인 성과를 유발해 낼 수 있도록 문화자원을 고부가가치산업으로 활용하고 있다는 것이다. 그러한 문화의 경제적 가치 또한 풍부한 문화적 저변이 확대되어서 나오는 부수적인 결과로 작용하여 문화적인 생활양식으로 발전시키는 총체적 관점으로 자리잡아 미국 문화는 전 지구적 생산과 소비의 장으로 역할을 해오고 있다.

　미국의 애국심 교육은 애국심은 무엇이고, 어떻게 키워가야 하는 가에 대한 직접적인 교육보다는 학생 스스로 논리적, 독립적인 사고가 가능한 인재육성을 목표로 책임감, 윤리인식, 다른 문화와 인종에 대한 이해 등을 강조하여 '자유' 사상을 중심으로 애국심의 발로를 마련하고 있다. 이러한 사상과 더불어 다원주의를 토대로 한 다문화정책을 중심으로 '평등' 사상을 강조하고 실천함으로써 결국 사회가 공평하고 투명하다는 인식과 확신이 애국심을 형성하는 핵심요소로 자리매김 할 수 있도록 하고 있다.

　더욱이 미국은 기념관, 역사관, 상징물 속에서 스스로 미국인임을 자랑스럽게 여기는 자연스러운 분위기를 형성하고 직접적인 애국심 교육보다 가족단위 중심의 체험과 애국심을 가지고 '이야기'할 수 있는 동기부여 기회의 장을 제공하는 것을 우선으로 한다. 이러한 교육이 가능한 것은 미국애국심의 근본적인 뿌리가 되는 역사나 사상의 전달이 체계적으로 조직화된 신념과 태도의 집합으로 표현되기 때문이다. 다양한 인종과 민족의 결합으로 구성된 미국이라는 나라를 결속시키기 위해, 개개인의 국민에게 특별하다는 인식을 고취시키는 것이 곧 국가에 대한 충성의식을 제고시키는 것임을 믿는 사회문화적 배경과 이를 자발적으로 따르는 국민이 함께하여 그들만의 미국을 만들어내고 있는 것이다. 사회가 공평하고 투명하다는 인식과 확신을 줄수록 애국심은 자연스럽게 형성되는 것이고 이러한 시스템 속에 산책하듯이 일상적으로 애국심의 가치와 경험을 제공하는 것이 바로 미국의 지속가능한 성장의 힘이 되고 있다.

　애국심은 국가의 건국이념과 이상을 구현하는 정서적인 반응을 고취시키는 역할을 한다. 그러나 미국의 애국심은 단순히 감정이 아니다. 애국심은 행동을 요구한다. 이러한 행동은 명예, 충성심 그리고 보호의 의무감으로부터 나타난 충분히 합리화된 원칙에 의해 지속되고 있다. 특히 미국 학교교육에서의 애국심은 공공선에 대하여 다양한 형태의 사회적 협력을 필요로 하는 기술, 지식, 선행 함양을 포함하고 교육의 목적은 이러한 능력을 발전시키는 것을 포함한다.

미국시민교육은 단지 과거 혹은 현재에 대한 단순하고 고정된 읽기만을 나타내는 것이 아니라 자유주의 사회에서 다원주의의 요구를 쉽게 수용할 수 있도록 이루어진다. 이것은 자유민주주의 사상을 통해 모든 가치체계를 수용하는 정책을 일관되게 수행한다는 것을 의미하지는 않는다. 시민교육에서의 애국심은 확실한 문화 규범, 관습, 제도를 기반으로 타인에 대한 이해와 관용을 넓혀가는 차원으로 이루어지며 이러한 것들이 모여 강한 국가의 정신과 마음이 되고 있다.

애국심이라는 특별한 개념과 내포적 복잡성은 많은 이들에게 다양한 방법으로 반영되어졌다. 국가적 통합의 중요성을 강조하는 애국심도 중요하지만 그 시작은 공교육과 가정교육의 조화로부터 발현되어져야 하며 상호간의 존경이 신뢰를 낳고, 신뢰가 공공선을 이루고, 공동의 미래를 결정짓는 '생활 속에 애국심'을 실현시켜 나갈 때이다.[184]

제11장을 마무리하면서

자기가 속한 집단과 향토에 대한 애착은 고대로부터 있어 왔으나 그것이 애국심이라는 형태를 취한 것은 르네상스 이후 민족국가가 출현한 데에서 시작되었다. 즉 민족국가가 성립하고 교황의 영향력에서 벗어난 강력한 왕권이 확립되자, 국왕에 대한 충성을 이끌어내기 위해 애국심은 유용한 도구가 되었다. 따라서 애국심은 처음부터

세계주의와 대립되는 개념으로 출발했는데 20세기에 들어와 극단적
인 국수주의와 결합하면서 애국심은 무서운 파괴력을 드러냈다.

군국주의 일본과 나치즘의 독일, 파시즘의 이탈리아에서 통치자
들은 그들의 정략적 목적을 위해 애국심을 조작했는데, 그 방법은
첫째, 역사를 조작하여 그들의 과거를 미화함, 둘째, 게르만 민족의
순수한 피를 강조하는 등의 방법으로 그들 민족의 우수성을 역설함,
셋째, 타민족을 그들과 비교할 수 없는 열등민족으로 규정함 등이었
다.

제2차 세계대전 이후에는 제국주의의 사슬에서 벗어난 제3세계의
많은 국가들이 또다시 정치적 목적으로 애국심을 이용했는데, 이 경
우의 애국심은 독재자의 정치적 목적에 도구화되거나 강대국 사이
에서 살아남기 위한 생존의 전략으로 기능했다.

한편 1990년대 들어 동구와 소련의 공산주의체제가 붕괴하면서
민족주의 물결이 다시 드세어졌는데 이것은 언제라도 정치가의 정
략에 의해 유치하고 파괴적인 애국심과 결합될 소지를 안고 있다.

http://blog.daum.net/sang7981/4155

무명교사(無名敎師) 예찬(The Unknown Teacher)

Herry Van Dyke

나는 무명 교사를 예찬하는 노래를 부르노라.
전투에 이기는 것은 위대한 장군이로되
전쟁에 승리를 가져오는 것은 무명의 병사로다.

새로운 교육제도를 만드는 것은 이름 높은 교육가로되
젊은이를 올바르게 이끄는 것은 무명의 교사로다.

그가 사는 곳은 어두운 그늘
환란을 당하되 달게 받도다.

그를 위하여 부는 나팔 없고
그를 태우고자 기다리는 황금의 마차는 없으며
그의 가슴을 장식할 금빛 찬란한 훈장도 없도다.

묵묵히 어둠의 전선을 지키는 그.
무지와 우매의 참호를 향하여 돌진하는 어머니.
날마다 날마다 쉴 줄 모르고
청년의 원수인 악의 세력을 정복하고자 싸우며
잠자고 있는 정기를 일깨우도다.

게으른 자에게 생기를 불어 넣어주고
하고자 하는 자를 고무하며
방황하는 자에게 안정을 주도다.

The Unknown Teacher

Henry Van Dyke

I sing the praise of the Unknown Teacher.

Great generals wins campaigns , but it is the unknown soldier who wins the war.

Famous educators plan new system of pedagogues, but it is the Unknown Teacher who delivers and guides the young.

He lives in obscurity and contents with hardship. For him no trumpets blare, no chariots wait, no golden decorations are decreed.

He keeps the watch along the border of darkness and leads the attack on the trenches of ignorance and folly.

Patient in his duty. He strives to conquer the evil powers which are the enemies of youth. He awakes sleeping spirits.

He quicken the indolent, encourages the eager and steadies the unstable.

He communicates his own joy in learning and shares with boys and girls the best treasures of his mind.

He lights many candles which in later years will shines back to cheer him. This is his reward.

Knowledge may be gained from books, but the love of knowledge is transmitted only by personal contact.

No one has deserved better of Republic than the Unknown Teacher, No one is more worthy to be enrolled in a democratic aristocracy, " King of himself and servant of mankind "

[주석]

제1장 우리나라 교육현장을 바라보면서

1) 김경집.「자유로운 개인을 위해」,『한국일보』, 2014년 1월 4일, 31면.
2) 김순덕.「누구의 무덤에 침을 뱉을까」,『동아일보』, 2005년 12월 21일.
3) 송현숙 .「실패한 교육정책, 책임은 없다?」,『경향신문』, 2014년 4월 8일.
4) 경향신문.「18만건 고쳤다는 학교생활기록부 신뢰할 수 있나」, 2017년 10월 12일.
5) 오송삼.「학교교육, 그 나약함에 대하여」,『한국일보』, 2013년 7월 19일, 23면.
6) 김주성.「교육개혁, 급할수록 돌아가야」,『서울신문』, 2013. 8월 22일, 30면.
7) 권진수.「초등학생에게 학생인권부터 가르치는 게 혁신인가」,『동아일보』, 2013년 9월 22일, A18.
8) 이경율.「사이버 폭력 뿌리 뽑아야」,『국민일보』, 2014년 5월 3일.
9) 동아일보.「나도 미국 소도시로 유학 가고 싶다」, 2006년 12월 5일.
10) 오동환.「부도난 무상급식비」,『경인일보』, 2014년 11월 10일, 12면.
11) 임석훈.「권의지계된 대한민국 교육」,『서울경제』, 2014년 4월 17일.
12) 황해창.「진보야 초보야?」,『헤럴드 경제』, 2014년 7월 18일.
13) 정성희.「현실과 이상의 괴리 9시 등교」,『동아일보』, 2014년 8월 26일.
14) 김대현.「교장은 충분히 바쁘다」,『경인일보』, 2014년 12월 31일, 12면.
15) 송기창.「安全이 무상복지보다 우선이다」,『문화일보』2014년 07월 16일.
16) 이덕환.「교권을 세우고, 학교에 대한 기대치 낮춰야」,『교육과 사색』, 서울: 교육타임스, 2012, 19-20.

제2장 교육의 패러다임이 바뀌어야 한다

17) 곽덕훈.「내비게이션 방식의 교육에서 벗어나야 한다」,『서울신문』, 2014년 4월 3일, 30면.
18) 허숙.「고교생 학습부담 더 줄여야」,『동아일보』, 2014년 7월 9일, A28.
19) 허태균.「청소년 잠재력 개발에 눈돌리자」, 동아일보, 2005년 3월 30일.
20) 강원일보.「농촌학교 살리기 균형 발전 차원서 접근하라」, 2013년 5월 31.
21) 김문현.「대한민국 정체성 담은 헌법, 유치원 때부터 가르쳐야」,『동아일보』, 2014년 7월 3일, A28.
22) 양영유.「황우여 장관이 우려교육 안 하려면」,『중앙일보』, 2014년 8월 11일.
23) 이미영.「학교 밖 교실도 소중한 학습의 장이다」, 전북일보, 2016년 12월 5일.
24) 안석배, 김수혜, 이태경.「고교 무상교육, 내년 읍·면부터 단계적으로 확대」,『조선일보』, 2013년 4월 8일.
25) 한국일보.「고교 무상교육 확대 바람직하지만」, 2013년 8월 1일, 27면.
26) 서울신문.「여고 3년생의 이유 있는 반항-그때 그 시절-」, 2014년 12월 25일.
27) 김웅길.「자기주도적 학습력 신장을 위한 자율학습 동아리활동 지도 방안」,『한국교육신문』, 2017년 10월 1일.
28) 백운령.「청소년의 꿈을 그리는 교육」,『경북일보』, 2017년 9월 18.
29) 김윤덕.「좋은 교사가 解法이다」,『조선일보』, 2013년 11월 14일 A34.

30) 김동수.「교육발전 향한 스승의 길」,『강원일보』, 2013년 5월 14일.
31) 조선일보,「청년실업도 결국 잘못된 교육정책 탓」, 2010년 2월 11일.
32) 김정래.「교육의 패러다임이 바뀌어야 한다」,『한국대학행정관리자협회』, 2010년 3월 11일.
33) 김지선.「수학교육의 패러다임이 바뀌어야 한다」,『내일신문』, 2014년 7월 2일.
34) 한병선,「왜 긍정의 심리학인가」,『교육과 사색』, 서울: 교육타임스 , 2012: 52.
35) 최연구.「인재교육의 출발은 팔로워십 교육」,『교육과 사색』, 서울: 교육타임스 2013: 23쪽.

제3장 부모의 의식이 새로워져야 한다

36) 김병일.「자녀 교육의 출발은 안인(安人)이다」,『서울신문』, 2014년 7월 28일, 27면.
37) 황미영.「문제 부모는 있어도 문제 아이는 없다」,『경남신문』 , 2017년 11월 21일.
38) 김희균.「반장이 뭐길래」,『동아일보』, 2014년 4월 11일, A30.
39) 이진영.「엄마가 다 해 줄게」,『충청일보』, 2017년10월 11일.
40) 김병희.「진로교육은 부모부터」,『동아일보』, 2012년 9월 5일.
41) 조미현.「 엄마가 키우면 좋지만」,『강원일보』, 2017년 11월 22일.
42) 정현진.「화목한 가정이 전교 1등을 만든다」,『중앙일보』, 2014년 6월 25일.
43) 안진훈.「실수 잦은 아이, 다그치지 말고 뇌 성향 먼저 파악하셔요」,『조선일보』, 2013년 8월 13일, A27.
44) 민성혜.「지금이라도 물어보자, 얘들아 어디 있니?」,『한겨레』, 2014년 9월 4일.
45) 문화일보.「매년 12% 늘어난 敎權침해, 학부모부터 自省할 때다」, 2016년 5월 11일, 39면.
46) 조은수.「유전자를 바꾸는 교육의 힘」,『동아일보』, 2014년 3월 6일, A30.
47) 유덕영.「정서불안 관심군 학생 10명 중 3명 학부모 거부로 병원치료-상담 못받아」,『동아일보』, 2015년 9월 9일.
48) 조선일보.「자살 高위험군' 여고생 방치하다 동반자살 불러왔다」, 2013년 6월 6일, 31면.
49) 양용석.「내 자녀에게 맞는 '명문대학' 은 따로 있다」,『강원일보』, 2013년 7월 15일, 7면.
50) 강원도민일보.「스승에 대한 존경으로 교육을 바로 세우자」, 2011년 5월 12일.
51) 강원일보.「청소년 스마트폰 중독, 스마트한 해법 모색을」, 2012년 8월 12일, 7면.
52) 김찬희.「진로교육의 출발점」,『경향신문』, 2013년 12월 21일.
53) 이칭찬.「올바른 교육위한 이별」,『강원도민일보』, 2013년 6월 10일, 9면.
54) 이을렬.「제 아내는 교사입니다」,『한겨레 신문』, 2014. 5월 1일.
55) 동아일보.「아이에게 질문하라」, 2013년 6월 5일.
56) 이수용과 함께하는 웃음 건강 이야기. cafe.daum.net/smile-health/1vt5/227, 2016. 10월 14일. 송요섭.「유대인의 자녀교육」,『zephyros』, 2006년 10월 20일.
57) 천정완.「아이의 성적 때문에 걱정하시는 학부모님들께」,『한국일보』, 2013년 4월 25일.
58) 강성률.「한국교육 무엇이 문제인가」,『교육과 사색』, 서울: 교육타임스, 2012: 21-22.
59) 이덕환.「교권을 세우고, 학교에 대한 기대치 낮춰야 」,『교육과 사색』, 서울:

교육타임스, 2012: 21-22.
60) 허영림.「자녀교육은 부모의 습관에서 온다」,『교육과 사색』, 서울: 교육타임스, 2013: 32.

제4장 혁신적인 학교 변화가 선진교육의 지름길이다

61) 박건호.「일반고 거점학교, 학생에게 희망일 수 있다」,『동아일보』, 2013년 9월 13일, A28.
62) 동아일보.「학생 선발권 없는 자율고는 자율고 아니다」, 2013년 8월, 14일.
63) 문화일보.「서남수 장관의 自律高 죽이기는 시대착오다」, 2013년 8월 14일.
64) 동아일보.「교육의 질 높은 자율형 공립고 폐지할 일 아니다」, 2013년 10월 8일, A31.
65) 한국교육신문.「개방형 자율학교의 선결 과제」 200년 11월 24일.
66) 조선일보.「문제 생겼다고 없애기보다 제대로 된 국제 중 육성을」, 2013년 7월 25일, A35.
67) 이태영.「공부 잘하는 아이들의 발목을 잡지마라」,『조선일보』, 2013년 6월 19일, A29.
68) 강원도민일보.「소규모학교 통폐합 능사가 아니다」, 2013년 8월 7일 9면.
69) 서울신문.「소규모 학교 통폐합 이후 대안 먼저 내놓길」, 2013년 8월 6일, 27면.
70) 장대회.「작은 학교, 교육적 희망과 대안」,『강원도민일보』, 2013년 10월 3일, 7면.
71) 동아일보.「혁신학교 전교조 교사들의 잿밥 챙기기」, 2013년 7월 20일.
72) 제갈 태일 .「행복한 학교」,『경북일보』, 2014년 11월 10일.
73) 임채수.「초중고 주5일 수업 취지를 살리려면」,『조선일보』, 2012년 3월 14일.
74) 정광필.「그들의 학교생활은 어땠을까?」,『한겨레』, 2014년 12월 24.
75) 정종민.「신뢰 잃은 학교, 국민 목소리에 귀 기울여야」,『경기일보』, 2015년 01월 2일.
76) 이덕환,「교권을 세우고, 학교에 대한 기대치 낮춰야」,『교육과 사색』, 서울: 교육타임스, 2012: 20-21.
77) 이창수,「조직을 성공으로 이끄는 학교장의 리더십」,『교육과 사색』, 서울: 교육타임스2012: 28.

제5장 수학여행과 체험학습 대하여 재고(再考)해 보았는가

78) 신진우·전주영.「학교밖 활동 사고위험 경험 47%… 안전 매뉴얼 받은 적 없다 35%」,『동아일보』, 2014년 4월 21일, A18.
79) 한병선.「교육적 수명 다한 수학여행 폐지하자」,『동아일보』, 2014년 4월 21일, A29.
80) 김이재.「수학여행 금지가 능사는 아니다」,『동아일보』, 2014년 4월 23일, A25.
81) 동아일보.「짝퉁 캠프에 학생 목숨 맡길 수 없다」, 2013년 7월 20일.
82) 강경희.「파도가 아닌, 우리 어른들에 떠내려간 아이들」,『조선일보』, 2013년 7월 22일, A35.
83) 송원영.「인천영선고교, 학생과 교사가 함께 하는 동아리체험 학습 큰 호응」,『한국일보』, 2014년11월 6일.

84) 조달현. 「청소년 체험활동 오히려 장려해야」, 『조선일보』, 2014년 7월 17일.
85) 장희숙. 「수학여행 가야 한다, 그럴수록 제대로 가야 한다」, 『한겨레』, 2014
년 4월 22일.

제6장 역사교과서 문제 어떻게 해결할 것인가

86) 김홍식. 「역사란 무엇인가」, 『한국일보』, 2013년 9월 10일, 29면.
87) 곽수근. 「역사 교과서만 문제인가」, 『조선일보』, 2013년 9월 24일, A30.
88) 조선일보. 「이런 역사 교과서로 건전한 대한민국 국민 기를 수 있겠나」, 2013
년 9월 24일, A31.
89) 홍찬식. 「남 볼까 부끄러운 역사교과서 소동」, 『동아일보』, 2013년 6월 5일.
90) 동아일보. 「거짓과 선동 앞세운 역사교과서 공격 실망스럽다」, 2013년 6월 7
일.
91) 배인준. 「민주당의 한국史 전투」, 『동아일보』, 2013년 6월 12일.
92) 조선일보. 「左派 역사교과서 필자 뒷조사하는 민주당 의원」, 2013년 6월 13일,
A35.
93) 김순덕. 「전교조의 실수, 역사교과서 투쟁」, 『동아일보』, 2013년 9월 23일,
A30.
94) 한국일보. 「무용한 역사 교과서 논란을 다시 벌여서야」, 2013년 11월 30일, 31
면.
95) 조선일보. 「이런 교과서로 바른 대한민국 像 심어줄 수 있나」, 2013년 11월 2
일, A27.
96) 천정환. 「21세기 친일파와 역사교과서」, 「한국일보』, 2013년 10월 8일, 31면.
97) 홍찬식. 「교학사 교과서에 가하는 몰매, 정당한가」, 『동아일보』, 2013년 9월
11일, A30.
98) 동아일보. 「교학사 교과서 협박은 학문, 출판 자유 침해다」. 2013년 9월 12일,
A35.
99) 송평인. 「국사 필수는 독이 든 사과」, 『동아일보』, 2013년 10월 18일, A35.
100) 이진경. 「뉴라이트의 새로운 역사교과서」, 『한국일보』, 2013년 9월 27일, 31
면.
101) 김효겸. 「새로운 국사 교과서가 필요하다」, 『동아일보』, 2013년 8월 20일,
A28.
102) 김기봉. 「미국의 역사전쟁에서 비춰보는 한국사교과서 논『철학과 현실(가
을)』, 서울: 철학문화연구소, 2011: 43.
103) 김기봉. 「미국의 역사전쟁에서 비춰보는 한국사교과서 논쟁」, 『철학과 현실
(가을)』, 서울: 철학문화연구소, 2011: 44.
104) 하용출, 「한국현대사의 해석, 무엇이 문제인가?」, 『철학과 현실(가을)』, 서
울: 철학문화연구소, 2011: 272.

제7장 선행학습과 사교육 대안은 있는가

105) 김형기. 「선행 학습에는 죄가 없다」, 『조선일보』, 2013년 1월 15일.
106) 박정은. 「죄가 있는 선행학습도 있다」, 『(조선일보』, 2013년 1월 25일.
107) 김지은. 「선행학습 금지, 법으로 강제 적절치 않아」, 『한국일보』, 2013년 1
월 25일.
108) 김희균 . 「누가 먼저 앉을 것인가」, 『동아일보』, 2014년 7월 18일, A30.
109) 홍석준. 「사교육비 실태 조사에 적극 참여를」, 『강원도민일보』, 2013년 5월

13일.

110) 이은택. 「死교육 내모는 선행… 추월경쟁 금지!」, 『동아일보』, 2014년 12월 15일.

111) 김형기. 「친절한 교과서가 모르는 불친절한 현실, 『조선일보』, 2013년 5월 14일.

112) 하재풍. 「새 정부 선행학습 금지법 유감」, 『강원도민일보』, 2013년 5월 31일, 8면.

113) 동아일보. 「선행학습 금지법, 수월성 교육까지 막지는 말아야」, 2013년 5월 1일.

114) 안석배. 「학원들의 공포 마케팅, 『조선일보, 2013년 6월 18일, A30.

115) 박경미. 「나는 私교육 앞지르는 기는 公교육있다, 『조선일보』, 2013년 11월 21일, A35.

116) 강원일보. 「사교육비 문제 땜질만 할 텐가」, 2007년 3월 23일.

117) 김희균. 「사교육 대책이 눈물겨운 이유」, 『동아일보』, 2014년 12월 19일.

118) 세계일보. 「땜질 처방으로 사교육 문제 해결할 수 있겠나」, 2014년 12월 27일.

119) 임현석. 「空교육 만드는 수능… 땜질처방 금지!」, 『동아일보』, 2014년 12월 15일.

120) 김한중. 「사교육은 막을 수 없다」, 『한국일보』. 2013년 2월 27일.

121) 이돈희. 「사교육의 정당화」, 『강원일보』, 2006년 7월 21일.

122) 김경호. 「서열화 교육 반대」, 『강원일보』, 2006년 8월 2일.

123) 안석배. 「외딴 섬나라의 사교육 전쟁」, 『조선일보』, 2013년 5월 7일.

124) 강승구, 「새 대통령에게 제안하는 교육정책」, 『교육과 사색』, 서울: 교육타임스, 2013: 23-24).

제8장 내실 있는 논술교육을 계획하고 있는가

125) 강원도민일보. 「논술과 진학」, 2006년 12월 4일.

126) 문화일보. 「論述의 정규 과목화, 치밀하게 준비해 內實 갖추라」, 2013년 12월 2일.

127) 동아일보. 「정규 과정 된 고교 논술, 방향 맞지만 준비되어 있나」, 2013년 12월 2일.

128) 한국일보. 「고교 논술 제대로 해야 사교육비 줄어든다」, 2013년 12월 3일, 31면.

129) 조연순. 「논술을 어떻게 따로 가르치나」, 『동아일보』, 2006년 12월 8일.

130) 문재용 「논술, 가르쳐 줄 때 배워라」, 『동아일보』, 2006년 12월 16일.

131) 도정일. 「논술공화국을 위한 충고」, 『경향신문』 2007년 9월 18일

132) 중앙일보. 「글 잘 쓰는 방법」, 2014년 10월 28일.

133) 이세라. 「논술은 언어의 수학, 쓰는 것이 아니라 푸는 것이다!」, 『내일신문』, 2017년 12월 27일.

제9장 학생인권 조례, 교육적 효율성은 있는가

134) 손택균. 「이 또한 지나가려나」, 『동아일보』, 2014년 8월 12일, A29.

135) 문성학. 「전면적 체벌금지는 교육적인기」, 『철학과 현실(가을)』, 서울: 철학

문화연구소, 2011: 190.
136) 문성학.「전면적 체벌금지는 교육적인가」,『철학과 현실(가을)』, 서울: 철학 문화연구소, 2011: 195.
137) 문성학.「전면적 체벌금지는 교육적인」,『철학과 현실(가을)』, 서울: 철학문화연구소, 2011: 199-200.
138) 조선일보.「교육감 따라 바뀌는 학생인권조례 무슨 의미있나」, 2013년 12월 31일, A31.
139) 아시아 경제.「학생도 인간이다 vs 교권은 누가 보장 당신의 생각은?」, 2012년 1월 28일.
140) 권영은.「학생인권조례, 체벌 억제 효과 있다」,『한국일보』, 2013년 10월 1일, 2면.
141) 권영은.「학생인권조례, 체벌 억제 효과 있다」,『한국일보』, 2013년 10월 1일, 2면.
142) 전북일보.「교육계가 변해야 학생인권 실현된다」, 2014년 10월 29일.
143) 윤용규.「학교 구성원 인권을 보장하기 원한다면」,『강원도민일보』, 2012년 5월 7일.
144) 조선일보.「서울교육청, 체벌 대신해온 상벌점제 없앤다는데… 어떻게 생각하십니까」, 2017년 7월 25일, A14.
145) 이창수.「조직을 성공적으로 끄는 학교장의 리더십」,『교육과 사색』, 서울: 교육타임스2012: 25)

제10장 교육과 교육정책에 대한 담론

146) 최종찬.「교육, 지방 자치 단체가 책임질 때다」,『동아일보』, 2013년 9월 6일, A30.
147) 이재현.「SW교육, 수능 포함 사교육 시장만 웃는다」,『동아일보』, 2014년 8월 6일, A29.
148) 김장현.「29세, 39세 천재를 위하여」,『한국일보』, 2013년 10월 15일, 31면.
149) 정성희.「교과목 권력 투쟁에 볼모잡힌 아이들」,『동아일보』, 2014년 9월 16일, A35.
150) 김인희.「비빔밥과 융합교육」,『강원도민일보』, 2014년 1월 16일, 7면.
151) 나승권.「행복한 교육의 지름길」,『강원일보』, 2017년 11월 22일, 18면.
152) 이리나 보코바.「글로벌 시민의식 학교에서부터 가르쳐야」,『조선일보』, 2013년 9월 3일, A33.
153) 곽수근.「강 건너 불구경하는 교육부」,『조선일보』, 2013년 9월 6일, A34.
154) 이광표.「反應과 認識」,『동아일보』, 2014년 11월 26일.
155) 김연주.「초중고 549곳, 반경 1km 이내 性범죄자 6명 이상」,『조선일보』, 2013년 9월 7일, A8면.
156) 박영범.「고졸취업 활성화, 아직도 멀었다」,『한국일보』, 2013년 7월 26일, 23면.
157) 박훈상.「학교 앞까지 음란물, 강남구, 성매매 전단지와의 전쟁」,『동아일보』, 2013년 2월 4일.
158) 안석배.「교육 사다리 정책을 세워야 할 시기」,『조선일보』, 2014년 1월 3일, A31.
159) 조선일보.「교원평가제 입법화해 더 이상 소란없게 만들어야」, 2013년 5월 24일.
160) 안양옥.「교육감 직선제를 폐(廢)하라」,『동아일보』, 2013년 3월 11일.
161) 서울신문.「교육 현장 복지 파산 사회적 합의 필요하다」, 2014년 10월 9일,

23면.

162) 류연국, 「교육투자 늘려야 선진국된다」, 『강원도민일보』, 2014년 9월 24일.

163) 조선일보, 「교육 예산 53조, 학생 數 주는데 언제까지 늘려만 가나」, 2014년 10월 2일.

164) 헤럴드 경제, 「교육현장에 불어닥친 무상복지 후유증」, 2014년 10월 9일.

165) 한겨레신문, 「교육복지 예산 마련에 여야가 머리 맞대라」, 2014년 11월 8일.

166) 세계일보, 「급전 빌리는 교육청, 탕진한 재정왜 말하지 않나」, 2014년 10월 25일.

167) 조윤주, 「근본적인 교육정책 나와야」, 『파이낸셜뉴스』, 2014년 12월 30일.

168) 전봉관, 「3不, 가난한 집 아이에게 더 불리하다」, 『조선일보』, 2007년 4월 10일.

169) 김찬수, 「3不이 아니라 대학이 문제다」, 『경향신문』, 2007년 4월 27일, 29면.

170) 이형노, 「송기석의원, 교육격차해소→농촌학교지원 위한 제정법 발의」, 『국제뉴스』, 2017년 11월 3일.

171) 이현청, 「교육강국의 다섯 가지 특징」, 『서울신문』, 2016년 2월 15일, 31면.

172) 문태호, 「새 정부의 교육정책과 방향」, 『강원도민일보』, 2013년 3월 6일.

173) 변태섭, 「학교 주변에 아직도…유흥업소 4만여곳 성업」, 『한국일보』, 2013년 9월 9일, 14면.

174) 유근형, 「유흥주점이 가장 큰 문제, 단속 규정도 잘 안지켜」, 『동아일보』, 2013년 3월 21일.

175) 한국일보, 「예방과 상담 차원 넘어선 스마트 폰 중독」, 2013년 6월 15일, 31면.

176) 제성호, 「초등학교 통일교육을 강화해야 한다」, 『한국일보』, 2013년 11월 27일, 30면.

177) 문홍술, 「교육은 백년대계다」, 『서울신문』, 2014년 4월 19일, 26면.

178) 김기연, 「교과부의 획일화된 법령이 최선인가」, 『동아일보』, 2011년 9월 8일.

179) 강승규, 「새 대통령에게 제안하는 교육정책」, 『교육과 사색』, 서울: 교육타임스, 2013: 24.

180) 김성규, 「교사가 우리 교육의 희망이다」, 『교육과 사색』, 서울: 교육타임스, 2012: 28.

181) 이창수, 「조직을 성공으로 이끄는 학교장의 리더십」, 『교육과 사색』, 서울: 교육타임스, 2012: 27.

제11장 미국의 애국심 고취정책

182) 네이버 지식백과, 「애국심(愛國心)」, 2018년 1월 2일.

183) 네이버 지식백과, 「우리나라 민주화의 길」, 『한국사 개념사전』, 서울: 북이십일 아울북(2010, 6. 4), 2018년 1월 3일.

184) 이효재(연구 책임자), 곽채기, 이동수, 이영자, 정일권, 최정신(공동연구원), 남중수(보조원), 「미국의 애국심 고취정책」, 『한국보훈복지의료공단 보훈교육연구원』, 2011년 12월.